김정은 체제 장기화는 지속될 것인가?

김정은 체제 장기화는 지속될 것인가?

초판 1쇄 발행   2017년 12월 20일

편저자 ㅣ 송봉선
발행인 ㅣ 윤관백
발행처 ㅣ 도서출판 선인

등록 ㅣ 제5-77호(1998.11.4)
주소 ㅣ 서울시 마포구 마포대로4다길 4 곳마루 B/D 1층
전화 ㅣ 02)718-6252 / 6257   팩스 ㅣ 02)718-6253
E-mail ㅣ sunin72@chol.com
Homepage ㅣ www.suninbook.com

정가   26,000원
ISBN   979-11-6068-129-1   94300
       978-89-5933-389-9   (세트)

· 잘못된 책은 바꿔 드립니다.

김정은 체제 장기화는 지속될 것인가?

송봉선 지음

화보

김정은 가족과 지인들

▲ 북한 기록영화에 등장한 재일교포 출신 생모 고용희(왼쪽)와 어린 김정은.

▲ 김정은의 친형 김정철(왼쪽)과 그를 수행하는 태영호 전 영국주재 북한대사관 공사.

▲ 김정은의 여동생, 김여정. 최근 북한에서 개최되는 각종 행사를 직접 챙기는 모습들을 보이고 있다.

▲ 김정은의 조카 김한솔. 2017년 2월 아버지 김정남(왼쪽 아래)이 암살된 이후 신변의 위협을 느껴 모처에 피신한 상황이다.

▲ 리설주(왼쪽)와 김정은 부부. 올해 김정은의 셋째 아이를 출산한 것으로 알려졌으며, 과거 김일성, 김정일의 부인들과 달리 북한매체에 적극적으로 등장하고 있다.

▲ 김정은의 고모, 김경희. 2013년 12월 남편인 장성택 처형(오른쪽 사진) 후 모든 직책을 내려 놓고 평양 근교에 은거하며 신병 치료를 하고 있는 것으로 전해진다.

▲ 김정일의 전속 요리사 후지모토 겐지(藤本建二). 오른쪽은 김정일이 1990년 후지모토 겐지 부부를 자신의 관저로 초청한 모습으로, 당시 어린 김정은을 가까이서 관찰하였다.

▲ 평양을 방문한 전직 미국 농구선수 데니스 로드먼(Dennis Rodman). 그의 팬이자 농구를 좋아했던
김정은은 집권 후 로드먼을 자주 평양에 초청하여 극진히 대접하였다.

들어가면서

    본 책자는 저자가 2007년 『북한은 왜 멸망하지 않나?』를 펴낸 이후 10년 만에 3대 세습자 김정은 체제의 장기화가 가능한지를 분석하여 본 것이다. 10년이면 강산도 변한다는 우리 속담이 있다. 김정은 정권을 들여다보면 선대와 비교, 핵·미사일 개발을 빼놓고는 모든 것이 정체되었다. 김정은 정권의 내구력은 선대의 선험적 통치이념이나 당·정·군 보안기구를 이용한 통치방법을 답습하여 기본적인 통치기술은 유사하다. 김정은의 5년 통치는 핵·미사일 개발과 공포정치를 제외하고는 퇴행적 통치로 미래의 북한이 나가는 길은 상당히 취약하다. 대내적으로는 김정은 정권 스스로 '제2의 고난의 행군 가능성'을 언급할 정도로 불안정성이 심화됐다. 예컨대 2016년 3월 28일자 『로동신문』은 '조선 최강의 힘'이란 제목의 정론에서 "혁명의 길은 멀고 험하다"며 "풀뿌리를 씹어야 하는 고난의 행군을 또다시 해야 할 수도 있다"고 밝히기도 했다.[1) 출발부터 정통성과 정당성을 결여한 채 권좌에 오른 김정은이었기에 그의 지상 목표는 김씨체제를 지키는 것이 급선무였다. 독재체제에서 권력의 상실은 모든 것의 상실을 뜻하기 때문에 김정은은 더욱 권력 강화에 총력을 기울여 왔다. 핵 및 장거리 미사일 보유만이 김씨체제를 보장해준다는 신념하에 빈번하게 핵미사일 실험을 계속해 오면서 국제사회를 위협하고 있다. 대외적으로 국제사회 최강의 제재를 받으며 경제 수준이 황폐화하고 국제적 고립이 심화되어 내구력이 한계에 이르고 있다.

그럼에도 불구하고 북한은 멸망하지는 않았다. 어찌 보면 김씨 세습정권을 이어가는 측면에서는 김정일이 아들 셋 중에 후계자를 잘 선택한 점이라고도 말할 수도 있을 것이다. 핵개발로 체제를 유지하겠다는 것은 김일성이나 김정일 시대부터 이어온 신념적인 상속물이다. 김일성이나 김정일 모두 반대파 숙청에는 빈틈을 보이지 않는 인물들이었다. 선대의 DNA를 물려받은 김정은은 정권 붕괴가 선대부터 지켜온 김씨체제의 종말과 동시에 자신에게 어떤 결과를 가져다줄지 잘 알고 있기에 더욱 강력한 물리력을 동원하여 독재 권력을 강화해 왔다. 이 방법이 체제유지는 가능할 수 있으나 간부들에 대한 공포통치와 주민들을 감시·통제하는 철권통치는 북한 구성원 대다수를 불만 세력으로 만들었다. 경제적 악화와 가혹한 동원체제를 주요 내용으로 하는 수탈구조는 김정은 정권의 정당성과 정통성을 침식시키는 주된 요인이 되었다. 태영호 전 영국주재 북한 공사의 주장처럼, 2016년 말 김정은 정권은 이미 상당한 위기에 몰려 있다. 그러나 이와는 반대로 북한 정권의 내구력은 오히려 외부에서 만들어질 수도 있다. 김정은의 능력과 무관하게 우리 내부의 남남갈등과 반미 목소리가 커지면 북한 정권을 안정시켜주는 상황이 벌어질 수 있다는 것이다. 이 경우 북한 정권은 지속적으로 자신감을 과시하며 장기 집권 가능성을 높여갈 것이다.

최근 들어 김정은 정권에 대외 상황이 오히려 긍정적으로 변하고 있다. 그동안 국제사회제재가 미·중 간의 간극으로 구멍이 나 효과적이지 못하다. 이는 결과적으로 김정은 정권의 내구력에 청신호가 될 수 있다. 국제사회가 대북제재에 동참한다고 하지만 사드문제로 미·중 간, 한·중 간, 한·미 간의 갈등과 내부의 남남갈등이 북한의 안정화를 돕는 면이 있다. 새로 출범한 한국정부의 대북정책도 진영 논리에 깊이 들어가 과거의 포용

정책으로 돌아가면 당사국인 한국과 국제사회에 의해 대북제재가 자칫 무용지물로 갈 수 있다. 향후 한국의 대외정책이 미국을 홀대하고 친중 경사론으로 흘러가는 경우, 한미동맹은 균열을 넘어 미국이 동맹을 해체하고 주한미군 철수로 이어질 수 있다. 그렇게 되면 우리는 북한 붕괴를 논하는 게 아니라 우리 자신의 생존을 걱정할 수 있다. 북한의 김씨 삼대가 핵미사일에 매달렸던 전략이 성공하여 북한정권은 더 오랫동안 지속되고 더 나아가 북한이 주장하는 남조선 해방도 가능할 것이다. 안보는 만에 하나 있을지 모르는 불확실성에 대비하는 것이다. 미국이 동북아 전략의 일환으로 사드를 한국에 배치한다고 하여 우리 내부의 반미세력의 선동이나 중국의 반대가 이어지고 있지만 분명히 우리는 북한의 핵·미사일로부터 보호를 받는 자산이다. 변변한 방위체계가 없는 우리에게 한·미 동맹이 없다면 홀로 아무것도 할 수 없는 처지다. 미국은 동북아 변방의 자유라는 명제를 지키기 위해 6·25 당시 어떤 대가도 없이 미군을 파견하여 4만여 명의 희생을 시켰음에도 수혜를 제공한 우리로부터 배척을 당한다면 더 이상 한국에 대해 미련을 가질 이유가 없다. 역지사지(易地思之)로 본다면 홀대를 받으면서 미국은 언제까지나 우리에게 무조건적으로 베풀기만 할 수가 없으며 미국 국민이 이를 허용하지 않을 것이다. 우리가 미국과의 공조를 허물고 독재자 한 명만을 위해 존재하는 북한에 우호적으로 간다면 미국 입장에선 자신들이 더 이상 희생을 하면서 동맹이라는 이유만으로 한국을 지켜줄 이유가 없다. 더 나아가 동맹을 유지하는 자체가 명분 없는 일이라고 판단하면 주한미군을 철수하고 한국을 떠날 수도 있다. 북한의 급변가능성이 여전히 불확실성의 영역이라고 한다면 우리는 한미동맹을 더욱 공고히 다지면서 공조를 강화하여 북한 정권의 안정성을 침식시켜 나가는 게 우리의 국익을 수호해 나가는 올바른 안보전략일 것이다. 북한은 하루가 멀다 하고 핵탄두 소형화 다종화 수소탄 개발과 ICBM이나 IRBM을 통해 김씨체제의 영속화를 도모해 왔다. 대외관계에 있어서는 극단적인 방법으로 이득을 얻으려는 모습도 보이고 있다. 중국과의 관계도 김정일 시절보다 악화되었다고는 하지만 중국이 북한을 전략적 자산으로 두둔하는 형세로 결코 결별하지 않았다. 2014년 하반기 이후부터 북한의 5차 핵실험으로 껄끄러운 관계가 지속되었지만 기본적 유대관계는 유지하고 있다. 하지만 분명히 양측 관계는 중국의 제재동참으로 전과 같지 않다. 게다가 2000년대 북한에 적극적으로 투자했던 중국 기업들은 비참할 정도로 열악한 인프라와 북한 정권의 이해할 수 없는 정책 때문에 하나둘 등을 돌리고 있다. 투자보장은 커녕 감시까지 받으면서 송금도 제대로 못하게 막았다고 하니 중국 기업들의 신뢰를 얻지 못함은 당연하다. 정확히 말하면 통치 스타일은 선대 답습을 하지만, 리더십면에서 할아버지나 아버지보다 훨씬 떨어지는 편이다. 과거 김일성은 빨치산 항일무장투쟁 활동을 하며 조직을 운영하는 방법을 알았고, 김정일은 1970년대부터 정치에 나서기 시작하여 김일성이 죽은 1994년까지 상당히 오랜 기간 동안 공동통치를 하여 나름대로의 통치 역량을 쌓았다. 그러나 김정은은 정치적 경험이 전혀 없는 상태에서 2011년 집권 후 고모부 장성택까지 죽이며 공포 정치로 자신의 정치력을 높이려 하고 있다. 그러나 그 공포 정치 역시 김정은의 자충수로 돌아오고 있는 실정이라 문제가 되고 있다. 현 북한 주민은 할아버지, 아버지 때와 같은 충성심은 많이 희석된 편이고 간부들 역시 계속되는 공포 정치로 인해 보신주의가 강해진다고 한다. 이로 인해 일부 간부들의 탈북이 이어지고 있다. 해외주재 북한공관원들의 이러한 현상이 뚜렷하다. 이와는 별개로 우리 내부는 남남갈등이 더욱 심화되고 있다. 따라서 한국의 안보 정세는 한치 앞을 내다 볼 수 없는 형국으로 정권적 차원을 넘어 대립과 대결로 사회가 불안하게 가고 있다.

북한은 자신들의 비대칭 핵·미사일을 미국으로부터 인정받고 평화조약을 체결하여 김씨체제를 안정적으로 유지 기도하고 있는데 반해 북한은 비핵화가 남측과 대화 대상이 아니라고 선을 긋고 있다. DMZ 지뢰 도발 및 포격 사건을 계기로 「8 · 25 합의」가 도출되자, 남북관계 개선을 주도하고 있는 것처럼 비쳐 지기도 했다. 김정은 시대에 들어와 남북관계를 통해 고립 탈피와 경제실리 챙기기 및 우리 내부 교란을 도모해 보겠다는 의도도 있었다. 그래서 북한은 우리 민간단체들과의 연공합작을 통해 비정치적 분야에서 유리한 사업위주로 전개하는 모습도 보이고 있다. 금강산 산림방제 사업, 개성 만월대 유물전시회, 평화통일기원미사, 근로자축구대회, 남북 겨레말 사전 만들기 등이 대표적 사례이다. 그러나 근본적인 대남전략의 변화는 없다.

한편으로는 우리에게 가장 극악한 흉계도 보이고 있다. 북한군은 2017년 4월 김정은이 참관한 가운데 제525군부대 직속 특수작전 대대를 동원해 청와대를 습격하고, 주요 인사를 암살 · 납치하는 훈련을 했다고 노동신문이 보도했다. 북한은 실제 청와대 크기의 절반 정도인 모형을 설치해 놓았다고 했다. 훈련은 평양 외곽 대원리 화력시범장에서 실시되었다. 북한군 특수부대의 공격을 받은 청와대 모형이 화염과 연기에 휩싸인 모습이고, 김정은은 총을 든 특수부대원과 기념사진도 찍었다. 통상 김정은 주변에는 빈 총이라도 무기를 휴대한 사람은 접근할 수 없었는데, 김정은은 이례적으로 총을 든 부대원들과 나란히 섰다.

청와대 침투 작전이 시작되자 장사정포 부대들이 청와대로 일제사격을 가했다. 통신은 "적의 소굴은 아비규환 생지옥으로 변했다"며 "연평도의 불바다를 청와대의 불바다로 이어놓고, 남조선 괴뢰들을 멸망의 구렁텅이에 처박아 넣을 투지와 용맹을 과시했다"고 했다. 여기에 드론을 수시로 보내고 있다.

이러한 모습은 우리의 참수작전에 대응한 '심리적 보복' 차원으로 보인다. 북한이 이번 훈련에 동원한 '인민군 제525군부대 직속 특수작전 대대'는 김정은이 직접 조직했다고 선전하는 부대다. 북은 "우리의 특전사 격인 11군단(폭풍군단)에서 정예 요원들을 선발해 창설한 부대"다. 김정은이 이

부대를 시찰했을 때 북한 매체들은 이 부대 임무를 "청와대와 괴뢰 정부, 군부 요직에 앉아 만고대역죄를 저지른 인간 추물들을 제거해버리는 것"이라고 소개했다. 김정은은 남한 요인 암살 임무를 수행하는 특수부대라 섬뜩하다. 이러한 김정은의 도발에 대응하여 우리 스스로가 안보를 지키지 못하면 불행을 초래할 수도 있다. 대화도 좋고 평화도 필요하지만 힘의 뒷받침이 없으면 무용지물이다. 김정은 정권이 존재 하는 한 동북아는 물론 전 세계 인류가 편안할 수 없다. 한반도의 평화는 김정은의 종잡을 수없는 성격으로 누란지위(累卵之危)에 살얼음판을 걷는다고 할 수 있다. 이 책에서 김정은의 인물성격과 취약요소를 짚어 보면서 김정은 정권의 장기화가 가능한지 심층 분석하고 향후 우리의 나갈 길을 제시해 보았다. 끝으로 이 책이 나오기까지 북한연구회 정창열 회원의 세심한 본고 수정과 조언에 감사를 드린다.

차례

Ⅰ. 개관

    1990년에 동독이 붕괴하고 독일이 통일된 후 소련을 비롯한 동유럽 사회주의국가들이 한꺼번에 무너지면서 북한 김일성 정권도 붕괴할 것이라고 했다. 1990년대 말 국가경제가 마비될 정도의 경제난 속에서 삼백만 명 이상이 굶어죽고 대량 탈북사태가 발생했음에도 김정일 통치하의 북한 체제는 무너지지 않았다. 2대 세습자인 김정일이 2011년 12월 17일 갑작스런 사망으로 김정일의 3남 김정은이 3대 세습자로 등장하였다. 김정일이 사망한 후에도 김정은이 20대 후반일 정도로 어렸기 때문에 김정은의 북한 체제가 얼마나 오랫동안 버틸지에 대해서 의문시 되었다. 김정은이 집권한 후 권력의 핵심에 있던 리영호, 장성택, 현영철 등 인물들을 차례로 제거한 후 2016년에는 36년 만에 노동당 제7차 대회를 치르면서 대내외적으로 자신의 유일지배체제가 확립되었음을 보여주었다.

    시장경제의 확산으로 주민 의식이 변화하면서 김정은 체제 내부의 모순은 더욱 심화되고 있다. 그런데도 북한 체제는 건재하다. 젊은 김정은 통치하의 북한 체제가 붕괴 예측과는 반대로 내부적 안정을 유지하면서 오히려 핵과 미사일 도발로 국제사회를 위협하고 있는 것이 현실이다. 김정은 통치하의 북한체제가 유지되는 한 북핵 문제나 통일문제가 해결되는 것은 거의 불가능하다. 주민 의식의 변화와 비사회주의적 요소의 확산 등 불안정 요인이 증가하고 있음에도 북한 체제는 건재하다. 북한의 각종통제 정책과 시스템이 북한 체제를 유지하는 버팀목이기 때문이다.

김정은은 2016년 제7차 노동당대회 사업총화 보고에서 '제국주의자'들의 사상. 문화적 침투와 경제. 기술적 봉쇄가 북한 체제 유지에 가장 큰 장애 요인이라고 주장했다.[2] 하지만 사상사업이 제대로 되지 않는 가장 큰 원인은 '제국주의자'들의 사상·문화적 침투가 아니다. 김일성 시대와 달리 김정일 시대부터 서민에게 배급을 주지 못하는 경제적 요인이 사상사업을 어렵게 만드는 요인도 커지고 있다.

오히려 핵개발을 계속함으로써 경제환경을 악화시키고 있다. 사상사업이 잘 될 수 없는 환경을 만들면서 사상사업을 강조하고 있는 것이다.

북한 정권 장기화유지를 위한 시스템의 6가지 핵심요소는 선대와 큰 차이는 없다.①이념화 ②조직화: 당을 통한 모든기관 장악 ③군부 장악 ④보안기구 활용: 종교, 주거, 이동, 배급, 정보통제 ⑤군부통제 ⑥중·러의 지원 등을 들 수 있다.

김정은은 김정일이 생존해 있던 시기인 지난 2010년 9월 28일에 당대표자회의에서 공식적인 후계자가 되었다. 김정일은 44년 만에 3차 당대표자회의를 개최하여 당을 재정비하는 인사를 단행하면서 김정은을 당 중앙군사위원회 부위원장으로 임명하였다. 이에 앞서 김정은이 27세 당시 대장칭호를 부여하여 김정은이 김정일의 후계자로 공식화되었다. 이는 김정일이 아들 김정은에게 일차적으로 군대를 장악하고 이에 기반 하여 여타 모든 권력을 자연스럽게 승계할 수 있도록 하는 단계적인 권력승계 과정을 거쳤다. 김정일은 이후 선군정치[3]를 내세워 권력 승계를 마무리 하였다.

김정은의 경우는 현재까지 세습이 안정되어 가는 것으로 보여지고 있다. 세습 군주국은 새로운 국가건립보다 훨씬 더 용이하게 보존될 수 있다"고 한 마키아벨리의 주장[4]이 있다. 김씨 세습에 맞는 말이라고 할 수 있

▲ 제6차 핵실험이 있었던 2017년 9월 3일, 조선중앙통신은 김정은이 핵무기연구소를 찾아 '핵무기 병기화 사업'을 현지지도했다며 위 사진을 공개했다.

다. 북한은 3대 세습 과정에서 끊임없이 적대 세력을 제거하여 김씨 신권 체제하에서 어떠한 도전세력이 특별히 존재하지 않는다는 점도 김정은 정권의 안정성 판단에 주요 요소가 된다.

실제 김정은의 리더십을 비롯한 권력구조 및 엘리트들의 지지도 측면에서도 아직까지 취약한 것이 많다. 그리고 국가 목표를 오직 핵·미사일 개발에만 집중하여 가속화되고 있는 경제난으로 국가기능이 대부분 마비상태에 있거나 제한적인 수준에 머물러있는 것 또한 김정은 정권의 안정을 위협하고 있는 요소이다.[5]

북한체제의 안정성과 붕괴에 대한 관심은 1990년대 초반 동구 사회주의권의 붕괴와 함께 시작됐다. 동구 사회주의권의 붕괴, 김일성의 사망, 식량난으로 인한 대량 기아사태와 탈북이 이어지던 1990년대 초중반 북한체제의 붕괴가 임박했다는 주장이 설득력 있게 나오기 시작했다. 다음에는 중동사태다. 2011년부터 튀니지에서 시작된 민주화운동은 이집트, 리비아의 민주화 시민혁명으로 예멘 등 이슬람 국가에 민주화 바람이 거세게 불어닥쳐 학계에서는 여러 학자들이 한때 북한의 붕괴론을 주장한 바 있다. 그러나 북한은 현재까지 붕괴하지 않았고 이 어려움 속에서 비교적 정치적 안정을 유지하며 생존을 이어갔다. 오히려 장거리 미사일 시험발사, 핵실험 등을 통해 대내외적으로 건재함을 과시하면서 강성대국 건설을 주장하고 있다.

1990년대 후반 이후 북한붕괴론보다는 북한체제의 내구력을 설명하는데 보다 많은 관심을 기울이는 연구들이도 많이 있었다.[6]

서재진(2007)은 체제 내구력을 구성하는 요인들을 체제복원력, 체제적응력, 급변사태 가능성 등의 3가지 요인으로 세분화 해 이들 각 요인들이 어떻게 변화하는지를 분석한 후 체제 내구력에 대한 종합 평가를 하였다.[7]

김정은 체제는 2012년 4월 12일 당 규약 및 2012년 4월 13일 헌법, 2013년 유일사상 10대원칙을 개정, 2016년 5월 7차 당 대회와 6월 최고 인민회의에서 추가로 손질하여 세습정권에 대한 당위성을 부여,유일 영도자로서 부상하기 위한 선대와 비슷한 절차를 밟아 나가면서 그 나름대로 체제를 유지해 나가고 있다.

립셋(S. M. Lipset)은 "어떠한 민주국가를 막론하고 그 나라의 안정성 여부는 경제적 발전에만 달려있는 것이 아니라, 정치체계의 효율성과 정통성에도 달려있다"고 언급하고, 여기에서 효율성이란 "정치체계가 국민의 대부분과 대기업 또는 군대와 같은 체제 내부의 강력한 여러 집단들이 기대하고 있는 기본적인 통치기능을 충족시키는 정도를 의미한다. 그리고 정통성이란 현 정치체계가 그 사회에 가장 적합하다는 신념을 낳게 하여 그 신념을 줄곧 지속하게 하는 체제의 능력을 의미한다"고 규정하였다.[8] 예를 들면, 구소련을 비롯한 동구 사회주의 국가들의 붕괴는 경제난 심화에 따른 정권통제 약화, 정부기능 약화, 정통성 약화와 같은 장기 추세에 의해 야기된 측면이 있다는 것이다. 그렇지만 장기 추세가 악화된다고 하더라도 반드시 정권의 붕괴를 가져오지 않을 수도 있다. 이는 북한 '김일성-김정일-김정은' 세습체제의 생존에서 잘 드러난다. 북한의 경우 김일성 사망 이후 북한의 장기 추세에 해당하는 요소 중 경제부문의 붕괴는 최악으로 평가되어 새로 권력세습을 하게 된 김정은 정권이 얼마가지 않아 붕괴될 것이라는 주장들을 했다.[9]

그런데 현재까지 건재하고 더구나 체제유지에 영향을 미칠만한 소요현상이 보고된 바 없고, 또 겉으로 보기에는 북한의 '김정은 세습정권'은 여전히 세습이 이어져 나갈 것처럼 보여진다. 김정은 시대 5년이 지난 2016년 6월 29일 김정은 자신은 최고사령관으로 추대된데 이어 노동당 제1비서와 국무위원장에 추대됨으로써 불과 4개월 만에 권력승계를 마무리하였다. 김정일은 아들 김정은이 일차적으로 군대를 장악하고 이에 기반하여 여타 모든 권력을 자연스럽게 승계할 수 있도록 하는 단계적인 권력승계 과정을 거치고자 한 것으로 보여진다. 이는 김정일의 '선군정치식 권력승계'과정[10]을 이어 나간 것과 비교된다. 김정은은 세습정권이 갖는 장점을 적극 이용함으로써 자신의 공포 정치를 통해 안정적 권력기반을 구축해 나가고 있다. 실제 김정은의 리더십을 비롯한 권력구조 및 엘리트들의 지지도 측면에서도 아직까지 취약한 것이 많다. 그리고 지속되고 있는 경제난으로 국가기능이 대부분 마비상태에 있거나 제한적인 수준에 머물러있는 것 또한 김정은 정권의 안정을 위협하고 있는 요소이다.[11]

김정은은 권력승계 이후 정권 안정을 위한 본보기로 리영호 해임, 장성택 숙청, 현영철 숙청 등으로 이어지는 권력엘리트 교체와 함께 당, 정, 군에 대한 정비를 통해 정치체제의 안정화를 추진했다. 김정은의 취약한 리더십으로 정책 난맥상이 증가하고 경제난이 지속되는 속에 주민의식 변화가 촉진되고 있으며, 각종 제재로 대외 고립도가 심화되는 등 대내외적으로 어려운 상황에 직면해 있다. 김정은의 북한체제는 안정화의 길로 접어들고 있는 것인지, 리더쉽의 문제로 체제가 붕괴 될지, 계속적인 권력엘리트 숙청으로 폭압정치를 계속할지 등이 관심사이다. 김정은 3대 세습체제의 지난 5년간 통치가 장기화가 가능할지 분석과 전망을 통해 가늠해보고자 한다. 북한 권력의 중심축은 김정일의 선군중심에서 노동당으로 이동하여 권력 시스템은 이제 김정은을 중심으로 작동되고 있다. 21세기에 찾아보기 힘든 독특한 정치체제를 유지하고 있다. 김정은 정권이 처한 현실은 안으로는 시장 확대로 사실상 북한주민들이 자본주의를 체험하고 있으며, 밖으로는 국제사회가 북한의 정권교체를 압박하는 형국이 조성되고 있다. 2014년에 이어 2015년에도 유엔 총회가 북한인권결의안을 통과시키고 북한의 인권상황을 국제형사재판소(ICC)에 회부[12]한 것은 북한에 대해 '정치적 자유'를 종용하는 것이나 다름없다.

　김정은 정권에서, 개혁개방을 통해 체제를 바꾸려 하지 않는다면 북한을 변화시킬 방법은 정권교체밖에 없다. 북한에서 3대 세습을 완성한 김정은 정권은 '김일성·김정일주의'를 내세워 김정은으로 이어온 유일 지배체제이다.[13]

　북한의 체제변화는 '김씨 일가'의 세습이 유지되는 한 거의 불가능하다. 경제활동보다 체제보존을 위해 모든 위해 요소를 제거하고 핵·미사일을 통해 제1의 적인 미국에 강력히 대응하는 방법을 택하고 있다. 핵·미사일을 보유하면서 체제 보장을 받는다면 김씨체제가 그 나름대로 영속화하는데 성공적인 것이라고 분석된다. 과거 김정일은 동구권이나 중동의 붕괴가 개혁개방에 따른 사상 변질과 군사력 약화에서 왔다고 보고 '개혁개방 배격'과 동시에 '선군정치'를 선포했다.[14]

　1993년'프룬제 아카데미 사건'으로 불리는 인민무력부 소속장교들이 주축이 된 군사쿠데타 시도가 실제로 있었다. 비록 막바지 모의 단계에서 실패로 끝났지만 당시 쿠데타를 주도한 이들은 소련에서 군사유학생으로 체류하던 중 공산권 국가들의 급변하던 순간을 고스란히 체험했던 인물들이다. 북한으로 급거 귀국한 뒤 자국의 체제 모순을 더욱 강하게 느꼈고 유학생 출신들끼리 이런 불만을 공유하던 중 급기야 쿠데타를 모의하기에 이르렀다.

1990년대 동구권 붕괴 시기와 맞물려 시사하는 바가 크다. 당시 동구권 정치개혁의 핵심 골자는 공산당 일당독재체제를 폐지하고 복수정당제로의 전환을 추진하는데 있었던 만큼 민주화 운동이 있었지만 북한에는 정권 창건 초기 조만식목사 때 신의주 의거나 1956년 8월 종파사건 등을 제외 하고는 이렇다할 민주화 사건이 없다.15)

다만 권력 기반 다지기를 위해 김정일 정권 초기 자신의 삼촌과 이복형제 등 혈육을 대상으로 숙청을 단행하여 체제 보위를 위한 사전 조치를 하였다.1990년대 후반식량난을 맞아 김정일은 북한주민들이 자신을 향하는 비난을 피하기 위해 평양에 거주하는 당 간부와 그 가족 등 2만 5,000명이 한꺼번에 숙청한 '심화조 사건'의 경우16) 2대 세습을 한 김정일이 트릭을 쓴 대표적 경우다. 김정은도 이러한 사건에서 경험을 토대로 자신의 권력을 안정적으로 유지하기위해 고모부 장성택, 이복형 김정남을 제거하고 그 자신의 위협으로 의심되는 주변 인물까지도 숙청하였다. 결국 김정은은 선대 이념 재확립, 당체제 부활, 절차적 정통성 확보, 군부 길들이기, 보안기관을 통한 반김세력 철저제거, 유일체제 확립, 우상화 등 선대의 장기화 통치 방법을 그대로 답습하면서 더욱 강화된 주변 저해 요소를 정리해나가고 있다. 여기에 핵·경제 병진정책이라는 모순된 정책을 수행하면서 강력한 공포정치로 체제기반을 확립 했다. 쉬운 우리 속담에 '매 앞에 장사가 없다.' 결국 주민은 질곡의 사슬에서 끌려가는 것이다. 김정은 정권의 지난 통치 행태를 살펴보고 우리가 나갈 길을 찾아본다.

【주석】

1) 『연합뉴스TV』 2016년 3월 29일, 「북한 '제2의 고난의 행군' 보도」.

2) 오늘 사회주의강국건설이 제국주의자들과 반동들의 악랄한 사상문화적 침투와 경제 기술적 봉쇄 속에서 진행되며 우리 혁명의 대가 바뀌고 있는 현실은 사상 · 기술 · 문화의 3대혁명을 더욱 철저히 수행해 나갈 것을 요구하고 있습니다. 우리는 사상혁명을 확고히 앞세우면서 … 모든 면에서 사회주의와 자본주의의 차이를 하늘과 땅처럼 만들어야 합니다(김정은, 『조선중앙통신』 2016.4).

3) 김정일은 자신이 추구해 왔던 선군사상과 선군혁명 영도 사업을 계승시킬 필요성에서 중앙군사위원회를 후계 구축작업의 중심기구로 활용하였다. 더욱이 이 기구를 통해 조선인민군 총정치국을 통제할 수 있으므로 김정은이 군을 단기간에 장악할 수 있는 길을 열었다. 즉, 권력승계 기간이 매우 짧은 상황에서 우선 김정은에 당 중앙군사위원회를 맡겨 군을 통제하고, 김정일 사망 이후인 2012년 4월 조선노동당 제1비서로 취임함으로써 당의 최고위직을 장악할 수 있도록 하는 '선군정치식 권력승계' 과정을 구축했다고 할 수 있다.

4) 니콜로 마키아벨리 저, 강정인 · 김경희 역, 『군주론』(서울: 까치글방, 2008), p.12.

5) 2012년과 2013년 두해에 걸쳐 일시적으로 식량이 증산되어 부족분이 50만 톤 내외에 불과한 것으로 WFP에 보고되고 있지만 계속 부족한 상황이다.

6) 최진욱, 「북한체제의 안정성 평가: 시나리오 워크숍」, 『Online Series』(서울: 통일연구원, 2009), p.1.

7) 서재진, 『북한의 경제난과 체제 내구력』(서울: 통일연구원, 2007), 책 소개 내용 중.

8) 립셋은 효율성과 정통성을 결합시켰을 경우 그들에 대하여 모드 (+)반응을 보이는 정치사회가 가장 안정되어 있으며, 모두 (-)반응을 보이는 정치사회가 가장 불안정하다고 말하고 있다. Seymour M. lipset, Political Man: The Social Bases of Politics(New York: Doubleday & Company, Inc., 1963), p.64, 이극찬, 『정치학』 제6전정판(서울: 법문사, 1999), pp.603-604.

9) 북한 붕괴론에 대해, 미국에서 나온 대표적인 연구로서는 다음과 같은 간행물이 있다. Inteligence Report(CIA, January 1998): A Blue Print for U.S. Policy toward a Unified Korea(CSIS, August 2002): Annual Report on the Military Power of the People's Republic of China(United States Department of Defense, May 2004): Charles Wolf, Jr, and Kamil Akramov, North Korean Paradoxes: Circumstances, Costs, and Consequences of Korean Unification(Santa Monica, CA: RAND Corporation, 2005).

10) 김정일은 선군사상과 선군혁명 영도 사업을 계승시킬 필요성에서 중앙군사위원회를 후계 구축작업의 중심기구로 선택하였다. 더욱이 이 기구를 통해 조선인민군 총정치국을 통제할 수 있으므로 김정은이 군을 단기간에 장악할 수 있는 길을 열었다.

김정은도 2012년 4월 당 중앙군사위원회를 통해 군을 통제하고, 김정일 사망 이후인 조선노동당 제1비서로 취임함으로써 당의 최고위직을 장악할 수 있도록 하는 '선군정치식 권력승계' 과정을 구축했다고 할 수 있다.

11) 2012년과 2013년 두해에 걸쳐 일시적으로 식량이 증산되어 부족분이 50만 톤 내외에 불과한 것으로 WFP에 보고되고 있지만 여전히 식량난으로 어려운 형편이다.

12) 2015년 12월 17일 유엔 총회 본회의에 부쳐진 북한인권결의안이 찬성 119표, 반대 19표, 기권 48표를 받아 압도적인 찬성으로 채택됐다. 일본과 유엔 안전보장이사회(이하 안보리)가 북한의 인권유린 실태를 ICC에 회부하도록 하는 내용을 담고 있다. 결의안에는 북한의 정치범수용소 수감자에 대한 인권유린과 기아실태, 종교적 자유 억압 상황 등 이 명시됐다. 2014년에 이어 2년 연속 채택된 북한인권결의안에는 안보리가 북한의 인권 상황을 지속적으로 검토. 논의하고 개선하도록 촉구하는데 적극 참여하도록 권고하는 내용이 새롭게 추가됐다.

13) 조성렬, 「2015 북한연구학회 특별학술회의: 평화통일 기반 조성과 우리의 대북정책방향」, p.5.

14) 김정일, 「올해를 강성대국건설의 위대한 전환의 해로 빛내이자」, 『김정일선집』 14권, 1999, p.458.

15) 최동희, 「90년대 소련과 동유럽 관계 전망」, 춘천교대민족교육연구(강원: 춘천교육대학교, 1991), p.53.

16) 심화조 사건(深化組 事件)은 1997~2000년간 북한에서 발생한 대규모 숙청사건이다. 1996~1997년까지 조선민주주의인민공화국에서는 고난의행군이라고 불리는 대기근으로 인해 350만 명에 달하는 대량의 아사자가 속출했다. 당시 조선민주주의인민공화국의 최고 지도자였던 김정일은 자신의 아버지였던 김일성시대에 활동한 고참 간부를 취급하는 데에 어려움을 겪고 있었다.
김정일은 사회안전성(인민보안성) 내에 비밀경찰 조직인 "심화조"(深化組)를 설치했다. 심화조는 주민의 경력, 사상 조사를 심화시킨다는 뜻을 갖고 있었는데 특히 경제위기와 대기근으로 인해 주민의 불만이 커진 점을 적극 이용했다. 김정일은 당시 노동당 조직지도부 제1부부장으로 있던 장성택을 심화조에 기용, 고참 간부들과 측근, 이들의 친척들을 희생양으로 삼은 대숙청을 감행하게 된다. 대표적 희생자가노동당 중앙위원회 비서국 농업 담당 비서로 있던 서관희(徐寬熙)로 대기근을 일으킨 책임을 물어 평양 시내에서 공개적으로 총살당했다. 조직지도부 제1부부장 문성술도 장성택 정적으로 숙청됐다. 최종적으로 숙청된 인원은 약 25,000명이었다(두산백과).

Ⅱ. 김씨 3대 세습 특징

1. 김정일 세습

1953년 스탈린 사후 후르시초프에 의한 격하운동, 1970년 초 중국의 유소기, 임표 사건, 1976년 모택동 사망과 4인방 숙청 등은 김일성으로 하여금 '부자세습' 권력기반 구축의 필요성을 갖도록 한 것으로 판단된다. 김일성은 그의 집권기 중국의 권력승계 과정에서 발생한 암투, 혼란, 갈등사례를 직접 목격하였고 여기에서 장기독재자로서 군림에 대한 불안과 우려감을 갖게 되었을 것으로 보여진다. 이에 따라 북한 당국은 김일성 사후를 보장할 수 있는 이론적 배경을 만들어 나가면서 부자세습을 위한 구체적 환경을 창출해 나갔다. 1956년 '주체'이념을 창시하고, 1967년 '주체사상'으로 체계화하여[1] 1974년에는 이를 '김일성 주의'[2]로 발전시키기에 이르렀다. 이후 주체사상을 대를 이어 실현해 나가야 한다는 당위성을 부각시킴과 동시에 김일성을 신격화하는데 주력하게 되었다. 신격화되고 우상화된 권력은 자연히 대를 잇는 후계권력 구축에 대한 정당성을 제공하는데 용이하다고 할 수 있다. 김일성의 아들 김정일은 1982년 10월 그가 직접 집필하였다는 혁명적 수령관'이라는 논문을 통해 수령의 절대적 권위를 강조함으로써 '혁명 계승론'을 부각시킨 바 있다. 아울러 김정일은 '혁명적 수령관'이나 '사회정치적 생명체론' 등을 동시에 내세워 이념적 토대를 세웠다. 김정일은 수령과 인민대중의 관계를 사실상의 주종관계로 규정했고 자기의 권력 기반 구축을 위한 선행조치로 이데올로기 강화 노력을 전개하며 후계입지를 다졌다. 이후 김정일은 1982년 3월 논문 '주체사상에 대하여'를 발표하여, 내외에 배포하는 등 김일성 주체사상과 함께 자신의 사상적 이념을 강화해 나갔다. 또한 6차 당대회, 1982년 4월 당·정 연합회의 보고를 통해 주체사상으로 북한 주민을 '인간개조', '사상개조'를 하고 북한사회를 개조(사회개조)해나가야 한다고 역설하기도 하였다.

김정일도 세습으로 자리를 이어받았지만 그는 1967년 갑산파 숙청 때 일선에서 활약했고 1969년 조선로동당 선전부 부부장과 조직지도부 부부장 요직을 맡아 나름대로 경험을 했다고 알려져 있다. 이를 기반으로 삼촌 김영주와 이복동생 김평일을 밀어내고 1인자의 자리에 올랐는데, 그런 그가 공식 후계자가 된 것이 33세이며 괄목할 만한 업적을 달성, 당 중앙'으로 1974년 지명되어 후계자가 되었다.

과거 김씨체제가 제 나름대로 합리화한 논리적 근거로 당 규약, 사회주의 헌법에 주체사상을 내세워 당·정 활동은 물론 주민들의 가치판단 기준으로까지 삼아야 한다고 제시하였다. 2대 김정일 세습당시 신문, 방송, 잡지 등 각종 선전매체를 총동원하여 '지도자론'을 비롯한 김일성 부자 세습체제 합리화 논문을 연일 집중적으로 발표하여 독재 세습체제를 그들식의 논리로 합리화시켰다. 예를 들면 혁명계승론, 세대교체론, 혈통계승론, 역사적 준비단계론, 김일성 신화론 등이다.[3)]

권력승계과정에서 김정일의 공식지위가 당 정치국 상무위원회 서열 2위, 당비서 서열 2위, 당 군사위 서열 2위 등 사실상 김일성 다음 실권자로 부상하였으며 김정일을 추종하는 신진인물을 대거 권력핵심에 올려놓았다.

김정일 후계체제를 공고화하기 위한 방편으로 김정일의 우상화 조치가 뒤따랐다. 세습체제구축 초기단계에서는 '당 중앙'으로 김정일을 지칭하다가 그 후 세습체제가 구축되어감에 따라 친애하는 지도자, 탁월한 사상이론가, 영재, 영웅, 은혜로운 향도의 빛, 향도성 어버이, 스승 등 과장적 표현이 수도 없이 붙었다. 1982년 2월 14일 당시 조총련 의장인 한덕수가 김정일에 보낸 생일축전에서는 '위대한 김일성주의 사상이론가이시며, 혁명가 건설의 영재며, 전체 총련 일군들과 70만 재일동포의 은혜로운 스승이신 친애하는 지도자 김정일 동지' 등 6개의 수식어가 총망라되어 있다. 김정일에 대해 김일성과 같은 차원의 신격화가 전개되었다. "향도성의 빛발이 지나면, 그곳은 금방 옥토로 변한다"(조선문학 등 선전잡지), "옛날에는 수령님이 축지법을 쓰셨는데 오늘에는 주체의 별님이 땅을 넓히는 천지확장술과 시간을 주름잡는 축지법을 쓰신다", "앉은뱅이도 서게 하며 장님도 눈을 뜨게 하는 신통력"등의 신격화 표현이 대표적이다.[4]

동시에 당시 북한의 정치·경제·사회문화 등에서 이룩한 성과를 김정일의 공로로 찬양하기도 하였다. 1983년 9월 검덕광산 제3선광장 공동보고에서 "수령님의 영명한 방침과 지도자 동지의 모범적 지도에 의해 이룩되었다"고 찬양하였다. 창광거리 주변의 고층건물은 "김정일의 대담한 결단" 아니면 이룩될 수 없다고 과장하기도 하였다. 또한 각지, 각급 공장기업소 내에 '김정일 사적관', '김정일 학습 연구실'을 설치하였고 김정일 생일인 2월 16일을 1975년부터 공휴일로 지정하였다. 이와 함께 북한 당국은 '대를 이어 충성하렵니다.', '친애하는 지도자 동지' 등등 60여 곡의 김정일 찬양 가곡집과 김정일의 어린 시절과 치적을 찬양한 100여 종의 작품을 수록한 영원한 성좌를 발간하였다. 또한 김일성 선집과 같이 김정일의 언행도 인민의 지도자를 시리즈로 발간하였다. 김정일은 1994년 7월 김일성이 죽은 해로부터 3년간 유훈통치를 거쳐 1998년 헌법개정을 통해 공식 2대 세습자가 되었다.

2. 김정은 세습

김정은은 2010년 1월 8일의 그의 생일날 북한에선 TV에 김일성 출생일, 한국전쟁 휴전일 공산당 창당일등 3번의 행사용 노래로 '축배를 들자'를 부르면서 축하를 했다. 그의 어릴 적 생일 축가로 지어진 노래 '발걸음' 또한 가사를 개사하여 북한 어린이들 사이에서 자주 이 노래를 부르게 하여 후계자로 부각시켰다.

2011년 12월 17일 김정일이 갑작스럽게 사망하면서 당시 세계 최연소 국가 지도자에 올랐다. 세습과정에서 기반을 다질 여유가 충분했던 아버지 김정일과는 결정적인 간극이 있다. 김정일이 사망하자 김정은은 후계자로서의 '홀로서기'가 시작되었다. 김정은도 김정일과 같이 자신의 위해를 가져올 경쟁세력이라고 고려되는 대상들을 차례로 숙청해 나갔다.

김정은 3대 세습 승계는 과거 김정일 시대와 달리 김정은으로의 빠른 권력승계가 이루어졌다. 94년 김일성 사망이후 김정일이 97년에 총비서에, 98년 헌법 개정을 통해 최고 지도자 위상이 부여된 국방위원장에 취임함으로써 공식 승계기간이 4년 소요된 비해, 김정은은 불과 4개월 만에 절차적 권력승계를 완료하였다. 물론 김정일은 1974년 이후 후계자로 확정되면서 부 김일성과 공동통치 형식을 통해 장기간 후계가 이루어 졌다. 김정일에 비해 경력과 카리스마가 부족한 김정은은 이를 극복하기 위해 최고지도자 지위의 빠른 확보를 통해 권력을 장악하려 한 것이다.

당 규약 개정과 헌법 개정을 통해 김정일을 '영원한 총비서'와 '영원한 국방위원장'에 추대하고 노동당 제1비서와 국방위원회 제1위원장 직위를 신설하여 최고지도자의 지위를 새롭게 규정했다. 그러나 그 과정에서 무리수를 두었다. 원래 북한에서 보통 제1자가 들어가는 직책은 부부장이나 부위원장 중에 으뜸가는 직책으로 제1부위원장이란 표현을 사용한다. 당 제1비서란 표현은 비서들이 많이 있기 때문에 제1비서란 직책이 맞을 수 있다.

그런데 제1위원장이라 하면 위원장이 여러 명이 있어야 가능하다. 그러나 위원장은 김정은 혼자이므로 결국 김정일을 '영원한 국방위원장'으로 만들기 위해서 제1위원장이라는 모순된 표현을 억지로 사용했다. 김정은은 자신의 공식지위에 '제1'이라는 숫자를 삽입함으로써 김정일에 대한 효심을 보여주었다. 이는 선대의 유훈통치 방식이라고 볼 수 있다. 유훈통치는 1994년 김일성 사망 이후 김정일이 활용했던 통치방식이며 이제는 김정은이 이를 답습하고 있다. 김정일이 집권 초창기에 김일성의 권위에 의지했던 것처럼, 김정은 역시 부족한 리더십과 권력기반을 확충하기 위해 김정일의 권위와 영향력을 이용하였다. 그러나 6년이 다 되어가는 지금은 김정일로부터 점차 벗어나려는 경향을 보이고 있다.

  김정은 정권의 차별적 이미지를 부각하고 주민동원을 통해 우상화와 충성유도를 위한 정책을 적극적으로 펼쳐나가고 있다. 주민대상의 위락시설 및 편의시설을 개관(릉라 인민유원지, 류경원 등)하여 자산의 역량을 과시하고 있다.

  김정은의 권력세습과정이 특징을 평가해 보면 다음과 같다. 김정일과는 달리 군사지도자로서의 정통성 구축을 우선하였다. 김정일은 당 조직 장악을 통해서 군부를 비롯한 여타조직을 통제하는 수순을 밟았다. 즉 김정일은 중앙당 비서국 조직지도부를 관장하면서 북한의 모든 권력이 이곳에 집중되도록 하여 스스로가 '당 중앙'으로서 김일성 다음의 제2인자로 북한의 전권을 행사하였다.[5] 김정은의 경우는 현지지도방문, 정치행사 개최를 통하여 김정은 권력에 대한 지지 및 충성을 유도하였다. 권력개편도 신속하게 단행하였다. 그 중에서도 가장 중요한 특징으로 당 기능 정상화로 전통적인 사회주의 당 국가 체제를 복원을 도모했으며 정치국, 비서국, 중앙군사위 등 주요직위 공석을 충원하거나 인원을 확대하기도 하였다. 정치국회의가 주요 의사 결정기구로 등장한 것이 김정일 시대와는 다른 측면이다. 김정은 최고 사령관 추대(2011년 12월 30일)라든가 리영호 총참모장 해임

(2012년 7월 15일) 등을 정치국회의로 결정하는 등 당적으로 군을 통제함으로써 완전한 군대장악을 시도하였다. 민간 당 관료인 최룡해를 총정치국에 임명(2012년 4월 13일)하여 군을 당적으로 철저히 통제하는 모습을 보였다. 군 총참모장인 이영호의 전격적인 해임으로 김정은 친위군대 만들기를 시도하였다. 김정은 체제 첫해(2012년)에는 먼저 신속하고도 압축적으로 권력승계 절차를 밟았다. 또한 김정은은 김정일의 생전 구상에 따라 최고위직을 압축적으로 승계하였다. 세습권력의 기반을 공고화하기 위해 김정은 자신이 당의 정점에 서서 당적 통제체제를 확대해 나가기 위해 대규모 당 기층조직 행사를 개최하여 당 기반 다지기에 노력하였다. 또한 2013년에는 6년 만에 당 세포비서대회(1.28)가 개최되었고 20년 만에 3대 혁명소조대회(2.27)가, 5년 만에 전군 선전간부대회(3.28)가 개최되었다. 인사 측면에 있어서도 당·정·군에 대한 김정은의 자신의 사람 심기로 김정은 친위 권력체계를 강화하기 시작하였다. 이에 김영춘, 현철해 등 김정일 시대 원로그룹을 퇴진시키고 김경희는 물론 가까운 인물도 점차적으로 줄여나가는 추세를 보이기도 하였다. 특히 김정은은 당 규약 개정(2017년 5월), 헌법개정(2017년 6월)을 통해 김정은 권력승계를 제도화하고 공식화하였다. 당 규약에 김정은을 '당과 인민의 영도자'로 명시하였고 헌법에는 '국방위원회 제1위원장'직을 신설하여 김정은을 추대하였다.

김정은 개인 우상화와 차별적 이미지로 김정은이 김일성 이미지를 모방한다든가, 애민 이미지도 부각하기 위해 민생을 강조한다든가, 유원지 등 문화후생시설 건설에 박차를 가하는 모습을 보였다. 이외에도 부인 이설주를 공개한다든가, 서구풍 공연을 개최하거나 대중연설 및 스킨십 등을 통해 개방적 이미지도 과시하였다. 아울러 북한은 선군정치를 답습해 김정은 체제를 공고히 하는데 초점을 맞추었다. 2012년 8월 26일 김정은은 "선군 총대를 억세게 틀어쥐고 통일 강성국가를 세워야"[6] 한다고 강조하였다. 이에 따라 북한당국은 핵·미사일 개발을 절대 중단하지 않을 것이라 공언하면서 개정헌법에 '핵보유국'임을 명기(2012년 5월)함과 동시에 선군노선을 고수한다는 입장을 지속적으로 표명하여 북한 주민들에게 부족한 자신의 이미지를 각인 시켜 나가고 있다.

3. 독재권력 세습사례

김정일의 후계구도가 공식화하면서 대의민주제를 형식상으로나마 표방하는 국가가 3대에 걸친 권력 세습을 한 경우는 군주제 국가를 제외하면 현대사에 유례가 없는 일이다. 김정은은 2010년 9월 28일 열린 조선노동당 대표자회에서 조선인민군 대장 칭호를 받고 조선로동당 중앙군사위원회 부위원장, 조선로동당 중앙위원회 위원에 임명받아 김정일의 공식적인 후계자임을 공표했다. 김정은의 이복형 김정남도 어린 시절 김정일이 자신의 후계자라고 생각하고 이와 같이 대장 계급을 붙여준 적이 있다. 북한군에는 대장과 원수 사이에 차수라는 직책을 두고 있다. 중국과 비교하여 마오쩌둥은 손자 마오신위도 아직 소장이다. 마오쩌둥은 자신이 생존 시 충분히 자신의 가계를 우상화하여 마오정권의 영구화를 도모할 수 있음에도 불구하고 단지 4인방에 후계를 맡겨 체제구축을 시현 하였다가 몰락하여 대조적이다.

2011년 12월 17일 김정일이 사망하면서 이는 현실이 되었다. 사실 2세 세습까지는 성공한 국가들이 꽤나 있다. 싱가포르, 시리아, 아젠바이젠, 가봉, 아이티, 니카라과 등이다. 말레지아는 압둘 라작에서 나집 라작 등이다. 나집은 압둘이 죽고 한참 뒤에 집권했다는 점에서 세습이라고 말하기는 힘들다.

싱가포르도 리콴유에서 혈육과 관계없는 고촉동을 거쳐 아들 리센룽으로 이어진다, 리콴유가 아들 리센룽에게 직접 세습하기 보다는 총리로 한

번 건너 뛰었지만 리셴룽은 능력을 갖춘 인물이다. 대만과 달리 싱가포르는 민주주의이기는 한데 엘리트주의에 입각한 일당 우위의 정치를 고수한다. 이관유의 장남 리셴룽의 아들 중 1명이 싱가포르 4~5대 총리에 오를 가능성도 있고, 그렇게 되면 3대 세습이다. 이걸 보고 몇몇 정치학자들은 싱가포르를 '잘사는 북한'이라고 비난하기도 한다. 작은 나라에서 언론이 완전히 통제되며, 유치원부터 국가가 모든 것을 정해주는 제도 안에서 자라난 사람들이 하는 선거가 민주적이라고는 보기 어렵기 때문이다. 다만 집권 자체는 대만은 장제스, 옌자간, 장징궈로 2세 세습에 성공, 싱가포르처럼 중간에 옌자간을 1명 두었다가 장징궈(장경국)으로 넘어갔다. 장징궈는 집권 말기에 야당 활동을 허용하고 계엄령을 해제, 1988년에 총통직을 승계한 리덩후이가 총통 선거를 직선제로 바꾸고 입법의원 선거가 총선으로 바꾸면서 민주 정치를 확립했다. 시리아는 하페즈 알 아사드는 아들 바사르 알아사드로 세습, 이들 부자 역시 철권통치로 시리아를 50년간 통치하여 사실상 아사드 왕조를 개창한 것과 같이 여겨지기도 한다. 아제르 바이젠 헤이다르 알리예프에서 아들 일함 알리예프으로 세습에 성공한 케이스다. 자이르는 초대 대통령 로랑 데지레 카빌라가 암살당한 이후 그 아들 조제프 카빌라가 대통령에 취임했다.

아이티의 초대 대통령인 프랑수아 뒤발리에가 그의 아들 장 클로드 뒤발리에게 대통령 자리를 물려주며 세습에 성공했다. 사실상 이게 가장 김정은과 비슷하며 장 클로드 뒤발리에가 대통령 물려받을 당시의 나이가 고작 19살이었다.

미국의 조지 부시 부자, 파키스탄의 부토 부녀, 인도네시아의 수하르토 부녀처럼 타 민주주의 국가들에도 2대가 나란히 최고집권자에 등극한 경우는 제법 많이 있지만, 이들의 경우는 어디까지나 아버지(또는 어머니)의 후광만 입었을 뿐 집권 자체는 민주적인 절차를 통해서 한 것이므로 위의 경우들과는 비교할 수 없다.

물론 신격화를 동반한 김일성 · 김정일 세습의 비할 바는 아니지만, 싱가
포르와 중국은 서구 언론에서 아시아 민주주의 위기의 진원지로 칭하는 국
가다. 능력 있는 일당 독재로 국가가 부유해지면 국민들이 민주주의 필요
성을 못 느끼고, 국가 경영의 책임을 소수의 엘리트들에게 위임하는데 비
해, 민주주의는 선거권을 가진 시민이 지도자를 선택하는 가장 민주정치
제도다. 전 국민적 레벨의 시민 의식, 교육 수준, 가치관 등이 일정 수준
이상이어야 하며 시민의 끊임없는 권력자 감시 제도 등이 모두 있어야 이
상적인 민주주의가 가능하다. 싱가포르나 대만 같이 착실한 개념을 갖고
국가를 경영하면, 민주주의보다 더욱 효율적인 국가 성장이 가능하다. 그
리고 이런 성공 사례들이 많을수록 아시아에서 '민주주의의 확산'에 어려움
이 가중될 것이라고 예상하기 때문이다. 이런 국가들의 성공 사례를 빌미
로 독재의 정당성을 주장하는 무능한 정권들이 아시아에서 활개를 칠 수도
있다. 독재자가 견제가 없는 상황에서 독재자나 그 측근들이 부패하게 되
면 '절대 권력의 절대 부패'를 낳기 마련이다.

【주석】

1) 소련의 말렌코프(1953년), 흐루시초프(1956년), 폴란드의 라코시(1956년)의 경우 반대파에 의해 실각되었으며, 폴란드의 오하브(1956년), 체코의 노보트니(1968), 폴란드의 고물카(1970년), 불가리아의 체르벤코프(1954년) 등은 인민봉기로 축출되었다. 이외에도 폴란드의 게로(1956년), 동독의 울브리히트(1971년) 등은 소련의 개입과 민중봉기, 반대파의 음모가 상호작용하여 쓰러졌다. 송정호, 『김정일 권력승계의 공식화 과정 연구: 1964~1986을 중심으로』(한양대학교 정치외교학과 박사학위논문, 2004), pp.32-33.

2) 세재진, 『주체사상의 이반』(서울: 박영사, 2006), pp.119-159 참조.

3) 김정일은 여기에서 주체사상의 창시, 철학적 원리, 사회역사적 원리, 주체사상의 지도원칙, 주체사상의 역사적 의의를 밝혔다. 김정일, 「주체사상에 대하여」(위대한 수령 김일성 동지 탄생 70돐 기념 전국주체사상토론회에 보낸 논문, 1982년 3월 31일), 『김정일선집 7』(평양: 조선로동당출판사, 1996), pp.143-216.

4) 전현준, 『金正日 리더쉽 硏究』(서울: 民族統一硏究院, 1994), p.31.

5) 정영태, 『북한의 국방위원장 통치체제의 특성과 정책전망』(서울: 통일연구원, 2000), p.44.

6) 김정은, 『우리민족끼리 인터넷판』, 2014년 8월 31일, 「선군령장의 손길따라 밝아오는 통일조국의 아침」.

III. 김정은 인물관

1. 김정은의 출생과 성장

가. 출생

국가안보전략연구원은 김정은을 1984년 1월 8일생으로 보고 있다. 그의 출생 조작의 이유로는 김일성의 탄생년인 1912년과 끝자리를 맞추기 위해 서라는 설이 있다. 김정일도 원래는 1941년생인데 김일성과 맞추기 위해 1942년생이라고 조작한 전력이 있다. 김정은의 모 고용희의 장남인 김정철 이 태생적으로 매우 여성스럽고 몸도 약해 동복 차남인 김정은을 후계로 선택 했다고 한다. 김정철은 어릴 때부터 여자아이 같다는 이유로 김정일 은 김정철을 좋아하지 않았다. 김정일은 김정은에게는 매년 성대한 생일잔 치를 열어줬지만, 김정철에겐 생일이 막내딸 김여정의 생일과 비슷하다는 이유로 같은 날 몰아서 공동 생일상을 차려줬다 한다.

김정은은 야심이 매우 큰 인물로, 김정일 몰래 이복형인 김정남을 암살 시도도 했는데 결국 김정은은 2017년 말레지아 공항에서 이를 시현하였다. 김정은 모 고용희는 제주도 출신 재일교포의 딸이었고 1960년대 대규모 북

▲ 김정은의 어머니이자 재일교포 출신인 고용희의 사진.

송 때 북한으로 넘어갔다고. 이 때문에 김정일이 사망하자 김정은의 혈통
적 순수성에 흠이 되지 않도록 조총련의 위상이 격하되는가 하면 고용희의
출신에 함구령이 내려졌다. 하지만 이미 주민들에게 대부분 알려져 있고,
김정은의 가장 큰 흠이 되었다. 정실부인도 아닌 김일성의 허락을 받지 않
은 여자, 게다가 북한에서 적대계층으로 취급받는 남조선계 출신(제주도)
재일교포 출신으로서 일반인이었다면 최하위계층 대접을 받을 인물인 것
이다. 김일성가의 후손, 즉 '백두혈통'의 순수한 혈통이 아니라는 점이 김정
은에게 큰 약점으로 따라다니고 있다. 김정은의 학력은 스위스 베른 공립
중학교 중퇴, 김일성 종합대학을 졸업했다. 김정은의 여자로는 현송월, 려
심, 서은향 등이 알려져 있다.

나. 김정은의 가족

처 리설주와 자녀

김정은의 처 이설주의 아버지는 공군 비행사(조종사) 출신으로 함경북도 청진시에서 근무했다고 한다. 이설주의 어머니는 중학교 교원인 것으로 알려졌다. 이설주가 유명한 가수 출신이어서 김정은과 결혼하기 전부터 이설주 가족은 청진 주민들에게 잘 알려진 것으로 전해졌다.'이설주의 집은 청진 수남 구역에 있으며 아버지가 대학 교원이고 어머니는 의사'라는 소문이 있다고 한다. 이설주가 김정은의 부인이 된 뒤 아버지의 근황이 외부에 공개된 적은 없다.

이설주는 한국의 초등학교 4학년까지의 과정에 해당하는 소학교를 졸업하고 평양 만경대 구역의 금성 제2고등중학교에 진학했다. 어린 시절부터 공연단에 뽑혀 일본과 한국에 파견될 정도로 뛰어난 미모와 재능을 인정받았다. 6년 과정의 고등중학교 과정을 마친 이설주는 한국의 예술전문학교격인 3년 학제의 금성 제2고 전문반에 진학했다. 금성 1, 2고는 북한 최대 예술인재 양성 기지에 해당한다. 북한 최고의 예술단인 모란봉악단의 예술인 대다수도 이 학교 출신들이다.

북한에선 '김정일이 생전에 이설주를 며느릿감으로 찍었으며 이후 이설주가 1년 정도 사라졌다가 다시 모란봉악단에 출근했다'는 소문이 있다. 자녀는 셋을 낳았는데 장남, 그 다음이 딸 주애(2013년생)이고 그다음에 셋째를 낳았다.

김정은의 맏아들은 2010년 태어나 현재 일곱 살인 것으로 전해졌다.[1] 국가정보원은 "2009년 김 위원장과 결혼한 리설주는 2010년과 2013년 첫째와 둘째를 낳았다"며 "올해 2월경 리설주가 셋째 아이를 출산했다"고 2017년 8월 29일 국회정보위에 보고해 셋째 출산 사실을 공식 확인시켰다. 첫째와 셋째는 아들이고 둘째는 딸이다. 둘째는 2013년 북한을 방문한 미국 농구스타 데니스 로드먼이 귀국한 뒤 "김주애라는 이름의 딸이 있다"고 밝히면서 성별과 이름이 알려졌다. 이로서 김정은의 장적자는 2017년 현재 7살로 4대 세습의 가능성을 예측할 수 있게 되었다.

친형 김정철(金正哲, 1981년 9월 25일~)

고용희 소생으로 장남이며 김정일의 차남이다. 어머니는 오사카 쓰루하시 태생의 재일 조선인 2세 고용희이고, 남동생인 김정은, 여동생은 김여정이 있다. 김정철은 1980년생이고, 김정은의 동복형제이다. 스위스에서 동생 김정은과 같이 공부했다. 김정일의 일본인요리사 후지모토는 1996년에 일본에 일시 귀국, 1998년 북한에 돌아와서는 과거 김정철과 김정은이 사용하던 체육관이 미 NBA에서 쓰는 것과 같은 것을 사용하고 있으며 김정철은 농구광이라고 하였다. 김정철은 당중앙위원회 조직지도부 간부부 과장으로도 근무했다는 설이 있다.

당시 가명을 사용한 것으로 알려져 있다. 한편 스위스 현지 교사였던 L'Hebdo는 김정은의 성격에 대해 "수줍고 내성적인 성격"이었다는 증언을 하였다. 김정은 노동당 제1비서로 후계 구도가 된 이후 형제인 김정남(46)·김정철(36)은 은둔 상태로 지내고 있다. 김정철도 결혼해 딸과 아들을 낳았다는 보도가 있었다.

여동생 김여정(金汝貞, 1987년 9월 26일~)

고용희 소생 김여정은 김정일의 3남 3녀 중 3녀이다. 고용희가 낳은 3남매중 막내로 고용희의 유일한 딸이다. 2011년 전까지 공개 석상에 보이지 않았으나, 2011년 1월 14일에 싱가포르 공연장에서 김정일의 차남인 김정철과 함께 공연을 관람하고 자동차에 타는 모습도 포착 되었다. 2011년 12월 28일, 김정일 장례식 때 당시 처음 모습을 공개했다. 김정일과 고용희 사이의 막내딸이다.

김여정은 김정은 체제 이후 부각됐다. "김여정은 노동당 조직부에 있다고도 하고 선전선동부에 있다는 해석도 있다"고 말했다. 2015년 5월 국정원 발표에 의하면 김여정이 임신을 하였으며 남편은 누구인지 확실치 않다고 하였다. 북한 김정은의 동생 김여정이 노동당(黨) 선전선동부를 장악해 부부장 직위에 있으면서 김정은 우상화 작업을 주도하고 있고 김기남은 비서에서 고문으로 강등돼 김여정의 후견인 역할만 하고 있다는 설이 있다.[2]

성장 및 지도자 과정

김정은은 태어날 때부터 왕자로 대접받았으며 누구의 눈치도 보지 않고 자유분방 하게 성장했다. 스위스 베른 국제학교에 다닐 때는 미 프로농구(NBA)에 흠뻑 빠졌는데, 당시 친구들은 김정은이 농구할 때 격렬한 플레이를 했고, 지는 것을 싫어했다고 한다.

또 청소년 시절 제트스키나 바나나보트에서 차례로 바다에 뛰어드는 게임을 할 때면 언제나 먼저 뛰어내렸을 만큼 과감했다고 한다.

김정은은 이모인 고용숙이 지난 2016년 5월 미국 워싱턴포스트(WP)와의 인터뷰에서 '어린 시절 김정은은 성격이 독해서 엄마가 꾸짖으면 단식을 하는 등 반항적 성격이었다'고 밝힌 데 대해 "이 자료(신문 기사)가 절대로 북한에 유입되지 못하게 하라"고 지시했다고 국정원은 전했다.

이는 김정은이 '백두 혈통(김씨 일가)'의 허구성이 폭로되는 것을 두려워했기 때문이라고 국정원은 분석했다. 고용숙은 김정은 생모인 고용희(2004년 사망)의 동생으로 김정은이 어릴 때 뒷바라지를 했다. 고용숙은 WP에 "(김정은은) 여덟 살 생일 때 별이 달린 장군복을 입고서 장성(將星)들을 발 앞에 무릎 꿇리고 충성 맹세를 받았다"면서 "이렇게 어린 시절을 보낸 아이가 정상적으로 크는 것은 불가능했다"고 밝혔다. 미국 프린스턴대의 저명한 신경과학자 샘 왕(Sam Wang · 사진) 교수는 김정은의 어린나이 등 극에 대해 "20대는 여전히 뇌가 발달 중인 단계에 있는 나이로, 권력을 쥐 고 한 나라를 통치하는 것이 매우 위험할 수 있다"고 진단했다.[3] 왕 교수 의 분석에 따르면 순간적인 충동을 억제하고 장기적인 계획을 세우는 데 중요한 역할을 하는 뇌의 부분이 20대에도 계속 발달한다. 다시 말해 20대 는 충동을 물리치고 길게 내다보는 능력이 원천적으로 부족할 수 있다는 것이다. "지금의 김정은과 10년 뒤, 5년 뒤의 김정은은 동일한 인물이 아니 다"고 말했다. 발달심리학자들도 "미국 건국의 아버지들이 대통령에 출마 할 수 있는 나이를 최소 35세 이상으로 제한한 것은 충분히 납득할 만한 이유가 있는 것"이라며 성숙하지 못한 어린 나이에 권좌에 오르는 것은 매 우 위험하다"며 34세에 아버지로부터 자리를 물려받은 바샤르 알아사드 시 리아 대통령을 예로 들었다. 그는 "알아사드는 반정부 시위 세력을 잔혹하 게 진압했다" 고 말했다. 젊은 사람들의 경우 복잡한 결정을 다룰 만한 경험 과 기술이 없다"고 지적했다. 16세 때 스위스 유학하여 김나지움(Gymnasium, 인문계 중 · 고등학교) 과정을 마쳤다 한다. 스위스 베른의 공립 중학교에 유학 당시에는 '박운(박은)'이라는 가명으로 활동했다. 학교 기록 등에 따르 면 베른 공립 중학교 인근의 한 초등학교에서 독일어 보충학습을 받은 뒤 1998년 8월에 7학년(한국의 중학교 1학년 해당)으로 편입되었다. 그는 9학 년이던 2000년 말 학교를 그만뒀다. 당시 담임이었던 시모네 쿤은 마이니 치(毎日; 매일)신문 인터뷰에서 "그가 점심시간에 교무실로 와서 '내일 귀 국한다'고 말한 뒤, 다음날부터 나오지 않았다"고 했다

스위스 베른 국제학교에서 '박운(박은)'이라는 가명으로 유학하며 중고등 학교 과정을 밟았다. 이에 대해 실제로 스위스에서 학교를 다닌 건 김정은 이 아닌 형 김정철일 가능성이 있다는 주장이 있으며, 형제가 함께 유학했

다는 주장도 존재한다. 베른 국제학교에서 김정은의 성적은 자연과목이 6
등급 가운데 3.5등급이었고 문화·사회·독일어에서도 낙제를 겨우 면했
다. 영어도 고급반에 들어갔다가 진도를 못 따라가서 보통반으로 내려갔는
데, 독일어보단 영어가 나았다고 한다. 그러나 수학과 체육은 꽤 잘했고 특
히 농구경기에는 강한 승부욕을 보였다고 한다.

　현지에서 2년 정도 유학 후 대학은 김일성군사종합대학(5년제)을 나왔다
고 알려져 있다. 스위스학창시절 성격은 매우 조용한 성격이었고, 여자에
도 별 관심이 없었다고 한다. 하지만 당시 공립학교 같은 반에 '성미'라는
또래 여학생이 있었다.4) '박운'이란 가명을 쓴 김정은은 유일한 한국인 친
구인 이 여학생에게 관심이 있었다. 어느 날 학교 놀이터에서 그네를 타고
있던 성미의 뒤편으로 김정은이 다가왔다. 한국말로 "내가 밀어줄까"라고
말하자 성미는 "아니!"라고 답했다. 김정은은 "괜찮아. 내가 밀어줄게"라며
굽히지 않았다. 그녀가 "하지 말라고!"라며 "저리 가라" 소리치자 김정은은
분노를 삭이며 고개를 숙인 채 돌아섰다고 한다. 부시 2기 정부 때 미 국가
안전보장회의(NSC) 아시아 담당국장을 지낸 빅터 차(Victor Cha)는 성미라
는 여학생을 면담해 접한 사연을 저서 『The Impossible State』(불가사의한
국가, 2012)에 담았다. 성미의 가족은 김정은에게 부모의 존재를 묻자 "우
리 엄마, 아빠 여기 없어"라며 심한 북한 억양으로 퉁명스럽게 답한 것으로
기억했다. 존칭을 쓰지 않는 그의 말투 때문에 '나쁜 아이'로 보게 됐다는
말도 곁들였다.

　다만 성인 잡지를 가방에 넣고 다니다 선생에게 걸린 적은 있다고 하며,
어렸을 때부터 NBA의 광팬으로 코비 브라이언트와 함께 찍은 사진을 자랑
스럽게 간직했다고 한다. 2011년 아버지 김정일이 죽으면서, 근·현대 사
회주의 공산체제에서 유례를 찾아보기 힘든 3대 세습으로 만 27세의 젊은
나이에 권력을 잡았으며 이 때문에 최연소 국가수반으로 기네스북에 등재
되었다.

기존의 선대 독재자들에 비해 권력 승계 당시의 불안정한 정치 기반을 의식하여, 자신의 고모부 와 이복형 등 친족들을 잔혹하게 살해하고, 공포 정치를 펴 나가고 있다. 김일성, 김정일도 물론 무자비한 독재자였지만 친인척을 직접 숙청하거나 최고위직의 군 간부들을 단칼에 제거하는 등의 무모하게 권력을 함부로 휘두르진 않았다. 김정은의 이와 같은 무분별 대규모 숙청을 통한 공포 정치는 그의 정치적 입지가 조부 김일성과 그의 후광을 직접적으로 입은 부 김정일에 비해 비교적 불안정하다는 것을 의미한다고 볼 수 있다.

김일성, 김정일 부자를 시대의 늙은 기성 정치가들과는 비교할 것도 없이 젊고 스위스 베른 국제학교에서 외국 학생들과 함께 유학도 해서 집권 직후 북한의 정치, 사회, 외교 등에 변화가 일지 않을까 하는 세계인들의 주목을 받았던 것이 사실이다. 혹시나 북한을 조금이라도 자유롭게 하지 않을까 하는 기대감이 잠시 있었지만 현실은 전혀 그 반대로 가고 있다. 2010년 김정은은 최근 들어 살이 매우 찌고 건강이 나빠져 가는 것으로 보여지고 있다. 언론에서는 김정은이 일부러 후덕하게 용모를 바꾸도록 폭식을 했다는 분석도 있었다. 하지만 김씨네 비만적 모습은 유전적 요소와 관련이 있는 것으로 보인다.

그러나 한편으로는 북한 주민들에게 김정은을 이미 신격화된 예전 지도자의 백두혈통 핏줄임을 강조하려는 의도가 있다고 볼 수 있다. 북한 민중들이 김일성이나 김정일에게 하듯이 김정은 역시 신격화된 존재로 생각하도록 유도하고 충성을 강요하고 있는 실정이다.

김정일의 전속 요리사였던 후지모토 겐지는, 김정은의 인상을 "어렸을 때보다 얼굴에 살이 많이 붙었다"면서 김정일로부터 "많이 먹어 관록을 붙이라", "위에 있는(높은) 사람이 가늘어선 안 된다"는 얘기를 많이 들었다고 한다. 어린 시절 김정은은 순혈주의가 강한 북한에서 제일교포의 아들이라는 점, 거기에 바로 위에 친형인 김정철의 존재 때문에 전문가들은 고용희의 자녀가 김정일의 후계자가 되는 것에 회의적이었고 그중에서 차남 김정은이 후계자가 되리라는 것은 믿지 않았다. 주요 전문가들은 언론 노출과 해외 출입이 잦았고 더불어 장남이고 나이와 경력이 있던 김정남을 후계자로 지목하는 사람이 있었고 김정은은 어느 순간 스위스에서 대학을 다니는 모습이 알려져서 반짝 주목을 받았으나 당시에는 누구도 이 소년이 북한의 새 지도자가 될 가능성을 전혀 몰랐다. 다만 김정일 곁에서 요리를 일본인 요리사 후지모토 겐지는 그의 저서를 통해 김정은이 후계자가 될 가능성을 점쳤다. 북한 권력 핵심층과 가까이 일하다 보니 빨리 알아 차려 친형 김정철의 경우 김정일이 '여자아이 같다'는 평가를 내리며 후계자 감으로 생각하지 않았다고 증언했다5).

김정은의 무분별 대규모 숙청을 통한 공포 정치는 그의 정치적 입지가 북한창건자인 김일성과 그의 후광을 2016년 6월 29일 최고인민회의를 통해 국방위원회를 폐지하고 국무위원회를 신설하고 국무위원장에 추대되었다.

청년 시절에 문화예술계 쪽에 관심을 보이면서 김일성의 신임을 10년 넘게 쌓으면서 자기 입지를 강화해 했던 아버지인 김정일과 달리 북한에서 아무 경력도 없다가 갑자기 권좌에 앉아 억지춘양식 우상화를 하고 있는 모습은 전 세계에 웃음거리다. 3살 때부터 백발백중의 사격실력을 갖췄다든가, 140km 이상의 거리를 승용차로 운전했다든가, 7살 이전에 전차 등의 중장비를 조종했다는 어린아이 장난수준의 소설이 북한 측의 선전 내용으로 보통국가에서는 상상을 초월하는 행위가 북한에서 벌어지고 있다. 차라리 지도자에게 걸 맞는 점을 찾아 한 사회를 제대로 구성할 수 있는 타당성 있는 시나리오를 만들거나, 전략적 식견을 가져 상식적인 선에서 이해를 구하는 것이 더 나을 것이다. 김정은 집권 초기 김일성, 김정일 부자 시대부터 내려온 늙은 기성 정치가들과는 비교할 것도 없이 젊은데다가, 여기에 스위스 베른 국제학교에서 외국 학생들과 함께 유학도 해서 집권 직후 북한의 정치, 사회, 외교 등에 변화가 일지 않을까 하는 세계인들의 주목과, 혹시나 북한을 조금이라도 자유롭게 하지 않을까 하는 기대가 잠시 있었지만 전혀 다른 방향인 극악무도한 독재자의 길로 가고 있다.

절대군주제의 전제국가 상태로 퇴행한 북한의 상황에서 북한 민중에게 김정은을 이미 신격화된 예전 지도자의 핏줄임을 강조하려는 의도로 밖에 볼 수 없다. 북한 주민들이 김일성이나 김정일에게 하듯이 김정은 역시 신격화된 존재로 생각하도록 유도하고 충성을 강요하여 공포적 독재체제를 이어가고 있다.

사실 김정은은 김일성의 피를 물려받은 손자인 데다가 똑같이 뚱뚱하고 비슷한 머리스타일까지 하고 있으며 우리의 편견까지 작용한다면 그 모습이 유독 더 닮아 보일 수는 있다. 2014년 3월 10일 제13기 최고인민회의 대의원으로 선출된 이래 연평도 포격 사건을 계기로 국내 방송에 목소리가 자주 공개됐는데, 의외로 걸걸하고 어조가 당당하고 정확하지 못 해 듣기에 상당히 거북하다. 김일성의 과거 연설과 비교하면 목소리가 상당히 유사하다. 그리고 2015년 10월경 공개된 연설 장면에서는 예전의 김일성을 연상시키는 모양으로 목뒤가 튀어 나왔다.

건강관계

북한 김정은이 권좌에 앉은 이후 몸무게가 40kg 이상 늘고 건강에도 문제가 있어 불면증에 시달리고 있다고 국가정보원이 국회 정보위 전체회의에서 밝혔다.

국회 이철우 정보위원장은 2016년 국정원 보고 내용을 전하면서 "김정은이 2012년 처음 등극했을 때는 90kg이었는데 2014년 120kg, 2016년에는 130kg로 추정된다"면서 "그래서 불면증에 걸려서 잠을 잘 못 잔다고 한다"고 말했다. 김정은은 군 등의 위협을 체크하고, 신변 위협 때문에 많은 고

민을 하고 있다"면서 원래 폭음, 폭식 때문에 성인병의 발발 가능성도 크다"고 밝혔다. 이와 함께 김정은의 어린 시절과 관련한 정보가 미국 워싱턴 포스트지를 통해 기사화된 것과 관련, "김정은이 자신 관련 자료가 보도된 직후 해외 대사들에게 이러한 자료가 절대 북한에 유입되지 못하게 지시했다"고 한다.

김정은이 2014년 9월 초~10월 중순 공개석상에 나타나지 않은 이유는 5월경 왼쪽 발목 복사뼈에 낭종(물혹)이 생겨 심하게 붓고 통증이 심해지자 유럽 의사들을 불러 제거 수술을 받았기 때문이라고 국정원은 밝힌바 있다. 국정원 측 관계자는 "김정은 외모 진료 의사의 판단은 '고도 비만에 지나친 흡연으로 재발 가능성, 후유증이 생길 가능성이 높다'는 것"이라고 말했다.

휴브리(Hubris) 증후군이라고 질환이 있다. 데이빗 오웬이란 영국 외교관이 만든 용어인데, 오만 증후군이라고도 한다. 이 증후군에 걸린 사람들은 스스로를 구세주라고 착각하고 역사 신 앞에서 책임을 안 진다. 자아도취적이라서 '세계는 내 놀이터고 나는 그곳에서 권력과 영광을 누린다'고 생각한다. 이런 경우 국익과 지도자의 이익이 일치된다. 독재자들이 왜 이상한 행동을 하는지 이러한 증후군영향으로 이들은 무모하고 충동적이고 무능력하다. 좋은 예가 바로 히틀러다.

사실 영국의 마거릿 대처, 토니 블레어도 오만 증후군이었다. 하지만 이런 리더들은 민주주의로 억제가 가능하다. 자애로운 독재자'는 생물학적으로 존재 불가능하다. 공포는 코르티졸이란 신경전달물질을 분비한다. 하지만 코르티졸도 수치가 높아지면, 일상에 대한 감각을 잃고 외부 자극에 과하게 반응하게 된다. 안정적인 위계 구조를 갖추고 외부 위협이 없다면 코르티졸 수치가 높아질 리가 없다. 하지만 권력이 지속적으로 도전을 받는다면 그 수치가 높게 되는 것을 우려했기 때문"이라는 의료 보고도 있다. 김정은이 북한에서 최고의 약수로 알려진 남포 검산리의 약수를 식수로 사용하고 있는 것으로 전해졌다. 또한 현지 지도할 경우 함경북도 칠보산의 물을 공수해 김정은이 먹는다고 보도 했다.

김정은이 북한에서 최고의 약수로 쳐주는 검산리 약수를 먹고 있는데 검산리 약수로 밥을 지우면 밥이 노랗고 먹은 지 한 시간도 안 돼 소화가 되는 효험이 있다'고 2016년 탈북자가 전했다.

북한 전문가 이수석 박사는 "핵심 측근들이 숙청과 처형에 대한 불안감으로 김 제1비서에 대한 조언을 기피하고 생존을 위한 책임회피는 물론 허위보고도 하고 있는 것으로 파악된다"며 "감시가 소홀한 해외 파견 일부 간부들은 망명까지 감행하고 있다"고 말했다. 김씨 백두혈통 집안만 전문으로 연구해온 전문병원이 2개나 있는데다가 진짜로 좀 이상하다 싶으면 전용기타고 우방국이나 중립국의 유명 의료진을 불러 치료를 받기 때문에 변고는 철저히 대비한다. 사실 북한 지도자가 죽었다는 말은 북한 중앙텔레비전에 아나운서 리춘희가 검은 상복 입고 나와서 울기 전까지는 그 어떤 것도 믿으면 안된다는 말도 있다. 게다가 김정일도 생존시 각종 질환으로 살다가 죽었다. 김정일은 심한 음주로 김정은의 음주보다 더 심했는데 19살 때부터 비만에 지방간을 달고 있었다.

2014년 2월 6일, 북한전문 언론 데일리NK에서는 2014년 2월 공개된 김정은의 사진을 내과전문의 박현종 원장에게 문의하여 '100kg 정도'로 보인다는 분석을 기사화했다 2014년 5월 8일자 조선일보에서는 장성택 처형 이후 김정은이 살이 많이 쪘다는 기사를 썼다. 고모부를 숙청한 이후 정신적인 고통 때문에 폭음과 폭식을 하게 되었다고 한다. 100kg으로 추정되던 체중이 120kg으로 불었다고 한다.

2013년 기준으로 BMI 지수[6]는 키와 몸무게를 이용하여 지방의 양을 추정하는 지수다. 몸무게를 키의 제곱으로 나눈 값이다. 20 미만일 때는 정상체중, 20~24일 때는 정상체중, 20~30까지는 경도 비만 30 이상은 비만으로 본다. 대부분의 사람들은 김정은의 2013년 당시 상태를 과체중으로 보았다. BMI 35부터가 고도비만이다. 즉, 2013년 당시의 김정은은 30 정도로 비만으로 볼 소지는 있어도, 고도비만이라고 하기는 어려운 셈이었다. 하지만 현재 김정은은 국제 기준이나, 대한민국 기준으로도 35 이상의 고도비만이라는 것을 외모에서 알 수 있다.

김정은의 키를 170cm라고 두고, 2014년 5월에 측정한 김정은의 BMI 지수는 41.52, 110kg 정도로 추정된다. 다만 BMI 지수는 피 측정자의 체지방량, 근육량을 고려하지 않은 지수라는 것을 감안해야 한다. 우락부락한 근육질의 운동선수들은 근육량과 골격 때문에 BMI 지수가 높게 나오고, 내장지방이 있다 해도 체중 자체는 정상인 사람들은 BMI 지수가 낮게 나온다.

현대인의 건강을 해치는 비만, 흡연, 음주의 경우는 그냥 비만도 아니고 젊은 나이에 벌써 고지혈증에 걸려있다. 후지모토 겐지의 증언에 따르면 김정은은 어린 시절부터 음주와 흡연을 즐긴 것으로 알려져 있다. 비만, 음주, 흡연이라는 건강에 안 좋은 요소를 모두 기호품으로 즐겨, 젊은 나이임에도 김정은의 건강이 나쁘리라는 분석이 나오는 판국이다. 특히 비만이야 고도비만만 아니면 큰 문제는 없다지만 음주와 흡연은 이야기가 다르다. 실제로 2014년 신년사 음성을 분석한 결과, 4초 간격으로 숨을 허덕거림을 포착해 건강 이상을 의심받는다. 김정은이 찍히는 사진마다 뒷짐을 지고 엉거주춤하게 서 있는데 이건 숨이 차서 그렇다고 한다. 2014년 7월 8일 김일성 사망 20주기 추모식에 나타난 모습을 보면 다리를 저는 모습을 보였으며, 상당히 컨디션이 나쁜 표정으로 등장했다. 또한 이마에 흉터를 입은 것도 노동신문 사진에서 관찰되었는데, 특별히 숨기거나 하지 않는 걸로 보아 어디 넘어지거나 부딪쳐서 생긴 상처일 가능성이 높다. 다만 아직까지는 건강 문제가 대두될 가능성은 희박하다. 30대 초반의 한창인 청년이 당장 나자빠질 가능성은 별로 없다. 북한은 공식적으로 김정은이 불편한 몸이라고 언급했다.

2014년 10월 한 달 가까이 공식석상에 모습을 드러내지 않아 그의 건강

이상설에 대한 의문이 끊이지 않았다. 최고인민회의에도 불참할 정도로 건강이 좋지 않았다. 이 때문에 대외적으로 사망설에 쿠데타설까지 난무하였다. 이런 상황이 북한 입장에서는 꽤나 곤란했던지 최룡해를 포함한 최고위급 인사가 급작스럽게 인천아시안게임 폐막식에 참가하면서 대외적인 논란이 사그라졌다.

최근 김정은을 치료하고 돌아온 독일과 프랑스 의료진이 자국 정보기관에 "다리뿐만 아니라 내분비계 및 핵심 장기에 이상이 있다"라고 밝혔다. 이는 한국 정부에도 통보되었는데 정보로는 큰 질환은 없는 것으로 보인다.

지난 2014년 로이터통신은 북한 지도부에 접근이 가능한 소식통을 인용해 "김정은이 과체중으로 인해 부상을 입어 걷기가 불편한 상황이고 회복하는 데는 100일가량 걸릴 것"이라고 했다.

당시 김정은이 군부대 현지지도에 나서 장성들도 훈련에 참가하라고 명령했고 자신도 함께 바닥을 기고, 뛰고 구르는 훈련에 나섰다가 인대가 늘어났다"고 설명한 것으로 전해졌다. 그러면서 자유아시아방송은 "김정은이 공개석상에 등장하지 않는 이유는 북한의 최고 지도자로서 목발을 사용하거나 휠체어, 즉 환자가 쓰는 바퀴 달린 의자에 앉아있는 모습을 내보일 수 없기 때문이란 지적도 있다"고 전했다 일각에선 김정은의 정신질환 문제가 제기되기도 했다.

미국 전략국제문제연구소(CSIS)의 마이클 그린 선임연구원은 2017년 6월 미국 CNN 방송에 출연해 "김정은이 가족 병력인 편집증이나 나르시시즘, 즉 자아도취증에 시달릴 수 있다"고 주장했다.

그린 연구원은 "김일성과 김정일은 편집증과 나르시시즘, 그리고 폭력에 대한 비정상적인 집착 등 여러 가지 정신적 질환이 있다고 평가됐다"며 "김정은도 이를 물려받았거나 현재 자신이 처한 상황 때문에 비슷한 문제를 겪고 있을 가능성이 있다"고 지적한 것으로 알려졌다. 급격히 불어난 몸에 이상이 와서 위 밴드 수술을 받았다는 설도 있다. 2014년 10월 14일 40일 만에 공개석상에 나타났고 이틀 후 10월 16일『노동신문』은「정말 뵙고 싶었습니다」라는 기사를 실어 김정은에 대한 북한 주민의 애모를 조작 보도했다.

친구관계

김정은은 국내외적으로 가까운 친구가 없다. 과거 스위스에서 잠시 공부를 했지만 누구와도 연락이 되는 사람이 없다. 스스로 외국국가 지도자와 가까이 하려는 의도도 없다. 이는 김정은이 지금까지 외국원수를 한 번도 만나지 않았다는 점에서도 그가 비사교적임을 알 수 있다. 이러니 친구가 만들어 질 수 없다.

김정은에게는 두 명의 외국인 '절친' 지기가 있다. 한 사람은 김정일 전속 요리사였던 후지모토 겐지(藤本建二)고, 다른 한 사람은 '벌레(The worm)'라는 별명이 붙은 미국의 악동 농구선수 데니스 로드먼(Dennis Rodman)이다. 김정은은 틈날 때마다 이들을 평양으로 불러 극진히 대접했다.

집권 이후 지금까지 외국 정상을 만난 적이 한 번도 없는 김정은이지만 자신의 유년시절 추억을 간직한 두 사람에게는 관대하다. 그의 초대로 후지모토는 두 차례(2012년 7월 22일, 2016년 4월 12일), 로드먼은 네 차례(2013년 2월 28일, 2013년 9월 3일, 2013년 12월 19일, 2014년 1월 6일, 2017년 6월 13일)나 북한을 다녀왔다. 전 세계와 척을 진 김정은이 기댈 수 있는 외국 친구는 이들뿐이다. 로드먼은 김정은과 리설주 사이에 딸이 태어났다는 사실[7]을 외국인으로서는 가장 먼저 알았다. 장용석 서울대학교 통일평화연구원 선임연구원은 김정은을 '농구감독'에 비유했다. 한번 믿고 기용한 관료를 죽을 때까지 쓰던 '영화감독' 스타일의 김정일과 달리, 김정은은 매 순간마다 선수를 교체하는 즉흥적 성격의 감독이라는 것이다.

한마디로 상황 예측이 불가능한 인물이라는 말이다. 장 연구원은 "가신들과 경호원들에 둘러싸여 정상적인 사회화 과정을 겪지 못한 김정은은 일반적 상식과는 다른 차원에 사는 사람이라고 볼 수 있다"며 "자신의 권력을 집중시키기 위해 전체 사회를 격동시켜 동원하는 '김정은식 셈법'으로 2016년에도 자칫 한반도 정세가 우려스러운 국면으로 전환될 수 있다고 평 했다.

2013년 3월 4일(현지시간) ABC방송의 '디스 위크'에 출연한 로드먼은 "김정은은 오바마가 자기한테 전화해주길 바라고 있다"며 "그는 전쟁을 원하지 않는다"고 수차례 말해 김정은을 옹호하기도 했다. 데니스 로드먼이 지난 2월 방북했을 때 받은 대우는 일반적인 상식을 뛰어넘는 것이었다. 조선중앙TV는 로드먼의 방북 일정을 매일매일 상세하게 보도했고, 로드먼은 김정은 바로 옆자리에서 농구경기를 관람하는가 하면 그를 위해 베풀어진 만찬까지 참석했다. 로드먼이 북한을 떠난 다음날인 2013년 3월 2일, 조선중앙TV는 김정은과 로드먼의 만남을 다룬 기록영화 '경애하는 김정은 원수님께서 우리나라와 미국 농구팀 선수들의 혼합경기를 관람하시고 미국 NBA 이전 선수와 일행을 만나시었다'라는 프로그램을 방영하기도 했다. 김정은은 로드먼에 대해 여전히 많은 미련을 가지고 있는 것으로 보인다. 로드먼이 『가디언』과 한 인터뷰에 따르면, '김정은 비서는 스포츠와 문화교류를 통해 신뢰와 이해관계를 증진시키는데 관심이 있다'고 한다. 로드먼은 또 뉴욕에서 가진 기자회견에서 "김정은의 생일에 맞춰 2014년 1월 8일 북한에서 두 차례 농구 시범경기"를 가졌으며, '2016년 올림픽 농구 대표팀'을 훈련해달라고 요청 받았다고 전했다. 로드먼은 "북한을 방문해서 김정은과 함께 있었던 것이 전혀 무서운 일은 아니었다"며 "그에 대해 우리가 오해하는 바가 있다"고 말했다.

▲ 2013년 2월 28일, 평양 류경정주영체육관에서 리설주, 김정은, 데니스 로드먼(왼쪽부터)
이 경기를 관람하고 있다.

　로드먼은 방북 시마다 미국 행정부와는 전혀 상관없는 개인적인 방문이
라고 밝혔지만, 일각에서는 로드먼이 북한의 대미 전략에 말려들고 있다고
보고 있다. 로드먼은 평양을 방문해 김정은과 함께 농구경기를 관람했으며
"그가 매우 인간적인 사람"이라고 밝히기도 했다. 당시 미 국무부는 "로드
먼의 북한 방문은 미국 행정부와 교분이 전혀 없다"며 "그가 돌아와도 북한
에서 어떤 이야기를 주고받았는지 확인하지 않을 것"이라고 밝혔다. 로드
먼은 "북한의 인권 문제를 들어서 알고 있다"며 "다시 북한에 가면 실태가
어떤지 확인하고 싶다"고 밝혔다.

　한편 김정은의 또 다른 친구인 후지모토 겐지 일본인 요리사는 김정일
생존 시 김정일의 일식 전용 요리사로 김정은의 성장과정을 보아온 인물이
다. 후지모토는 2001년 식자재 구매 명목으로 일본에 간다는 구실로 북한을
탈출하여 일본에 머물렀다. 후지모토는 북한을 떠난 지 2012년 11년 만에
김정은의 초청으로 방북하였다. 일반적인 경우 북한을 배신하고 떠났다면

▲ 김정일의 총애를 받았던 일본인 요리사, 후지모토 겐지(藤本建二).

보복이나 억류를 했을 텐데 전혀 이런 모습을 보이지 않은 것은 김정은이 나름대로 의리를 중시한 것으로 보인다. 그는 1980년대 후반부터 13년간 평양에서 김정일 위원장의 전속 요리사로 일하며 김정은과 친분을 쌓은 것으로 알려졌다.

후지모토 겐지(藤本建二)는 2차로 2016년 4월 26일 미국의소리(VOA)는 일본 교도통신 보도를 인용해 "후지모토는 귀국길에 중국 베이징 공항에서 기자들을 만나 '당연히 김정은을 만났다'고 말했다"고 보도했다.

김정은과 어릴 때부터 가장 가까이 지냈던 일본인 요리사 후지모토 겐지에 의하면 김정은이 어렸을 때 보드카 한 병을 다 마실 정도로 술을 좋아하고 10대 때 흡연을 시작했다.

술과 담배도 일찍부터 시작했는데 흡연은 몰래 했지만 음주는 대놓고 했다고. 김정일 가족과 측근들이 참석하는 연회 때 간부들은 앞 다퉈 10대인 김정은에게 술을 따르러 왔는데 김정은은 김정일이 보는 앞에서 그 술잔들을 거리낌 없이 비웠다고 한다.

기호

김정은 부 김정일은 김정은이 15세 때부터 "남자는 술을 잘 먹어야 한다"며 음주를 허용했고, 담배는 "일찍 배우면 키가 안 큰다"며 피우지 말라고 지시했다. 김정은은 이때부터 조니워커 등 최고급 상품을 즐겼고 러시아 보드카 가운데 최고급인 '크리스탈' 1병을 단숨에 들이켰다고. 담배는 툭하면 어른들에게 떼를 써서 얻어 피웠다. 후지모토도 2000년 어느 날 한 초대소(별장)에서 당시 17세의 김정은이 검지와 중지를 세워 입에 댄 채 '이거 하러 가자'고 꾀어내 후지모토와 '이브 생 로랑'을 몰래 피웠다는 증언을 남겼다.

승용차는 벤츠 600, 좋아하는 스포츠는 농구, 부친인 김정일의 호칭은 '파파' 다른 사람들 앞에서 김정일을 지칭할 때는 '윗선에서'란 표현을 썼다고 한다. 기쁨조 무용수를 볼 때마다 관심을 보였다고. 한 번은 기쁨조 공연을 봤을 때 가슴이 큰 여성이 있었는데 "야, 가슴 크다"라고 했다는 일화도 있다.

영국의 한 일간지는 김정은이 스위스 유학 시절부터 즐겨 먹은 것으로 알려진 스위스 '에멘탈 치즈'가 김정은의 기호품이라고 했다.[8] 김정은은 최근까지도 이 치즈를 수입해 먹은 것으로 알려졌다. 김정은의 건강 이상이 지나친 치즈 섭취 때문이라는 분석도 나온다. 영국 신문 인디펜던트는 2014년 9월 "스위스산 에멘탈 치즈를 너무 많이 먹어 체중이 늘고 건강에 이상이 생겼기 때문"이라고 보도했다. 에멘탈 치즈는 스위스 음식인 퐁듀를 주재료로 안에 구멍이 숭숭 나 있는 것이 특징이다. 오래 보관하려고 다른 치즈보다 염분을 더 많이 넣어 짠맛이 강하다. 또 제조 과정에서 가열할 때 생긴 단백질 덩어리가 많아 상대적으로 고단백이다. 스위스에서 학창 시절을 보낸 김정은은 이 치즈를 무척 좋아하는 것으로 알려져 있다.

다. 성격

태생적으로 자기중심 성격

김정은과 함께 학교를 다녔다는 스위스인 동창생은 김정은에 대해 "그 녀석은 좋은 성격이지만 호전적"이라고 평한 적도 있었다고 한다. 유학 시절 때 포켓몬 본다고 동급생들이 놀리자 바로 책을 집어 던지고 동급생들과 싸우려고 해서 주변 친구들이 말리자 겨우 진정했다고 한다.

성격은 대담하고 지는 것을 싫어하는 타협을 모르는 자기위주의 아집적 성격으로 알려져 있다. 그의 이러한 성격들을 보여주는 에피소드로는 다음 이야기가 있다.

한때 김정일 측근들은 김정철·김정은 형제를 각각 '큰 대장 동지'와 '작은 대장 동지'로 불렀다고 한다. 하지만 김정은은 열 살 무렵 이모 고용숙이 자신을 '작은 대장'으로 부르는 것을 듣고 "왜 내가 작은 대장이냐"고 따졌고 이후 김정은의 호칭은 '작은'이란 수식어가 빠진 '대장 동지' 또는 '김 대장 동지'가 되었다고 한다. 또 김정일 일가가 백두산 초대소에 1주일간 머물 때 하루는 온 가족이 산 정상에 올랐는데 김정은이 갑자기 후지모토 곁에 다가가 "산 내려갈 때까지 참을 수가 없어. 후지모토, 저쪽으로 같이 가자"며 으슥한 곳으로 후지모토를 데려가선 근처에 화장실이 보이지 않자 후지모토에게 '동반 노상방뇨'를 권유한 적도 있다고 한다. 백두산엔 북한이 김정일 생가라고 선전하는 '백두산 밀영'이 있어 산 전체가 성지나 마찬가지인데 후지모토 겐지는 "북한 일반 주민들이 보기엔 정신 나간 짓 이었다"며 "나 혼자 김씨네 성지에서 그러다 발각됐다면 총살됐을 것"이라고 회고했다.

어릴 적 화가 나면 구슬을 형의 얼굴에 던지고 60세가 넘은 김일성의 부관을 발로 툭툭 차며 '땅딸보'라 놀리는 등 버릇없고 거친 면도 있었다고 한다. 아버지묘를 참배하며 눈물을 흘리거나, 애육원에서 고아들을 보고 눈물을 흘리는 장면이 포착되었다. 실제로 성격이 여린 편이라는 말도 있고, 연기라는 말도 있다.

2016년 3월, 중국은 북한의 적이며, 중국을 상대로 핵전쟁을 일으킬 수도 있다고 협박했다는 말도 돌아 그의 자기위주의 비타협적 성격에서 나온 독특한 성격으로 볼 수 있다. 결국 이는 포악 잔인 성격으로 이어져 공포정치를 하게 된 동기부여를 가져 온 것으로 보인다. 김정은은 집권 이후 3년이 지난 최근 공개적으로 간부들에 대해 자기 비위에 거슬리면 공개적으로 욕설을 퍼붓는 성격이다. 한 술 더 떠 공개적으로 위협하면서 오직 자기에게 아부 아첨하는 사람들만을 신뢰하고 있다. 집권 초기 부드러운 이미지를 반복해온 행동과는 사뭇 다른 것이다.

편집증(망상장애)

김정은은 친부 김정일과 마찬가지로 기분에 따라 기복이 심하고 성격이 급하며 쉽게 모욕감을 느끼고 화를 잘 내기 때문에 어느 누구도 감히 바른 말을 하려고 하지 않는다고 한다. 김정일은 가장 가까운 측근도 기분이나 감정에 따라 즉석에서 처벌하기도 하는 등 즉흥적으로 행동하고 한 가지 일에 오래 집착하지 못한다. 갑자기 어떤 생각이 떠오르면 깊이 생각하지도 않고 과격하게 처리하는 측면을 지니고 있다. 미 국의 유명 심리학자들은 김정은을 "권력에 굶주린 자기도취형"으로 규정하고 있다.

이러한 성격 때문에 김정은은 지독한 자기도착증에 빠져 있으며, 권력

유지를 위해 공포통치를 계속할 것이라고 분석했다. 김정은의 통치 행태는 실패한 지도자의 대표적 사례를 보여준다는 분석도 나왔다.[9]

세계 독재자들의 심리를 분석한 책 '독재의 심리학'으로 관심을 모았던 파타리 모가담 미 조지타운대학 교수[10]는 2016년 1월 VOA와 인터뷰에서 김정은이 북한에 특별한 사태가 발생하지 않는 한 적어도 10년 이상 가혹한 독재 통치를 유지할 것으로 내다봤다.

김정은이 나이가 여전히 너무 어리고 권력은 계속 불안하며 경제 기반이 취약하여 중국에 의존하는 취약한 처지이기 때문에 극단적인 독재 통치를 유지할 가능성 이 매우 높다는 것이다. 독재정치 심리 전문가인 모가담 교수는 "이는 국제사회의 극악한 독재정권이 공통적으로 밟았던 전례와 다르지 않다"면서 "극악한 독재권력은 정권 유지에 대한 불안 때문에 미세한 반대 움직임에도 민감한 반응을 보이고, 불복종 행위에 대해 결코 관용을 베풀지 않았다"고 지적했다.

북한 정권이 5차 핵실험을 하고 장거리 탄도미사일 발사를 위협하는 것 역시 극단적인 역대 독재정권과 흡사하다고 밝혔다. 독재정권은 주기적으로 긴장과 분쟁 국면을 유발해 자신의 존재를 확인하고 국민에게 충성을 유도하는 수법을 전형적으로 구사해 왔다는 것이다. 특히 북한 지도자는 조금이라도 다른 의견을 보이면 역적과 배신자, 친미주의자로 낙인 찍어 가혹하게 처벌하는 북한의 행태는 옛 소련이나 이란 등 독재국가에서 항상 있어 왔다고 모가담 교수는 설명했다.

그는 김정은의 정신 상태에 대해서 "극도로 자기도취(Narcissistic)에 빠져 있고 권모술수에 매우 능한(Machiavellian) 독재자의 공통점을 모두 갖추고 있다"며 "김정은의 정책과 행동이 비이성적이거나 정신적으로 병적인 상태(pathological)는 아니지만 권력에 극도로 굶주린, 자기도취에 빠진 인물임이 거의 확실하다"고 했다. 한편 미국에서 감성지능(Emotional Intelligence) 2.0'의 저자로 잘 알려진 심리학자 트라비스 브레드베리 박사[11]는 김정은을 실패한 지도자의 대표적 사례로 분석했다. 브레드베리 박사는 최근 미국의 인터넷 매체인 '허핑턴 포스트'에 기고한 글에서 '김정은으로부터의 5가지 중요한 지도력 교훈'이란 제목의 칼럼에서 "감성지능이 뛰어난 지도자는 영웅과 위대한 지도자뿐 아니라 그릇된 지도자를 통해서도 교훈을 얻을 수 있다"고 김정은의 통치스타일을 분석했다. 브레드베리 박사는 "심약한 지도자는 강력한 지도자와 달리 사소한 것도 위협으로 간주해 짓누른다"며, 김정은이 70명 이상의 고위 간부를 처형한 사례를 지적했다. 그는 이러한 과도한 권력행사는 역설적으로 약함과 두려움의 표징이라고 강조했다.

브레드베리 박사는 "이런 공포정치 때문에 많은 간부가 그 앞에 면종복배하겠지만 이는 (진정한 존경의 표시가 아니라) 의무 때문이며, 북한인은 그가 성격 결함이 있고 자제력이 없으며 자신감도 전혀 없는 지도자임을 알고 있을 것"이라고 말했다. 독재자 스탈린은 평생 암살을 두려워했다. 그는 자신의 별장에 똑 같은 방 네 개를 만들어 어느 방에서 자는지 알 수 없도록 별장을 요새화했다. 전등 버튼 또한 자신이 아니면 켜지지 않도록 특수 설계를 했다. 그는 자신의 침실에 어느 누구도 얼씬거리지 못하게 했다. 그러나 이런 과잉보호 때문에 스탈린이 뇌출혈로 쓰러졌지만 사흘이나 지나서야 참모에게 발견됐다. 1953년 3월 그가 쓰러지던 날 의사가 하지 말라던 사우나를 한 것이 그를 죽게 만든 계기로 알려져 있다. 안전하게만 믿었던 자신만의 공간이 부메랑이 되어 목숨을 앗아 갈 줄은 스탈린도 몰랐을 것이다. 어쨌든 정신병자 스탈린은 그렇게 죽었다.

김정은의 행보도 스탈린과 크게 다르지 않다. 고모부를 가차 없이 숙청하고, 당 간부의 처형에 총이 아닌 대포를 이용한다. 대단히 과격해 보이지만 결국 그 과격함은 지도자로서의 인정, 욕구의 일종인 리더십에 대한 불안과 두려움에서 기인한 것이다. 스위스베른 학교에 출석하지 않은 때가 많았고, 성적은 안 좋았다. 아버지만큼 똑똑하지도 않다 스위스 베른 학교의 선생은 "적응도 잘하고 근면한 편이다"라고 다르게 평가했다. 미카엘로 란 친구에 따르면 "김정은은 북한을 사랑했고, 북한에 있는 여자친구 이야 기를 하면서 사진도 보여줬다"고 한다. "정치 이야기는 하지 않았고, 농구 를 좋아해 시카고 불스 광(狂)팬이었다"고 했다. "만약 놀기만 하고 음주만 하였다면 그에게 당뇨와 고혈압이 있을지도 모른다. 그건 모두 장기적으로 뇌에 부정적으로 영향을 미칠 것이다"라고 했다.

자아도취증

김정은은 할아버지 김일성, 아버지 김정일이 완성시키지 못했던 핵 소형 화, 대륙간 탄도탄 기술의 완성에 근접함으로써 한국은 물론 주변국을 위 협하고 전쟁 가능성까지 높이고 있다고 최근 미국의 소리(VOA)방송이 밝 힌바 있다. 조지타운대학의 파타리 모가담 교수는 김정은의 언행으로 볼 때 자아도취와 편집증 등 성격장애 유형들이 고도 비만증세와 함께 더 악 화되고 있다는 것이다. 즉 절대 권력자인 김정은에게 세계가 주목하고 있 고 김정은이 핵 소형화, 미 본토 타격용 대륙간 탄도탄(ICBM), 김정남 독살 에 쓰인 생·화학 무기, 잠수함 발사 탄도 미사일(SLBM) 등을 갖게 됨으로, 본인이 국제사회가 지탄하는 어떠한 일을 저지르더라도 그 책임이 오는 것 이 아니라 오히려 김정은과 북한을 두려워하고 경외할 것이라는 착각을 가 지게 된다는 것이다. 그로 인해 더욱 대담하고 위협적인 도발들을 한국, 일 본, 미국 및 국제사회를 향하여 할 수 있다고 한다. 모가담 교수는 북한 김 정은 정권의 VX가스 암살이 결코 놀랍지 않다며, 자기도취와 마키아벨리 즘이 합해지면 잠재적 위협세력을 더 빠르게 제거하는 게 절대 권력자의 전형이라고 말했다. VOA는 모가담 교수의 말을 인용, "할아버지와 아버지 가 갖지 못한 핵무기로 절대 권력에 집중하는 것은 완전히 다른 국면으로, 전쟁 가능성까지 더 높일 수 있는 것"이라고 해석했다. 독재자와 연쇄살인 범들의 뇌 구조와 행동 유형에 대한 연구로 주목을 받았던 짐 폴른 미 캘리포니아 어바인 대학 의대 교수는 김정은을 "끊임없는 권력의 도파민에 중독된 독재자"에 비유했다. 게다가 김정은에게서 타인의 감정에 관심이 적고 죄책감이 거의 없으며, 현실에 늘 만족하지 않는 반사회적 인격 장애인 소시오패스 증세가 보인다고 설명했다. 모가담 교수는 북한 김정은 정권의 VX가스 암살행위에 대해 이런 소시오패스 성향과 절대권력의 도파민 중독 독재자는 끝없이 권력을 추구하게 만들어 주위나 외부에서 김정은을 멈추게 하는 것은 거의 불가능해 보인다고 폴른 교수는 지적했다. 그러나 김정은이 정신병자는 아니며, 매우 이성적이고 조직적으로 권력에 집착하고 있다고도 평가했다.

북한 김정은의 IRBM(중거리 탄도 미사일)발사 실험 및 이복형 김정남에 대한 화학무기 VX를 사용한 독살 등에 대하여 대한민국 미래연합 강사근 대표는 더 이상 한국이 이런 현상을 방관하다가는 대한민국, 일본, 미국 등에 대해 생화학 무기 공격 등 더욱 극악한 형태의 도발도 저지를 수 있다고 했다. 이런 북한의 도발을 막기 위해서는 대한민국이 국기인 태극기와 애국심으로 하나가 되어 자유통일에 대한 기반을 다져야 한다고 강조했다. 국기인 태극기는 모든 국민을 하나로 묶을 수 있고 애국심을 불러일으키며 주적인 최악의 공산독재체제인 김정은 정권을 향한 통일의지를 고취시킬 수 있기 때문이라고 한다.

한편 유동열 자유민주연구원장은 "김정은의 성격 패턴은 즉흥, 돌출, 파격의 3대 특징을 갖는데 과거 장성택·현영철과 같은 브레이크가 없어졌다는 점이 김정은을 한반도를 위험에 빠뜨릴 가장 큰 위협요소로 만들고 있다"며 공포정치의 긴장감을 늦추지 않기 위해서라도 계속 간부들의 처형을 이어갈 가능성이 크다"고 했다. 김정은 체제에 들어 언행 예측 가능성은 더 떨어졌다고 판단하고 있다. 조한범 통일연구원 선임연구위원은 "김정일도 반말을 많이 했지만 그들은 1973년 집권 초부터 직접 검증하는 과정을 거쳐 신뢰가 쌓인 관계였기에 김정은과 차이가 크다"면서 "김정은이 폭언을 일삼는 것은 그만큼 권력의 불안정성을 보여주는 측면도 있다"고 말했다.

호전적 즉흥적 성격

김정은의 호전적인 평소 언동도 '공포 통치'의 한 축(軸)이다. "미제와 반드시 치르게 될 앞으로의 싸움에서 미제의 성조기와 추종세력들의 깃발을 걸레짝처럼 만들어야 한다"(2015년 2월), "전군이 미국놈들의 피를 빨아내기 위한 복수심으로 부글부글 끓게 할 것"(2014년 7월), "적들을 모조리 불도가니에 쓸어 넣을 것. 적들의 허리를 부러뜨리고 명줄을 완전히 끊어 놓을 것"(2013년 3월) 등 북한이 조선중앙통신과 노동신문 등을 통해 공개하는 김정은의 언행은 그의 난폭 하고 공격적인 성격을 짐작할 수 있게 한다.

노동신문이 2013년 12월 13일 처형 직전 장성택이 군사재판에 끌려나오는 모습을 공개했다. 이 사진 속 장성택의 손과 얼굴에서는 고문의 흔적이 발견됐다.

김정은의 이러한 성격은 최근 당과 군 고위직 간부들 사이에는 보신주의가 확산되고 있다는 것이 북측 간부들의 전언이다. "고위 간부들은 언제 숙청될지 몰라 안절부절 못하면서 속으로는 각자 자기 살 생각만 하고 있다" "간부 되면 총에 맞아 죽는다며 고위직 승진을 기피하고, 김정은에 대한 반감도 형성되고 있다"는 등 고위직 간부들 사이에서는 자기 몸을 지키는 것이 첫 번째 과제라는 분위기가 팽배해 있다고 한다. 김정은이 이처럼 호전적이고 잔혹한 리더십을 갖게 된 데에는 그의 감정적이고 즉흥적인 성격이 주 원인이라는 분석이 있다. 변덕과 감정기복이 심해 정책 결정과 간부의 인사·처벌 등이 본인의 기분에 따라 좌우되는 일이 잦다는 것이다.

일선 군 지휘관을 현장에서 승진·강등 조치하거나 심야에 현장을 불시 방문해 야간훈련 등을 지시하는 등 기분 내키는 대로 자신의 권력을 과시

하는 행동이 대표 사례다. 한 북한군 간부의 증언에 따르면 김정은은 2016
년 7월 술자리에서 자신이 최근 강등시킨 군 장성을 보고 술에 취해 "아직
도 그 계급이냐"며 바로 복권시켰다. 지난해 5월에는 '대동강자라공장'을
방문한 직후 경영 성과 부진을 이유로 공장 지배인과 당 비서를 총살하기
도 했다.

이렇듯 김정은이 젊은 나이에도 불구하고 무소불위의 권력을 과시하는
이유는 자신의 배짱과 대범함을 과시하려는 것'이라는 분석이 유력하다.
'갑자기 권력을 승계했고, 정치 경험이 일천하며 나이가 어려 통치 역량이
부족할 것'이라는 주위 시선에 맞서기 위한 행동이라는 것이다. 실제로 김
정은은 2014년 3월 비행기를 직접 조종했고 목선을 타고 섬 부대를 현지
시찰 하는 등 젊은 지도자로서의 패기를 보여주려는 시도를 자주 했다.
한·미 군사훈련 기간이던 2014년 4월 영공을 모두 개방하고 '비행사대회'
를 소집한 것을 배짱 담력 기개의 승리'라고 자화자찬한 것도 김정은의 이
러한 성향을 보여준다.

우리 정부의 김정은 심층 분석 보고서[12]'에 따르면 김정은은 충동적으로
일을 잘 벌이지만 인내심이 약하며, 타인에 대한 배려가 부족해 파괴적 반
사회적 행동을 자주 보이는 유형으로 분류됐다. 여기에 자기도취와 과대망
상증, 조급증이 있어 다혈질과 잔혹성으로 표출되는데 지난해 12월 고모부
인 장성택을 처형한 사건이 대표적이라고 분석했다.

또한 정보당국은 김정은이 정신적 스트레스와 체제 운영에 대한 불안감
을 상당히 자주 느끼고 있다고 분석, 김정은은 충동적으로 일을 잘 벌이지
만 인내심이 약해 마무리를 못하고, 타인에 대한 배려가 부족해 파괴적, 반
사회적 행동을 빈번히 보이는 유형으로 분류됐다. 또 자기도취와 과대 망
상증, 조급증이 있어 다혈질과 잔혹성으로 표출된 것으로 분석했다. 유년
시절 김정은이 안하무인 성격을 보여 궁지에 몰리면 무자비한 행동도 할
수도 있다는 분석이다. 최근 북한의 핵도발은 김정은 노동당 위원장의 폭

주하는 성격에서 비롯된 것으로, 그를 제거하지 않으면 7차, 8차 핵실험과 같은 도발이 계속될 것이라는 주장이 나왔다.

남성욱 고려대 외교통일학부 교수는 2017년 9월 국회에서 북한의 '통치자'가 될 김정은이 어떤 인간이지 알아보기 위해 간접적으로 IQ 검사를 하기도 했다"면서 "이를 위해 한 팀은 일본 오사카로, 한 팀은 스위스 베른으로 갔다"고 말했다. 남 교수에 따르면 오사카에는 김정은의 8촌들이 있다. 그는 IQ검사 결과에 대해선 말하지 않았다.

김정은 위원장이 과거 스위스 베른에서 유학하던 시절 김정은(당시 15세)이 여자친구가 있었는데, 한 살 정도 많은 것 같았다. 김정은이 어린 나이에 담배를 피워 여자친구가 담배를 좀 끊으라고 했더니, 김정은이 전화로 상소리를 해댔다"면서 "굉장히 충격적이었다"고 전했다. 그러면서 "(김정은의) 성격이 보통이 아니구나, 굉장히 거친 매너를 갖고 있구나, 앞으로 지도자가 되면 굉장히 복잡해지겠다고 예상했다"며 "유감스럽게도 예상이 현실화하고 있다"고 했다.13) 김정은은 권력에 대한 강력한 욕구를 갖고 있는 동시에 타인으로부터 인정받고 싶어 한다. 정치적·이념적 관심은 많지 않다. 이렇게 추론해볼 수 있다. 만약 김정은이 공격적인 행동을 한다면 그건 북한에 대한 외부의 적대행위나 내부 결속 때문으로 그는 내부를 결속하고 반체제 세력을 억누르기 위해 그의 행동은 권력의 크기에 따라 달라진다. 실제로 우리가 어느 정도 합리적인 김정은을 포용할 수 있는 모습은 별로 없다. 카다피나 후세인을 보면 인간은 권력이란 마약을 견뎌낼 수 없다. 김정은에겐 문화적 경제적 개입에 열려있을 가능성과 북한 인민에 대한 공감능력이 남아있을 수 있다. 또한 서방국가, 특히 미국에게 존중받고 싶어도 할 것이다. 하지만 궁지에 몰리면 무자비한 행동도 할 수도 있다. 김정일 요리사 후지모토는 김정은을 '작은 장군'으로 자라 그의 성격에 억제가 없다. 충동적이고 폭발하는 성격을 갖게 된 원인이라고 하였다.

안하무인 무모성(핵, 미사일 도발)

김정은이 국제사회의 강력한 제재가 예상됨에도 불구하고 계속 핵실험을 강행한 가운데 북한 간부들 사이에서 유년시절 김정은의 안하무인격 성격으로 인해 무모한 핵실험을 강행했다는 비판이 나오고 있는 것으로 전해졌다.[14]

평양 소식통은 "장군님(김정일)이 본인이 원하는 점을 쟁취하기 위해 앞뒤 안 가리는 (김정은의) 모습을 보고 후계자로 낙점했다는 이야기도 나오고 있다"고 했다. 이어 소식통은 "특히 국제적인 정세를 고려하지 않고 수소탄 등 핵 실험을 강행하는 모습을 보고 혀를 내두르는 간부들도 많다"면서 "하루아침에 간부를 숙청하고 이번과 같은 무모한 결정을 보면서 간부들은 언제 어떻게 (김정은이) 돌출 행동을 보일지 몰라 전전긍긍한다"고 덧붙였다.

최근 고위 간부들 사이에서 거론되고 있는 김정은의 일화는 그의 어머니 고용희의 사망 전인 2003년경에 일어났던 사건이다. 당시 김정일·고용희와 함께 청진 공군 대학 시찰 때 농구 경기를 직접 참여하게 된 김정은은 심판 판정에 불복, 갑자기 공을 코트 밖으로 내던지며 불같이 화를 냈다고 한다. 소식통은 고용희는 난폭하게 구는 김정은을 바로 꾸짖었지만, 김정일은 "'그냥 내버려 두라'고 이야기했다"면서 "'사내대장부는 욕심이 있어야 한다'는 말로 오히려 김정은을 두둔했다"고 한다. 이어 그는 "그런 모습을 보면서 김정일은 김정은이 다른 형제(김정남, 김정철) 보다 자기 성격과 유사하다고 생각했던 것"이라면서 "김정은이 만약 샌님 같았으면 후계자가 되지 못했을 것"이라고 설명했다.

김정은의 유년시절 때부터 이어져온 주변 상황을 의식하지 않는 안하무인격 성격은 그를 어렸을 적에 만나 본 김정일의 요리사인 일본인 후지모토 겐지의 증언에서도 엿볼 수 있다. 이와 관련, 후지모토는 지난 2014년

2월 영국 일간『데일리메일』과의 인터뷰에서 김정은과 6살 때부터 매일 여러 시간을 같이 보내며 가깝게 지냈다면서 김정은은 어린 시절부터 어른처럼 굴고 아이 취급을 받는 것을 싫어했으며 '작은 대장'이라고 불리면 엄청나게 화를 냈다"고 언급한 바 있다.

또한 김정은은 베이징(北京)을 방문한 모란봉악단을 일방적으로 철수시켜 중국 측을 난처하게 하는 등 심각한 외교적 결례를 범한 데서도 이 같은 성품이 잘 드러난다. 특히 김정은은 반기문 유엔 사무총장의 방북을 하루 전에 일방적으로 취소하기도 했었다. 김정은은 '핵을 절대 포기하지 않고 미국을 선제공격을 하지도 않을 것'이라고 말한 것으로 알려졌다.[15] 독일 주간지『슈피겔』은 '김정일 요리사로 알려진 일본인 후지모토 겐지(藤本建二)와의 인터뷰에서 2016년 4월 12일부터 23일까지, 5월 말부터~6월 하순까지 총 두 차례 방북해 김정은을 만난 것으로 보도했다. 이 중 4월 방북 때 김정은이 "전쟁을 할 생각이 없다 울컥해서 미사일을 발사한 것이다"라는 말을 했다고 언론에 공개한 바 있다.

공격적인 성격

김정은은 태어날 때부터 왕자로 대접받았으며 누구의 눈치도 보지 않고 자유분방하게 성장했다. 스위스 베른 국제학교에 다닐 때는 미 프로농구(NBA)에 흠뻑 빠졌는데, 당시 친구들은 김정은이 농구 할 때 격렬한 플레이를 했고, 지는 것을 싫어했다고 전한다. 또 청소년 시절 제트스키나 바나나보트에서 차례로 바다에 뛰어드는 게임을 할 때면 언제나 먼저 뛰어내렸을 만큼 과감했다고 한다.

보고서에 따르면 김정일의 성격도 적극적인 편이었지만 신중하고 속도를 조절 했다는 점에서 김정은과는 달랐다. 특히 김정일은 젊은 시절 스포츠보다 영화에 빠져 극예술·음악·미술 등에 조예가 있었고 이를 활용한 선전선동에서 능력을 발휘했다. 보고서는 "김정일과 다른 김정은의 리더십은 북한의 대내외 정책 방향을 크게 바꿔놓았다"고 진단했다.

대미 정책 면에서 김정은은 핵 개발을 협상 수단으로 쓸 가능성을 스스로 봉쇄 하면서까지 핵 보유를 기정사실화했다. 보고서는 "김정일이라면 대미 협상의 여지를 막아버리지는 않았을 것"이라고 했다.

김정은은 북한 경제를 놓고도 김정일과 다른 진단과 처방을 내놓았다. 김정일은 촘촘히 짜인 '계획경제 복원'을 앞세우며 거대한 비날론 공장, 희천발전소 등 시설물 건설을 국가적 목표로 정했다. 반면에 김정은은 관광, 주택 건설, 소프트웨어 개발 등 자원 투입 규모가 상대적으로 작고 실질적 성과를 거둘 수 있는 사업을 선호하는 경향을 보이고 있다.

김정은은 후계자 시절 자신의 차량을 추월한 군 차량에 대해 분노했다. 2010년 5월 5일 군에는 세자 김정은의 '청년대장 동지 방침'이란 것이 하달됐다. 당시 김정은은 후계자 신분이었음에도 직접 자기 이름으로 지시를 하달한 것이다. '5월 5일 방침'으로 불리는 이 지시에는 "요새 군 운전사들이 무법천지이니 강하게 단속해 엄중히 책임을 물으라"는 내용이 담겨 있었다. 이때부터 북한군 경무원(헌병)들은 교통질서를 어기는 장성들의 차를 직위에 상관없이 단속했다. 예외는 없었다. 인민무력부장도 단속되면 청사에서 내려다보이는 구내 운동장에서 운전병과 함께 2시간 넘게 제식훈련을 해야 할 정도였다. '금수저'만 될 수 있는 장성 운전병들은 시장에서 맵시 나는 군복과 비싼 내의를 입고 살다가 김정은시대 때부터 후줄근한 북한군 면내의를 입고 다녀야 했다. 병사들 속에선 "청년대장이 참 째째하다"는 말이 터져 나왔다.

청년대장은 난폭 운전만 못 견딘 것이 아니었다. 김정은은 후계자 신분일 때 예고 없이 군 관련 시설을 시찰했다. 김정일은 몇 달 준비한 세트장에 가서 안내해주는 동선을 따라 쭉 본 뒤 사진을 찍고 돌아갔지만, 김정은은 뒷마당에도 불쑥 들어가 담배꽁초가 많다며 화를 냈다고 한다. 그때마다 '내로라'하는 간부들이 빗자루를 들고 나와 쓰느라 난리가 났다.

2012년 5월 김정은이 평양 만경대 유희장을 방문해 보도블록의 잡초를 직접 뽑으면서 "설비의 갱신은 몰라도 손이 있으면서 잡풀을 왜 뽑지 못하는가. 한심하다"라고 강하게 비판했다는 소식이 북한 매체들에 실렸다. 북한 매체에서 지도자가 화를 내는 것을 보도한 것은 매우 이례적이다. 기강을 세우려고 일부러 공개한 것일 수도 있지만, 이러저런 상황을 종합해 보면 원래 김정은은 무시당하는 것과 더러운 것을 못 참는 성격인 것 같다.

하지만 자기 맘대로 성질을 부릴 수 있는 국내와 달리 국제무대에서 김정은은 철저히 왕따' 신세로 무시당해왔다. 압박하면 할수록 핵과 미사일에 집착하는 것은 어쩌면 무시당하는 데 대한 반발일 수도 있다.

문재인 정부는 김정은과의 대화를 위해 햇볕정책 시기 남북 협상의 주역들을 요직에 중용했다. 그런데 과거 협상 경험이 얼마나 유효할진 두고 봐야 한다. 김정은은 김정일보다 대화를 트기가 훨씬 까다로울 것이라는 것은 그가 집권 이후 행태에서 잘 보여주고 있다. 바로 이러한 행태나 성격은 국가원수들을 한 번도 만나보지 못한 경험 부족 때문도 크게 작용하리라고 보여진다.

북한군이 김정은이 지켜보는 가운데 특수부대를 동원해 청와대를 습격하고, 주요 인사를 납치하는 훈련을 했다고 북한 관영매체들이 보도했다.[16]

조선중앙통신에 따르면, 청와대 침투 공격은 김정은의 훈련 개시 명령이 떨어지자마자 3개 루트로 이뤄졌다. 먼저 북악산과 인왕산에 침투한 전투원이 낙하산으로 청와대 외곽에 내려 경비병을 공격했다. 동시에 청와대 상공 헬리콥터에서 강하한 전투원이 청와대 내부로 진입했다. 이어 저공침투용 AN-2 경수송기에서 뛰어내린 전투원이 청와대를 집중 사격했다.

통신은 "김정은 동지께서 용맹한 전투원들이 적의 특정 대상물(청와대)을 종횡무진 짓이겨대는 모습을 보시고 '잘하오. 잘해, 적들이 반항은 고사하고 몸뚱어리를 숨길 짬도 없겠소'라며 호탕하게 웃으셨다"고 전했다. 이어 "콩 볶듯이 울리는 총성과 수류탄이 작렬하는 속에 역적패당들을 모조리 사살한 전투원들은 심판대에 꿇어앉힐 악당들을 생포하고 연기처럼 사라졌다"고 했다. 여기서 '생포한 악당'은 박근혜 전 대통령을 포함한 정부 최고위층일 것으로 추정된다. 공격적인 성격을 통신매체에 올린 단면이다.

선대적 특징 1: 과시성 상징조작

김일성이나 김정일 모두 젊어서 지도자가 되었다. 이들은 지도자가 된 후 공통적으로 상징물을 많이 조작하였다. 전국방방곡곡 자신들의 가계에 대해 자연훼손을 하면서까지 선전선동에 몰두 했다.

김정은도 젊고 선대적 피를 물려받아서 그런지는 몰라도 인터넷이나 미디어, 놀이동산 건설 같은 오락 여가시설에 뜻밖에 많은 공을 들이는 듯하다. 하지만 이것이 대부분 평양과 평안도 지역에만 집중되어 보수적이면서 식량난까지 겪고 있는 북한 사회에서는 당연히 반응이 나쁘다. 그래서 이런 저런 불만이 나오자 제 나름대로 이미지 개선을 한다고 김정은은 유원지 건설 반대하는 자들을 무자비하게 내치고 지난 2012년 한 해 동안 40여 개 대규모 놀이공원과 체육시설을 착공하였다. 이는 김정은은 어린나이에 집권하여 무엇 하나 주민들에게 내세울 것이 없어 핵·미사일 개발로 체제 내구력을 장기화하는 것이 가장 중요한 일이고 다음으로 전국토를 건설하는 것이 다음으로 이런 상징물이 포함 되는 것이다. 평양시내에 여명거리나 문수거리에 고층아파트를 건설하고 마식령스키장,문수물놀이장,미림승마구락부 등이 바로 이런 상징 조작 따위다. 정치학에서 이야기하는 미렌다에 해당한다.

치적 시설이 제대로 작동하려면 전기가 안정적으로 공급되어야 하는데 전기 공급부족으로 제대로 돌아가지 않아 제대로 공사가 진행 되지 않고 자재가 갖추지 않아 불량 공사 투성이다.

특히 연건축면적 18,379㎡에 달하는 대형목욕탕 및 체육시설인 류경원 건립에 중국 투자를 끌어들이면서 10년간 석탄·광물 수출로 대납하겠다고 약속하는 등 자원도 헐값에 넘겼다고 알려졌다. 위락시설 건설 자재를 가정집 건설에 돌리면 좋겠다는 내각 제안에 격노한 반면 평양에는 워터파크 물놀이도 세운다.

조금씩 배급되는 식량의 질을 개선하는 듯 하지만 그러나 여전히 강냉이 밥 먹는 사람이 대부분이니 갈 길이 멀다. 한 탈북자 말에 의하면 장성택 측근도 술김에 숙청한 것이란 말도 있다. 그 자신이 북한 교육과정을 거친 엘리트가 아닌 탓인지, 김일성 종합대 등에 적용되던 '고급 간부자녀 직통생 입학'과 '병역 면제' 등의 특권을 폐지하고, 2011년 신입생을 일시 받지 않고 대학생들을 아파트 공사에 동원하여 노동자로 만드는 일을 벌였다. 북한을 지탱해오던 특권 핵심 계층의 지지를 스스로 저하 시키고 있는 특징적 모습을 보이고 있다.

선대적 특징 2: 김일성 모방적

김일성에 대한 우호적 이미지를 김정은에 연결시키기 위해 김일성을 모방하는 움직임도 활발히 전개되었다. 김일성이 '만민의 어버이'로 불렸듯이 김정은도 민생을 강조한다든가, 유원지 등 문화후생시설 건설 등을 통해 '애민(愛民) 이미지'를 부각하여 김일성 이미지 모방을 위해 적극적으로 노력했다. 실제 처 이설주를 대동하고 나온다든가 서구풍 공연을 허락하고 김일성이 주로 하였던 대중연설 및 대중 밀착 접근 등으로 보다 개방적인 김정은 이미지 구축 노력도 계속하였다. 연천 포격 사건을 계기로 국내 방송에 목소리가 자주 공개됐는데, 의외로 걸걸한 어조가 정확하지 못 해 듣기에 상당히 거북하다. 김일성의 과거 연설과 비교하면 목소리가 상당히 유사하다. 김정은은 머리 모습부터 연설 그리고 행동거지 등 할아버지 김일성을 흉내 내어 카리스마를 조작하고 있다. 아버지 김정일 또한 젊을 때 김일성을 모방했다. 역사상 한 왕조의 후계자가 민중에게 존경을 받던 부왕의 복장이나 외모를 흉내내어 민중에게 어필하는 일은 흔하고 특이한 일도 아니며, 몇 세기 이전 왕정 국가에서도 종종 있었다. 하지만 21세기 현대국가에서 국가라고 부르는 형태에서는 아주 드문 일임에 틀림없다. 김정은이 2010년 9월 공식적으로 등장하기까지 3년여 간 모두 6차례 크고 작은 성형수술을 받았다는 설도 있다.

어쨌든 이 때문에 김정은이 김일성처럼 보이도록 성형한 것이라는 설이 있지만 확실한 정보는 없다. 사실 피를 물려받은 손자인 데다가 똑같이 뚱뚱하고 비슷한 머리스타일까지 갖고 있으며 우리의 편견까지 작용한다면 그 모습이 유독 더 닮아 보일 수는 있다. 자신의 선전을 위해 조부 의 외모를 흉내는 것이라 볼 수 있다.

2015년 8월 10일 동아시아컵 대회에 참석하고 돌아온 북한 여성축구 대표 팀을 맞이하는 자리에서 뒷모습이 찍혔는데, 뒷목 살이 심하게 접혀있는 것이 밝혀지기도 했다. 김정은의 기괴한 헤어스타일은 북한 내에서는 '패기머리'라고 불리고 있다. 이 헤어스타일은 김정은만의 전유물은 아닌데, 주민들 특히 주로 젊은 남성들 사이에서 널리 퍼져 있다는 정보가 있다. 실제로 2014년 아시안 게임 당시 황병서를 수행한 경호원들이 모두 이 헤어스타일을 모방하였다.

또 다른 소식통에 의하면, 두발규제 때문에 북한 남학생들은 김정은과 같은 헤어스타일을 하도록 당국에 강요당하고 있으며 이 같은 헤어스타일을 하지 않으면 바리캉으로 밀어버린다고 한다. 이 제한은 학생에 국한된 것만이 아니다. 북한의 '공식 이발소'는 무조건 이 헤어스타일로 만들어 버린다.

김정은의 성형 수술이 있었다면 북한 주민들에게 여전히 존경을 받고 있는 할아버지 김일성의 풍모를 닮도록 함으로써 김일성의 카리스마를 후계에 활용하기 위한 모방적 정지작업으로 추정 가능성도 있다.

선대적 특징 3: 부전자전 사치

김정은은 그의 친부인 김정일 국방위원장보다도 더 사치스러운 생활을 하고 있다. 유엔 북한 인권 조사위원회(COI)가 2014년 밝힌 내용이다. COI는 보고서를 통해 "김정은은 집권 이후 2012년 한 해 사치품 수입에 6억 4,580만 달러(약 6,870억 원)를 썼다"이는 김정일 집권 때 사치품 수입 지출인 한 해 평균 3억 달러의 두 배 이상이 되는 금액"이라고 했다. 두 사람은 스위스 명품시계인 모바도를 나란히 손목에 차고 나왔다.

'해외유학파' 김정은은 심지어 그 측근 1,000여 명과 함께 이용하는 전용 영화관을 만들어 운영하는데 이 영화관에는 '람보', '13일의 금요일' 등 영화 DVD를 포함해 2만여 장의 DVD를 소장한 것으로 전해졌다.

1988년부터 13년 동안 김정일의 전속 요리사로 일하며 차남 정철과 삼남 정은의 '놀이 상대'로 그들의 생활을 곁에서 지켜봤던 후지모토 겐지(藤本健二)는 김정은에 대해 "그가 18세 때 '나는 매일 제트스키를 타고 롤러블레이드와 승마를 즐기는데 일반 국민들은 어떻게 지내고 있나?'라고 물은 적이 있다"고 증언했다.

그런데도 불구하고 김정일·김정은 부자의 삶은 사치의 극치다.

현재 함경북도 경성군, 강원도 원산 송도원 등의 김정은 전용 별장에는 요트·제트스키 등의 수상 스포츠를 즐길 수 있는 선착장이 설치되어 있다. 김정은의 측근들은 지난해 이곳에 대당 1,000만 달러(한화 약 105억 원) 상당의 최고급 요트들을 들여오기 위해 유럽 요트 제작업체와 협상을 진행한 적이 있다. 2009년과 그 이듬해에는 이탈리아제 제트스키 10여대를 사들인 것으로 알려졌다.

북한 국방위원회 제1위원장 김정은이 2012년 호화·사치 품목을 사들이

는데 무려 6억 4,580만 달러(6,886억 원가량)나 썼다는 주장이 나왔다.[17]

미국 터프츠대학 외교전문대학원 플레처스쿨의 이성윤 교수와 미국 연방하원 외교위원회 자문관을 지낸 조슈아 스탠튼 변호사는 인터내셔널 뉴욕타임스(INYT)에 2014년 3월 기고한 '북한의 헝거게임'이라는 기고문에서 지난달 발표된 유엔 북한인권조사위원회(COI)의 보고서를 인용해 이같이 주장했다.

김정은의 경우 지난 2012년 화장품, 핸드백, 가죽제품, 시계, 전자제품, 승용차, 술 등 고가의 사치품목을 사들이는데 사용한 돈의 규모가 바로 6,000억 원이라는 것이다. 같은 해 북한이 핵미사일 발사를 위해 13억 달러(1조 3,861억 원가량)를 사용했던 점을 고려하면 사치품목 구입에 쓴 돈이 미사일 발사 비용의 절반에 달한다.

스위스 정부는 2016년 6월 북한 관련 자산의 전면 동결과 은행 계좌 폐쇄, 고급 시계 등 사치품 25가지에 대한 대북 금수 조치를 단행한 바 있다. 김씨 일가는 고위 당·정·군 간부와 핵심 계층의 충성심을 유도하느라 스위스 시계를 선물로 활용해왔다.[18] 북한의 스위스 시계 수입 규모는 2011년 11만 2,930달러에서 김정은 집권 직후인 2012년 20만 1,880달러로 배 가까이 늘었다. 김정은의 스위스제 사치품 사랑도 외교가에선 유명하다. 부인 리설주와 함께 스위스 명품 브랜드인 모바도 커플 시계를 차고 다니는가 하면, 2012년엔 스위스 메델라사의 심포니 유축기 등 고급 출산·육아용품에 15만 유로(약 1억 9,200만 원)를 썼다. 스위스시계 산업협회는 2016년 "북한이 1~4월에 1만 1,000달러 상당 스위스제 시계 87개를 수입했지만, 5월 한 달은 스위스 시계 수입이 전혀 없었다"고 밝혔다. 자유아시아방송은 "스위스의 대북 독자 제재가 효력을 발휘하기 시작한 것으로 볼 수 있다"며 "금융 등 다른 분야에서도 '북한 옥죄기' 효과가 서서히 나타날 것"이라고 했다.

▲ 스위스 명품 브랜드인 모바도 커플 시계를 찬 김정은과 리설주 부부.

스위스 정부는 당시 북한 관련 자산의 전면 동결과 은행 계좌 폐쇄, 고급 시계 등 사치품 25가지에 대한 대북 금수 조치를 단행한 바 있다. 김씨 일가는 고위 당·정·군 간부와 핵심 계층의 충성심을 유도하느라 스위스 시계를 선물로 자주 활용해왔다.

선대적 특징 4: 철저한 신변관리

김정은 북한 노동당 위원장이 신변 안전에 대한 스트레스를 신경질적으로 표출하는 것이 전례 없이 북한의 2016년 '경호업무 지침서'를 통해 확인됐다. 대북제재 국면에서 강도를 높여가는 '한·미 참수작전' 등과 공포·숙청 통치로 인한 내부 쿠데타 발발 우려 속에서 암살 위협을 어느 때보다 강하게 느끼고 있는 것으로 풀이된다. 김정은은 2016년 상반기 보위기관에 하달된 '2016년 경호업무 지침서'를 통해 자신의 경호·보안 문제와 관련해 세세한 부분까지 직접 지시를 내리고 있는 것으로 나타났다. 지침서에는 "주요 도로에 있는 굴길(터널)을 노리고 감행하려는 적들의 책동을 짓부수기 위한 경비방어 준비를 빈틈없이 갖출 것"과 "각급 보위기관에서 행사 비밀을 누설하는 현상에 대한 대책을 세울 것" 등의 내용이 담겼다. 또 도난되거나 분실된 무기·총탄들을 찾기 위한 수사를 집중적으로 벌일 것"과 "군 지휘성원의 행선지를 따라다니면서 동향과 움직임을 빠짐없이 파악해 즉시 보고하는 체계를 수립할 것"등도 문건에 적시됐다. 이에 대한 북한 분석관들은 "군 지휘관들에 대한 감시·통제가 대폭 강화된 것은 내부 분열·반발 가능성에 대한 우려가 반영된 것으로 보인다"면서 경호 지침서는 매년 발간되지만 올해는 과거 어느 때보다 보위기관에 요구하는 경호·보안 수준이 높아졌다"고 말했다.

김정은은 최고인민회의 제13기 4차 회의를 앞두고도 비슷한 지침을 국가안전보위부 등에 하달한 것으로 나타났다. 중국 베이징(北京)의 한 소식통은 김정은이 "신변안전 보호가 최대 사명임을 심장에 쪼아 박고 모든 역량과 수단을 총동원하여 바늘구멍만 한 틈도 생기는 일이 없게 목숨으로 담보하라"고 지시했다고 전했다. 이는 2016년 5월 7차 당 대회 때 상황이 재연되는 것으로 보인다. 당시 당 대회 개최 직전 보위부 등 공안기관이 김정은의 지시로 평양시 전 세대를 두 차례에 걸쳐 정밀 가택 수색을 하고 행사장인 4·25 문화회관 주변 아파트 거주자들을 강제 이주시켰던 것으로 전해졌다. 북한은 사업총화보고도 생중계 관례를 깨고 녹화방송으로 내보냈다. 김정은은 "연설시간을 알 수 없도록 회의장 벽면의 대형 시계를 제거하라"는 지시를 내렸었다.

실제로 김정은은 공개 활동 때에도 원거리 이동을 자제하며 자신의 일정·동선 은폐 등에 각별한 주의를 기울이고 있다. 2017년 상반기 김정은의 공개 활동 횟수는 70여 회로 지난해 같은 기간과 비슷한 수준이지만 지방 방문을 대폭 줄이고 평양과 부근으로 행사가 편중되고 있다. 또 다른 대북소식통은 "김정은이 이동할 때 비행기와 전용열차, 버스 등을 번갈아 타는가 하면 전용차 대신 측근들의 차량도 수시로 이용하고 있다"며 방문 동정도 2~3일이 지난 뒤에야 보도되는 등 보위기관들은 "김 위원장의 행사 일자와 시간, 동선 은폐에 사활을 걸고 있다"고 전했다. 독재정치 심리 전문가인 파타리 모가담 미 조지타운대학 교수가 최근 독재에서 민주주의 전환을 다룬 새 책『민주주의의 심리학』을 펴냈다.[19] 국제정치 심리 전문가인 모가담 교수는 이 책에서 "국제사회의 극악한 독재정권이 공통적으로 밟았던 전례와 다르지 않다"면서 "극악한 독재 권력은 정권 유지에 대한 불안 때문에 미세한 반대 움직임에도 민감한 반응을 보였고, 불복종 행위에 대해 결코 관용을 베풀지 않았다"고 지적했다. 동 교수는 북한 김정은이 이복형 김정남의 VX가스 암살이 결코 놀랍지 않다며, 자기도취와 마키아벨리즘이 합해지면 잠재적 위협세력을 더 빠르게 제거하는 게 절대권력자의 전형이라고 말했다. VOA는 모가담 교수의 말을 인용, 할아버지와 아버지가 갖지 못한 핵무기로 절대 권력에 집중하는 것은 완전히 다른 국면으로, 전쟁 가능성까지 더 높일 수 있다는 것"이라고 했다.[20]

선대적 특징 5: 성격 평가

아버지 김정일에 비해서는 안정된 인상을 보이지만 실제성격 그 자체는 전 세계 적으로 최악의 사악한 독재자 아이콘의 자리를 물려받았다.

김정은은 한때 수산물 수출 금지를 하며 장마당의 단속도 덜 하는 등 나름대로 민생에 신경 쓰는 모습을 보여서 생각보다 괜찮은 지도자란 평을 듣기도 했다. 1990년대 고난의 행군과 2009년 화폐 개혁의 영향으로 김정일의 평가가 엄청 나쁘다 보니 그 반대급부로 김정은의 지지도가 높아진 적도 일시적으로 있었다. 거기에 전략 무기 핵·미사일 개발에 성공했으니 미국과 국제 사회에 대한 위신도 높아졌다고 할 수 있다. 그러나 갈수록 성격은 변덕이 심해서 종잡을 수가 없어 안정감이 없다. 갑자기 뜬금없이 포상을 마구 뿌리면서 선심을 쓰다가도 어느 순간 돌변해서 줄줄이 숙청도 벌이며, 심지어는 이러한 행태를 단 몇 시간에 동시 다발적으로도 한다. 게다가 경미한 범법자들을 정치범 수용소에 가뒀다가 은혜를 베푼다고 뜬금없이 석방시키는 짓을 되풀이한 적도 있었다.

김일성과 김정일도 독재자의 이미 보여준 전형적인 행태지만 훨씬 더 싸이코패스적이다. 종잡을 수 없는 존재로 군림하면서 측근들에게 위압감을 주는 스타일 그대로다. 이런 모습은 김일성이 스탈린으로부터 배워 왔던 것이기도 하다. 그러나 스탈린도 다른 사람의 의견이 맞다고 생각되면 그 의견을 따르는 면이라도 있었지만, 김정은은 누구라도 자신의 의견에 다른 의견을 제시하면 그날로 숙청이나 공개 처형시키는 등의 행동을 보여주고 있다. 물론 권력 유지에 효율적인 방법이기는 하나, 인권이 중시되는 21세기에 이 방법은 도덕적으로는 최악이다. 성격적으로 아주 불안정한 인물로 돌발적 도발에 철저히 대비해야한다.

2. 권력승계와 특징적 통치행태[21]

가. 공포정치

북한의 김정은 체제가 들어선 지 5년여간 처형된 간부가 130여 명에 달하는 등 공포정치를 통해 유일지배체체를 수립했다는 분석이 제기됐다.[22]

미국의 소리(VOA) 방송은 '김정은 정권 5년 평가와 남북관계 전망'이라는 주제하의 학술회의에서 국가안보전략연구원의 이수석 박사는 북한 숙청을 이렇게 분석 하였다. 김정은 체제를 수령유일 공포체제인 김정은 시대에 2인자나 실세는 예외 없이 숙청당했다며 리영호와 장성택, 현영철에 이어 최근 혁명화 교육을 받는 최룡해 등을 예로 들었다.

특히 김정은이 정치나 정책적 차원에서 간부들을 숙청하는 게 아니라 감정에 근거해 숙청하고 있다는 게 이 박사의 관측이다. 그는 "김정은 시대에 들어 4년 동안 처형된 간부만 100~130여 명까지 파악된다"며 "공포통치는 북한 간부들에게 두려움이고 권력 엘리트들을 옥죄는 통치방식"이라고 분석했다. 또 핵심 측근인 황병서 총정치국장이 북한군에 지난 1980년대 들어 만들어진 '알았습니다'라는 대답어를 새삼스럽게 보급하면서 김정은에 대한 맹종 분위기를 조성하고 있다고 이 박사는 주장했다. 이 같은 공포정치는 일시적으로 효과를 거두고는 있지만, 북한 간부들 사이에서 김 제1비서의 지도력에 대한 회의감이 확산되면서 중장기적으로 불안요인이 되고 있다.

최룡해는 앞서 지난 1998년 비리 문제로 해임됐다가 복권됐고, 지난 2004년에도 해임돼 협동농장에서 혁명화 교육을 받은 뒤 복귀했다. 김정은 집권 이후에도 최룡해는 인민군 총정치국장으로 승진했다가 2014년 해임되는 등 여러 번 부침을 겪었다 김정은 시대 2인자나 실세는 예외없이 숙청을 당했다. 이영호, 장성택, 현영철 숙청에 이어 김정은이 집권한 후 처형된 간부가 100여 명에 이르는 것으로 파악되고 있다. 김정은은 권력의 핵심층인 노동당과 군부 내 간부들을 숙청하면서 일인유일지배체제를 강화하고 있는 것이다.

김정은 시대 숙청은 과거 김일성·김정일 시대와 다른 형태의 숙청 유형을 보여주고 있다. 김일성은 남로당파, 연안파, 소련파 등 김일성에 도전하는 세력들을 숙청한데 이어 김일성의 권위에 공공연히 도전하는 빨치산내 갑산파, 군부강경파 등을 차례로 숙청하는 등 주로 정치적 배경을 지닌 숙청이 많았다. 심화조 낙서사건 23)등에 대한 조직적인 반 김정일 세력들에 대한 숙청이 있었는가 하면, 1997년 농업 실패의 책임을 물어 서관희 당시 농업담당 비서를 공개처형 하고 그 다음해에까지 수십명의 고위간부를 처형한 적이 있었다. 2009년에는 화폐개혁 실패의 책임을 물어 박남기 당 계획개정부장과 관련인사를 처형한 바 있다.

김정은 시대에는 어떤 정치적 파벌도 존재하지 않았다. 그러다보니 정치적, 정책적 숙청보다는 주로 개인적 감정에 근거한 숙청, 처형이 많을 수밖에 없다. 연륜과 정치경력이 적은 김정은은 권력이 과다하다고 생각하는 인물들은 제거하고, 그렇지 않은 인물에 대해서는 승진과 강등을 반복적으로 사용하는 방식으로 권력을 강화했다.[24] 단순히 김정은 눈 밖에 났다는 이유로, 사소한 개인적 이유로 처형되는 경우가 발생하면서, 간부들은 더욱 불안해하면서 심지어 책임을 지는 고위직을 기피하는 현상까지 발생했다.

어느 정권이든 권력 기반이 공고하다면 강경책과 동시에 유화책도 펼치게 된다. 별도 재판절차도 없이 군 최고위 간부를 공개 처형하는 공포정치는 김정은의 권력 기반이 공고하지 못하고 김정은 체제가 그만큼 불안하다는 증거도 된다.

김정은이 공포통치를 하는 이유는 첫째, 김정은은 자신보다 나이가 훨씬 많은 간부들에 대해 불신을 갖고 있다. 연로한 간부들이 나이가 어리고 경험이 부족한 자기를 무시하지 않을까 하는 생각에 사로잡혀 있는데, 이는 할아버지, 아버지와 달리 직접 권력을 쟁취해보지 못한 김정은의 태생적 콤플렉스이자 한계이다. 그러기에 일부러 강하게 보이기 위해서 강경한 공포정치를 실시할 수밖에 없다.

둘째, 김일성과 김정일은 오랫동안 권력기반을 다져왔고, 간부들에 대해 누구보다 잘 알고 있다. 경험 부족으로 자신에게 누가 충성을 바칠 사람인지, 간부들의 특성과 성향을 잘 모를 수밖에 없는 상태에서 그만큼 불안감도 클 것이다. 어쩌면 공포정치를 통하지 않고서는 정권의 유지되기 힘들다는 것을 김정은 스스로 잘 알고 있을지도 모른다.

셋째, 앞에서 언급한 김정은의 독단적, 안하무인의 성격, 캐릭터 때문이다. 3대 세습 후계자인 김정은은 어렸을 때부터 무엇이든지 본인이 원하는 것은 다 가졌다. 살아가는 동안 누구한테서도 바른 말, 쓴 소리를 들은 적이 별로 없을 것이다. 본인의 즉흥적이고 충동적인 성격에다가 처형이라는 극단적 방법을 사용할 때, 체제유지가 더 쉽다는 것을 인식하고 있는 것이다.

북한정권 70년의 역사는 숙청과 처형의 역사다. 역사의 정상궤도를 벗어나 거꾸로 가는 김씨 왕조의 수레바퀴는 인민의 피를 윤활유 삼아 굴러간다. 김일성 시대가 대규모 숙청과 정치범 수용소로 대표되는 암흑의 시대였다면 김정일 시대는 혁명화와 공개처형이 난무하던 살벌한 시대였다. 김정은 시대는 고모부와 군부 2인자까지 대공포와 화염방사기로 잔인하게 처형하는 야만의 시대로 불린다. 폭군의 DNA를 물려받은 김정은은 간부와 일반 주민을 가리지 않고 무자비하게 처형하고 있다.

김일성 시대 공개처형에 주로 사용된 무기는 자동소총이었다. 3명의 사수가 1명에게 3발씩 모두 9발을 쏘는 방식이었다. 북한주민의 대량아사가 시작되고 정권의 통제력이 약화된 1995년 총소리를 울리라는 김정일의 지시에 따라 북한전역에서 공개처형이 자행됐다. 대부분 '장발장'형 범죄, 즉, 생계형 범죄를 저지른 사람들이었다. 무능하고 부패했던 김정일은 자신들의 정책실패로 야기된 사회혼란을 공개처형이라는 극약처방으로 잠재웠다. 1997년 서관희 노동당 농업담당 비서가 미국의 간첩으로 몰려 공개처형 당했고 김일성이 생전에 농민영웅으로 추켜세웠던 김만금 전 농업상은 부관참시 당했다.

이때부터 기관총 처형이 등장했다. 일반적인 공개처형으로 공포감을 주지 못하게 되자 기관총 사격으로 몸 자체를 날려 보내는 것이다. 2007년 함경북도 연사군 외화벌이 지배인 오문혁이 구호나무(항일빨치산활동시기 혁명구호를 새겼다는 나무조각)를 중국에 팔았다는 이유로 90여발의 총탄을 맞고 처형된 사건이 대표적이다. 2009년 화폐개혁 실패의 책임을 지고 처형당한 박남기 노동당 재정기획부장도 기관총으로 난사 당했다. 김정일의 밀사로 남한에도 내려왔던 국가안전보위부 류경 부부장도 반당반혁명분자로 몰려 기관총 처형을 당한 것으로 알려지고 있다. 그러던 것이 김정은 집권 직후 2012년 7월 당시 총참모장이던 리영호의 숙청을 필두로 2013년 12월 12일에는 김정은의 친고모부였던 장성택이 잔인하게 처형당했고, 2015년 4월 30일에는 인민무력부장이던 현영철이 같은 방식으로 처형당했으며 5월에는 최영건 내각부총리가 형장의 이슬로 사라졌다. 2012년 3월 인민무력부 김철 부부장(우리의 국방부 차관)이 김정일 사망 추도기간에 음주를 했다는 이유로 박격포로 처형을 당했다. 오진우 전 인민무력부장의 부관 출신이기도 한 김철은 시체도 남기지 말라는 김정은의 지시로 박격포탄에 몸이 공중분해 된 것으로 알려졌다. 대북소식통에 따르면 애주가인 김철 인민무력부 부부장은 김정일 애도기간 출장차 원산에 내려갔다 평양에 올라오는 길에 절간에 들어가 술을 마신 것으로 알려졌다. 일행 가운데 한명이 김철이 술 마신 사실을 신고했고 보고를 받은 김정은은 "은혜도 모르는 역적놈"이라며 "머리털 하나도 남기지 말고 없애라"고 지시했다고 한다. 2014년 11월 김정은이 내린 금주령을 어기고 술판을 벌인 북한군 총정치국의 고위장교는 대공포에 맞아 공개처형당한 것으로 알려졌다. 대북 소식통은 "2016년 11월 초 인민군 총정치국 선전부 행사부장(대좌급, 우리의 대령)이 친구들과 술판을 벌인 죄로 수십 발의 대공포탄을 맞고 처형됐다"며 "행사가 끝난 후에 마셨지만 김정은이 내린 금주령을 어긴 괘씸죄에 걸렸다"고 했다.

김정은은 고모부인 장성택을 기관총으로 사살한 뒤 그의 사체를 화염방사기로 태워 죽인 것으로 전해졌다. 내부 공포심을 극대화하기 위해 기관총을 난사해 처형하고 화염방사기로 시체를 훼손한 것이다. 북한은 장성택에 대한 판결문에서 "최고사령관의 명령에 불복하는 것들은 죽어서도 이 땅에 묻힐 자리가 없다"고 강조했다. 노동당 행정부 부부장 중 인민보안부(우리의 경찰에 해당) 8·9국을 담당하던 오상헌도 화염방사기로 태워 죽인 것으로 알려졌다. 정부소식통은 "극형을 받은 이유는 인민보안성을 장성택 개인을 옹위하는 부서로 만들었기 때문"이라고 했다. 리설주가 활동했던 은하수악단 관계자들도 리설주를 비난했다는 이유로 화염방사기 처형을 당한 것으로 알려졌다.

현영철 인민무력부장은 2015년 4월 30일쯤 평양의 강건종합군관학교 사격장에서 수백 명의 고위 군 간부들이 지켜보는 가운데 대공포로 처형당한 것으로 알려졌다. 강건종합군관학교는 2015년 4월 미국의 북한인권위원회가 "북 당국이 2014년 10월 15명을 고사총으로 처형했다"며 인공위성 사진 증거를 제시했던 곳이다. 당시 인공위성 사진에선 사격장에 고사총이 늘어서 있고, 처형자가 세워졌던 것으로 보이는 표적대가 선명하게 나타나 있었다. 특히 현영철에 대한 처형은 재판 절차에 대한 발표 없이 체포 후 2~3일 만에 전격적으로 시행됐을 가능성이 크다. 장성택이 정치국 결정과 재판을 받은 뒤 일주일 만에 처형된 것과는 차이가 있다. 법적 절차를 거치지 않고도 군 최고급 인사 처형 감행할 정도로 김정은의 철권통치가 심화되고 있다는 방증이다.

김정은은 2016년에도 자신의 말을 듣지 않는다는 이유로 우리의 차관급 인사인 임업성 부상, 국가계획위원회 부위원장을 비롯해 고위간부 15명을 처형한 것으로 알려졌다. 국가정보원은 "김정은은 (지시를 내리면) 핑계나 이유가 통하지 않고 무조건 관철 시키는 통치스타일을 보이고 있다"며 "이견을 제시하면 권위에 도전하는 것으로 간주해 본보기 처형으로 대응한다"고 밝혔다. 북한 임업성 부상은 산림녹화에 불만을 토로했다가 처형됐다. 국가계획위원회 부위원장은 대동강과학기술 전당을 만드는데 김정은이 돔 형태의 지붕설계를 김일성화 모양으로 하라고 지시하자 "그리 설계를 바꾸면 시공도 어렵고 기간도 연장된다"고 말했다가 공개처형을 당했다. 정보 당국은 "김정은이 기관포를 발사하는 등 IS(중동의 테러조직)와 같은 공포정치를 하고 있다"고 분석했다. 간헐적으로 발생했던 북한의 고위 엘리트 탈북이 최근 몇 년 사이에 지속적으로 이루어지고 있다.25) 이것이 당·정·군의 엘리트들이 김정은정권에 염증을 느끼고 북한을 탈출하는 것이 일종의 유행처럼 번지고 있는 이유다. 공개처형에 박격포와 대공포, 화염방사기까지 동원된다는 것은, 김정은의 잔인함과 폭군의 기질을 보여주는 대목이다. 북한이 2014년 말 장성택 사건 관련 2차 숙청 과정에서 노동당 행정부와 보안부에서 장성택의 측근으로 일했던 20여 명을 평안남도 평성의 보위성감옥에서 도끼로 집단 처형한 것으로 알려졌다. 이 소식통은 "장성택 사건을 맡은 국가안전보위성은 이들 부하들이 묶인 상태에서 도끼로 뒤통수를 쳐서 집단살해 했다"고 말했다. 북한 보위성은 원래 죄수들을 비밀처형 할 때 쇠몽둥이에 소가죽을 씌워 뒤통수를 치는 방법을 쓰고 있지만 정치범에 대해서는 도끼처형 방법도 사용하는 것으로 알려졌다.

북한 국방위원회와 인민보안성은 올해 2월 25일 포고문을 발표했다. 한국을 비롯한 외국 영상물과 음란물을 불법으로 시청하는 경우, 사형 또는 징역형에 처한다는 내용이다. 특히 김정은 암살을 다룬 '더 인터뷰' 영화가 북한에 반입되자 색출 전담조직까지 만들었다. 이들은 암행어사처럼 활동하면서 임의의 시각에 장소나 사람을 가리지 않고 검열·처벌할 수 있는 권한을 부여받은 것으로 알려졌다. 지난 2월 함경도에 주둔한 7군단 소속의 군관이 '더 인터뷰' 영화 CD를 구입해 보다가 발각돼 처형당한 것으로 알려졌다. 김정은의 지시를 받은 특수검열조가 군관들의 집을 불시에 검열하면서 군관들이 집에 가지고 있던 외부 녹화물을 몰래 처리하느라 벌벌 떨고 있는 것으로 전해지고 있다. 함경북도 샛별군의 한 고등중학교에서는 올해 2월 '더 인터뷰' 영화를 본 고등학생 40여 명이 소년교양소에 가고 주동자 1명은 처형당한 것으로 알려졌다. 이밖에 마약사범에 대한 시범공개처형도 이뤄지는 것으로 알려졌다. 김정은 공포정치는 날로 험악해 지고 있다.

나. 무모한 핵·미사일 무장력 과시

김정은 정권은 핵개발을 강행하면서 핵보유국 지위 확보에 대한 강한 의지를 보이고 있다. 김정은 정권은 출범 직후인 2012년 4월과 12월 장거리 로켓을 발사하였고, 2013년 2월에 3차 핵실험을 강행하였다. 또한 북한은 2012년 개정헌법에 핵보유국임을 명시하였으며, 2013년 4월 최고인민회의 에서 "자위적 핵보유국의 지위를 더욱 공고히 할데 대하여"라는 법령(이하 4·1 핵보유 법령)을 채택했다.[26] 이와 같이 김정은 정권이 핵보유에 강한 의지를 보이고 있는 것은 이라크 훗세인, 리비아 카다피 정권의 몰락이 큰 영향을 미친 것으로 나타나고 있다. 즉 2013년 3월 31일 개최된 당중앙위 원회에서 김정은은 "강력한 자위적 국방력을 갖추지 못하고 제국주의자들 의 압력과 회유에 못 이겨 이미 있던 전쟁억제력마저 포기했다가 종당에는 침략의 희생물이 되고만 중동지역의 나라들의 교훈을 절대 잊지 말아야 한 다"고 강조하면서 제2의 훗세인, 카다피가 되지 않기 위해 절대로 핵을 포 기하지 않겠다는 의지를 보이고 있는 것이다. 김정은 정권은 핵개발을 강 행하면서 핵보유국 지위 확보에 대한 강한 의지를 보이고 있다.

2017년 8월 북한 관영 조선중앙통신은 '조선인민군 전략군 대변인 성명' 을 통해 "조선인민군 전략군은 때 없이 남조선 상공에 날아들어 우리를 자 극하고 위협 공갈하고 있는 미제의 핵전략폭격기들이 틀고 앉아있는 앤더 슨 공군기지를 포함한 괌 도(島)의 주요 군사기지들을 제압·견제하고 미 국에 엄중한 경고 신호를 보내기 위하여 중장거리 전략 탄도 로케트 '화성 -12'형으로 괌도 주변에 대한 포위사격을 단행하기 위한 작전 방안을 신중 히 검토하고 있다"고 밝혔다. 이어 통신은 괌 포위사격 방안은 충분히 검 토·작성돼 곧 최고사령부에 보고될 예정이며 김정은이 결단을 내리면 임 의의 시각에 동시다발적으로 실행될 것이라고 밝혔다. 김정은은 세계 최강 대국 미국에 대해 시도 때도 없이 핵·미사일공격 협박을 하여 한반도의 전쟁 분위기를 돋우고 있다. 이와 같은 분위기 속에 중국이 북한에 대해 강 력한 경고를 하고 나서는 형편으로 김정은의 무모한 도발이 국제사회에 표 적이 되고 있다.

다. 잔인성의 극치(처형 시 가족 참관, 소감문 작성 강요)

　정보당국에 따르면 북한은 통상 처형할 때 관련 분야 인사들뿐 아니라 처형자의 가족까지 참관시키는 것으로 전해졌다. 소총 대신 총신이 4개인 14.5㎜ 고사총을 사용하면 시신의 형체를 알아보기 힘들 정도가 된다고 한다. 정보 소식통은 "당국은 처형 전에 참관인들에게 '고개를 숙이거나 눈물을 보이지 말라'고 경고하고, 처형 후에는 처형자를 비판하면서 충성의 각오를 다지는 소감문을 작성·제출토록 강요하는 것으로 안다"고 했다. 처형 대상자의 가족뿐 아니라 주변 동료들에게까지 참혹한 처형 장면을 보여줌으로써 김정은 유일 영도체제에 감히 반기를 들지 못하고 절대 충성을 하도록 유도하겠다는 의도로 해석된다. 정보당국이 입수한 2014년 북한 내부 문건에도 '종파 놈들은 불줄기로 태우고 탱크로 짓뭉개 흔적을 없애 버리는 것이 군대와 인민의 외침'이라고 적혀 있다. 대북소식통은 "처형 장면을 본 북 간부와 주민들 사이에서 '동무, 신발 두 짝만 남고 싶어?', '고사총 앞에 서지 않으려면 똑똑히 하라우'라는 말이 유행하고 있다"고 했다. 또 '다음 처형 때는 미사일이 나오지 않겠나', '김정은에게 소신 있게 의견을 제시하려면 목숨을 내놓아야 한다'는 자조 섞인 얘기도 나온다고 한다.

　당·군·정 간부들 사이에선 공포감이 확산되면서 눈치 보기와 몸 사리기 현상이 두드러지고 있다고 정보당국은 밝혔다. 이렇게 김정은이 숙청과 처형을 반복하는 과정에서 장성택 숙청의 실무 기획자 역할을 했던 조연준 노동당 조직지도부 제1부부장도 연이은 숙청에 따른 두려움과 신경쇠약 증세로 사표를 냈던 것으로 전해졌다. 대북소식통은 "2016년 10월 김정은이 40일간 잠적했을 때 숙청을 지휘한 조연준이 와병을 핑계로 사의를 밝혔다"며 "한때 노동당 청사에도 출근하지 않았지만 김정은이 사표를 반려하고 다시 출근하라고 명령하면서 업무에 복귀했다"고 전했다. 조연준은 곁에서 김정은의 변덕스러운 성격과 분노조절장애에 가까운 행동을 보고 본

인도 언제 당할지 모른다는 두려움에 시달린 것으로 알려졌다. 이 때문에 북한 고위층 사이에서는 최근 "김정은에게 가까이 다가가는 순서로 죽는다"는 말까지 돌고 있는 것으로 알려졌다. 김정은이 정책 실패에 대한 책임을 묻기보다는 불경죄로 처형하는 것은 어린 나이에 대한 콤플렉스 때문이라는 분석도 있다.

김정은식 공포정치가 극도의 불안감을 지렛대로 체제를 일시적으로 안정시키는 데 효과가 있을 것으로 보인다. 정보당국은 "당 간부들의 김정은에 대한 충성심은 약해질 수 있지만, 당장 동요하기보다는 복종하는 쪽으로 갈 가능성이 높다"고 보고 있다. 그러나 공포정치가 장기화 될 경우 체제불안정으로 이어질 가능성이 높다. 김정은은 선대(先代) 인물들을 제거하고 명실상부한 '신생 친위세력'으로 주위를 채울 수 있는 집권 5년차 때까지 이런 숙청작업을 계속할 것으로 보인다. 이렇게 되면 북한 고위층 속에서 '내가 다음 피해자가 될 수 있다'는 불안감이 확산되면서 쿠테타나 김정은에 대한 암살 등이 시도될 수 있다.

라. 잦은 엘리트 교체로 반항요소 증가

권위주의 혹은 독재정권의 안정성은 엘리트들의 응집력에 좌우된다. 엘리트들의 응집력은 권위주의나 독재정권의 정치적 안정을 설명하는 중요한 변수 가운데 하나다. 히글리(John Higley)와 버튼(Michael Burton)이 적절히 지적했듯이, 지배계급 내부에서의 엘리트 분열은 파업, 폭동, 반란, 시위 등 정치적 폭력과 연정, 잦은 내각 교체, 쿠데타나 정부 전복 등 정권의 불안정으로 연결된다.[27]

일반적으로 독재자는 정권 내부의 고위 인사에 의한 정권 전복이나 타도, 외국의 개입, 민중 봉기 등에 잠재적으로 노출돼 있다. 대부분의 독재자들이 느끼는 공포는 자신과 지척의 거리에 있는 동료들의 반란 가능성이다. 실제로 실권한 독재자들 가운데에는 정권 내부의 최고위 관리들에 의해 권좌에서 쫓겨난 경우가 가장 많다.[28] 북한에서는 지난 70여 년간 김씨 일가가 절대 권력을 독점하고 지배 엘리트들의 특권을 보장하며 그들만의 특권을 형성해왔다. 오랫동안 제도화된 수령제는 정치엘리트의 분화와 개혁파의 형성을 저지하고 정책 대결을 불가능하게 하는 매우 완고한 체제가 되었다. 북한의 수령제는 위기와 불만에도 불구하고 저항세력의 조직화를 막고 정치적 통합을 일정 정도 유지해내는 특수한 북한식 모습[29]이다.

그러나 특권층을 중심으로 하는 지배 블럭의 견고한 단결은 무한히 지속될 수 없는 법이다. 북한 엘리트들의 '철보다도 강한 유대와 연대의식'에도 균열이 생기기 시작했다. 그것은 김정은이 집권한 후 두드러지게 나타난 공포통치의 결과다.

북한의 핵심 정치엘리트들은 죽을 때까지 당·군·국가 기구의 핵심 요직에 남아있는 경우가 많았다.[30] 하지만 이 같은 관례는 김정은이 집권하면서부터 사라졌다. 다만 북한 엘리트들이 김정은 3대 세습 정권하에서는 북한체제의 미래가 없다는 위기의식에 사로잡힌 것은 사실이다.

북한에서 신분안정과 풍족한 생활이 보장되는 고위급 엘리트들이 왜 탈북을 할까? 무엇보다 더 이상 북한체제에서 살아가기가 곤란한 상황이 발생했을 것으로 판단된다. 김정은 정권 수립 이후 대대적인 북·중국경 단속으로 일반 탈북민들의 숫자는 약간 줄었지만, 엘리트 탈북민들이 증가하고 있는 현실은 북한엘리트들도 북한체제에 적응해서 살아가기가 힘든 시절이 닥쳐왔다는 것을 의미한다. 이는 장성택 숙청의 여파가 크다. 2013년 12월 고모부 장성택을 처형한 김정은은 '장성택 잔당' 혹은 '추종자'들을 숙청한다는 명분하에 많은 당·정·군 관리들을 사상적으로 재조사하고 일부는 처형하거나 숙청했다. 장성택과 간접적으로라도 관련된 것으로 지목된 인물들은 북한에서 감시의 대상이 되면서 늘 불안에 떨고 있는 것으로 알려졌다. 그 중의 일부가 북한으로부터의 탈출을 시도하고 있는 것이다.

최근에는 김용진 교육부총리 등 내각의 핵심인력까지 처형하고 있는 것으로 볼 때, 숙청의 빈도와 범위는 우리가 생각하는 것보다 훨씬 광범위하다. 이렇게 처형된 간부들의 친척, 부하, 함께 일했었던 동료들도 항상 숙청의 공포에 시달리고 있다,

이런 김정은식 공포정치는 권력의 안정을 도모하는 측면도 있지만, 정권을 불안하게 만드는 요인으로 작동한다. 처형이나 숙청은 지도자의 리더십이 불안할 때 발생하는 경우가 많다. 국가체제를 아직 완전히 장악하지 못했다는 심리적 불안감이 작용하면 과격한 행동을 하게 된다. 김정은 집권 동안 발생한 공포정치는 김정은의 불안심리를 잘 반영한다. 일부러 강하게 보이기 위해서 강경한 공포정치를 실시할 수밖에 없는데, 그만큼 김정은으로서는 자신을 둘러싸고 있는 엘리트들에 대한 불신감, 불안감이 크다는 이야기다. 어쩌면 공포정치를 통하지 않고서는 정권이 유지되기 힘들다는 것을 김정은 스스로 잘 알고 있을 지도 모른다.

한편 엘리트들에 대한 무자비한 숙청은 김정은의 개인적인 성격, 즉 즉흥적인 통치스타일에 기인한다. 젊은 독재자 김정은에게는 인내심이 없고 거침이 없어 보인다. 어떤 간부가 사소한 잘못을 저질렀을 경우, 과거 김정일시대에는 강등이나 근신, 재교육 등의 처벌을 내렸다면 김정은은 처형이나 정치범수용소에 보내버릴 때가 많다. 단순히 김정은 눈 밖에 났다는 사소한 개인적 이유로 무자비하게 처형되는 경우가 발생하면서, 간부들은 책임을 지는 고위직을 기피하는 현상까지 발생했다. 특히 김정은은 개인적으로 관심 있는 사업일수록 실적 부진자에 대한 강력처벌과 문책성 인사를 남발하였다. 해당 간부에 대한 김정은의 공개질책이 있으면 당 조직지도부의 검열과 함께 비판이 따르며, 강도 높은 처벌을 시행했다. 이런 공포정치의 환경에서 북한의 고위급 엘리트들은 북한체제의 미래에 대한 기대를 접었을 것이다. 이것이 지도부의 분열을 가져올 가능성에 대해서 주목할 필요가 있다.

이처럼 김정은은 집권 5년간 140여 명의 고위 간부를 초법적으로 처형했을 뿐 아니라 측근인 최룡해, 김영철 등과 같은 고위간부들의 강등과 복권을 반복하면서 자신에 대한 맹목적인 충성과 무한한 복종을 강제했다.[31] 무엇보다도 2017년 2월 13일 김정은이 자신의 이복형인 김정남을 잔인하게 독살한 사건은 북한 간부들에게 엄청난 충격을 줬을 것으로 사료된다. 김정은의 권력 강화와 절대적 지위의 과시를 위해선 아무리 지위가 높다 하더라도 자신도 언제든지 희생물이 될 수 있다는 교훈을 남겼기 때문이다.

그러나 간부들에 대한 김정은의 공포 통치는 의도와는 다른 결과를 낳을 공산이 크다. 간부들의 면종복배(面從腹背)와 연쇄탈북, 충성경쟁과 권력 암투를 비롯한 엘리트들의 응집력 와해로 이어질 가능성이 높기 때문이다. 예컨대 2016년 보도된 김원홍 국가안전보위상의 해임은 간부들에게 언제든지 토사구팽(兎死拘烹)' 될 수 있다는 위기감을 증폭시키고, 가뜩이나 움츠려서 서로를 믿지 못하는 당정군 간부들은 권력층들은 더욱 납작 엎드릴 것으로 보인다.[32] 2016년 7월 말 탈북 후 한국으로 망명한 태영호 전 영국 주재 북한공사의 증언에 따르면, 당장 북한의 핵심 지도부가 흔들린다고 보긴 어려워도 군부와 외교 라인에서 탈북 행렬이 이어진다는 점은 전에 볼 수 없던 특이 동향임이 분명하다.[33] 간부들에 대한 김정은의 공포통치가 계속된다면 북한 간부들이 '태영호의 길'을 찾아 나서지 않으리라는 보장은 어디에도 없다. 이 경우 김정은 정권은 공동화(空洞化)할 수밖에 없을 것이고 정권의 내구력은 한계에 달하게 될 것이다.

이에 따라 태영호 전 영국 주재 북한 공사는 북한의 지도층에서도 체제에 대한 불만과 불안이 팽배하다고 전했다. 그는 "김정은과 고위 관리들 사이에는 연대감이나 충성심이 없다"면서 "고위 관리들은 이 체제가 지속할 수 없다는 것을 알고 있다"고 강조했다.[34] 이 말은 북한 간부들 사이에 전통적인 운명공동체 의식이 와해되고 김정은에 대한 충성심이 현저하게 취약해져 김정은 정권의 내구력이 극히 취약함을 시사하는 증언으로 볼 수 있다.

간부들의 보다 적극적인 대응은 체제이탈, 즉 탈북으로 나타날 수 있다.

그 밖에도 엘리트들의 응집력을 와해시키는 내부적 요인으로는 간부들의 충성경쟁과 그로 인한 권력암투를 꼽을 수 있다. 현재 북한에선 김정은에 이어 군 서열 2위인 황병서 총정치국장과 전임 총정치국장이던 최룡해, 국가안전보위상에선 낙마했지만 당 정치국 위원의 자격으로 재등장한 것으로 보이는 김원홍,[35] 그리고 통전부장 김영철 등 4인은 2인자 자리를 놓고 미묘한 갈등관계로 얽혀 있다.[36] 이 같은 현상은 김정은에 대한 충성경쟁 차원에서 이뤄지는 것으로 볼 수도 있지만 본질적으로는 권력투쟁이며, 2인자를 두지 않는다는 북한 체제에서 김정은에게 약점이 알려질 경우 모두 숙청당할 수 있다는 점에서 그들은 목숨을 건 권력암투를 벌이고 있다고 할 수 있다.

이와 같이 북한 최고위급 간부들 사이에 권력투쟁이 심화하는 경우 군의 쿠데타 발생 가능성도 전혀 배제하지 못한다. 김정은이 군부 길들이기 차원에서 군 주요직위자들을 반복적으로 처형하고 있는 상황에서 집단 항명 소요가 발생할 수도 있으며, 분파적 대립구도가 형성되어 권력 장악을 위한 내부 투쟁 양상이 벌어질 가능성도 있다.[37]

요컨대 북한 엘리트들이 지니고 있던 과거의 유대관계가 와해되고 김정은에 대한 불만이 팽배해지면서 엘리트 응집력은 약화되고 정권의 안정성도 더욱 취약해지고 있는 것으로 평가된다. 김정은 시대에는 권력의 중심으로 노동당이 부각되었다.[38]

북한의 3대에 걸쳐 김씨체제를 보필했던 최태복·김기남 당 비서만 현역으로 활동 중이다. 국정원 관계자는 "반당·반혁명 종파 행위나 간첩 같은 중죄인뿐 아니라 김정은 지시와 정책 추진에 대한 이견 제시나 불만 토로, 심지어 비리·여자 문제 등에 대해서도 처형이 남발되고 있다"고 했다. 국정원은 "김정은이 자신의 측근을 비롯한 고위 인사에 대한 불신감이 심화되면서 물리적 힘에 의존해 공포감을 조성하려는 경향이 커지고 있다"고 분석했다.

이런 가운데 2010년 9월 북한 노동당 대표자회의를 계기로 김정은과 함께 인민군 대장에 임명된 김경희, 현영철, 최룡해, 김경옥, 최부일 등 5인방이 최룡해를 제외하고 모두 숙청·강등된 것으로 나타났다. 당시 북한여성으로서는 최초로 인민군 대장 칭호를 받은 김정은의 고모 김경희 노동당비서는 2013년 12월 남편인 장성택 처형 이후 정치 무대에서 사라졌다.

노동당 조직지도부에서 군부를 담당했던 김경옥 제1부부장은 건강상 이유로 2선으로 물러난 것으로 알려졌다. 김정은의 농구 코치로 알려진 최부일 인민보안성부장은 한때 최고인민회의 법제위원장까지 승승장구했다. 그러나 2013년 평양 아파트 붕괴 사건과 인민보안성(우리의 경찰) 내부에서 발생한 일련의 총격 사건 등의 책임을 지고 대장에서 소장으로(별 4개에서 별 1개) 3계급이나 강등된 것으로 확인됐다. 이 5인방은 김정일이 김정은의 군부 장악과 후계 체제 안정을 돕기 위해 만들어 준 후견 그룹이다. 하지만 김정은의 공포정치로 좋지 않은 말로를 맞고 있다.

김정은 정권 들어 핵심 간부층 균열이 가시화 되고 있다. 황장엽 망명 이전처럼 간부들의 동요가 다시 시작된 것이다. 김정은을 가리켜 "세상물정을 몰라서 간부들이 일하기 무척 어려워한다"는 말을 했다. 이 같은 북한 간부 동향은 여러 차례 접할 수 있다. 태영호 망명사건으로 북한 간부층이 흔들린다는 분석이 한국에서 나왔다. 김정은 집권 5년간 100명이 넘는 고위층이 숙청되면서 수령과 간부 사이 신뢰는 깨졌다. 특히 장성택 처형은 간부들이 김정은에 등 돌리는 결정적 계기가 됐다. 최근 탈북한 북한 고위 인사는 현재 북한에 대한 정보유입도 김정은의 백두혈통 허구성을 파헤치는 데 초점을 두어야 한다는 말을 했다. 북한은 수령중심의 독재국가다. 수령체제를 지탱하는 간부층이 흔들리면 정권은 버티기 어렵다. 이 인사는 "김정은이 째포(재일교포 출신 고용희)의 아들이고, 정실의 자식이 아니라 첩의 자식이라 정통성이 없다고 말했다. 백두혈통의 허구성을 북한주민들이 깨달을 때 김정은은 루마니아의 차우셰스쿠가 될 가능성이 높다는 분석도 있다. 루마니아 공산독재자 차우셰스쿠는 김일성을 흉내 내어 국민들에게 개인숭배를 강요했다. 그는 이로 인해 국민들의 강력한 저항에 부닥치게 되자 친위대를 시위탄압에 내몰았다. 하지만 시위대에 굴복한 친위대도 독재자를 구원하지 못했다. 차우셰스쿠는 처형되는 순간까지도 "반역자들에게 죽음을!"이라고 외쳤다. 죽는 순간까지도 자신을 루마니아 황제로 착각했던 것이다.

북한 간부들에게 "개혁개방해도 당신들에게 기회가 있다"는 신호를 줄 필요가 있다. 김정은은 개방하는 순간 수령체제가 망한다고 생각해 한사코 반대한다. 하지만, 북한 간부들과 수령체제는 별개의 문제. 수령이라는 동아줄을 잡고 가는 북한 간부들에게 끊을 용기를 주는 게 필요하다는 것이다. 중국의 덩샤오핑도 마오쩌둥이 죽은 다음 개방을 시작했다. 덩샤오핑식 개혁개방 사례를 전수시켜 인민이 사는 길은 개혁개방이요, 핵과 미사일 개발은 수령이 살고 인민이 죽는다는 메시지를 줄 필요가 있다는 것이다. 현재 북한 내부에서는 새로운 패러다임이 태동하고 있는 것으로 관측된다. 북한 고위층들도 나름 북한 개혁과 개발에 대한 애착이 강하다고 한다. 5천년 역사와 문화를 가진 한민족이 김씨 일가 집권 70년 사이에 인간 생지옥으로 변한 데 대한 실망이 크다는 것이다.

마. 선무당 사람잡기식 통치

김정은은 적을 너무 많이 만들어왔다. 고위급 간부들을 마음대로 숙청하고 걸핏하면 강등시켰다가 다시 복권을 반복하기도 하고, 자신의 신적 권위를 간부들에게 각인시키기 위해 무자비한 처형을 남발하면서 간부들을 복지부동(伏地不動)하게 만들었다. 자신의 독재정치를 유지, 강화하는데 결정적으로 중요한 물리적 강제력의 한 축인 국가보위성의 김원홍 마저 잘

라내 버렸고, 심지어 자신의 이복형인 김정남을 잔혹하게 독살함으로써 '백두혈통'의 신성함이 허구였다는 점을 스스로 고백하고 말았다. 태영호 영국주재 북한대사관 전 공사의 증언에 따르면 김정은은 북한 엘리트들을 경계하고 있을 정돈데, 간부들에 대한 두려움이 선제적 대응으로 나타난 결과가 공포통치의 용인술로 나타나고 있는 건 아닌지 의심스러울 정도라고 했다.

김정은의 행태를 보면 삼국지에 등장하는 장비의 최후가 오버랩(overlap)된다. 장비는 의형인 관우가 죽은 후 부하들에게 무리한 명령을 내리다가 결국 자신의 심복들에게 허무하게 죽어갔다.[39] 장비의 부하 범강과 장달이 장비의 포악한 성격과 부하들을 대하는 잔혹한 태도에 인내의 한계점을 느껴 잠자는 장비의 목을 베어 오나라로 도망친 것과 같은 일이 생길지 모르는 일이다. 정보의 지속된 유입으로 자신감을 얻게 될 일반 주민들의 교감을 고리로 엘리트들이 의미 있는 행동에 나설 수 있을 것이다. 이와 관련하여 태 전 공사는 확신한다. 북한 간부층도 김정은정권에 대해 미래가 없다는 결론을 내리고 있으며 실망과 좌절이 팽배한 사회에선 어떤 일도 일어날 수 있을 것이다. 북한 엘리트들도 범강과 장달의 선택을 모방할지 모른다고 카자흐스탄 유라시아국립대 한국학과 교수들이 평가했다.

실제로 김정은은 절대권력에 도취되어 안하무인격 형태, 무자비한 처형, 무원칙한 군 인사 등으로 권력기반의 장기적인 안정성을 스스로 저해하고 있다. 심지어 현장방문으로 체제 장악력을 높이면서도 황병서와 최룡해를 비롯한 간부들에게 "이 새끼야", "처형할 줄 알아" 등 막말을 서슴지 않는 등 미숙성을 표출하고 있다. 그리고 도전세력을 차단하면서 장성택 등 후견인은 물론 지근거리에서 보좌했던 자기사람' 마저 마구잡이로 처형, 숙청했다.

당 기능 복원 및 통제 강화 과정에서 군의 위상이 상대적으로 격하되고 수뇌부에 대한 잦은 해임. 강등 및 총정치국장에 최룡해, 황병서 등 당료 임명으로 군내 암묵적 불만이 누적이 되고 있다. 또한 김정은은 정책결정 과정에서 독단과 무오류성에 빠져 정책난맥을 야기하는 경우도 빈번했다. 의견수렴과 조율을 경시하고 자신의 지시에 대한 무조건적인 복종과 집행을 강요한 것이다. 그래서 정책 여건이나 우선순위를 충분히 고려하지 않은 비현실적 지시를 하여 자원배분 왜곡현상을 심화시키고, 잦은 결정 번복으로 정책불신을 자초하고 있다.

〈김정은의 독단적 발언 사례〉[40]

"내가 하나를 하라고 하면 열을 하고 싶어도 하나만 할 것"(2014년 4월)
"내가 벽을 문이라 하면 열고 들어가는 자세가 필요함"(2015년 1월)

〈김정은에 대한 간부들의 충성 사례〉[41]

황병서 군총정치국장: 군부내 '알았습니다' 노래를 보급, 김정은에 대한 맹종 분위기 조성
김원홍 국가안전보위부장: 反체제실상을 수시 보고하여 입지 확보

김정은은 권력 엘리트에 대한 공포통치로 긴장감 주입과 충성경쟁 유도 등 일시적 효과를 거두었으나, 공포의 장기화로 김정은과 지배층간 '운명공동체'의식이 약화되고 있다. 핵심 측근들은 숙청, 처형에 대한 불안감으로 김정은에게 조언을 기피하고, 맹종하면서 '자리 지키기'에 골몰하고 있는 것이다. 그리고 실무간부들은 생존을 위한 책임회피와 허위보고를 일삼는 가운데, 김정은의 지도력에 대한 회의감이 확산되어 상대적으로 감시가 소홀한 해외파견 간부들은 더더구나 체제 회의감이 깊어지고 있는 상황이다.

【주석】

1) http://news.donga.com/Main/3/all/20170830/86071623/1#csidx6fc06086797f230a584fc7 5b9f01f3e

2) 『데일리엔케이』 2015.7.20

3) 『조선일보』 2014.4.3.

4) 『중앙일보』 2017.8.23.

5) 후지모토겐지 저, 『김정일의 요리사』 4장

6) 두산백과: 몸무게를 키의 제곱으로 나눈 값이다. 예컨대 키가 160㎝이고, 몸무게 60kg 인 사람의 체질량지수는 60÷(1.6*1.6)=23.4가 된다. 그 수치가 20 미만일 때를 저체중, 20~24일 때를 정상체중, 25~30일 때를 경도비만, 30 이상인 경우에는 비만으로 본다.

7) http://blog.naver.com/kimhs2769/220739792363

8) 『조선일보』 2014.9.27.

9) 『조선일보』 2016.2.2.

10) http://www.nocutnews.co.kr/news/4541942#csidx634f075ddb91f1e8165bfec7ce82e1c

11) 『조선일보』 2015.7.6.

12) 『티브이 조선』 2014.4.11.

13) http://news.chosun.com/site/data/html_dir/2017/09/06/2017090601950.html

14) 『데일리엔케이』 2016.1.3.

15) 『조선일보』 2016.8.10.

16) 『조선일보』 2016.12.12.

17) 『연합뉴스』 2014.3.11.

18) 『조선일보』 2016.6.24.

19) http://kimiy050.tistory.com/125

20) http://blog.naver.com/tongilpower/221081955800

21) 『월간북한』 2015년 6월호, 김명성 기고.

22) 『동아일보』 2015.11.28.

23) 1997년 심화조 숙청 중에 김일성 혁명사상 연구실에 불이 났으며 어떤 곳에서는 거의 노골적으로 김일성, 김정일을 비방 중상하는 낙서들이 발견, 김정일은 인민들의 이목을

다른 데로 돌리기 위해 당시 사회 안전성(경찰청) 정치 국장이었던 채문덕, 당중앙위원회 정치국 위원 서윤석, 조직지도부 제1부부장이었던 본부 당 책임비서 문성술에게 강제로 죗값을 씌워 숙청한 사건이다(nkpen.org/bbs/board.php?bo_table=b02&wr_id=44).

24) 백화순,『김정은 시대의 북한정치: 2012~2014』(세종연구소, 2015.2), p.149.

25)『월간북한』2016년 10월호, 이수석 전략문제연구원 수석위원.

26) 김진무,「북한 체제변화 유형과 안보적 대비 방향」,『국방정책연구』제30권 제1호, 2014년 봄, p.17.

27) John Higley and Michael Burton, "The Elite Variable in Democratic Transitions and Breakdown," American Sociological Review, 1989, Vol.54(February), p.20.

28) Gregory Egorov, "Dictators and their Viziers: Endogenizing the Loyalty-Competence Trade-off," Journal of European Economic Association, Vol.9, No.5, October 2011, p.1.

29) 김근식,「북한 '실리 사회주의'의 추진과 좌절: 북한변화에의 함의」,『북한연구학회보』, 제14권 2호, 2010년 겨울, p.16.

30) 오경섭,『정치엘리트 응집력과 김정은 정권의 안정성』(성남: 세종연구소, 2013), p.23.

31) 김정은 집권 이후 처형된 간부는 2012년 3명, 2013년 30여 명, 2014년 40여 명, 지난해 60여 명으로 급격히 늘어난 것으로 관계 당국은 파악하고 있다.「〈기로에 선 한반도〉 ④김정은 집권 5년…민생·대외관계 파탄」,『연합뉴스』, 2016년 12월 23일, http://www.yonhapnews.co.kr/nk/4807090000.html?cid=AKR20161220145600014&template=nk&from=search

32) 곽길섭,「저승사자 김원홍의 토사구팽(兎死拘烹) 의미와 전망」, 국가안보전략연구원,『이슈 브리핑 17-04』, pp.5-6.

33)『인터넷 문화일보』2016년 8월 18일,「北 엘리트 운명공동체 균열 조짐」, http://www.munhwa.com/news/view.html?no=2016081801070309043002

34)『문화일보』2017년 1월 26일자,「태영호 '北 인민 봉기 확신… 정보 유입시켜야'」.

35) 김원홍은 2017년 1월 중순 경 당 조직지도부의 조사를 받고 대장(별 4개)에서 소장(별 1개)으로 강등된 이후에 해임된 것으로 알려졌으나, 4월 15일 김일성 생일 105주년 기념 열병식이 열린 김일성광장 주석단에 대장 계급장을 달고 등장했고, 같은 달 25일 진행된 군종 합동타격시위에 이어 6월 5일 공군 전투비행술 경기대회에도 참석하며 존재감을 과시했다. 북한 매체는 훈련을 참관한 간부들을 소개하며 김원홍을 리영길 총참모부 제1부총참모장 겸 작전총국장보다 앞서 호명한 것으로 보아 노동당 정치국 후보위원인 리영길보다 공식 서열이 높은 것으로 보이는 만큼 김원홍이 당 정치국 위원의 자격을 유지하고 있을 가능성으로 보고 있다.「재등장 北 김원홍, 잇단 軍 훈련참관…보직바뀌었나」,『연합뉴스』2017년 6월 5일, http://www.yonhapnews.co.kr/nk/2017/06/05/4807010000AKR20170605056200014.HTML

36) 「北황병서, 최룡해·김영철·김원홍과 2인자 쟁탈전」,『뉴데일리』2017년 3월 20일, http://www.newdaily.co.kr/news/article.html?no=339656

37) 김관호, 「북한 급변사태 가능성과 우리의 대응방안」, 북한연구소,『월간북한』, 2017년 4월호(통권 제544호), p.129.

38) 『중앙일보』2016.10.11(이영종).

39) 삼국지에서 범강과 장달은 장비가 이릉대전 출전에 앞서 죽은 의형 관우상복을 위해 보름 내로 흰 갑옷과 투구 15만 개씩을 준비하라고 하자 그것은 무리라며 시간을 좀 더 달라고 하자 채찍질 수십 번을 가하고 내일까지 준비하지 못하면 참수한다고 하여 그날 밤에 장비가 잠든 틈에 죽이고 목을 가지고 오나라로 투항한 이야기다.

40) 『로동신문』2014년, 2015년.

41) 황병서는 올해 2월 초 정규군 창설67돌 보고회에서 "김정은 최고사령관의 명령지시에는 오직 '알았습니다'라는 한마디 대답밖에 모르며 시계의 초침과 같이 가장 정확하게 즉시 집행하고 즉시 보고하는 기풍이 넘쳐나야 한다"라고 강조했다. 『노동신문』 2015.8.14 참조. 그리고 군내에서 "알았습니다" 노래를 보급하여 김정은에 대한 충성 분위기를 조성하고 있다.

Ⅳ. 김정은 정권의 장기화 및 안정성 분석

1. 선대와의 비교

김정일이 2008년 하반기에 뇌출혈과 뇌졸중으로 병세가 악화되어 쓰러진 이후 김정일의 건강상태와 북한체제의 불안정성을 동일시하는 경향까지 대두되기도 하였다. 그러나 반면 김정은은 30대(1983년생) 초반의 비교적 건강한 육체를 가진 젊은 지도자로서 건강상태로 인한 체제 장악력 저하 우려는 불식된 상태다. 북한의 최고지도자는 현지지도를 통해 현장의 실태와 민심의 동향을 파악하고 정치사업을 앞세워 인민대중에게 당 정책을 관철하는 의식과 각오를 가지도록 하여 체제 장악력을 높이고자 한다. 김일성에 이어 김정일, 김정은이 현지지도를 통해서 '어버이 수령'이라는 이미지를 강화하고 수령의 절대적 능력을 정당화 한다.

모든 분야에 걸친 당의 노선과 정책을 계획하고 당과 국가의 대내외 활동 전반의 영도를 과시함으로써 체제 전반에 대한 수령의 장악력을 높이는 것이 절대적이다.[1] 따라서 북한의 최고지도자가 어느 정도 왕성하게 현지지도를 벌이고 있느냐에 따라 그의 체제 장악력 실체가 드러난다고 할 수 있다. 과거 김정일의 월별 현지 활동은 그 횟수와 수준이 점점 증대되는 추세를 보여 온 것이 특징이다. 2007년과 2008년 소폭 줄어드는 양상을 보이다가, 2009년부터 다시 활발해지는 양상을 보였다. 2007년과 2008년의 경우는 김정일의 건강상태가 이상을 보이다가 2008년 8월에 결국 쓰러지게 되면서 현지 활동을 통한 지도가 불가능했기 때문에 그 횟수 줄어들었다가 2009년 이후에 현지 활동의 빈도가 높은 것은 건강의 다소 상승 효과 때문이었다. 이는 김정일 자신이 유일지배체제 국가의 최고지도자로서 자신의 건강상태에 대한 건재함을 과시하여 체제장악력을 유지하고자 하는 노력으로 볼 수 있다. 이처럼 북한 최고 지도자의 건강과 현지지도 그리고 체제 장악력이 상호 긴밀하게 연관되어 있다는 사실을 발견할 수 있다. 이를 통해보면 김정은의 경우 젊고 건강한 체력을 바탕으로 김정일 시대 못지않은 활발한 현지지도를 전개해 오고 있다는 점을 고려해 볼 때, 그가 비교적 안정적인 체제 장악력을 유지해 오고 있다고 할 수 있다.

유일지배체제의 경우 일인 권력집중 수준이 어느 정도 인지에 따라서 유일지도자의 체제 장악력 상태가 파악될 수 있다. 김일성·김정일 시대에는 '현지지도'가 수령의 고유권한이었지만 김정은 시대에는 내각총리, 총정치국장 등이 단독으로 현지지도를 실시하는 파격이 등장하고 있다. 이는 최고엘리트들이 김정은의 정책집행 수행 능력 부족 점을 보완하고 있다는 것을 의미한다. 이같은 권력행사의 분산추세를 김정은이 업무를 완전히 파악하여 일인 지배권력을 공고화하기까지 지속될 것으로 전망된다.

2. 김정은 리더십

갈톤(Galton, 1879)의 "위대한 인물(great man)"에서 세습배경 연구에 영향을 받은 이론가들이 세습에 기초한 리더십을 설명하고자 하였다.[2] 요약하면 세습 인물이 국가를 만들고 그의 능력에 맞게 국가를 건설해 나간다는 것이다.[3] 이러한 세습에 기초한 리더십의 정의는 김정은 리더십에 잘 적용될 수 있다.

김정은은 북한이라는 그의 국가를 만들고 그의 능력에 따라 국가를 건설해 나가고 있다. 마지막으로 장성택과 그의 당 행정부 측근을 공개처형하고 김정일 운구차를 호위하였던 군부인물 전부[4]를 교체함으로써 명실상부한 김정은 '유일영도'체제를 구축했다.

다른 한편으로 김정은은 최고 지도자 역량과시를 위한 현지지도 활동을 적극적으로 전개하였다. 예를 들면 2013년 9월 기준, 김정은 집권 이후 현지지도 활동을 총 305회 실시하였다. 2012의 경우 군, 경제, 사회, 문화 순이었고 2013년에는 경제, 군, 사회, 문화 순으로 경제와 군의 순서가 바뀌었다. 이는 김정은이 북한주민 생활향상을 위한 노력에 치중함으로써 주민들의 환심 사기 추세를 반영한다. 2013년 11월 17일(김정일 사망 2주기)을 기점으로 북한당국은 유일 영도자로서의 김정은에 대한 충성유도를 위한 활동을 대대적으로 전개해 나가고 있다. 최근 들어 김정은에 대한 충성을 다짐하는 노래, 시, 선전화(포스터) 등을 잇따라 소개하고 있다.[5] 김정은의 유일체제가 안정적으로 착근하기 위해서는 자신의 리더십에 달려있다.

스톡딜(Stogdill)에 따르면 리더십은 신체적 특성(Physical Characteristics), 사회적 배경, 지능과 능력, 개성, 책무 관련 특성, 사회적 특성 등으로 설명될 수 있다고 하였다.[6] 김정은 리더십의 경우 유일 독재유형이기 때문에 김정은 개인의 신체적 특성이 리더십을 크게 좌우한다. 스톡딜은 신체적 특성으로 나이, 키, 몸무게, 외모 등을 들고 있으나 리더의 신체적 조건의 핵심은 건강이라 할 수 있다. 건강을 잃으면 리더의 자격을 상실한다고 볼 수 있다. 나이, 키 몸무게, 외무는 리더의 부차적인 요소에 불과하다. 2008년 김정일의 건강이상설이 불거지면서 김정일 정권의 불안정성이 높아졌던 사실이 이를 잘 반영한다. 독재자 한 사람에게 모든 권력이 집중되어 있는 북한체제의 특성상, 최고지도자의 건강 문제는 체제의 불안정을 파악하는 데 필요한 중요한 측정 항목이 아닐 수 없다.

김정일 정권 하에서 2008년부터 2011년까지는 김정일의 건강문제가 초미의 관심사로 자리 잡아 온 것은 2008년 8월에 뇌출혈과 뇌졸중으로 병세가 악화되어 쓰러진 바 있었기 때문이다. 그러나 김정은의 경우는 아직 30대 초반(1983년생)으로 특별한 지병도 알려지지 않고 있기 때문에 건강에 이상이 생겨 리더십 발휘에 지장을 초래할 가능성이 낮다. 따라서 김정은 유일 영도체제 하에서는 당분간 북한 최고지도자의 건강상태로 인한 리더십 즉 그의 체제 통치력에 이상이 생길 가능성은 크지 않다.7) 앞서 김정은의 전속 요리사를 지낸 후지모토 겐지도 지난해 9월 공개된 김정은의 얼굴이 스위스 유학시절의 모습과 너무도 달라 알아보지 못했다고 밝힌 바 있다.

김정일이 2008년 하반기에 뇌출혈과 뇌졸중으로 병세가 악화되어 쓰러진 이후 김정일의 건강상태와 북한체제의 불안정성을 동일시하는 경향까지 대두되기도 하였다. 그러나 반면 전술한 바와 같이 김정은은 30대(1983년생) 초반의 비교적 건강한 육체를 가진 젊은 지도자로서 건강상태로 인한 체제 장악력 저하 우려는 불식된 상태다.

북한의 최고지도자는 현지지도를 통해 현장의 실태와 민심의 동향을 파악하고 정치사업을 앞세워 인민대중에게 당 적 통제를 관철하는 의식과 각오를 가지도록 하여 체제 장악력을 높이고자 하였다. 김일성에 이어 김정일, 김정은이 현지지도를 통해서 '어버이 수령'이라는 이미지를 강화하고 수령의 절대적 능력을 정당화하고자 한다. 모든 분야에 걸친 당의 노선과 정책을 계획하고 당과 국가의 대내외 활동 전반의 영도를 과시함으로써 체제 전반에 대한 수령의 장악력을 높이고자 한다.8) 따라서 북한의 최고지도자가 어느 정도 왕성하게 현지지도를 벌이고 있느냐에 따라 그의 체제 장악력 실체가 드러난다고 할 수 있다. 과거 김정일의 월별 현지 활동은 그 횟수와 수준이 정권 후반으로 갈수록 점점 증대되는 추세를 보여 온 것이 특징이다. 2007년과 2008년 소폭 줄어드는 양상을 보이다가 2009년부터 다시 활발해지는 양상을 보였다. 이는 김정일 자신이 유일지배체제 국가의 최

▲ 2015년 5월, 북한군 제580군부대산하 '7월 18일 소목장'을 시찰하는 김정은.

고지도자로서 자신의 건강상태에 대한 건재함을 과시하여 체제 장악력을 유지하고자 하는 노력으로 볼 수 있다. 이처럼 북한 최고 지도자의 건강과 현지지도 그리고 체제 장악력이 상호 긴밀하게 연관되어 있다는 사실을 발견할 수 있다. 이를 통해 보면 김정은의 경우 젊고 건강한 체력을 바탕으로 김정일 시대 못지않은 활발한 현지지도를 전개해 오고 있다는 점을 고려해 볼 때, 그가 비교적 안정적인 체제 장악력을 유지해 오고 있다고 할 수 있다.

유일지배체제의 경우 일인 권력집중 수준이 어느 정도 인지에 따라서 유일지도자의 체제 장악력 상태가 파악될 수 있다. 김일성·김정일 시대에는 '현지지도'가 수령의 고유권한이었지만 김정은 시대에는 내각총리, 총정치국장 등이 단독으로 현지지도를 실시하는 파격이 등장하고 있다. 하지만 점차적으로 김정은의 직접적인 현지지도가 증가하고 있는 것으로 보아 향후 친정체제는 더욱 강화될 것으로 보여 정권적 차원에서 자기화에 긍정적 요소로 될 것으로 판단된다. 김정은은 집권 후"중앙당 부장과 부부장급 또는 내각의 상급 간부들은 하루사업 일정은 물론, 매 시각 본인의 현 위치를 반드시 김정은에게 보고해야 한다"면서 "또한 어디서 누구와 면담했고 또 잠자기 전까지 어떤 사업을 진행했는지도 반드시 알려야 한다"고 알려졌다. 과거 "김정일 시대부터 이어진 시간별 위치보고 체계는 김정은 집권 후 더욱 엄격해 지고, 그 대상도 늘었다"면서 "대중을 상대로 하는 지위에 있는 간부들은 "(이는) 간부들의 움직임을 시간별로 점검함으로써 소 구루빠'(조직)를 형성을 사전에 차단하겠다는 의도가 있는 것"이라면서 "이(고위간부) 들의 은밀한 움직임을 놓치게 되면 언제 어디서, 무슨 음모를 꾸밀지 모른다는 (김정은의) 의구심 때문에 이 같은 조치가 나오게 된 것"이라고 전문가들은 분석했다.

또한 "고위간부들은 (김정은) 서기실을 통해 매 시간별 자기위치를 보고해야 하는데 이에 반하게 되면 '유일적 영도 거부'죄로 처분된다"면서 "매 시간 보고 규칙을 어겨 '네가 지금 어데 있냐'는 반문이 들어오면 이미 해임, 철직을 각오해야 하는 것"이라고 전했다. 끝으로 소식통은 "지난(김정은 집권 4년) 기간 시간별 보고체계를 우습게 생각하고 대수롭지 않게 여겼던 고위간부들은 영락없이 해임됐다 김정은의 이와같은 통치 방식은 적어도 외부적으로 성공한 것으로 보인다. 김정은의 체제 장악력을 살펴보기 위해서는 최고 지도자의 현지지도활동 빈도와 동행하는 수행단의 규모와 수준을 파악할 필요가 있다. 또한 최고지도자 1인에 모든 권력이 집중되어 있는 북한의 유일영도체계의 특성상, 최고지도자의 현지지도에 동행하는 수행단의 규모와 수준을 보면 그의 체제장악력의 정도를 어느 정도 파악할 수 있다. 즉 단순히 현지지도의 횟수만을 파악한 빈도 분석이 아닌, 동행한 수행단의 규모와 수준 등을 다양하게 고려해 최고지도자의 현지지도 활동을 분석해 김정은의 체제장악력을 판단해 볼 수 있다.

김정은은 우선적으로 주민들의 신뢰를 확보하기 위해 인민생활 향상을 위한 경제발전에 초점을 둔 현지지도의 빈도를 높였다. 5차례의 핵실험에 따른 군사역량의 자신감에서 출발하여 이제는 세습 '군주'인 김정은에게는 인민경제 회생이 가장 큰 과제로 부각되었다. 세습적 전통에 의해 정치적 정당성(legitimacy)은 확보했다고 하더라도 경제적 성과(performance)가 이를 뒷받침하지 못하게 되면 정치적 권위가 크게 손상될 수 있다. 이를 의식한 김정은이 2013년 이후 꾸준히 경제 분야 현지지도를 우선하였고, 2013년 3월 31일에는 정치국회의에서'경제발전과 핵 무력 발전 병진로선'을 발표하여 경제력 건설에 집중하는 모습을 보임으로써 그의 체제 장악력을 높이고자 하였다. 동시에 선군정치체제 하의 선군영도를 위해서는 군대가 권력유지의 핵심으로 이에 대한 충성유도를 위한 공식행보도 강화하였다. 당권 강화를 통하여 군부에 대한 사상적 통제를 강화한 것이다.

유일지배체제의 경우, 공식활동 매체 보도는 최고지도자에 집중된다.

권력 엘리트 동향은 거의 베일에 가려진다. 최고지도자 이외의 권력 엘리트 움직임에 대한 보도가 되풀이 되거나 확대되면 최고지도자의 유일성이 훼손될 수 있기 때문이다. 북한의 최고지도자 즉 수령은 '절대성'을 가지도록 되어 있다. 북한의 '당의 유일사상체계 확립의 10대 원칙'전문에서도 "위대한 수령 김일성동지의 권위를 절대화하여야"하며, "위대한 수령 김일성 동지 밖에는 그 누구도 모른다는 확고한 립장과 관점"을 가질 것을 확인하고 북한 당국은 수령을 극도로 신성시하면서 비교를 불허하는 '절대성'을 다음과 같이 강조하고 있다.

"절대적인 권위와 위신을 지니고 인민들의 다함없는 신뢰와 존경을 받는 참다운 인민의 령도자이다"

북한은 "수령은 당의 최고 령도자이며 당의 령도는 곧 수령의 령도"로 보기 때문에 최고지도자인 수령 한사람의 판단과 평가에 의해 정책 결정기관인 당의 정책이 결정되고 집행되는 것이 북한체제의 특성이다. 최고지도자 즉 수령 이외의 권력 엘리트 공식활동의 매체보도가 증가한다는 것은 수령에 의한 유일적 의사결정 구조가 약화되었다는 것을 시사 함과 동시에 유일체제의 안정성이 그만큼 훼손된 것을 의미한다. 2009년 이전까지만 하더라도 수령 즉, 김정일 이외의 권력 엘리트들의 보도 빈도는 100~300건 미만이었지만 2009년 이후부터는 400회에서 500회로 확대되었다. 이는 곧 그의 체제 장악력의 약화되는 것처럼 보였다.

2012년, 2013년에는 김정은 이외의 권력 엘리트들의 공개활동이 더욱 부각되어 나타났다.[9] 이는 김정은의 유일적 체제 장악력이 상대적으로 많이 결핍되었다는 것을 말해준다. 하지만 김정은은 2015년 이후 2년간 이러한 취약점을 빈번한 핵·미사일 시험 도발로 국제사회 여론 몰이를 하여 대내 시각을 외부로 돌려 이러한 취약점을 극복하였다.

북한 정권의 안정성여부를 아래와 같이 분석가능하다.

① 정권의 통제력: 특정 권력자는 정권의 통제력을 의미하는 물리적 강제력(군대 및 보위기구)의 독점으로 김정일이 '현대 정치가'는 '군사에 능통한 탁월한 지도자'가 되어 '군대를 틀어쥐어야 한다'는 선군논리를 답습하였고 김정은은 김정일의 이 같은 선군정치를 답습하고 있다. 공권력에 의한 통제는 북한이 현재까지 체제를 유지하는 주된 요인이라고 할 만큼 주민들을 통제하는 효과적인 수단이 되어왔다.[10]

북한주민들의 동향을 감시·감독하는 정치사찰기관으로는 국가안전보위성, 인민보안성, 법무생활지도위원회 등이 있다. 이러한 각종 기관은 주민들의 사상동태를 감시하고 이른바 반김·반혁명 세력을 색출하기 위한 목적이 있다. 특히 국가안전보위성(보위부)은 형사재판 제도와는 별개로 운영되는 북한 최고의 정치사찰 전담기구로, 정치사상범에 대한 감시, 구금, 체포, 처형 등을 법적 절차 없이 임의대로 결정하는 권한을 가지고 있다.

"인민군대를 완전무결한 수령의 군대, 당의 군대로 만드는 것을 군 건설의 임무"[11]로 강조, 군에 대한 당적통제로 정권의 안정화를 가하고 있다. 인민대중에 대한 당적통제도 북한정권의 안정에 영향을 미치는 주요 요소다.

② 국가기구의 기능: 정치권력의 안정도에 따라서 피치자들에게 여러 가지 가치를 부여하는 일은 정치적 통합과 안정을 위하여 필수적이다. 이러한 가치의 적절한 배분에 실패할 경우, 사회에는 불평불만이 감돌게 되고 마침내는 정치 변동이 초래될 수 있다.[12]

북한의 사회주의 헌법 제25조에는 "국가는 모든 근로자에게 먹고 입고 쓰고 살 수 있는 온갖 조건을 마련하여 준다"고 밝히고 있다. 또한 북한 당국은 "주민들의 의식주 문제도 국가가 전적으로 책임지고 돌봐주고 있다"고 설명하고 있다. 그러나 북한에서 국가가 이러한 약속을 지켜내지 못함에 따라 공식 및 비공식적 역할의 보조화가 초래되어 정권의 불안정성이 심화될 수 있는 가능성이 존재한다.

정권의 통제력, 정권 정통성, 국가의 기능역할을 차례로 정권 안정성을 구성하는 요소별 선택된 아이템을 살펴보면 다음과 같이 요약된다.

〈정권 안정성 요소 및 항목〉

정권 안정성 평가 요소	평가항목
정권의 통제력	최고지도자 개인 리더쉽(개인건강 및 현지지도력)
	최고지도자 주요조직 장악력
	엘리트의 정권지지도
	조직(당·군/당·정)간 견제
	파벌형성 충성 경쟁
국가기구의 기능	공장가동률
	식량공급
	생필품 공급
	시장의존도
	빈부격차(빈곤층 확산비율)
사회 안정도	개혁·개방 인식 확산 정도
	뇌물공여 빈도(부정부패 정도)
	외부정보(남한 및 중국 정보) 접근 강도
	범죄발생 증가 정도
정통성과 정권지지	혈통의 정통성
	입당선호도
	통치이데올로기 지지도

③사회 안정도는 중요한 정치·사회적 안정화를 이룩하지 못하면 정권
은 붕괴된다. 묵시적이건 간에 어떠한 지지 내지는 승인을 받지 못한다면
그는 권력자로서의 지위를 유지해 나갈 수 없게 될 것이다.

④특정정권이 그 사회의 주민들로부터 순종을 이끌어 내기 위해서는 도
덕적으로 정당하고 결합하는 권력의 정통성·지지도가 요구된다.[13]

북한에서도 정권 정통성 획득을 중요시해 3대세습의 백두 혈통 정통성
확보를 위한 선전을 강화하고 주민들의 순응을 이끌고 있다. 후계자론을
통해 다음과 같이 설명하고 있다. "후계자라는 것은 수령의 뒤를 잇는 지도
자라는 의미, 전대의 수령과의 관계에서 그 위업을 계승하고 그의 뒤를 이
어나가는 지도자라는 의미인 것이다. 대를 잇는 지도자는 다름 아닌 미래
의 수령이다"[14] 김정은이 주창하는 백두 혈통론이 그것이다. 당과 이념의
무장화가 필수적이다.

3. 체제 안정화 장치

가. 체제유지를 위한 법적, 제도적 정비

노동당 규약 개정

북한이 2017년 5월 6~9일 노동당 7차 당대회에서 개정한 당 규약에 당
규약집 서문에는 "경제건설과 핵무력건설의 병진로선을 틀어쥐고"라는 표
현이 등장한다. 당 규약에 병진노선이 명시된 것은 처음이다. 당이 곧 국
가인 북한에서 당 규약은 헌법보다 위에 있다. 노동당 제7차 대회에서 북
한은 핵·경제 병진노선을 골자로 한 노동당 규약을 개정했다. 서문과 함
께 총 9장 60조로 구성된 당 규약은 비서국을 폐지하고 신설한 정무국에

대해선 "당 내부사업에서 나서는 문제와 그 밖의 실무적 문제들을 수시로 결정하고 그 집행을 조직 지도한다"는 역할을 부여했다. 북한은 또 개정된 당 규약에 김일성 주석을 영원한 수령으로 규정했으며, 김정일 국방위원장은 영원한 수반으로, 김정은은 위대한 영도자로 명시했다.

이는 김정은이 선대와 같은 최고 지도자의 반열에 당당히 올라섰음을 선포한 것이다. 7차 당대회 시 개정 노동당 규약은 서문 첫 문장에서 "조선노동당은 김일성, 김정일 주의 당이다"고 규정한 것도 과거의 "김일성, 김정일의 당"이라는 표현보다 김정은의 존재감을 높이기 위한 것으로 해석된다. "조선노동당 제7차 대회에서는 조선노동당 규약 개정에 대한 결정서를 채택했다"면서 "경제건설과 핵무력 건설을 병진시키는 데 대한 내용을 (당 규약에) 보충했다"고 결정서는 밝혔다.

동 신문은 "김정은 제1위원장으로 천만군민의 일심단결과 자위적인 전쟁 억제력을 더욱 강화해 백두산 대국의 존엄과 위력을 만방에 떨쳤으며 과학기술에 의거한 자강력으로 세기적인 비약과 혁신을 일으켜나가는 창조와 건설의 대번영기, 강성국가 건설의 최전성기를 열어놓았다는 데 대해 (당 규약에) 규제했다"고 했다.

김정은은 7차 당대회 보고에서 "(핵 · 경제) 병진노선은 급변하는 정세에 대처하기 위한 일시적인 대응책이 아니라 "우리 혁명의 최고 이익으로부터 항구적으로 틀어쥐고 나가야 할 전략적 노선"이라고 선언한 바 있다. 7차 당대회 마지막 당 중앙위원회 사업 총화(분석 및 결산)에 대한 결론에서도 병진노선의 관철을 강조했다.[15]

아울러 "(김정은 제1위원장이) 조선노동당을 김일성 동지와 김정일 동지의 당으로 강화 발전시키고 조선노동당과 조선 인민의 위대한 영도자라는 데 대해, 김일성 · 김정일주의를 당과 혁명의 영원한 지도사상으로 내세우고 조선노동당을 하나의 사상으로 일색화된 사상과 신념의 결정체로 건설했다"는 내용도 담았다.

　김정은이 새로 만들어 오른 '노동당 위원장' 직을 당의 최고 직책으로 하며 당 위원장이 당을 대표하고 영도하는 당의 최고 영도자라는 점도 당 규약에 새롭게 추가됐다. 그런데 당 규약에 병진노선을 명시한 것은 김정은이 병진노선을 북한의 핵심전략으로 삼겠다는 의도이다. 병진노선을 명시한 것은 핵보유국임을 기정사실화하겠다는 의도가 깔린 것으로 봐야한다. 한편 당 규약은 병진노선을 언급한 직후 "과학기술발전을 확고히 앞세우면서 나라의 방위력을 철벽으로 다지고"라는 문구를 넣었다. 당 대회에서 "사회주의 강국 건설의 중요 목표"로 제시된 "과학 기술강국"과 "병진노선을 연결"시킨 것이다. 당 규약은 또 김정은을 "노동당과 조선 인민의 위대한 령도자"라고 묘사했다. 지난 2012년 개정된 당 규약에도 김정은에게 "영도"라는 수식어를 붙인 적이 있다. 개정된 당 규약집에는 당·내각·군·근로단체 관련 각 조항마다 "김정은 동지께서 이끄시는"이란 표현을 넣었다. 당의 지배체제를 명문화 한 것이다

헌법개정

　북한은 2016년 6월 최고인민회의에서 이루어진 개정 헌법을 같은 해 9월 4일 공식발표하였다. 2012년 기존 헌법과 구별되는 2016년 북한 개정헌법의 핵심내용을 분석해보면 김정은정권의 장기화 안정화에 주력하였다.[16]

　북한은 개정헌법 서문에서, 김일성에 대한 '수령' 호명(呼名) 및 김정일에 대한 영도자' 호명을 모두 삭제했다. 이는 전임 수령들을 박물관에 모셔두고 자신에게 집중하도록 현시적인 지시다. "조선혁명의 만년재보이며 조선민주주의인민공화국의 륭성번영을 위한 기본담보이다"를, 금번 개정헌법 서문에서 "김일성동지와 김정일동지의 위대한 사상과 령도 업적은 조선혁명의 만년재보이고 조선민주주의인민공화국의 륭성번영을 위한 기본담보이며 김일성동지와 김정일동지께서 생전의 모습으로 계시는 금수산태양궁

전”으로 제도화하였다. 개정헌법 6장 국가기구 편의 변화를 통해 국방을
넘어선 국가관리체계 구축을 시도한바 주요 특징으로 국방위원회를 확대
개편한 국무위원회가 주도, 간부 임명－해임권을 국방부문에서 국가 전체
로 확대하였다. 또한 국무위원회가 전시에 국방위원회를 조직 및 지도할
수 있도록 권한과 임무를 강화하였다. 그리고 기존 국방위원회 권한과 임
무 중 선군혁명노선 관련 중요정책 수립, 국방부문의 중앙기관 설립·폐지,
군사칭호 제정과 장령이상 군사칭호 수여 조항을 국무위원회 권한과 임무
에서는 삭제하였다. 더불어 국무위원회 신설을 통해 국방관련 업무에 치중
했던 기존 최고지도자 역할을 ‘국가의 중요정책 토의결정’으로 하였다.

　다음으로 내각의 위상 변화이다. 국가체계를 나름 정상화하려는 흐름 속
에서 내각 위상을 강화하려는 의도가 보인다. 그러나 국방·보위·안전·
통일 업무는 여전히 내각의 임무와 권한에서 배제되었다. 구체적으로 제5
절 내각 중 기존 제123조에서 “내각은 최고주권의 행정적 집행기관이며 전
반적 국가 관리 기관이다”를 “내각은 국가주권의 행정적 집행기관이며 전
반적 국가 관리 기관이다”로 수정하였다. 그러나 경제－행정 중심의 임무
와 권한에 변화가 없는 것으로 보아, 논의가 분분했던 인민무력부, 국가안
전보위성, 인민보안성, 새롭게 국가기구가 된 조평통은 국무위원회 산하다.
마지막으로 금번 개정헌법에서 최고검찰소와 최고재판소를 중앙검찰소 및
‘중앙재판소’로 변경하였는데, 이는 중앙으로부터 각 지역까지 국가법률 체
계를 정비 및 강화하려는 의도로 보인다.

나. 이념화(정치사회화)

사상 사업

사상통제는 노동당 선전선동부가 중심이 되어 주민을 주체사상으로 무

장시키고, 수령의 유일지배체제 확립을 도모하는 것이다. 당의 지시를 받은 당기구나 직업동맹과 청년동맹 등 근로단체들도 조직원들에게 사상 사업을 실시하고 있다.

지역별 인민보안서는 매월 마지막 주 금요일에 주민을 대상으로 정치 사업을 실시한다. 이것을 주민정치사업이라고 하는데, 인민보안원 한명이 인민반 한 개를 담당해서 실시한다. 학습자료인 '주민정치강연제강'으로 김정은과 노동당의 방침을 말하고 주민들이 해야 할 일을 제시한다.

공장·기업소에서는 당원과 비당원이 매주 한 번씩 따로 모여서 생활총화를 한다. 공장·기업소 내 청년동맹과 직업동맹 등 각각의 근로단체 구성원들은 따로 모여서 생활총화를 한다. 예를 들면 청년동맹은 수요일에 생활총화와 사상학습(일명 '문헌 침투')을 한다. 당원은 토요일에 하루 종일 생활총화와 사상학습 및 강연회에 참여한다. 조직통제와 사상통제는 결합되어 나타난다.

북한의 모든 조직에서는 아침에 20분 정도 아침독보회를 시행해 왔다. 그러나 현재 공장·기업소의 가동률은 20~30% 정도이며, 정상 가동을 하지 않는 공장·기업소에서는 아침에 조회만 하고 아침독보회는 안하거나 하더라도 형식적으로 한다고 한다. 공장이 안돌아가는 시간에 각종 공사에 동원되더라도 다시 공장·기업소에 모여서 생활총화를 하도록 요구할 정도로 생활총화를 중요하게 생각하고 있다. 북한 당국이 이렇게라도 하지 않으면 조직이 무너진다고 생각하기 때문이다. 생활총화가 끝나면 학습제강으로 학습을 한다.

작은 조직과 달리 큰 조직에서는 여전히 노동신문으로 아침독보회를 한다. 예를 들어 시(市)인민보안서 같은 보안기관에서는 본부 직원 100~200명 정도가 함께 강당 같은 곳에 모이거나, 부문별로 약 50명씩 모여서 아침독보회를 한다고 한다.[17]

사상통제라는 관점에서 김정은은 2013년 6월에 '당의 유일사상체제 확립의 10대원칙'을 39년 만에 '당의 유일적 령도 체계 확립의 10대원칙'으로 개정하고 김정은 자신에 대한 충성을 주민에게 강요했다. 김정은 시대의 10대원칙과 관련하여 북한이탈주민들이 증언한 내용을 보면 표와 같다.

〈10대원칙 관련 사례〉

증언 내용
2013년 겨울, 여맹에서 유일적 영도체계 10대원칙을 암송시키고, 세포비서가 검열했음
2014년부터 10대원칙학습을 강하게 시켰음. 단속당할 경우, 청년동맹 및 여맹 규찰대 비판서를 써야 했음
양강도 해산시의 경우 노동단련대에 가면 10대원칙을 계속 암송하도록 하며, 못 외울 경우 취침을 불허했음
양강도 보천군 노동단련대 수감 시 유일사상 10대원칙을 학습했음
소학교 3학년 소년단에 입단 시 유일사상 10대원칙을 학습했음. 중학교 4학년 청년동맹가맹시 주체사상을 학습했음

출처: 통일연구원 『2016 북한 인권백서』, p.145.

또한 김정은은 2016년 5월에 개최된 7차 노동당대회 사업총화 보고에서 "사업검찰, 안전보위기관 일꾼들은 우리 사회주의를 내부로부터 와해시키려는 적들의 온갖 책동을 제때에 적발 분쇄하여 우리의 사상과 제도, 계급진지와 일심단결을 굳건히 수호하여야 합니다."라고 말했을 정도로 사상사업을 강조했다.

김정은 정권 역시 이데올로기와 개인숭배를 주입하고 있다. 북한은 '정치사업', '정치사상사업', '정치사상교양', '사상교양', '사상사업', '주체사상 교양' 등 각종 형태의 이념화 교육을 통해서 피지배층에 대한 통제를 시행해오고 있다. 북한은 1998년 9월 8차 개정 된 사회주의 헌법 서문에서 주체사상의 영생론을 명시한바 "김일성 주석은 우리와 함께 영원히 계시다."라는 조항에서 종교성 신권체제요소를 발견할 수 있다.[18]

이슬람교도나 기독교인 모두 꾸란이나 성경을 진리로 믿으며 신의 말씀은 삶의 규범이기 때문에 그대로 따르는 무조건성이 있다. 신정체제에서는 지도자가 신의 가르침으로 통치행위를 실천할 경우 백성은 정치적 무관심으로 그대로 따라오게 되어 정권의 영속화가 용이하게 이루어질 수 있다.

북한 사회주의 헌법은 서문에서 "김일성 동지께서는 영생불멸의 주체사상을 창시하시고 … 조선민주주의 인민 공화국을 창건하시었다."하면서 말미에 "사회주의 헌법은 위대한 수령 김일성 동지의 주체적인 국가건설 사상과 국가건설 업적을 법(法)화한 김일성 헌법이다."라고 못 박아 북한이 사실상 김일성 신에 의한 국가임을 법으로 선언하고 있다.[19] 김일성 헌법 서문은 단 한 페이지에 해당하지만 김일성이라는 존재어가 무려 17회나 반복되고 있는데 비해 기독교 구약성서 창세기 1장은 2페이지에이나 '하느님' 반복어는 27회로 페이지 당 횟수는 오히려 성경이 적다.

배타적 이념 요소 철저 배제

북한당국은 "종교는 인민의 아편"이라는 김일성의 교시에 따라 건국 이래 종교탄압을 계속하여 왔다. 북한의 철학사전은 "종교는 력사적으로 지배계급의 수중에 장악되어 인민을 기만하며 착취 억압하는 도구로 리용되었으며 또 근대에 들어와서는 제국주의자들이 후진국가 인민들을 침략하는 사상적 도구로 리용되었다"라고 명시 하고 있다. 북한은 1946년 토지개혁에 관한 법령을 선포하여 성당, 예배당, 사찰 등 종교단체들의 소유 토지 15,000정보를 몰수했다.

김일성 정권 태동기 1946년 11월 3일 일요일 총선거에서 북한 기독교인들이 "주일선거 반대 운동"을 벌렸는데 당시 북한에는 2000여 교회와 30만의 기독교 신자들이 조직화되어 이 운동으로 김일성을 괴롭혔다고 한다. 김일성은 "목사들과 장로들 속에는 종교 선전에 넘어가 미국을 하느님처럼 받들면서 우리 조국을 달러로 팔아먹으려는 자들이 있습니다. 반동적인 목사 장로 일부가 기독교 민주당에 기어 들어와 나쁜 장난을 하는 것입니다."

라고 기독교인들을 공격하였다. 또한 1946년 3월 토지 개혁에서도 종교계의 조직적인 반대가 있어 이를 비판한 내용이 김일성 저작에서 발견되고 있다. "반동적인 목사로서 땅을 안 가진 자가 없고 놀고먹지 않는 자가 없었기 때문에 우리에게 불평을 품고 있습니다. 미국 놈들은 40년 전부터 종교를 통하여 조선 땅에 자기들의 사상적 영향을 퍼트리려고 광분하여 왔으며 조선을 침략하기 위한 사회적 지반으로서 반동적 장로 목사들을 길러내고 비호하는데 힘을 기울였습니다."[20] 김일성의 이러한 기독교인의 자신의 정책 반대로 김일성이 종교를 증오하게 된 주 이유는 정적인 조만식 목사를 겨냥한 것으로 볼 수 있으며 한편으로는 해방 전의 서북지역의 급성장한 기독교 세력과 천도교는 해방 후 해체되어 새로운 대중조직이 건설되지 못한 상황에서 김일성에 위협 세력이 되었기 때문으로 보인다.

1950년 이후 산업 국유화 법령으로 종교단체가 경영하던 일체 기업들을 약탈하여 종교단체의 재단을 모조리 압류하였다. 종교시설의 개축 신축 등은 물론 6·25 당시 재해를 입은 종교시설도 복구를 하지 못하게 하였다. 특히 6·25 동란을 전후한 시기에 모든 종교 시설들을 몰수하여 회의장, 창고, 유치원, 선전실 등으로 전용하였으며 많은 종교인들이 성분 불량자로 간주, 체포되어 처형되거나 실종되었다.

종교인들 대부분은 반민족적·반혁명적 적대의 대상이 됨으로서 탄압을 받았고 특히 기독교는 제국주의 침략의 정신적 도구로 간주되어 많은 기독교인들이 숙청당하였다. 1958년부터 시작된 중앙당 집중지도사업으로 거의 모든 종교인들은 자취를 감추었다. 산속에 사찰들도 산림 관리 사무소나 당 간부 휴양소로 전용되었다. 극히 작은 사찰의 경우는 대내 대외 선전용으로 일부 보존하는 정도였다.

김일성은 1962년 사회안전성(현인민보안성)에서 행한 연설에서 다음과 같이 회고하였다. "우리는 종교인들을 데리고 공산주의 사회로 갈 수 없습니다. 그래서 우리는 기독교, 천주교에서 집사 이상의 간부들을 모두 재판

해서 처단해 버렸고 그 밖의 일부 종교인들 중에서도 악질들은 모두 재판 하였습니다. 그리고 일반 종교인들은 본인이 개심하면 일을 시키고 개심하 지 않으면 수용소에 가두었습니다"[21]라는 말에서와 같이 종교를 철저히 탄 압하는 것을 필연적인 것으로 언급하였다.

1967년부터 시행된 주민등록과 성분 재조사 사업에서 종교인과 그 가족 들은 적대 계층으로 분류하여 관리하였는데 당시 이들 계층의 수는 10만 가구 45만 명으로 확인되고 있다. 이들은 첫째 기독교 천주교 신도와 그 가족, 둘째 천도교와 그 가족, 셋째 불교신도와 그 가족, 넷째 기타종교인 과 그 가족으로 세분하여 이들을 언제든지 김일성 정권을 반대해 나설 수 있는 위험분자들로 분류하였다.[22] 불교의 경우 400여 사찰 가운데 60여 개 의 사찰을 제외하고는 모두 사라졌으며 1,600여 명의 승려와 35,000명의 신도가 사라졌다. 기독교의 경우는 1,500여 개의 교회와 30만여 명의 신도 가 사라졌고 천주교의 경우도 3개의 교구와 5만여 명의 신도가 사라졌다.

북한은 1970년 초부터 1976년까지 여러 곳에서 비밀리에 기독교인을 학 살한 것이 탈북자들 증언으로 나타나고 있다.[23] 1970년까지 약 40만 명의 종교인들이 처형되거나 정치범 수용소에서 수감된 것으로 추측되고 종교 인들의 자손들까지도 반동분자로 관리 되었다.[24] 1973년 11월 30일 낮에 황해도 신흥군에서 위생 검열단 검열에서 기독교 성경책이 발견되어 노인 들을 공개 총살을 한 적이 있다고 탈북자 이영선이 목격한 공개 처형 장면 을 남한 관계기관에 제보한 사례 내용이 있다.[25] 천도교의 경우도 12만여 명의 신도가 자취를 감추었다. 북한의 공식 통계는 북한정권 창건 직전 북 한의 종교인은 약 200여만 명이었으며 이중 천도교인이 150만 명, 개신교 20만 명, 천주교가 5만 7,000명 등이었다고 밝혔다.[26]

1970년대 북한은 남북 대화가 시작되면서 1972년 사회주의 헌법을 제정 하여 제54조에 "공민은 신앙의 자유와 반종교 선전의 자유를 가진다."고 규 정하였다. 이는 구소련 스탈린시대의 헌법과도 유사하다. 1998년 사회주의

헌법 개정으로 종교단체들이 다시 생겨나는 모습을 보였는데 '조선 기독교
도연맹' '조선불교도연맹' '조선천도교 중앙지도위원회' 등이다. 실질적인
종교단체이기보다는 통일전선을 형성하여 대남 정치 선전 도구를 통한 남
한 좌파 진보 정치 세력에 대한 선전과 정권 지원기구 역할 기능을 하는
것이 위주였다.

다음과 같은 김일성의 언급에서도 미국과 기독교를 증오하는 표현을 확
인할 수 있다. "미제국주의자들은 조선을 침략하기 위해 갖은 교활한 방법
과 수단을 다 썼을 뿐 아니라 조선 사람들에게 악착스러운 야수적 만행을
감행하였습니다. 지난날 선교사의 탈을 쓰고 조선에 기어들었던 미제 승냥
이 놈이 조선의 한 어린이가 사과밭에서 떨어진 사과 한 알을 주었다고 하
여 그의 이마에 청강수로 「도적」이라고 새겨놓은 천인공노할 만행을 감행
하였다는 것이 널리 알려진 사실입니다. 이 얼마나 치 떨리는 일입니까?
이것이 바로 미제 침략자들의 승냥이 본성입니다."[27]라는 표현으로 미국
때문에 조국 해방 전쟁이 실패하여 미국과 미국이 믿는 종교를 증오의 대
상으로 만들어 철저히 경계하고 배척하고 있는 것으로 분석된다.

김일성의 종교관은 북한 체제를 종교적으로 이끌면서도 평소 종교를 미
신 등으로 비하하고 있다. "종교는 일종의 미신입니다. 예수를 믿든지 불교
를 믿든지 그것은 본질상 미신을 믿는 것입니다. 종교는 역사적으로 지배
계급에 수중에 장악되어 인민들을 기만하고 착취. 압박하는 도구로 이용되
었으며 근대에 들어와서는 제국주의자들이 후진국가 인민들을 침략하는
사상적 도구로 이용하였습니다."라고 함으로서 지배세력을 지탱하는 것이
제국주의 봉건세력으로 간주하였다.[28] 이러한 김일성의 태도는 1962년 사
회 안전부에 하달된 종교 관련 비밀 교시에서도 종교는 비 과학이고 오늘
날 현대 과학을 믿는 사람이면 하느님이 저 하늘에 있다고 믿지 않는다는
표현을 쓰고 종교지도자들을 일하지 않고 먹는 계층의 기생충으로 비유하
였으며 종교인들을 재판에 회부하여 처형하였다.

종교인들이 남몰래 미신이나 예배를 보다가 적발되면 즉시 체포, 구금하거나 일부는 시범적으로 처형하는 경우도 있었다고 한다. 북한이 조선기독교도 연맹, 조선불교도연맹, 천도교 청우당, 조선사회민주당이라는 단체를 예로 북한에도 종교가 허용된다고 선전하고 있으나 이 단체들은 모두 노동당의 조종을 받는 단체로 대외용이라고 볼 수 있으며 진짜 신도는 없는 관계상 큰 의미는 없다. 이와 같이 종교 탄압을 하는 것은 종교인들이 반체제 성향이 강하여 김 부자 우상화나 신격화의 걸림돌이 되고 때에 따라서는 위해 요소가 되기 때문인 것으로 분석된다.

그러나 북한은 대남 적화전략과 통일전선 전략의 일환으로 종교탄압과 종교인들을 무시해서는 안 되겠다는 상황판단을 하고 1988년 6월 30일에 조선 천주교인 협회가 결성되었고 1989년 5월 30일에는 북한의 종교 단체 협의체인 조선 종교인 협의회가 만들어졌다. 1988년 9월 만경대 건국동에는 봉수교회가 선교구역 장춘동에는 장충성당, 1989년에는 만경대 칠골 구역에 칠골 교회를 건립하여 종교가 있다는 것으로 위장하여 종교인들을 위장양성, 대외원조 획득이나 통일전선 형성에 이용하고 있다.

이상과 같이 김일성은 기독교 가정에서 태어났고 북한을 종교적 신권체제로 통치 하면서 김일성교의 절대성 유지를 위해 여타 종교에 대해서는 철저히 배격하고 탄압하여 인성적인 면에서 이율배반적인 요소를 발견할 수 있었다. 그러나 이는 김일성이 종교의 생리를 너무 잘 알기 때문에 통치에 이를 철저히 활용한 교활성에 기인된 것으로 만약에 북한 사회의 종교의 자유가 정권초기부터 보장되었다면 북한의 이데올로기인 주체사상은 여타 종교와 경쟁 관계가 되어 김일성교를 비판하게 되고 이러할 경우 김일성교의 유지는 어렵게 되어 김일성 정권은 상당히 단명하였을 가능성이 크다.

김일성의 통치 이념은 종교에서 빌려 왔지만 김일성 자신의 유일적 사상을 주민들에게 심어주기 위해서는 북한 내 기존 종교들이 이념적으로 가장 큰 걸림돌이 되었기 때문에 이를 탄압하고 단속하였다. 사회주의 이상 사회 건설은 김일성 지도 이념으로만 일체성을 이루고 집단주의를 형성할 수 있으나 기존 종교들과 공유될 경우, 지도 이념이 퇴색하여 체제의 위협 요소로 이어지게 되는데 이를 척결함으로서 결과적으로 체제의 장기화를 이룩할 수 있었다.

영국이 과거 이스라엘을 중동지역이 아닌 여타지역에 독립국을 건립하였을 경우 이스라엘과 아랍 간의 분쟁은 그다지 많지 않았을 것이며 훨씬 평화스러웠을 것이다. 기독교와 이슬람교는 신앙적 원류가 같은데도 불구하고 같은 곳에서 존재하면서 공생을 하기보다 투쟁과 분쟁을 하고 있는 상황으로 향후에도 이는 계속 될 것이다. 제정일치국가에서 이념적 통일이 안 되면 이와 같이 상당히 불안을 조성할 수 있다. 이라크의 경우도 후세인 정권 붕괴 후 이슬람 국가임에도 불구 수니파와 시아파가 분쟁하는 것은 이념적 해석에 차이에 근거를 찾을 수 있다. 동구라파가 쉽게 붕괴할 수 있었던 것도 기독교나 루터교 등 종교적 요소들이 공산주의 국가에 존재하여 외부와의 교류를 통해 종교와 공산주의 간의 이념 경쟁에서 공산주의를 압도하는데 주요역할을 하였기 때문이다. 그러나 북한의 경우는 환경요인이 같은 공산국가인 중국으로 이어져 종교요소가 침투할 수 없는 환경적으로 유리한 조건에다 국내적으로는 여타종교를 철저히 차단하여 김일성교가 여타 종교와 경쟁 없이 획일적 일체화를 이루게 되어 북한 정권을 장기화 하는데 결정적 요인 역할을 하였다고 할 수 있다. 북한 정권이 장기간 존속할 수 있었던 것은 일찍부터 종교를 인정하지 않고 북한 사회내의 종교 침투를 철저히 막고 단속하여 정권에 반대할 수 있는 가장 큰 사회적 요인을 차단한 결과라 할 수 있다. 정권의 영구적 안정 및 유지를 위해 김일성교의 반하는 종교적 요소는 모두 이단으로 분류 제거함으로서 김 부자의 종교적 신권체제를 만드는데 절대적 작용을 하였으며 김일성교 신권체제는 바로 이러한 환경조성이 결정적 안정화를 이루었다고 할 수 있다. 김정일의 경우는 종교인을 활용 주로 헌금, 기부금 등 명목으로 외화벌이 과학기술도 입에 활용하였다. 대표적인 것이 평양 과학 기술 대학이다.

김정은 정권이 등장하면서 북한 왕래 종교인을 종종 체제 위해 세력으로 억류해와 선대 시대의 이념적 위해 요소를 철저히 차단하고 있다. 토론토 큰빛교회 담임목사인 한국계 임현수 목사는 2016년 초에 인도적 사업 지원차 방북했다가 '반국가 활동'을 이유로 북한에서 종신형을 선고받았다. 임 목사가 여러 차례 북한을 왕래하면서 인도적 지원 사업을 했음에도 가혹하게 처벌한 것은 체제 비판 활동을 조금이라도 하면 철저히 단속하겠다는 경고로 2017년 8월 캐나다-북한 간 교섭으로 석방되었다. 2014년 북한에 억류된 김국기 · 최춘길 2명 중 김국기씨는 선교사 신분으로 북 · 중 국경 지역에서 대북 선교 사업을 하다가 체포됐다. 북한 당국은 지난해 5월 이들에게 간첩 활동을 했다는 자백 쇼를 벌이게 하고 이들에게 종신형을 선고했다.

북한이 체포한 종교인들의 국적을 보면 한국, 미국, 캐나다, 호주 등 다양하다. 간첩 혐의로 체포된 종교인 중 한국인은 1990년대 이후 석방하지 않고 있다. 북한이 1995년 7월 억류한 안승운 목사는 여의도 순복음교회에서 파송돼 북한으로 들어갔다가 납치됐다. 안 목사는 미귀환 상태로 자살설, 사망설이 나돈다. 1997년 천도교 교령이었던 오익제씨는 6 · 25 당시 헤어진 전처와 딸을 만나게 해준다는 꾐에 빠져 방북했다가 억류돼 생을 마감했다. 2001년 옌지에서 탈북자 지원 활동을 하다가 납북된 김동식 목사도 함경북도 보위부 주도로 납치돼 가혹 행위를 당하고 그해 평양에서 숨진 것으로 알려졌다. 재작년 체포된 김정욱 목사도 간첩죄로 노동교화형을 받은 후 연락두절 상태다. 이모든 종교인 구속 억류는 종교의 경우 선대부터 내려온 이념적 체제 위해 요소이기 때문에 철저히 단속한다고 보아야 한다.

이념의 종교화

1994년 7월 8일 김일성이 사망하자 등장한 구호가 "위대한 수령 김일성 동지는 영원히 우리와 함께 계시다."라는 구호와 함께 북한 주민 대다수가 모두 눈물을 흘리고 슬퍼하는 모습을 보였다. 이는 외국인이 보기에 이해가 되지 않는 광적인 모습이었다. 김정일은 김일성이 사망한 이후 1998년까지 자신이 직접 나서지 않고 배후에서 유훈 통치를 하였다. 김일성 사망 추모회, 단군릉 시찰과 같은 행사만하고 "수령은 인민들과 함께 영원히 함께 있다"는 수령의 영생론을 인민들에게 주입시킴으로서 김일성 신의 영생론을 주창하여 종교적 집단의 모습을 보였다.

1997년 9월 9일 정권 창건 49년을 맞이하여 조선 노동당위원회, 군사위원회, 국방위원회, 중앙인민위원회, 정무원 등 5개 기관 "연석 결정서"를 채택하였다 김일성이 태어난 1912년을 국가의 원년으로 규정하는 "주체연호"를 도입하고 김일성이 태어난 4월 15일을 "태양절"로 지정하였다. 이는 김일성이 주민들과 함께 한다는 영생성을 강조하여 마치 예수의 성탄절이나 석가모니의 석탄일을 기념하는 것과 같다.

김일성 사망 3주년을 맞이하여 김일성 수령의 영생 탑을 만들었는데 영생탑 주변의 면적은 1만 7,000평방미터이고 총 높이가 92.5미터로 탑신에 "김일성 동지는 영원히 우리와 함께 계신다."라는 내용으로 김일성의 영생성을 부각하여 북한이 영생하는 나라로 주민들에게 각인 시켜주는 내용을 주입 시키고 있다. 북한 헌법상 김일성은 이슬람 종교에서 유일신에 해당하는 알라(Allah: God)의 존재라 할 수 있으며 기독교 성경에서 하느님과 같은 존재다. 이슬람 종교의 "알라"는 영어로 번역하면 갓(God)이고 한국어로는 하느님이다. 통치 권위를 조직이나 직위 또는 인민의 지지등과 연계시키지 않고 자연인의 초인간적 위대성 즉 신성에서 도출하게 되면 그 정치체제는 신정체제로 된다.

 기독교의 경우 예수님의 말씀은 하느님이 이 세상에 보낸 메시아적 가르침으로, 이슬람교는 마지막 선지자인 무함마드[29])가 신의 계시로 각각 신약성서와 꾸란 경전이 나오고 이슬람교의 경전이 되었다. 꾸란을 최상위법으로 간주하고 있는 이슬람에서는 형법을 집행할 때 무슬림들은 결코 이에 대항하거나 비판을 해서는 안 된다. 북한도 김일성의 말은 신의 말씀이나 신의 뜻과 같으며 주체사상은 기독교성경의 하느님과 예수님의 말씀이며 이슬람국가의 경전인 꾸란의 알라 말씀이라 할 수 있다. 유일사상 10대 원칙이 제시한 것처럼 모든 북한 인민 대중은 이에 따라야 한다. 일반적으로 국가 체제를 신정화할 시 정권의 도전 위험도는 감소하고 보다 안정화를 이룩할 수 있다. 김일성은 북한의 이념적 창시자이며 2대 김정일은 이를 경전화하였고 3대 김정은도 이들을 영원히 모시기 위해 이들이 묻힌 묘지인 금수산 의사당을 연례적으로 신년, 사망일자에 수하를 이끌고 참배를 하고 있다.

 캐나다의 외교관이자 학자인 찰스 버튼(Charles Burton)은 북경에서 만난 북한인들과의 대화를 소개하면서 "북한 사람들은 북한 정치체제를 정통성이 있다고 보며 대다수 북한 사람들은 김씨체제에 대해서는 확고한 것 같다"면서 북한의 이데올로기를 무시해서는 안 될 것이다. 라고 하였다.

 북한 체제를 기독교와 비교하면 여러 가지 유사 모습을 발견할 수 있다.

 주체사상은 성경, 당의 유일사상 10대원칙은 십계명, 김일성 혁명 사상 연구실은 교회, 생활 총화·수요 강연회·인민반회의·아침 독보회·가족 독보회는 주일예배, 새벽 기도회, 구역 예배, 가정 예배, 3대 혁명 소조는 전도사, 당비·맹비는 헌금, 정치 강연회는 설교, 김 부자 초상화는 십자가·예수님 초상화, 당증은 세례 영세 인증으로 받아들여질 수 있는바 각종 목회 방법 등이 바로 그것이다.

〈북한체제의 기독교 유사 요소 비교표〉

기독교	북한체제
하느님	김일성
예수님, 교황	김정일
성경	주체사상, 김 부자 저작집
십계명	유일사상 10대원칙
창세기	북한헌법서문
예수님의 기적	김 부자의 기적
교회	교양관
집회	일일, 주간, 월간 생활총화
전도사	3대혁명소조
헌금	당비, 맹비
설교	정치강연
십자가, 예수님 초상	김 부자 뺏지, 동상, 초상, 휘장
세례	입당

출처: 송종환(2002), p.88.

    결국 이러한 학자들의 견해는 북한의 종교적 신정체제가 경제적 빈곤이
나 각종 생존 제약에도 불구하고 종교화에 의한 장기적 체제 안정이 성공
하였음을 인정하는 것이라 할 수 있다.

    주체사상의 종교적 요소는 수령관에서 분명히 나타나고 있다. 북한 철학
사전은 수령을 "혁명과 건설에서 절대적 지위를 차지하고 결정적 역할을
수행하는 당과 혁명의 탁월한 영도자"라고 정의하고 있다.[30] 여기서 수령
을 "절대적"이라고 함으로서 종교적 성격을 드러내고 있다. 북한의 정체를
종교적으로 보는 것과 관련하여 "북한의 정치는 아직 세속화 되지 않은 신
격화 정치 체제로 이해해야한다는 견해도 있다. 또한 북한의 정치 문화를
이해하는데 전통 사회 지배 계층의 이데올로기인 유교뿐 아니라 인민의 정
신세계에 지배적 영향을 미친 무속 신앙을 이해하는 것이 중요하다는 견해
도 있다. 북한의 정치 문화는 무속 신앙, 유·불·선의 전통종교, 기독교의
영향을 반영하며 통치 계층은 이러한 종교적 정서를 의도적으로 권력 구축

에 활용하였다." 보는 견해[31]가 있어 이에 대한 종교적인 면에서 심층 연구가 필요함을 제시한 것이라 할 수 있다.

기독교는 예수를 단순한 성인이 아닌 구원적 신으로 숭배하며 예수에 대한 절대적 순종을 요구하고 있는데 이와 마찬가지로 북한주민의 영생하는 길은 김일성 수령을 믿고 따르는 것으로 수령에 대한 무조건적인 충성을 요구한다고 볼 수 있어 북한체제는 기독교와 유사성이 있다고 할 수 있다. 북한의 종교문화의 모체로서 어휘를 살펴보면 수령님, 어버이 등 김일성을 신격화하고 신과 같이 숭배하는 종교적 어휘들이 있는데 종교 용어 형식을 모사하여 이질화하고 조작하였다고 할 수 있다.

북한에서는 천주교가 기독교의 정통적인 교리를 신봉하는 것으로 해석한다. 교황을 "로마법왕"으로 부르고 있으며 모든 주교 가운데 제1의 권한을 가진 수위권(首位權)이라 부른다. 북한은 가톨릭의 예배 의식인 미사 성체를 구원과 은총을 받기 위하여 하느님에게 드리는 제사와 제물로 해석, 남한에서 기독교인이 사용하는 하느님이라는 용어가 북한 철학사전에서도 하느님으로 쓰인다.

북한의 절대성과 종교성은 북한이 개방을 지연시키고 폐쇄체제로 남게 하는 요인으로 모순이 되고 있지만[32] 체제유지에는 나름대로 최선의 선택일 수 있다. 김정은이 체제를 지치는 보검으로 북한 주민에게 신념화시키는 것도 같은 맥락이다.

우상화

김정은 후계권력의 정통성을 강화하기 위해 김정은 개인에 대한 우상화 작업을 빠르게 진행하고 있다. 김일성과 김정일의 우상화를 통한 권력세습 정당성 선전이 대대적으로 이루어졌다. 특히 김일성에 대한 우호적 이미지를 김정은에 연결시키기 위해 김일성을 모방하는 움직임도 활발히 전개되었다. 김정일이 사망한 직후 김정은 관련 작품이 많이 나오는데, 2012년에는 '그리움은 끝이 없네', '한마음 따르렵니다', '김정은 장군 목숨으로 사수하리라', '인민이 사랑하는 우리 영도자', '천하 제일 명장 일세', '김정은장군찬가' 등 아주 노골화된 김정은 숭배가 쏟아져 나온다. 이처럼 김정은의 개인숭배는 2012년부터 본격화 된다.

북한은 김정은의 특출한 위인성을 선전하는 『선군혁명령도를 이어가시며』제1권을 조선로동당출판사에서 2012년에 출판했고, 2012년 9월에는 11년에서 12년제 의무교육제로 개편하면서 제일 심혈을 기울인 과목이 '김정은 혁명력사' 등이다. 김정은의 지시로 책이 만들어지기 시작했고 2014년에는 북한교육과정에 과목으로 개설되었다. 2015년에는 교수참고서가 만들어졌는데, 그 내용을 보면 '김정은이 세 살 때 자동차를 운전하고 또 세살 때 총을 쏴서 백발백중 다 명중시켰다는 내용이다. 김정일은 7살에 말을 탔다는 정도로 선전했는데, 우상화작업을 지도자 상징조작이라고 할 수 있다. 이 점에서는 김정일보다 김정은의 지도자 상징조작의 강도가 훨씬 높다고 평가할 수 있다.[33]

김정은은 민생을 강조한다든가, 유원지 등 문화후생시설 건설 등을 통해 '애민(愛民) 이미지'를 부각하여 김일성 이미지 모방을 위해 적극적으로 노력했다. 김일성이 주로 하였던 대중연설 및 대중 밀착 접근 등으로 보다 개방적인 김정은 이미지 구축 노력도 계속하였다. 또한 소년절(6.6), 전국 노병 초청행사(7.27), 청년절(8.28), 등 대규모 정치행사 개최를 통하여 김정은 권력에 대한 지지 및 충성 유도 활동도 대대적으로 벌여왔다. 김정일' 유훈을 강조하고 금수산태양궁전을 리모델링하고 전국에 김일성－김정일 동상을 건설하는 등 김씨 가계 우상화를 지속적으로 전개함으로써 3대세습 정당화를 강조하며 체제결속을 적극 도모해 왔다.

김정일시대는 후계체제를 공고화하기 위한 방편으로 김정일의 우상화 조치가 뒤따랐다. 세습체제구축 초기단계에서는 '당 중앙'이라는 막연한 대

▲ 2016년 6월 7일, 평양 만경대 학생궁전에서 열린 조선소년단 창립 70돌 경축행사에서 김
정은이 소년단 대표들과 기념촬영을 하고 있다.

명사로 김정일을 지칭했으나 그 후 세습체제가 구축되어감에 따라 친애하
는 지도자, 탁월한 사상이론가, 영재, 영웅, 은혜로운 향도의 빛, 향도성 어
버이, 스승 등 과장적 표현이 확산되었다. 김정일 성명 아래에는 지도자동
지 표현이 붙었다. 1982년 2월 14일 당시 조총련 의장인 한덕수가 김정일
에 보낸 생일축전에서는 위대한 김일성주의 사상이론가이시며, 혁명가 건
설의 영재며, 전체 총련 일군들과 70만 재일동포의 은혜로운 스승이신 친
애하는 지도자 김정일 동지 등 6개의 수식어가 총망라되어 있다. 김정일에
대해 김일성과 같은 차원의 신격화가 전개되었다. "향도성의 빛발이 지나
면, 그곳은 금방 옥토로 변한다"(조선문학 등 선전잡지), "옛날에는 수령님
이 축지법을 쓰셨는데 오늘에는 주체의 별님이 땅을 넓히는 천지확장술과
시간을 주름잡는 축지법을 쓰신다" "앉은뱅이도 서게 하며 장님도 눈을 뜨

게 하는 신통력"등의 신격화 표현이 대표적이다.[34]

동시에 당시 북한의 정치·경제·사회문화 등에서 이룩한 성과를 김정일의 공로로 찬양하기도 하였다. 1983년 9월 김덕광산 공동보고에서 "수령님의 영명한 방침과 지도자 동지의 모범적 지도에 의해 이룩되었다"고 찬양하였다. 창광거리 주변의 고층건물은 "김정일의 대담한 결단" 아니면 이룩될 수 없었다고 과장하기도 하였다. 또한 각지, 각급 공장기업소 내에 '김정일 사적관', '김정일 학습 연구실'을 설치하였고 김정일 생일인 2월 16일을 1975년부터 공휴일로 지정하였다. 이와 함께 북한 당국은 '대를 이어 충성하렵니다', '친애하는 지도자 동지' 등등 60여곡의 김정일 찬양 가곡집과 김정일의 어린 시절과 치적을 찬양한 100여종의 작품을 수록한 영원한 책자를 발간하였다. 또한 '김일성 선집'과 같은 '김정일의 언행'을 집대성한 인민의 지도자를 시리즈로 발간하였다. 아울러 해외 친북단체로 하여금 김정일 후계지지 강연회(1981.11, 일본), 김정일 위대성 강연회(1981.12, 인도)를 개최하고 있으며, 김정일에 대한 축전을 타전토록 하였다. 이탈리아에서는 신문광고를 통해 김정일은 나폴레옹만큼 키가 작고 시저만큼 사고력이 깊으며, 알렉산더 대왕처럼 정열적이라고 선전하는 양태를 보였다.

또한 북한 당국은 1980년도 이후에 발표된 다음 3편의 주요논문을 통해서 김정일의 사상과 이념을 부각시켰다. 『주체사상에 대하여』(1982.3.31, 조선노동당출판사), 『조선로동당은 영광스런 ㅌ. ㄷ의 전통을 계승한 주체형의 혁명적 당이다』(1982.10.17, 로동신문), 『맑스－레닌주의와 주체사상의 기치를 높이들고 나가자』(1983.5, 근로자) 등이 그것이다.

모든 것을 김씨가 지배하는 원시 북한 사회의 족장, 향촌의 수호신과 같은 존재로 김정은을 비이성적으로 우상화하는 것은 선대와 별로 다를 것이 없다.

담력과 배짱이 영웅 남아답다. (중략) 3살 때 총을 쏘았고, 3초 내에 10발의 총탄을 쏘아 목표를 다 명중시키며 목표를 100% 통구멍 낸다. (중략)

3살 때부터 운전을 시작해 8살도 되기 전엔 굽이와 경사지가 많은 비포장 도로를 몰고 질주했다. (중략) 초고속보트를 200㎞로 몰아 외국 보트회사 시험운전사를 두 번이나 이겼다 … (중략) 정상적 인간이 사고하는 것과는 거리가 먼 우상화로 사람의 혼과 얼을 빼 김씨네 대를 이은 신도가 되도록 만드는 것이다.

다. 통제 기구의 유지

당적 통제

당 및 수령의 영도는 북한체제 유지의 결정적 요소이다. 북한은 김정은 정권 출범 이후 지속적으로 당의 영도를 강조하고 김정은 우상화를 위해 매진하고 있는데 이것은 당의 영도를 통한 김정은 체제의 정치적 통제역량을 높이기 위한 것이다. 북한 김씨네는 북한을 동원사회로 만들었으며 동원력은 왕권사회에서처럼 수령 권력의 척도가 된다. 북한은 사적 모임은 철저히 금지하고 있지만 국가차원의 집회는 적극 권장 활용하고 있는 실정으로 당적 영도 관철을 위한 대중집회는 절대권의 상징이다.

최근 김정은 체제하에서 북한의 당적 대중 집회가 크게 활성화 되고 있어 당을 통한 정치적 통제력은 점차적으로 강화되고 있는 추세를 보이고 있다. 특히 김정은은 선군정치를 다소 약화시키는 대신 당-국가체제 강화를 위해 노력함으로써 당을 통한 정권통제력을 높여나가고 있는 상황이다. 김정은 정권 등장 이후 북한의 당 기구는 활발한 활동을 하고 있어 외형상 '선군정치'로부터 '선당정치'로 전이되고 있는 것으로 가고 있다. 김정은은 제4차 당대표자회를 통해 당 제1비서와 당 중앙군사위원회 위원장에 취임하고 2013년 3월 31일 정치국회의를 통해 '경제건설과 핵무력건설의 병행노선'을 채택하는 등 당의 기능과 역할을 재활성화하는 노력을 배가 당의 정치적 장악력을 높여가고 있다.

당 및 수령의 영도는 북한체제 유지의 결정적 요소이다. 북한은 김정은 정권 출범 이후 지속적으로 당의 영도를 강조하고 김정은 우상화를 위해 매진하고 있는데 이것은 당의 영도를 통한 김정은 체제의 정치적 통제역량을 높이기 위한 것이다. 북한은 동원사회로 동원력은 왕권사회에서처럼 수령 권력의 척도가 된다. 북한은 사적 모임은 철저히 금지하고 있지만 국가 차원의 집회는 적극 권장 활용하고 있는 실정으로 당적 영도 관철을 위한 대중 집회는 절대권의 상징이다.

최근 김정은 체제하에서 북한의 당적 대규모 집회가 크게 활성화 되고 있어 당을 통한 정치적 통제력은 점차적으로 강화되고 있는 추세를 보이고 있다. 특히 김정은은 선군정치를 다소 약화시키는 대신 당－국가체제 강화를 위해 노력함으로써 당을 통한 정권통제력을 높여나가고 있는 상황이다.

김정은 시대 들어와서 당의 활동이 크게 확대되고 있는 현상을 찾아 볼 수 있다. 과거 김일성 시기(특히 1945~1980 6차당대회 기간)와 같이 사회주의 국가의 전형적인 정치형태인 당 중심의 지도체제를 복원하는 추세를 보였다. 김일성은 당우위에 기초한 당 중심의 정치방식을 고수하였으나 김정일은 90년대 중반 이후 '고난의 행군기'를 거치면서 약화된 당의 기능[35]을 대신하여 1998년 공식출범과 함께 선군정치 방식을 주창하며 국방위원회의 위상을 강화하는 조치를 취하였다. 그러나 2010년 9월 당대표자회가 44년만에 개최되었고 여기에서 김정은을 당 중앙군사위원회 부위원장에 임명하여 후계체제를 공식화하고 발전시켜나가는데 당 조직을 적극 활용하기 시작하였다. 당시 유명무실했던 당 중앙군사위원회 위원을 6명에서 19명으로 확대하여 김정은을 중심으로 새로운 활성화를 꾀하였다. 김정은을 부위원장에 앉힌 것은 당 조직을 통해 군대를 포함한 권력기구 전반에 대한 후계체제 영향력을 강화하기 위한 것이었다. 당의 정책결정 기능과 역할이 거의 유명무실 한 상태에 있었던 김정일 시대와는 달리 김정은 체제하의 북한은 당의 기능을 활성화하고 있다.[36] 김정은 집권 1년인 2012년 북한은 정치국, 비서국, 당 중앙 군사위 등 주요 직위의 공석을 채우고 인원을 대폭 증가시켰다. 정치국은 27명 수준에서 41명으로, 비서국은 9명에서 12명으로, 당 중앙군사위는 18명에서 20명으로 각각 증원하였다.[37]김정은 정권 등장 이후 북한의 당 기구는 활발한 활동을 하고 있어 외형상 '선군정치'로부터 '선당정치'로 전이되고 있는 모습이다. 김정은은 제4차 당대표자회를 통해 당 제1비서와 당 중앙군사위원회 위원장에 취임하고 2013년 3월 31일 정치국회의를 통해 경제건설과 핵무력건설의 병행노선'을 채택하는 등 당의 기능과 역할을 재 활성화하는 노력을 배가, 당의 정치적 장악력을 높여가고 있다.

  김정은 시대 들어와서 가장 특징적인 것은 당의 정책결정 기능이 되살아나는 경향을 보이고 있는 것이다. 과거와 같이 정기, 비정기적인(1~3개월) 정치국회의 개최로 주요 현안토의 결정 등 당중심의 영도기능을 회복해 나가고 있다. 당 중앙위(전원)회의에서는 당 노선을, 당 중앙군사위에서는 군사. 안보문제를, 정치국회의에서는 국가적 과업 및 행사 등이 결정되고 있다. 예를 들면 경제, 핵병진 노선 채택은 당 중앙위 전원회의(2013년 3월 31일)에서, 7·27, 9·9절의 성대한 개최 결정은 정치국회의(2013년 2월 11일) 결정으로, 안전. 자주권 관련 중대결정은 당 중앙군사위 확대회의(2013년 2월 3일)에서 이루어졌다.

  또한 6년 만에 당 세포비서대회(2013년 1월 28일)를 개최하는 등 대규모 당 기층조직 행사를 개최하여 당의 기반 다지기를 강화하였다. 이와 같이 김정은이 당을 조직적으로 잘 활성화해 나가고 있다는 것은 당을 통한 충성도를 도출해내어 그의 지도력 강화를 통한 체제의 안정성을 높여나가고 있다고 할 수 있다. 당 선전선동부를 통해 김정은의 영도를 적극 확보하고자 하는 노력이 경주되었다.

〈로동당 주요 회의 및 결정〉

회의 및 일시	주요 결정 내용
제3차 당대표자회 2010.9.28	김정은을 김정일 후계자로 내정(당중앙군사위 부위원장)
당정치국 확대회의 2011.6.6	김정일 방중 결과 설명, 북중관계 강화 결의
제4차 당대표자회 2012.4.11	김정은을 당 제1비서로 추대, 김정일을 영원한 당 총비서로 추대, 김일성 - 김정일 주의를 유일지도사상으로 채택, 당 규약 개정/최고 및 중앙지도기관 선거, 조직, 임명 결과 발표
당 정치국 회의 2012.7.15	리영호 총참모장 해임
당 정치국 확대회의 2012.11.4	국가체육위원회 설치 결정, 위원장에 장성택 임명
당 중앙군사위원회 확대회의 2012.12.3	군사력 강화 및 조직문제 토의
당 중앙위원회 정치국 회의 2013.2.11	'공화국 창건65돐과 조국해방전쟁승리 60돐을 승리자의 대축전으로 맞이할데 대하여'등 10개 항목 결정서 채택(김일성·김정일을 영원한 수령으로 받들기 위한 일 심화, 완성 외 9개 항목)
당 중앙위원회 전원회의 2013.3.31	경제. 핵무력 발전 병진노선 채택, 박봉주 정치국원 진입(4월 1일 최고인민회의에서 총리 내정)
당 중앙군사위원회 확대회의 2013.8.26	국방력 강화 및 조직문제 논의("조성된 정세의 요구와 인민군대의 현실태로부터 출발해 혁명무력의 전투력을 더욱 높이고 나라의 방위력을 백방으로 강화하기 위한 실천적 문제들"이 토의 결정됐으며 조직문제도 논의)
7차 당대회 2016.5.6.~9	김정은 조선노동당 위원장으로 추대 및 정무국 위원장 및 당 중앙군사위 위원장으로 추대 당·군·정의 최고지도자로 자신의 입지 완성
최고인민회의 제13기 제4차 회의 2016.6월 (당의 결정 입법화)	국방위원회를 국무위원회로 확대개편하고 김정은을 '국무위원회 위원장'으로 추대. 둘째, 기존 당의 외곽기구로 대남 선전선동을 주도했던 조국평화통일위원회(이하 조평통)를 공식 국가기구로 재편. 조평통 산하 서기국 폐지. 셋째, 기존 국방위 산하 3조직인 인민무력부, 보위부, 보안부의 명칭을 부에서 성으로 바꾸고 국무위 산하로 재편

2010년 9월 28일 개최된 북한 노동당 제3차 대표자회에서 김정일 국방위원장의 삼남 김정은이 당 중앙군사위원회 부위원장이라는, 당의 최고 군

사 지도 기관의 제2인자 자리에 임명되었다. 이로써 북한의 3대 권력 세습이 대외적으로도 공식화되었다. 이후 김정은이 당 중앙군사위 부위원장 자격으로 각종 공식 활동을 진행함으로써 당 중앙군사위가 김정은의 권력 승계를 뒷받침하는 가장 핵심적인 권력 기관으로 부상하게 되었다.

북한의 당 중앙군사위는 북한에만 존재하는 독창적인 조직은 아니다. 이는 중국에서 먼저 창설되어 운영된 조직을 북한이 모방해 설치한 것이다. 마오쩌둥은 1935년 1월 귀저우에서 개최된 당 중앙정치국 확대회의에서 정치국 상무위원과 군사위원으로 선출되면서 당과 군을 모두 장악하게 되었다.[38]

장기간의 반제·반군벌 투쟁을 통해 당과 군대 간의 일체화가 깊숙이 진행되어 중국 공산당에서 제1인자가 되기 위해서는 군대를 확고히 장악하는 것이 필수적으로 되었다. 그 결과 당 총서기와 당 중앙군사위원장이 다른 상황에서 후자가 더 실세인 경우가 많았다. 2010년 10월 시진핑 당 중앙정치국 상무위원이 당 중앙군사위 부주석에 선출됨으로써 후계자 지위를 확고히 굳힌 것도 차기 지도자가 되기 위해서는 당뿐만 아니라 군대까지 장악하는 것이 필수적인 중국의 현실을 보여주는 것이었다. 이 같은 중국의 당 중앙군사위 모델을 북한이 수용해 당내에 유사한 기구를 설치한 것은 1962년 12월이었다. 당시 북한은 남한에서의 4·19 혁명에 고무되어 유사시 무력으로라도 한반도를 통일하기 위해 경제건설과 국방 건설 병진 노선을 채택했다. 이를 체계적으로 추진하기 위해 당 중앙위에 '군사위원회'라는 군사 기구를 설치한 이후 북한 노동당 중앙군사위는 당의 최고 군사 지도 기관으로서 군대의 지휘 및 통제, 군사 정책 수립, 군 고위 간부의 임명을 전담했다.

북한정치는 크게 세 가지로 대표된다. 첫째, 2016년 5월 7차 당 대회를 기점으로 한 김정은 정권의 조직적 및 인적 진용 완성이다. 둘째, 7차 당대회 전후 '70일 전투' 및 '200일 전투'를 진행하며 '만리마 속도전'의 대중정치를 구현한 것이다. 셋째, 2016년 1월 4차 핵실험, 9월 5차, 2017년 6차 핵실험을 통한 김정은 정권 장기집권의 군사안보적 기반을 구축한 것이 핵심 특징이다. 2016년 북한은 김정은 시대 통치시스템을 구축하고 김정은 절대권력에 대한 '정통성과 정당성'을 당·국가 운영에 제도화한 해이다. 이는 2016년 5월 6~9일간 이루어진 7차 당 대회 및 6월 29일 개최된 최고인민회의 제13기 제4차 회의를 통해 이루어졌다. 조직적 진용 및 인적 진용을 어떻게 구축하였는지를 그 특징과 성격 중심으로 살펴보자.

먼저 36년 만에 이루어진 2016년 5월 7차 당대회이다. 이 대회를 통해 김정은은 조선노동당 위원장으로 추대되며, 동시에 정무국 위원장 및 당중앙군사위 위원장이 된다. 즉, 당을 통해 국가기구와 군대를 지도하는 당·군·정의 최고지도자로 자신의 입지를 분명히 하는 것이다. 7차 당대회는 조직 진용 측면에서 비서국이 개편된 '정무국을 통한 당·국가 일체화' 및 '조직지도부의 통제기능' 강화를 제시하였다. 인적 진용 측면에서 보면, 만주빨치산세력의 건재, 내각총리 박봉주의 위상 강화와 당중앙군사위 진입 및 내각 부총리 출신들의 약진, 핵·군사분야 엘리트 권력유지와 승진, 노·장·청 배합 간부선발원칙 지속, 당중앙위원회 위원 및 후보위원 과반수 이상(54.9%) 교체로 간부층 세대교체 대비 등의 특징을 보인다. 전체적으로 김정은 주도 '견제와 균형'의 세력 배치가 이루어졌다.

다음으로 2016년 6월 개최된 최고인민회의 제13기 제4차 회의이다. 이 회의는 7차 당대회의 주요 결정을 국가기구에도 반영하여 국가조직을 개편하고 헌법을 개정했다는데 주요 의미가 있다. 이 회의의 결과로 조직 진용 측면의 주요 특징은 세 가지이다. 첫째, 기존 국방위원회를 국무위원회로 확대개편하고 김정은을 '국무위원회 위원장'으로 추대한 것이다. 둘째, 기존 당의 외곽기구로 대남 선전선동을 주도했던 조국평화통일위원회(이하 조평통)를 공식 국가기구로 재편하고 조평통 산하 서기국 폐지이다. 셋째, 기존 국방위 산하 3조직인 인민무력부, 보위부, 보안부의 명칭을 부에서 성으로 바꾸고 국무위 산하로 재편 추진한 것으로 추정된다.

인적 진용 측면의 주요 특징은 7차 당대회에서 발표한 핵·경제 병진노선 강화, 당 사상사업 강화, 5개년 국가전략, '핵 기정사실화를 위한 국제외교 강화' 등을 책임질 수 있는 당의 핵심간부들을 국무위원회 등 국가기구의 주요 분야에 배치한 것이다. 김정은을 국무위원회 위원장으로 추대하면서 5월 임명된 중앙당 핵심 간부들을 국무위원회 위원으로 겸직 배치한 것이 두드러진 특징이다. 전체적으로 이 회의는 당－국가 시스템의 일체화를 높이며 국제수준에서 국가주권을 행사할 수 있는 정치체계를 갖추기 위한 행보로 보인다.

특히 주목할 점이 2016년 5~6월 정치행사를 통해 북한이 '당－국가 일체화'를 높이며 김정은이 국제수준에서 권력을 행사할 수 있도록 당과 국가기구를 개편한 것이다. 대표적으로 5월 당조직 개편으로 당 중앙군사위원회 위원을 축소하고 신설 정무국을 중심으로 한 당의 군부 및 국가기구 지도력 향상을 도모한 것으로 보인다. 또한 6월 국가조직 개편으로 기존 국방위원회를 국무위원회로 확대 개편하면서, 북한의 국가기구를 김정일시대 위기관리시스템인 '선군정치에 따른 군사형 국가체계'로부터 '입법－사법－행정에 기반한 정상적 국가체계'로의 전환을 구상한 것으로 추정된다. 김정은 집권 2년차(2013년) 이후부터 지속적으로 김정은을 정점으로 하는 당 중심체제를 더욱 강화하는 추세를 보였다.

군부장악

김정은이 군사 지휘관으로서의 권위와 역할을 제고하여 인민군대를 장악할 수 있다는 신념을 확고히 하고 있다.

이처럼 북한은 철저하게 김정은의 권력승계를 '장군형' 지도자(수령)의 승계논리로 정당화하고 있다.[39] 김정은은 김정일 생존 시 당 중앙군사위

부위원장(2010년 9월)을 필두로, 승계 후 군 최고사령관(2011년 12월), 당 제1비서. 국방위 제1위원장(2012년 4월)에 차례로 오른 것은 군사우선의 권력승계 특성을 말해준다. 김정은은 김정일 사망 후 약 2주 만에 군사 최고위직인 최고사령관(2011년 12월 30일)에 올랐으며, 이에 바로 이듬해 (2012년) 4월에 당의 최고위직인 당 제1비서(2012년 4월 11일)와 당 중앙군사위원장(2012년 4월 11일)직을 그리고 국가의 최고위직인 국방위 제1위원장(4월 13일)직을 차지하였다. "백두에서 개척된 주체혁명위업을 세대와 세기를 이어 끝까지 계승"[40]해야 한다고 주장함으로써 김정은 후계를 정당화하고자 했다.

김정은에게 '장군형 령도자'상을 부여하고 있는 이유는 김정은 자신에게 빨치산 '김일성 장군'의 카리스마를 계승한 인물로 부각하기 위한 것이다. 이는 김정은이 신화적으로 숭배되고 있는 '김일성 장군'이 지닌 신성성, 영웅적 위력, 이상적 모범성을 지니고 있다는 점을 강조하고자 하는 것이다. 김일성에게 인위적으로 덧씌워진 초인적인 자질, 예언자의 능력, 장군의 천재적인 전쟁 지도력 등과 같은 카리스마적 권위를 김정은에게 전이하기 위함으로 볼 수 있다.

김정은은 군 관련 기관에서 군사 지도자로서의 정통성을 먼저 구축해 나가는 양태를 보였다. 이는 김정은이 김정일 시대 구축해 놓은 '선군정치식 권력세습' 과정을 거친 경험적 결과다. 선군시대의 정치 지도자는 군대를 틀어쥐어야 하고 능통한 탁월한 군사 지휘관이 되어야 한다는 것이 모토다. 이에 따라 김정일은 김정은을 그의 후계자로 만들기 위해 군사에 밝고 군대를 지휘. 통솔할 수 있는 능력을 갖춘 정치 지도자 이미지를 우선적으로 정착시켜 나가고자 한 것으로 보인다.[41] 김정은 체제 확립을 위해 김정일 생존시 김정은에게 대장 칭호 및 당 중앙군사위원회 부위원장 직이 먼저 주어진 것이다. 김정일은 김정은이 군사 지휘관으로서의 권위와 역할을 제고하여 인민군대를 장악과 여타의 권력은 자동적으로 따라 온다는 신념을 생각했던 것으로 보인다.

이처럼 북한은 철저하게 김정은의 권력승계를 '장군형' 지도자(수령)의 승계논리로 정당화하고 있다.[42]

군은 "백두혈통의 주체혁명위업을 세대와 세기를 이어 끝까지 계승"[43]해야 한다고 주장함으로써 김정은 후계를 정당화하고자 하였다. 김정은은 그의 독자적 리더십을 구축하기 위한 노력도 강화하고 각군 실전훈련지도 (2013년 2~3월) 및 작전회의를 소집(3.29)한다든가 접경군사지역 방문(장재도, 무도 방문: 3.7, 동부전선 오성산 초소방문: 6.2)한 것 등을 통해 군사적 긴장국면 조성을 김정은이 직접 주도하는 모습을 보여 김정은이 과감하고 대담한 최고지도자상을 부각하고자 노력하였다. 북한 당국은 선군정치를 뒷받침하는 군사력 건설의 중요성을 주장하였다.

'김정일 운구차 7인방'은 권력의 핵심에서 사실상 물어났으며, '김정은의 사람들'이 그 자리를 메우고 있다. 운구차 왼쪽에서 호위했던 군부 4인방인 리영호와 우동측은 숙청되었고, 김영춘과 김정각도 권력에서 물러났다. 운구차 오른쪽에 있던 장성택은 처형되었고, 김기남과 최태복은 80세가 넘은 고령이다. 김정은은 2012년에 권력층의 31%(68명)를 교체한데 이어 2013년에는 13%(29명)를 교체했다. 제도에 의한 우선적인 군권 장악과 핵심 군부 인사의 세대교체와 권력서열을 하향 조정이 엿보인다. 당의 경우 부부장급 이상 간부 40여 명, 내각에서는 30여 명, 군에서는 군단장급 이상 20여 명을 새로 충원했다.[44] 인민군 각 군단의 군단장을 자신의 심복들로 임명하는 한편, 40~50대의 젊은 세대로 바꿨다. 이를 통해 김정은은 군부에 대한 직할체제를 강화하는 양상을 보였다.

김정은 체제는 2012년 3월 기존의 '미사일지도국'을 '전략로케트사령부'로 개칭, 공군사령부를 '항공 및 반항공군사령부'로 개편하면서 북한군 현대화에 깊은 관심을 보이고 있다.[45] 김정은은 최고사령부나 국방위원회가 아닌 당에서 군사분야 보직을 맡아 후계자 승계작업을 시작하였다. 이는

북한사회에서 당이 갖는 위상과 혁명의 주력군으로서 군사부문의 중요성
을 고려한 조치라 할 수 있다. 그리고 2009년 헌법개정과 2010년 당규약개
정을 통해 국방위원장의 권한을 강화시켰다.

　'또한 김정은은 김정일 시대의 군부권력 비대화로 인한 군부 독자세력화
를 염려하여 당료출신인 최룡해를 총정치국장에 임명해 군부 장악에 나서
면서 군부 상층부의 빈번한 교체로 나타났다. 2012년 최룡해가 총정치국장
에 보임한 이후 총참모장은 리영호, 현영철, 김격식, 리영길로, 인민무력부
장은 김영춘, 김정각, 김격식, 장정남으로, 작전국장도 김영구, 최부일, 리
영길, 변인선으로 교체되었다. 또한 김정은은 군 핵심인물의 계급을 강등
시킨 후 최룡해(대장 강등, 대장 복권), 김명식(소장 강등, 중장 복권) 등은
복권시켰지만, 현영철(대장 강등, 상장 강등) 등 일부 인사는 숙청 하였다.
군대를 당적으로 통제해 나가기 위해서 민간인 최룡해를 총정치국장에 임
명하였다. 또한 군대의 4대직위(총정치국장, 총참모장, 인민무력부장, 총참
모부 작전국장) 전원을 교체함으로써 군대의 안정성을 제고해 나갔다. 무
엇보다 김정은 시대에는 군부엘리트의 변화의 폭이 가장 크다. 북한군 3대
요직인 총정치국장, 인민무력부장, 총참모장이 수시로 교체되었다. 인민무
력부장의 경우, 김정은 시대 들어 현영철까지 포함해서 5명이 교체되었다.
현재 여섯 번째로 박영식이 맡고 있어 인민무력부장의 평균 재임기간은 8
개월이다. 김일성 집권 46년 동안 인민무력부장 5명이 교체되어 평균 재임
9년이었고, 김정일 집권 17년간 3명이 인민무력부장을 맡아 평균 재임 6년
과 대조적이다.46) 이런 잦은 인사교체는 김정은의 군부에 대한 불신이 강
하여 간부의 수시 교체를 통해 충성을 유도하려는 통치방법을 쓰고 있다.
하지만 군이라는 집단이 잘못 관리하면 잘못된 개가 주인을 물어 버리듯이
군에게 물릴 수도 있다.

〈김정은 집권 이후 북한군 3대 요직 변화〉

군 총정치국장: 최룡해 → 황병서
군 총참모장: 리영호 → 현영철 → 김격식 → 리영길
인민무력부장: 김영춘 → 김정각 → 김격식 → 장정남 → 현영철 → 박영식

또한 군 핵심 간부들에 대한 김정은의 즉흥적이고 자의적인 인사조치가 시행되었다. 대표적인 사례가 군 수뇌부의 계급강등과 복귀를 장난처럼 남발한 것이다. 군부인사의 계급강등을 보면, 현영철은 대장에서 차수로 승진했다가 대장, 상장으로 강등되었고, 다시 대장으로 부임되어 2014년 6월 인민무력부장으로 복귀했다가 처형되었다. 대남 무력도발을 주도한 김격식은 연평도 포격 도발 이후 북한군 총청치국의 지도 검열에서 남조선의 반격에 대응을 제대로 못 했다는 비판을 받고 좌천되었고, 이 과정에서 계급도 대장에서 상장으로 강등된 것으로 알려졌었다. 이후 대장으로 복귀되면서 인민무력부장에 임명되었으나 다시 밀려나서 2015년 5월 초 사망했다.[47] 김영철 북한군 정찰총국장은 대장에서 중장으로 강등되었다가 다시 대장으로 복귀했고, 상장으로 강등되었다가 2015년 8월 대장으로 복귀했다. 최부일 인민보안부장은 총참모부 근무 시 상장으로 강등되었다가 다시 대장으로 복귀했고, 인민부안부장 재직 시 다시 상장으로 강등되었다가 평양아파트 붕괴 사고의 책임을 지고 2014년 12월 소장으로 강등되기도 했다. 최근 당 창건 70주년을 앞두고 다시 대장으로 복귀했다.[48] 장정남 전 인민무력부장은 대장에서 상장, 상장에서 다시 대장으로 복귀했다가 상장으로 강등되어 현재 5군단장을 맡고 있다.

2017년 11월 20일 국정원은 황병서 총정치국장과 제1부국장 김원홍을 비롯해 총정치국 소속 장교들이 처벌받았다는 첩보를 발표, 군내부 불안이 지속 되고 있는 모습이다.

〈김정은 집권 이후 군고위간부의 계급강당 및 복귀사례〉

최룡해 (당비서)	대장(2010.9) → 차수(2012.4 총정치국장) → 대장(2012.12) → 차수 (2013.2) → 대장(2014.4 추정)
현영철 (인민무력부장)	대장 → 차수(2012.7. 총참모장) → 대장(2012.10) → 상장(2013.6) → 대장(2015.4 처형)
김격식 (전인민무력부장)	상장 → 대장 → 상장 → 대장(2015.5 사망)
김영철 (정찰총국장)	중장 → 대장(2012.2) → 중장(2012.11) → 대장(2013.2) → 상장 (2015.4) → 대장(2015.8)
최부일 (인민보안부장)	대장(부총참모장) → 상장(2012.11) → 대장(2013.8) → 상장(2014.7) → 소장(2014.12) → 대장(2015.10)

북한 김정은은 군 훈련이나 미사일실험 핵실험 등 긴장상황이 전개된다고 생각할 경우 군 관련 공개 활동 빈도를 급격히 끌어올리고 있다. 예를 들면 기동훈련 등이 있을 경우다

통일부 당국자는 "3차 핵실험 직후였던 2013년 3월에도 김정은이 각종 군부대 시찰을 하였다. 인사 스타일도 달랐다. 김정일은 변덕스럽지만 극단적이지 않은 리더십을 발휘했다. 간부들을 의심하고 시험했지만 완전히 버린 경우는 드물었다. 반면에 김정은의 인사는 맺고 끊는 것이 분명해 본보기가 필요할 경우 장성택·이영호 등 고위 간부를 완전히 제거했다.

고려대 남성욱(통일외교안보학부) 교수는 "김정은은 '금수저 3세'인데 세습 준비 기간이 짧았기 때문에 공격적으로 나갈 수밖에 없다. 피비린내가 나지 않을 수 없는 여건"이라고 말했다. "김정은 스타일을 고려하면 앞으로도 경제개혁을 그 나름대로 추진할 가능성이 크고 소규모 기업·개인의 사적 소유를 허용할 가능성도 있다"고 전망했다. 북한의 핵 도발과 관련해선 "김정은이 정책 일관성 을 중시하고 강대국들의 압력에 굴복하는 것을 극도로 싫어해 핵 포기 결단을 내리긴 어렵다"고 예상했다.

김정은은 "남반부 도서나 해안에 불시에 기습 상륙해 공격하면 승리할 수 있다"고 만족해했으며, 방어훈련에 대해서도 "잘 준비된 미더운 포병들

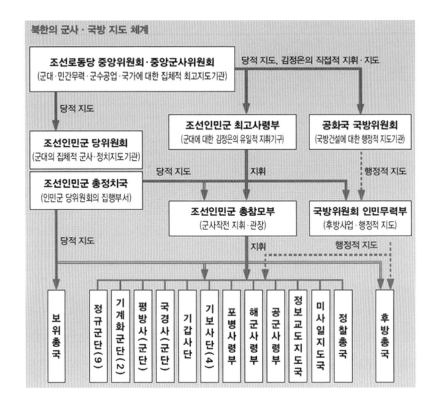

이 멸적의 포신을 들고 있기에 그 어떤 적 상륙 집단도 우리 해안에 절대로 달라붙지 못한다"고 확신했다고 통신은 전했다.

중앙통신은 김정은의 지도를 받은 북한군이 2017년 '서울해방작전', '남반부해방작전'에서 빛나는 공을 세울 맹세를 다짐했으며, "일단 싸움이 벌어진다면 보복 성전은 미제와 박근혜 괴뢰 역적패당이 감행한 죄악의 대가를 천백배로 받아낼 때까지 순간도 멈춤 없이 강도 높게 벌어질 것"이라고 했다.

훈련장에는 총정치국장인 황병서, 총참모장 리명수, 인민무력부장 박영식을 비롯한 북한군 지휘부와 해군사령관 리용주, 항공 및 반항공군사령관 최영호, 7군단 리태섭, 108기계화 보병 사단장 송영건 등이 참석, 군의 대

응능력을 과시하였다.[49]

보안기관 장악

국가안전보위성, 인민보안성, 검찰 등은 북한체제 유지의 근간이 되고 있다. 북한의 통제는 사상 통제, 법적 통제, 심신 통제 등 다양한 방식이 동원되고 있다. 김정은 정권은 국가안전보위성 등 통제기관의 활성화로 그의 통제 역량을 제고해 나가고 있는 경향을 보이고 있다. 김정은 정권 하에서 국가안전보위성 등 공안기구는 여전히 잘 작동되고 있고, 공안기구의 작동은 거의 일상화된 수준을 유지하고 있다. 김정은 정권 등장 이후 북한은 탈북자들에 대한 대대적인 단속, 시장 단속 등을 실시하여 탈북자수를 급격히 축소시켰고, 사회일탈 행위도 상당히 억제해 왔다.

이는 김정은 정권의 보안기구 통제를 통한 체제 장악력을 높여 온 것을 의미한다. 또한 김정은 정권이 장성택과 그의 측근들, 그리고 그와 연계된 것으로 알려진 세력들에 대한 대대적인 공개처형을 단행하여 그의 유일영도체계 질서를 바로 잡아나가고 있는 것도 김정은의 강한 물리적 통제역량을 과시한 것으로 평가된다. 북한의 공개처형은 유력한 체제유지 수단으로서 공개처형을 목도한 주민들로 하여금 감히 체제나 정권, 최고지도자에게 도전할 의도를 갖지 못하게 한다. 이에 북한에서 공개처형은 국제사회의 지속적인 비난에도 불구하고 꾸준히 유지되어 왔다.

일반적으로 독재권력을 유지하는 가장 중요한 수단으로 물리적 폭력수단의 보유를 꼽고 있다. 정기적이며 흔하게 사용되는 것은 잔혹한 폭력수단이다. 충성스럽고 효율적인 보안기구가 바로 그것에 해당한다.[50] 독재정권은 주민들을 감시하며 폭력을 사용하여 개인적이고 집단적인 저항운동을 모두 효율적으로 진압한다. 독재자들은 보편적으로 보안기구 요원들의 잠입과 밀고자들을 활용하여 반체제적인 활동을 사전에 찾아내어 원천적으로 차단한다.

독재정권은 충성심에 의심이 가는 개인이나 반대파들에게 무력을 사용하여, 미래 반체제 활동도 예방하며 다른 이들로 하여금 비슷한 활동을 하지 못하도록 단념시킨다. 북한의 유일체제는 여타 독재정권과 마찬가지로 보안기관에 의존하여 체제를 보존해온 측면이 강하다.

반체제적 요소들은 다수의 내부 보안 기관에 속한 정교한 정보원들의 네트워크로 인해 추적된다. 북한에서는 서로 신뢰하는 두 명 사이에는 민감한 이야기가 있을 수 있지만 세 번째 사람이 합류하면 입을 다물게 되는 사회이다. 모든 북한 주민이 인민반에 속하게 되어 철저히 감시받게 된다.

비교적 작은 위법행위들로 고발된 자들은 짧은 시간의 '재교육'에 배정된다. 더욱 심각한 범죄들로 고발된 자들은 짧은 시간의 '재교육'에 배정된다. 가장 심각한 범죄들로 고발된 자들은 정치범 수용소에서 매장된다. 북한 보안당국은 책임 있는 범죄자 개인 외에 그의 모든 가족까지 처벌해 부모, 배우자, 자녀, 이모, 삼촌 그리고 조카까지 여러 가지 방법으로 처벌받도록 한다. 그 사건은 그들의 영구 기록에 남겨지며 유배되거나 가족 전체가 정치범 수용소로 보내질 수 있다. 이러한 처벌 방법이 북한주민들이 김씨 정권에 대항하지 못하도록 단념시키는 대단히 효과적인 수단으로 작용되고 있는 것이다.

이와 같이 김정은 체제의 안정성을 유지하는데 중요한 요소 중의 하나로 물리적 통제방법이 이전과 같이 활용되고 있는 상황이다. 당의 감시 못지 않게 군 및 공안기구의 물리적 통제력은 북한의 체제 안정을 뒷받침하는 주요한 요소로 평가된다.

1997년부터 3년간 계속된 당·정·군 간부들에 대한 대규모 숙청(심화조 사건)을 당 검열에 의해서가 아니라 인민보안성이 주도한 것은 통제기구의 기능이 강화되는 상징적 사건이다. 보안기구의 임무는 매우 광범위하나, 수령 옹호보위, 로동당과 북한정권의 보안사업 옹호보위, 사회질서 유지 등이 기본 업무다. 수령 옹호보위사업은 통제기구의 가장 핵심적 임무로서 이는 수령 즉, 김정은을 옹호·보위하여 북한체제를 수호하는 역할을 한다. 인민보안성은 체제 및 정권 수호를 위해 반국가·반혁명행위를 감시하는 업무를 최우선적으로 수행한다.

김정은 체제 하에서도 국가안전보위성, 인민보안성 등 보안기구 등은 여전히 체제유지의 근간이 되고 있다. 체제보위를 위한 통제는 사상 통제, 보안기관 통제, 심신통제, 정보통제 등 다양한 방식이 동원되고 있다. 이를 위해 김정은은 2010년 당 대표자회에서 후계자로 공식화되기 이전부터 국가보위성을 담당해서 보안기구를 통한 통치술을 먼저 익혔던 것으로 전해진다. 김정은은 보안기구를 통해 세습체제유지를 위해 반체제사범 색출, 국경 및 출입국 관리, 반탐활동에 치중한 바 있다. 김정일 사망 이후 김정은은 공안통치를 더욱 강화하기 시작하였다. 먼저 김정일 사망이 발표된 2011년 12월 19일을 전후해 "탈북자를 절대로 놓치지 말라"고 직할 치안부대에 지시[51]함으로써 대량탈북에 따른 체제 불안정을 단속하는데 최우선적인 관심을 기울였다. 이 명령 직후 중국과 북한의 접경지역은 완전히 봉쇄돼 출입이 불가능해질 정도였다. 여기서 말하는 치안부대는 김정은 직할의 조선인민군 내무군으로서 김정은이 후계자로 공식 등장한 2010년에 북한 내부에서 알려지기 시작한 '폭풍군단'이다.[52] 폭풍군단은 김정은 자신의 지위와 안전을 확보할 목적으로 창설하여 국가안전보위성과 인민보안성을 조사·감독하는 권한을 지닌 주요 '공안기구 위의 공안기구'로 발전시켜오고 있다.

김정은은 그의 체제 강화를 위해 국가안전보위성의 위상과 권한을 한층 강화하는 모습을 보였다.

보위성의 위상과 권한 강화를 시사한 대목이다. 국가안전보위성에 현대적인 장비(도청, 전파장애, 차단)를 갖출데 대한 지시와 보위부원들의 권한을 높여줄데 대한 지시(2012년 1월 20일)가 최고사령관의 이름으로 내려졌다고 한다.[53] 보위부 권한이 높아짐에 따라 평양내부에서는 "보위성은 하

▲ 지난 2012년 11월 19일, 보위기관창립절을 맞아 국가안전보위성(당시 국가안전보위부)을 방문한 김정은.

늘 무서운 줄 모른다"며 "현재 중앙기관은 물론, 지방 공장기업소에도 보위성 요원들이 이미 그물처럼 덮고 있는데 앞으로 어떤 식으로 더 배치될 것인지 두려울 정도"의 공안상황이 되었다는 것이다. 국경연선에서도 탈북자 색출, 외부정보 차단, 중국전화 탐지 및 전파방해, 주민동향감시 등에 보위성이 전면 배치되도록 하였다.[54]

  국가안전보위성요원 50여 명을 파견하여 중국에 체류 중인 탈북자 색출을 위해 회령–싼허(三合)국경을 통해 중국에 파견(2012년 2월 22일)한 것으로 알려진 바 있다. 북한의 고위 간부들이 탈북했을 경우 이들을 추적하기 위해 4~8명 규모의 특별 체포조를 중국에 파견한 바 있지만 이번 보위성 파견 요원들은 규모면에서 뿐만 아니라 활동반경도 과거에 비해 크게 넓어진 것으로 알려졌다.[55] 보위성은 탈북자 1명을 체포하여 고문, 협박,

회유 등으로 다른 탈북자들에 대한 정보를 모은 후 줄줄이 검거해 가는 일명 '감자캐기 방법'을 적극 활용한다.

국경경비대 군인들이 뇌물을 받고 탈북을 눈감아주는 관행을 척결하기 위해 보위 사령부 소속 군관들을 국경지역 주둔 부대에 파견하기도 한다. 회령에 주둔하는 연대마다 보위군관을 16명씩 배치해 경비대에 대한 대대적인 검열과 구사를 하기도 하였다.56)

탈북방지 및 감시는 무력부가, 탈북자 송환 및 체포업무는 보위성이 책임지는 2원화체계였으나 탈북방지, 내부정보유출, 탈북자 체포 및 송환 등 관련 업무 전반을 보위성 직할로 함으로써 탈북방지를 더욱 강화하는 조치를 취했다. 김정은 체제 들어 인민보안성도 치안활동을 더욱 강화하는 모습을 보였다. "USB 인식기능이 있는 DVD(플레이어)에 대한 검열단속을 강화"하라는 지시가 하달되고 "보안기관의 검사표(허가표)없이도 사용해 왔던 DVD를 최근에는 구역 보안서의 검열 딱지가 없으면 TV까지 모두 압수"되고 있다는 상황을 고려해볼 때, 외부사조 차단에 대한 인민보안성의 활동이 크게 제고되기 시작한 것으로 판단된다.57)

인민보안성 부장으로 최부일 대장이 진급하고 난후 인민보안성은 더욱 활성화되는 조짐을 보였다. 작년 10월 초 북한 인민보안성이 '불순출판물을 몰래 보거나 유포시키는 자들을 엄격히 처벌함에 대하여'라는 포고문을 다시 북한 전역에 뿌렸다고 하는데, 이는 인민 보안성의 '자본주의 불순 녹화물' 단속으로 김정은 체제를 안정화시키는데 적극 노력하고 있다는 의미를 반영한다.58)

김정은이 '최고사령관 명령 36호'에서 "인민보안기관과 인민 내부군은 인민군대와 함께 우리 혁명의 쌍기둥을 이루는 2대 무장집단"이라며 최부일에게 대장 군사칭호를 수여(2013년 6월 10일)한 것은 인민보안성의 위상과 지위를 높여주는 결과로 분석된다.59) 이후 인문보안성은 북한의 '존엄'과 '체제'를 중상모독하는 탈북자들을 "물리적으로 없애버리기 위한 실질적인 조치를 단행하기로 결심하였다"는 특별담화를 내고 "당국자들, 악질적인 보수언론매체들도 무자비한 정의의 세례를 받게 될 것"이라고 남한내 탈북자들과 남한당국을 위협하고 나섰다.[60]

북한당국의 폭력기구에 대한 의존은 커진 것으로 판단된다. 이들은 이렇게 말했다. 2009년도에 인민보안성이 통치주도기관이었던 국방위원회에 소속되어 들어가면서 특수 기동 순찰대 2,000명을 편성했다. 그래서 독일에 가서 방패투구 5,000조를 들여왔다. 전기곤봉도 5,000조 들여왔다. 왜? 북한도 시위가 일어날 것이라고 봤다. 정치세력이 너무나도 인민들을 못먹여 주고 거짓말을 하니까 최후 막바지에 들어간 사람들이 들고 일어날 수 있다는 것으로 볼 수 있다.

체제 위해요소 제거

'적대분자 색출, 사상문화침투 분쇄' 등 주민통제 조치도 뒤따르는 주민대상 이중정책을 표방해오고 있다. 또한 체제이완 차단 및 주민통제를 위한 노력을 적극 전개하기 위해 김정은은 국가안전보위성 2회 방문(10.6, 11.19), 전국분주소장회의(11.23), 전국 사법검찰일꾼 열성자대회(11.26) 등을 통해서 전국적 범위에서 체제단속을 시도하였다. 남한의 대북전단 등에 대응하기 위해 2012년 12월 1일부터 내외 동포를 대상으로 하는 「통일의 메아리」 라디오 방송을 실시하였다.

지역 간, 직업 간, 계층 간 양극화 심화현상도 북한의 내부체제 변화 양상이다. 북한의 휴대전화 가입자 수가 2016년 말 기준 377만 3,420명인 것으로 나타났다.

또 인터넷 이용자는 1만 6,000명으로 전체 인구의 0.06%에 불과해 213개국 가운데 꼴찌를 차지했다.[61] 휴대폰은 장사 수단인 동시에 외부정보 공유 수단으로 활용되고 있다. 배급, 전력공급 등에서도 평양-지방 간 격차가 뚜렷하나, 1일 전력공급량도 평양 20시간, 지방 2시간으로 매우 큰 차이를 보이고 5세 이하 어린이 만성 영양실조 비율도 평양 22%, 양강도 45% 정도 차이를 보였다. 또한 농장원 중에서도 '임대농, 고용농' 등이 존재하고 있다. 농장배급으로 생계를 꾸리지 못하는 농장원은 특정계층으로부터 땅의 사용권을 임차하여 생계를 유지해 나가고 있다.

한편 북한은 사회 내부적으로 김정은 영도체계에 대한 주민 지지기반을 확보하고 내부 결속력을 다지려는 노력을 지속하고 있다. 사회복지 인프라 개선과 주민편의시설 확충을 통한 민심 수습 및 사회통합력을 제고하고자 한다. 김정은의 통치능력과 업적을 부각하기 위해 교양 선전사업을 본격적으로 추구할 가능성도 보이고 있다. 또한 체육, 관광, 과학기술 등 일부분야에서 제한적인 국제교류를 추진하고자 하는 모습을 보이기는 하나 이에 따른 부정적 여파를 단속하기 위한 사회통제 시스템을 더욱 강화하고자 하는 이중적 모습이 견지되고 있다.

내부 통제 유지

인민보안성은 일반범죄와 경제사범을 단속하고 처벌하며, 교화소와 노동단련대 및 집결소를 운영하고 있다. 국가보위성은 간부와 주민의 사상과 의식을 감시하면서 인민보안성과 달리 국가전복음모죄 등 정치범죄를 처벌하며 반탐(방첩)활동을 하는 기관이다. 수사 초기에는 보안원(인민보안성 소속)이 조사하다가도 정치범죄의 성격이 드러나면 보위원(국가보위성 소속)에게 수사를 이관하게 되어 있다. 국가보위성이 정치범 피의자를 체포하고 정치범수용소에 보내는 경우 사법절차를 준수하지 않고 처리하는데, 본인뿐만 아니라 가족도 함께 처벌하는 연좌제를 실시하고 있다.

'사회주의법무생활지도위원회'는 애초에 행정기관 간부들의 관료주의와 권력남용을 감시, 감독하기 위해서 설치된 비상설기구인데, 현재는 주민통제 수단으로 기능하고 있다.

각급 사회주의 법무생활지도위원회는 해당 당 책임비서와 인민위원회 위원장 및 부위원장, 서기장, 검찰소장, 인민보안책임자, 검열위원회 위원장으로 구성된다. 직업총동맹, 김일성-김정일주의청년동맹, 농업근로자동맹, 사회주의여성동맹 등의 근로단체도 해당 조직에 소속된 주민을 통제한다.

이외에 말단 행정조직인 인민반을 통한 통제가 있는데, 인민반은 20~30세대로 구성된다. 감시·통제하기 위해서 1개 동을 몇 개의 지역으로 나누고, 동 소대 보안소의 보안원 1명이 약 20개 정도의 인민반을 담당하게 한다.

협동농장은 몇 개의 작업반으로 나눠서 각 작업반을 담당하는 보안원이 그 협동농장에 정보원을 두고 감시·감독한다. 정보원에는 안전소조원과 방조성원이 있다. 안전소조원은 당 일꾼과 인민반장, 여맹위원장, 청년동맹비서 등으로 구성되며 한 달에 한번 안전 소조원 회의를 진행한다. 방조성원은 전과자 출신이며 담당 보안원의 지시에 따라 범죄 관련 정보를 수집하여 제공한다.

군부대를 감시, 감독하는 조직은 인민무력성 소속 보위국(전 보위사령부)이다. 국가보위성의 직원이 군대에 파견 나가 있는 것이 아니다. 대규모 특급 연합기업소 같은 곳에는 기업소 보안서가 별도로 있고, 이 보안서 안에 서장과 정치부장 등이 있다. 1급 기업소에는 보안소가 설치되어 있다. 공장·기업소가 있는 지역/지구를 담당하는 보안원이 파견 나가서 현장을 감시한다. 담당 보안원은 해당 공장·기업소에서 정보원들을 활용한다.

국가보위성 소속 보위원의 규모는 인민보안성 소속 보안원보다 훨씬 작다. 작은 규모의 공장, 기업소인 경우에 보위원 1명이 2~3개의 기업소를 담당하되, 하나의 기업소에 사무실을 두고 나머지 1~2개의 기업소는 출장을 다니며 현장에서 정보원을 활용하고 있다. 큰 연합기업소에는 1~2명 정도의 보위원이 파견 나가 보위성 사무실을 사용한다.[62]

1개 보안소에는 10~15명의 보안원이 있다. 국가보위성의 경우 보위원 1명이 1개 동 전체를 감시. 통제하는 것을 원칙으로 하되, 규모가 큰 동은 2명이 담당한다. 모든 대학에는 원칙적으로 보위원이 1명 파견 나가 있다. 지방의 전문학교 등 규모가 작은 대학의 경우는 2개의 대학을 보위원 1명이 담당하기도 한다.[63]

공장 · 기업소의 경우 노동자가 뇌물을 주고 당 비서와 지배인의 허락을 받아 출근하지 않는 경우가 있다. 그러나 원자재가 부족하고 전기가 공급되지 않는다고 해서 노동자가 출근하지 않으면 법적 제재를 가하기 때문에 일이 없어도 출근해야 한다.

사회 밑바닥의 주민동향을 수집해서 중앙당에 보고하는 사업을 주민동향사업이라고 하는데, 한 달에 한번 실시한다. 인민보안원이 주민의 특이동향을 수집하면 보안서 당 세포비서에게 보고하고, 이것은 시(市) 인민보안서 정치부장에게 전달된다. 특이동향은 도(道) 보안국 정치부에 보고되고 이것은 다시 인민보안성 정치국에 전달된다. 이런 과정을 거쳐서 결국 중앙당 조직지도부에 보고된다.[64] 국가보위성 소속 보위원이 수집한 주민의 특이동향도 비슷한 방식으로 중앙당에 보고된다. 그러면 중앙당은 여러 경로를 거쳐서 수집되는 주민동향을 종합적으로 분석하고 평가한다. 북한 주민 개개인은 당을 비롯하여 인민보안성, 국가보위성, 청년동맹 등 각종 근로단체 그리고 인민반 등에 의해서 이중 삼중으로 감시와 통제를 받고 있다.[65]

보안 기관 등 조직을 통한 통제는 김정은 집권 후 더욱 강화됐다. 김정은은 집권 초 탈북민도 북한으로 돌아오면 용서해주고, 잘못한 일이 있어도 자수하면 죄를 묻지 않겠다는 이른바 '광폭정치'를 시사하면서 주민에게 다가가는 정책을 폈다. 그러나 동시에 법과 질서를 강조하면서 사회통제를 강화하는 정책도 추진했다. 2011년 12월 17일에 김정일이 사망한 직후 탈북을 시도하는 주민에 대한 발포와 사살 명령을 내린 것이 이에 해당한다.

특히 함경북도 국경지역에 2012년 1월 초부터 도(道)인민보안국 보안위원들을 증파하여 철저하게 탈북활동을 단속했다.

　2012년 10월에는 "공화국 내에 바늘 떨어지는 소리까지 철저하게 장악하라"는 지시를 내리기도 했다. 그리고 2012년 11월 23일에는 전국 분주소[66]장 회의를 13년 만에 개최했다. 2012년 12월 5일에는 '전국법무일꾼대회'를 5년 만에 개최하면서 법질서 확립을 강조했다. 그러면서 보안 기관을 통한 통제를 점점 강화해 나갔다. 또한 김정은은 2016년 5월에 개최된 7차 당대회의 사업총화 보고에서 국가보위성 등 보안 기관들이 내부통제를 더욱 강화해서 체제를 수호해 나가야 한다고 주장하기도 했다. 2016년 3월에는 원산화장터에서 주민 11명이 공개처형을 당했다고 한다. 마약 판매를 하거나 이웃이 기르는 돼지를 훔쳐서 장마당에 판매했다는 것이 공개처형의 이유였다.[67]

　북한이탈주민들이 북한에서의 공개처형을 증언한 사례들은 다음 표와 같다.

〈공개처형 사례〉

증언 내용
2012년 1월 양강도 혜산시 비행장 올라가는 산(밭)에서 남성 1명, 여성 1명을 비롯해 총 3명이 공개 총살되었음
2013년 10월 평안북도 신의주시에서 남성 2명이 공개 총살되었음
2013년 10월 양강도 혜산시 혜봉2동 해산비행장에서 남성 2명이 공개 총살되었음
2014년 5월 양강도 혜산시 연봉동 호프농장에서 남성 2명이 공개 총살되었음
2014년 5월 양강도 혜산시에서 남성 2명이 공개 총살되었음
2014년 가을 양강도 혜산시 비행장 벌판에서 남성 2명이 공개 총살되었음

출처: 통일연구원, 『2016 북한 인권백서』, p.63.

　2016년 4월에는 중국 내 북한이 운영하는 류경식당에서 근무하던 북한 종업원 13명이 집단으로 탈북하자 관련 책임자 6명을 5월 5일에 국가보위성, 정찰총국, 외무성, 인민보안성의 간부 80여 명과 해외파견 근무자들의 가족 100여 명이 지켜보는 가운데 공개 처형했다고 한다.[68] 알려진 것 외에도 많은 공개처형이 실시되었을 것이다. 국정원에 의하면 2016년 유엔의 대북제재 실시 후 9월까지 64명이 공개처형 당했다고 한다.[69] 공포정치로 사회통제를 하고 있는 것이다.

정치범수용소를 새로 만들거나 확장 운영하고 있는 것을 보면 비공개로 처벌하는 경우도 상당히 많은 것으로 추정된다. 미국 존스홉킨스대학 국제대학원(SAIS) 산하 한미연구소의 커티스 멜빈(Curtis Melvin) 연구원이 위성사진을 판독한 바에 의하면 평안남도 개천군 '14호 수용소'가 확장되고 있을 뿐만 아니라, '14호 수용소'옆에 새로운 수용소가 조성되었다. 함경북도 청진의 '25호 수용소' 역시 확장·운영되고 있다고 한다.[70] 일탈 행위의 증가와 법 기관을 통한 통제 강화의 악순환이 확대 재생산되고 있는 것이다.

과거에는 북한에서 남한의 드라마 등 영상물을 시청하거나 유포하는 경우에 노동단련형이나 노동교화형으로 처벌을 받았다. 그러나 김정은 집권후에는 사형에 처한다는 포고문이 많이 게시됐을 정도로 처벌 강도가 높아졌다고 한다.[71]

〈한국 녹화물 시청 관련 처벌 실태〉

증언 내용
2013년 함경북도 온성군에서 보위지도원, 보안원, '109상무', 청년동맹 지도원이 합동으로 단속하였음. 한국방송 혹은 미국영화 시청 시 무조건 노동교화형이나 단련대 6개월 처벌이었음
2013년 4월 양강도 혜산시에서 녹화매체를 보거나 파는 사람을 노동단련대 또는 노동교화 보내라는 김정은 방침이 있었음
2013년 개천교화소에 수용되어 있었는데, 한국드라마 시청, 노래청취, 한국 필름 판매 등으로 노동교화형 9년, 15년형(판매자)을 받은 수형자가 있었음
2013년 양강도 삼지연군에서 9월 한국영화/음악 시청 및 청취 발각 시 사형에 처한다는 포고문이 내려옴. 시범케이스로 총살당하였음

2013년 양강도 혜산시에서 한국드라마 시청 적발, 돈으로 해결. CD만 몰수당하였음. 중국이나 러시아 CD시청은 처벌받지 않았음. 단속이 심하지 않았음.
2014년 함경북도 회령시에서 녹화물 관련 공개재판 및 노동교화형을 받는 것을 봄. 처벌받는 사람은 주로 집에 힘이 없는 아이들이었음. 녹화물 유포자는 노동교화형, 처음 반입한 자는 관리소형을 받았음
2014년 봄 함경북도 회령시에 거주하는 친구가 한국영화를 시청하다 현장에서 발각되어 3천 위안을 109상무에게 주고 처벌을 면하였음
2015년 불순 녹화물(한국드라마) 시청자가 증가함. 발각될 경우 무조건 노동교화형이므로 몰래 볼 뿐만 아니라 단속될 경우를 대비하여 대처법(뇌물)을 마련해 놓았음
2015년 불순녹화물 시청 단속시 처벌 정도는 중국물인 경우 노동단련대, 한국물인 경우 노동교화형이었음

출처: 통일연구원, 『2016 북한인권백서』, p.69.

　　그러나 보안기관을 통한 통제에는 빈틈이 많다. 뇌물을 주면 통제를 벗어날 수 있기 때문이다. 심지어 단속의 목적이 '처벌'이 아니라 '돈'에 있다는 북한이탈주민의 증언도 있을 정도이다. 경제난 속에서 통제하는 보안원과 보위원에 대한 복지 문제를 해결하지 못하기 때문에 부정부패가 척결될 수 없는 구조적 문제가 존재한다.

　　2012년 10월 이후부터 '공안통치'를 통한 인위적인 통제 노력도 곁들여졌다. 김정은이 국가안전보위성을 2차례나 방문(10.6, 11.19)하였고, 전국 분주소장 회의(11.23)와 전국 사법검찰 일군 열성자 대회(11.26)를 개최, 전 군에 대한 검열도 지속하였다. 체제이완과 주민들의 일탈행위에 대한 직접적인 통제도 강화되었고 중·북 접경지역에 대한 경비 및 단속이 강화되기도 하였다.

　　2013년 들어오면서부터는 주변보다는 김정은 자신의 체제 전반에 대한 장악력을 높이고자 하는 움직임이 보다 활발하게 전개되기 시작하였다. 김정은의 지방 현지지도 비율을 높인다든가(2012년 15% → 2013년 상반기 34%) 위락, 편의시설 위주의 현지지도 방문을 기업소, 기계공장, 협동농장 등 생산시설 중심으로 현지지도 방문을 확대함으로써 인민생활 향상을 위한 노력을 기울이는 모습도 연출하였다. 세습권력의 기반을 공고화하기 위해 김정은 자신이 당의 정점에 서서 당을 통한 통제체제를 확대해 나가기 위해 대규모 당 기층조직 행사를 개최하여 당 기반 다지기를 위하여 노력하였다. 또한 2013년 주요 이벤트를 보면 6년 만에 당 세포비서대회 (1.28)가 개최되었고 20년 만에 3대 혁명소조대회(2.27)가, 5년 만에 전군 선전간부대회(3.28)가 개최되었다. 또한 인사 측면에 있어서도 당·정·군에 대한 김정은의 '자신의 사람 심기'로 김정은 친위권력체계를 강화하기 시작하였다.

김정은은 당 규약 개정(2012년 4월 11일), 헌법개정(4월 13일)을 통해 김정은 권력승계를 제도화하고 공식화하였다. 당 규약에 김정은을 '당과 인민의 영도자'로 명시하였고 헌법에는 '국방위원회 제1위원장'직을 신설하여 김정은을 추대하였다. 권력개편도 신속하게 단행하였다. 그 중에서도 가장 중요한 특징으로 당 기능 정상화로 전통적인 사회주의 당·국가 체제를 복원을 도모했으며 정치국, 비서국, 중앙군사위 등 주요직위 공석을 충원하거나 인원을 확대하기도 하였다.

김정은 최고 사령관 추대(2011년 12월 30일)라든가 리영호 총참모장 해임(2012년 7월 15일) 등을 정치국회의로 결정하였다든가 국가체육지도위원회 설립(2012년 11월 4일)을 정치국 확대회의로 결정한 것이 대표적인 예이다. 당적으로 군을 통제함으로써 완전한 군대장악을 위해서도 노력하였다. 민간 당 관료인 최룡해를 총정치국에 임명(2012년 4월 13일)하여 군을 당적으로 철저히 통제하는 모습을 보였다. 결국 김일성시대의 당 적 통제 체제로 돌아가는 모습이다.

북한 당국은 체제 단속을 강화하는 태도를 보이기도 하였다. 2013년에는 김정은이 국가안전보위성을 2회(10월 6일, 11월 19일)나 방문하였고 전국 분주소장회의를 소집(11월 23일)하였으며 전국 사법검찰 일꾼 열성자대회 개최(11월 26일) 및 전군 대상 검열을 지속하였다. 아울러 북한은 선군정치를 답습해 김정은 체제를 공고히 하는데 초점을 맞추었다. 2012 년 8월 26일 김정은은 "선군 총대를 억세게 틀어쥐고 통일 강성국가를 세워야"[72]한다고 강조하였다. 이에 따라 북한당국은 핵·미사일 개발을 절대 중단하지 않을 것이라 공언하면서 개정헌법에 '핵보유국'임을 명기 (2012년 5월)함과 동시에 선군노선을 고수한다는 입장을 지속적으로 표 명하고 있다.

철저한 감시 시스템

사회통제 정책과 시스템의 핵심요소 5가지를 중심으로 김일성 시대와 김정일 시대 및 김정은 시대의 지속과 변화를 고찰하면 다음과 같다. 보안 기관을 통한 계층정책을 통한 통제는 김일성 시대에 유일지배체제를 구축 하기 위해서 추진된 후 체제유지에 순기능적으로 작용했다. 당과 보안 기 관 등 조직을 활용한 통제와 사상통제, 주거 이전 및 여행의 통제와 배급을 통한 통제도 정상적으로 기능했다. 1980년대 말부터 배급에 어려움이 생기 기 시작했으나 체제를 위협할 정도는 아니었다. 정보통제는 라디오의 수신 주파수를 고정하는 정도로 초보적인 수준에서 시행됐다.

김일성 사망 후 김정일 시대가 시작되면서 극심한 경제난으로 계획경제 가 마비되고 배급제가 무너지면서 사상통제가 서서히 약화되기 시작했다. 김정일은 사상통제를 강화하려고 했지만 먹고사는 문제가 해결되지 않으 면서 조직생활이 어려워지는 만큼 사상통제가 김일성 시대처럼 될 수 없었 다. 이로 인해 공장·기업소를 무단이탈하는 사람이 증가하고, 생활범죄와 마약, 밀수 등 일탈행위가 늘어나면서 당·보안 기관을 통한 통제가 더욱 강화되었다. 군 보위사령부가 민간부문에 개입하여 사회 전체의 기강을 잡 을 정도였다.

경제 위기는 계층정책에도 일정 부분 영향을 미쳤다. 시장경제의 활동화로 '돈주'라는 신흥자본가 계층과 전업 상인이 출현하면서 경제적 관점에서 사회계층의 변화가 발생했는데, 이러한 사회계층 변화는 큰 틀에서 정치적 관점의 계층정책에 변화를 초래하지 못했다. 능력이 있어도 출신성분이 나쁘면 당 일꾼과 보안 기관 일꾼으로 쓰지 않았기 때문이다.

1990년대 말부터 김정일이 '현행을 기본으로 하는 간부사업 체계'를 내세우면서 출신성분이 나빠도 능력이 있으면 인민위원회 등 정권기관의 일꾼과 공장·기업소의 지배인으로 쓰기 시작했다. 계층정책에 일정 부분 변화가 생긴 것이다.

경제난으로 무직자와 행불자 및 탈북자가 대량으로 생기면서 서류상의 주거지와 실제 주거지의 불일치 현상이 폭발적으로 늘어났고, 이에 따라 주거 이전의 통제와 여행이 통제가 강화되었다.

김정일 시대에 시간이 지날수록 약화되던 사상통제는 김정은 시대에 더욱 약화되었다. 그렇지 않아도 사상사업에서 주장하는 내용과 현실 사이의 괴리가 너무 크기 때문에 북한 당국에 대한 불신이 큰 상태인데, 김정은이 서민들에게 배급도 주지 않으며 경제건설과 조직통제를 목적으로 '70일 전투'와 '200일 전투'를 실시하여 하루벌이로 먹고 살아야 하는 서민의 생활환경을 어렵게 만들었기 때문이다.

김정은이 말로는 '핵·경제 병진노선'을 주장하지만 실제로는 민생을 챙기지 않고 오히려 서민의 삶을 어렵게 할 뿐만 아니라 수탈하는 현상도 증가하고 있기 때문이다. 그 결과 당을 제외한 기타 사회부문에서 생활총화가 형식적으로 진행되면서 사상사업이 잘 안 되는 것이 현실이다.

먹고 살기 위해서 수단과 방법을 가리지 않는 분위기가 형성되는 가운데 일탈행위 증가로 당·보안 기관의 통제가 강화되면서 노동단련대와 교화소 수감자가 증가하고 있다. 정치범수용소도 확장·운영되고 있을 정도이다. 그러나 경제난이 통제요원(보안원과 보위원)들의 부정부패를 심화시킴으로써 단속하는 자와 단속받는 자의 공생관계가 형성되고 있다. 검열요원들이 검열사업을 부를 축적하는 수단으로 활용하면서 보안 기관을 통한 통제가 약화되는 측면도 존재한다. 주거 이전의 통제와 여행의 통제는 김정일 시대처럼 유지되고 있으나, 뇌물로 통제를 피해 가는 현상이 만연하고 있다.

통상적인 감시활동과 정보 및 정보통신기술 사용에 대한 감시 기조는 김정일 시대나 김정은 시대나 동일하다. 통제하려는 북한 당국이 감시 수단을 다양화하고, 컴퓨터의 로그 기록 확인이나 첨단 전파감시장비를 도입하는 등 기술발전에 따른 감시기법의 지능방법이 다를 뿐이다.

시대별로 체제 전반을 보면 김일성은 1956년에 '8월 종파사건'이 발생하자 위기의식을 느끼고 정적을 제거하기 위해서 공포정치를 단행하며 1960년대에 유일지배체제를 확립해 나갔다. 김일성의 유일지배체제가 확립된 이후에는 국가의 모든 조직이 정상적으로 기능하며 사회통제도 정상적으로 이루어졌다.

1994년에 김일성이 사망한 후 북한 체제가 심각한 위기상황에 접어들면서 김정일 시대에 사회통제도 흔들리게 되었다. 2011년에 김정일이 사망한 후 급작스럽게 권력을 승계해 김정은은 집권 초 탈북사태를 억제하고 취약한 권력기반을 강화하기 위해서 당과 보안 기관을 통한 통제를 강화했다. 장성택을 처형하면서 공포정치가 시작됐는데, 김정은에게 잘못 보이면 고위 간부도 가차 없이 처형되는 공포정치는 현재도 진행 중이다.

정책을 통한 통제는 주민을 정치적 성향과 출신성분에 따라 계층을 분류하고 차별대우를 함으로써 상층집단의 충성심을 유도하고 하층집단의 상승욕구를 자극하는 방법으로 복종을 유도하며 통제하는 정책이다.[73] 전쟁이 일어나는 경우 복잡계층과 수용소에 수감된 적대분자를 제거해서 후환을 없앤다는 목적도 있다.

북한의 성분에는 출신성분 외에 사회성분이 있는데, 입당할 때 당위원회에서 직업에 따라 사회성분을 본다. 사회성분에는 군인과 사무원, 노동자 및 농민이 있다. 그러나 사회성분보다 출신성분이 훨씬 중요하고 결정적인 역할을 한다. 주민성분을 파악하는 계층정책은 북한의 사회통제 정책 중에서 가장 중요한 정책이다. 통제 대상이 되는 주민의 성분을 파악하는 사업이기 때문이다. 따라서 인민보안성(한국의 경찰청에 해당)의 가장 중요한 사업도 계층정책의 토대가 되는 주민등록사업이다.

인민보안원은 인민반장을 통해서 주민의 변동사항을 점검한다. 교화소에 갔다 온 사람이 있으면 기본군중에서 빼고 복잡계층으로 분류하여 1년에 한 번씩 주민대장을 정리한다. 과거에는 주민성분 분류표에 평가하는 항목이 있었지만 새로 만들어진 표에는 없다.

김정은 시대에도 계층정책을 통한 통제는 김정일 시대에 추진되었던 방식 그대로 유지되고 있다. 출신성분이 나빠도 공장 · 기업소를 가동시켜서 경제를 살릴 수 있는 사람이면 지배인으로 쓰는 방침, 즉 '현행을 기본으로 하는 간부사업 체계'를 실현하고 있다. 특히 시장에 대한 의존도가 확대되고 경제적 관점의 사회계층 구조 변화가 심화되면서 경제 분야에서 실용주의적 간부사업이 전개되고 있다. 그러나 아무리 능력이 있어도 출신성분이 나쁘면 당 일꾼과 인민보안성 및 국가보위성 등의 보안 기관 일꾼으로는 쓰지 않는다. 이는 김정일 시대와 변함이 없는 것이다. 행불자 가족과 탈북자 가족 및 교화소 출소자 등 복잡계층을 관리하는 정책도 그대로 유지되고 있다. 결국 이러한 계층관리는 반 김씨 조직화는 우발적 사건이 일어나지 않는 이상 어려운 것이 사실이다.

주거 이전 및 여행의 통제

첫째, 북한에서 평양 남포 및 개성, 휴전선 일대, 군수산업 공장 · 기업소가 많은 자강도 일대 및 압록강부터 두만강 일대의 북 · 중 접경지역은 외지인이 승인번호를 받아야 출입할 수 있다. 따라서 이곳으로 주거지를 마음대로 옮길 수 없다. 그러나 그 외의 지역에는 합당한 사유가 있으면 주거지를 옮기는데 문제가 없다. 리(里)에서 군(郡)으로 주거지를 이전하는 것이 어렵고, 군에서 시로 이전하는 것도 어렵지만, 합당한 사유가 있으면 이전이 가능하다.

북한의 배급제가 제대로 기능했던 김일성 시대에는 직장을 통해서 월급과 배급을 받았고, 직장이 바뀌면 주거지를 옮기는 것은 당연한 일이었다. 이 당시에는 직장 배치를 국가에서 정했기 때문에 개인이 마음대로 주거 이전을 한다는 생각 자체를 할 수도 없었고, 또 할 필요도 없었다. 이런 관점에서 김일성 시대만 하더라도 주거 이전 문제에 대하여 주민은 거의 당국에 맡겨진 체념적인 것이라고 할 수 있다.

둘째, 김정일 시대에도 주거지를 이전하려면 기본적으로 이사할 지역 소재 인민보안서 신분 등록과에서 받아들인다는 합의서가 있어야 했다. 또한 담당 보안원이 이사에 동의한다는 동의서와 이사할 지역의 직장에서 받아들인다는 확인서가 있어야 했다. 이것이 개인 마음대로 되는 것이 아니었다. 주민의 주거 이전은 철저히 통제하고 있다고 할 수 있다.

여행할 경우에도 여행증명서가 있어야 한다. 시·군·구역 인민보안서 2부에서 여행증명서를 발급한다.[74] 다만 평양시와 휴전선 근방 등의 지역은 승인번호를 받아야만 여행할 수 있다. 김정은 시대에도 주거지 이전에 대한 통제와 여행의 통제는 김일성이나 김정일 시대와 똑같은 방식으로 유지되고 있다. 그러나 여행증명서 없이 여행하다 단속에 걸려도 뇌물을 주면 해결되고, 여행증명서도 뇌물만 주면 쉽게 발급받는다고 한다. 서류상 주거지와 실제 주거지가 다른 경우에도 뇌물을 주면 눈감아준다고 한다. 통제가 원칙대로 실행되지 않는다.

경제 통제

김정은 집권 초기의 경제정책은 김정일 생존 시 추진되고 있었던 정책기

조의 연장선상에 있어 경공업 및 주민생활 향상에 여전히 초점을 맞추고
있다.

지하자원의 2차, 3차 가공을 통해 수출확대를 도모하고자 한다.[75] 경제
난 타개를 중요 과제로 인식하고 강성대국 건설을 위한 경제성과를 독려해
오고 있는 실정이다. 2012년 초부터 서기실·내각 인원 중심으로 T/F를 구
성하였다.

김정은 체제하의 북한은 경제난 해결을 선결과제로 인식하고 있기는 하
나 이와 관련한 현실적 해결방안을 내놓지 못하고 있는 것으로 판단된다.
최영림 총리 등을 중심으로 강성국가 건설을 위한 경제성과를 독려해나갔
다. 이와 관련 2012년 최영림 '현지요해'(산업 전반): 64차례, 최룡해 '현지
요해'(군인건설자 동원 현장) 12차례 등이 대표적이다. 그럼에도 불구하고
식량난 등 구조적, 만성적 경제난은 지속되고 있는 실정이다. FAO/WFP는
2012년도에 전년 대비 10.5% 증산(492만 톤, 수요량 543만 톤 기준에서 외
부도입 30만 톤 가정 시 '2013년도 부족량은 21만 톤)되었다고 발표(02년
이후 가장 양호)한 바 있다.

장마당의 환율, 쌀값 상승세가 지속되는 등 실제 수급 개선은 아직까지
그 징후를 찾아볼 수 없는 상태이다. 오히려 지역별, 계층별로는 식량난이
심화되고 있는 가능성도 보이고 있다.

전력사정의 경우 일부 개선되기는 하였으나 전반적으로는 여전히 어려
운 상황에 처해 있다. 희천발전소 완공(연간 최대발전량 6억 kWh) 및 평양
지역 집중송전으로 평양 전력 사정은 다소 완화된 것으로 판단되지만 공장
가동률은 기본적으로 30% 이하 수준이다. 일급 특급기업소를 제외한 대다
수 공장·기업소들은 전력, 원자재 부족으로 정상적인 가동이 곤란한 상태
이다. 무역 증가세는 둔화되고 외자유치 실적도 미미하다. 북한의 대중무
역 편중은 남북경협의 축소와 중국의 경제성장에 기인한다. 주민생활 향상
을 위한 경제문제 해결에도 중점을 두기 시작하였다. 김정은은 정권 초기

부터 민생 개선의지를 강하게 피력했으며 경제발전을 위한 다양한 움직임도 보여 왔다. 김정은은 "인민들이 다시는 허리띠를 조이지 않아도 될 만큼 사회주의 부귀영화를 마음껏 누리게 할 것"[76]임을 공언하기도 하였으며, 스포츠시설과 편의시설은 물론 각종 놀이시설을 건립하는 활동을 전개함으로써 '주민환심 사기' 정책도 관심을 보였다.

김정은은 정권 초기부터 민생 개선의지를 강하게 피력했으며 경제발전을 위한 다양한 움직임도 보여 왔다. 김정은은 "인민들이 다시는 허리띠를 조이지 않고, 사회주의 부귀영화를 마음껏 누리게 할 것"[77]임을 공언하기도 하였으며, 스포츠시설과 주택 및 주민 편의시설 등 건설 활동을 전개함으로써 '주민환심 사기' 정책도 강화하였다. '김정일' 유훈을 강조하고 금수산 태양궁전을 리모델링하였다. 전국에 김일성-김정일 동상을 건설하는 등 김씨 가계 우상화를 지속적으로 전개함으로써 3대세습 정당화를 강조하며 체제결속을 적극 도모해 왔다.

김정은 집권 초기의 경제정책은 김정일 생존 시 추진되고 있었던 정책기조의 연장선상에 있어 경공업 및 주민생활 향상에 여전히 초점을 맞추고 있다.

북한 경제는 최근 1% 내외의 성장을 보이는 등 다소 호전된 모습이나, 실제로는 경제 성장률이 2011년 0.8% → 2012년 1.3% → 2013년 1.1% → 2014년 1% 등 만성적 경제난 속에 저성장이 고착화되었다. 공장가동률이 30%이하로 저하된 가운데 석탄, 광물자원의 수출과 임가공 그리고 노동자 해외 파견 등 내부자원과 인력 수출로 그럭저럭 지탱하고 있다. 북한당국은 식량난 해결을 위해 「3대축」(농·축·수산) 발전에 노력했으나 성과가 미미하다. 북·중 간의 냉각관계가 지속되고 국제사회의 대북제재로 외화난이 악화된 가운데 가뭄 등의 여파로 북한의 전략난도 심화되고 있다. 그나마 부족한 재원도 우상화물, 과시성 시설 건설과 대량살상무기(WMD) 개발에 집중 투입하고, 기간산업과 SOC에 대한 투자가 미흡하여 성장 잠재력이 침식되고 있다.

사회적으로는 지역, 계층 간 빈부격차가 갈수록 커져 주민들의 상대적 박탈감이 심화되고 있다. 북한내 사경제가 급성장해 북한경제의 약 40%를 차지하고 있으며, 이로 인해 당국의 경제 장악력이 약화되고 있는 실정이다. 시장에서 외화사용 비중이 50% 이상으로 추정되며, 북한 원화(貨)의 화폐기능은 갈수록 저하되고 있다. 특히 만성적인 인플레와 2009년 화폐개혁 여파로 북한 원화에 대한 주민 불신이 증대하면서 관료들도 시장화에 편승하여 자재를 내다팔거나 자신의 권한을 이용해 상인들을 갈취해 축재하고 있어 부패가 만성화 되어 가고 있다. 경제관리 개편도 계획경제 틀의 고수와 재정부족으로 이렇다 할 성과 없이 답보 상태이다. 대중(對中) 무역 의존도는 90.1%(2014년)에 달하고, 외화수입의 75%를 대중 수출에 의존하는 등 경제구조의 취약성이 증가되었다.

이런 경제사회 현상에 대한 주민의 불만을 무마하기 위해 먼저 김정은은 혈통리더십을 통한 정권의 정통성 확보에 주력했다. 북한은 김정은이 집권하기 전인 후계자 시절부터 혈통을 강조하였다. '만경대 혈통'과 '백두 혈통'이라는 표현을 통해 김정은의 권력세습이 혈통적 정통성에 기반하고 있음을 주장하였다. 이후 김정은은 김일성의 생전 모습과 유사한 모습을 연출하는 혈통에 토대한 리더십을 더욱 강화하였다. 이러한 상징조작을 통한 '김일성 따라하기'는 북한 주민들에게 김일성에 대한 향수를 자극함으로서 김정은의 취약한 리더십을 보완하려 한 것으로 볼 수 있다. 김정은의 혈통적 리더십에 대한 강조는 2013년 6월 개정된 것으로 알려진 '유일적 령도 체계 확립의 10대원칙'에서 절정을 이루게 된다. 북한은 제10조에서 "우리 당과 혁명의 명맥을 백두의 혈통으로 영원히 이어나가며"라고 주장함으로써, 김정은 권력세습의 정당성과 함께 향후에도 혈통에 기반한 권력세습이 지속될 것임을 밝히고 있다.[78]

두 번째로 북한주민의 불만을 무마하기 위해 김정은은 이미지 정치를 구사하고 있다. 김정은은 권력엘리트들에 대해서는 공포정치로 충성을 유도하지만, 일반주민들에게는 '애민정책'을 통해 '공개형 지도자'로서의 모습을 보여주는 등 이미지 정치를 하고 있는 것이다. 김정은은 해외 언론인을 초청하고 대중연설을 하였으며, 모란봉악단의 공연에 참관하는 모습을 북한 주민과 외부세계에 보여줌으로써 공개형 지도자로서의 모습을 보여주고 있다.

특히 김정은의 부인 이설주의 공개는 파격적이다. 북한은 모란봉악단 공연 및 현지지도에 참관하는 김정은과 이설주의 모습을 수시로 공개하고, 이를 세계 언론이 보도하게 함으로써 김정은의 이미지 정치를 시도 하고 있다. 김정은은 이설주를 공개하는 파격적 행보를 통해 어린 이미지와 경험부족의 이미지에서 가정을 가진 안정적인 이미지로 전환시키려 한 것이다. 이설주의 공개활동은 일회성에 그치지 않고 현재까지도 음악과 문화 등 예술분야와 체육분야를 중심으로 지속되고 있다.

한편 김정은은 현장 방문시 간부들의 무사안일과 관리부실 등을 강하게 질책하고, 주민들과의 접촉빈도를 높이면서 각종 지시사항을 북한 언론에 상세히 공개함으로서 인민에 대한 사랑과 희생을 강조하는 이미지 구축을 기도하고 있다. 그런데 김정은의 친인민적 지도자 모습과 '10대 원칙'의 개정을 통한 사회통제의 강화는 이율배반적인 현상으로 볼 수 있다. 북한은 친인민적 지도자상 구현을 통해 인민들의 지지를 통한 김정은 체제의 정당성을 보장받기를 원하나, 10대 원칙을 통한 사회통제의 강화는 권력엘리트들과 주민들의 반발을 불러올 가능성이 높기 때문이다. 두 정책 모두 김정일 체제의 권력 안정화라는 동일한 목적을 갖고 있으나 그 결과는 장담할 수 없다.

왜냐하면 현재 북한주민들은 수령에 대한 충성심보다는 '돈'을 우선시하는 등 사상이완과 함께 탈 사회주의 현상이 증가하고 있기 때문이다. 2016년 11월 현재 북한 내 400여개 의 종합시장과 317여만 명의 휴대폰 사용자

증가는 북한 주민들이 자신의 체제를 다른 국가들과 비교할 수 있는 안목을 형성하고, 체제비판을 할 수 있는 정보를 확산시키는 통로 기능을 하고 있다. 또한 청소년기에 '고난의 행군' 시기를 보낸 330여만 명의 '장마당 세대'는 이념보다 돈벌이에 더 관심이 있고 개인주의 성향이 강해 체제 유동성의 증대 요인으로 작용하고 있다. 북한주민들 사이에는 "북한에는 당이 두 개 있는데 그중 장마당은 우리에게 이익을 주는데 노동당은 우리에게 주는 게 전혀 없다"라는 말이 유행할 정도이다. 한편, 외화벌이를 위해 해외에 파견된 경험이 있는 22만여 명의 근로자들은 외부소식 전파 등 사회변동의 촉매 역할을 하고 있다.

이러한 내면의 변화를 증명해주는 또 다른 지표는 바로 형법의 변화이다. 경제난을 임시변통으로 수습한 이후 북한은 형법을 개정하였다(북한은 2004년, 2009년, 2012년에 형법을 개정한바 있다). 북한의 형법 개정을 과대 혹은 과소평가해서는 안 된다. 형법이 개정되었다고 해서 북한의 인권은 개선이 없다. 사법부는 독립적으로 활동하지 못하며 당과 정권의 거수기 역할만을 하고 있을 뿐이다. 그럼에도 불구하고 개정된 형법을 통해 우리는 북한 사회의 불안정성과 변화에 대해서 예측해 볼 수 있다. 북한에서는 고난의 행군 기간 국가의 기능이 사실상 마비되었기 때문에 새로운 일탈행위가 발생하였다.

생계와 관련한 수많은 범죄가 우후죽순처럼 발생하자 이를 처벌하기 위한 현실적인 가이드라인이 필요하여 형법을 개정한 것이라고 볼 수 있다(간통이 빈번하게 발생하고, 통제할 수 있는 방법도 없기 때문에 최근 '간통죄'를 폐지)개정 내용들을 종합해 보면 '인치(人治)'가 사라지고 '죄형법정주의'와 '법치(法治)'로 가고 있다. 과거 정권이 그 나름의 기능을 수행했을 당시에는 범법자의 수가 많지 않았기 때문에 인치에 해당하는 사실상 '사또재판'만으로 범법자를 처벌하고 사회를 유지할 수 있었다. 또한 필요에 따라 다른 사회구성원들에게 공포감을 심어주기 위해 '연좌제'를 적용하기도 하였다. 하지만 범죄행위가 급증하고 체제의 정당성이 낮은 상황에서는 좀 더 규칙적이고 성문화된 체계적인 통제방법이 필요하게 되었다. 또한 무리한 '연좌제'는 사회의 불만을 가속화 시킬 가능성이 높기 때문에 예전 보다는 좀 더 신중히 적용하려는 모습을 볼 수 있다.

북한주민들이 김정은 정권을 싫어하고 혐오한다 할지라도 이들이 자신의 조국에 대한 애정을 여전히 가지고 있다는 점이다. 우리들은 북한과 독재자 김씨 일가를 동일시 여기는 경향이 있다. 하지만 북한 사람들에게 '조국'이란 가족이나 사랑하는 사람과 공존하고 있는 애증의 공간이다. 이들 모두 자신이 떠나온 국가에 대해서 강한 '애정'을 가지고 있다는 것을 느낄 수 있었다. 고난의 행군을 통해서 국가가 제 기능을 하지 못했기에 삶의 목적을 가족으로 채운 것이다. 또한 가족 구성원의 모습은 핵가족화가 진행되고 있는 것으로 보이지만 여전히 전통사회의 모습을 간직하고 있다. 혜산출신의 한 탈북민은 하나원에서 "대한민국에서는 아파트에 사는 사람들이 이웃들 얼굴도 잘 모른다"는 말을 맨 처음에는 전혀 이해할 수가 없었다고 한다. 북한사람들은 인민반(우리의 반상회) 생활과 같은 단체생활 때문에 옆집 이웃의 생활을 철저하게 파악하고 있다. 전체주의 독재체제의 장점을 굳이 하나 뽑자면, 심리적으로 고립된 개인이 상대적으로 적다는 것이다.

북한 체제는 분명 험악하고 경제도 어렵지만 그렇다고 해서 주민들이 공동체적 윤리를 완전히 상실한 것은 아니다. 이처럼 그들은 최고지도자를 비난하였지만 그들 자신이 살아온 공동체에 대해서는 자부심이 가득하였다. 김정은 정권에 반대한다고 해서 그것이 자신이 몸담고 있는 모든 공동체와 사회적 연결망에 대한 부정과 거부는 아니다. 외부인들은 북한주민들이 정치적으로 의미 있는 행동을 해주기를 은연중에 바란다. 대다수의 북한사람들은 마음속으로 분노를 삭이면서 가족을 위해서 묵묵히 일터와 장마당으로 나온다.

배급을 통한 통제 실태를 보면 현재 상층계급을 제외하고 지방의 하층계급 서민에게는 한 달에 2~3일 배급이 나올까 말까 한다.[79] 평소에는 배급이 거의 없고, 김일성과 김정일의 생일이나 양력설과 음력설 등 특별한 날에만 하루치 식량이 배급된다고 말하는 사람도 있다.[80]

1990년대 중반에 배급제가 붕괴되기 전까지는 배급을 통한 통제도 중요한 역할을 했다. 허가 없이 한 지역에서 다른 지역으로 주거지를 옮기면 배급을 받을 수 없는 구조였기 때문이다. 그러나 1990년대 중반 이후 서민을 대상으로 한 배급제가 붕괴되면서 배급을 통한 통제는 상당 부분 와해됐다.

정보 통제

북한의 유일지배 정권 역시 이데올로기와 개인숭배를 주입하면서 강력한 정보통제 체제를 유지해 오고 있다. 북한은 정치사업, '정치사상사업', '정치사상교양', '사상사업', '주체사상 교양' 등 각종형태이 정치사회화 교육을 통해서 피지배층에 대한 통제를 시행해 오고 있다.

북한은 주민들이 외부 정보에 접근하는 것을 금지함으로써 체제 위해 요소를 제거해 나가고 있다. 북한 당국은 외부정보 유입을 통제, 모든 언론매체는 국영이며, 라디오와 텔레비전은 국영 방송만 들을 수 있게 채널을 고정시켜 왔다. 북한의 언론은 철저하게 북한 정권의 신임과 통제 하에서만 조직이 가동된다. 북한 방송의 경우 조선중앙방송위원회 산하에 여러 개의 라디오와 텔레비전 방송이 있으나 북한의 라디오와 텔레비전들은 최고 권력자에 대한 선전과 체제선전에 집중되는 기능과 역할을 하고 있다. 북한의 이 같은 방송매체들은 김정일이 만들어낸 주체사상의 추가적 질곡의 사슬인 '유일사상 체계확립의 10대원칙'에 따라 김일성·김정일 선전에 방송의 목표를 두고 '김일성 혁명사상' 선전, 로동당과 정권의 입장을 대변하는

역할을 하고 있다.[81]

컴퓨터 사용에 있어서도 극소수의 엘리트를 제외하고는 거의 인터넷 접속을 할 수 없다.[82] 북한 당국은 또한 주민들과 외국인들의 직접적인 접촉을 금한다. 일반 주민들은 해외여행을 할 수 없으며, 북한을 방문한 자들도 안내자가 없는 상태에서 주민들과의 즉흥적인 접촉이 금지된다. 아울러 북한 정권은 주민들이 외국인을 접해 볼 수 있는 소수의 지역을 엄격하게 제한해 특수 경제 구역과 러시아의 목재와 광산업에 종사하고 있는 북한인들은 외국인과의 접촉을 회피하도록 교육받았으며, 밀고자들로부터 끊임없이 감시되고 있다.

국가보위성과 인민보안성, 당 조직, 출판검열총국, 세관총국 등 다양한 기관과 조직은 주민이 사용하는 라디오, 텔레비젼, 컴퓨터 등 각종 기기를 등록하게 할뿐만 아니라, 불시 감시와 전파 감시, 세관 통관 조사 등을 통해서 정보 통제를 실시하고 있다. 인터넷은 북한 내의 웹사이트와 이메일 접속만 가능한 북한 내 폐쇄형 서비스를 운영하고 있다. 국제 인터넷 접속은 전면 차단되어 있다.[83]

또한 당국의 통제 하에 라디오와 텔레비젼 시스템을 운영하고 있으며 독립 매체는 존재하지 않는다. 북한은 우리와 달리 유선 및 스피커 시설을 활용하는 옥내 유선음향방송을 시나 군, 읍의 대부분 가정에 설치하여 운영하고 있다.

옥내 유선음향방송은 조선중앙방송과 도(道) 자치방송, 군(郡) 자치방송 등을 운영하는데, 해당 방송과 정해진 노래를 통해서 전쟁 발생과 정전 및 승리 등의 소식을 각 가정에 알린다고 한다.

일반가정 내에서 소유하고 사용할 수 있는 가전제품의 종류도 엄격하게 제한하고 있다. 개인은 라디오 기능만 있는 수신기를 보유할 수 없다. 음악 재생 등 오디오와 라디오가 함께 장착된 것은 허용되지만, 보안기관에 등록해야 한다. 또한 타국 방송의 시청을 제한하기 위해서 텔레비젼과

라디오에서 수신할 수 있는 채널을 제한하고 있다. 보안원이 기술자 동행 하에 텔레비전의 채널 고정 작업과 리모컨 채널 변경 불능화 작업을 하고 봉인한 뒤 수시로 감시하고 있다.[84] 한국에서 송출되는 라디오 및 텔레비전의 수신을 방해하기 위해서 도심지 중심으로 전파 교란도 폭넓게 실시하고 있다.

그리고 보안원이 불시에 집에 들이닥쳐 수색함으로써 DVD나 USB 등의 영상물을 감시하는 활동을 하고 있다. 또한 영상 재생기와 TV수상기를 연결하고 시청할 때 발생하는 전파를 탐지하는 활동도 하고 있다. 컴퓨터나 노트텔(휴대용 영상재생기)을 이용해서 USB와 메모리카드에 수록된 영상을 재생하는 경우가 많기 때문에 그 기록 확인을 통해서 USB 접속이나 시청 을 단속하기도 한다.

스마트폰이 보급되어 있지만 인터넷 접속은 일반적으로 안 되고, 일부 통제된 앱에 한해서만 사용이 가능하다. 화면 터치 인터페이스와 사진 촬영 및 동영상 재생 기능만 사용할 수 있다.[85] 이밖에 외국도서 및 출판물에 대한 차단 조치도 출판물검열총국에서 시행하고 있으며, 세관총국에서 통관물품에 대한 검사 및 회수 조치를 실시하고 있다.[86]

정보 및 정보통신 기술 사용에 대한 감시는 김정일 시대에도 일상적으로 이루어졌지만 김정은 집권 이후 보다 강화되었다.[87] 북·중 국경지대에 전파 장벽과 전파장애기를 설치했을 뿐만 아니라, 중국 기지국을 이용해서 국제전화를 하는 행위를 단속하는 '1118상무'와 '109상무' 외에도 국가보위성 산하에 주민의 휴대전화 사용을 단속하는 별도의 전담조직이 신설됐다. 불법 휴대전화를 단속할 때는 한국 번호가 기록에 남아 있는지를 최우선적으로 검사한다고 한다.[88] 북한이탈주민들이 증언하는 휴대전화 단속 및 처벌 실태는 다음 표와 같다.

〈휴대전화 단속 및 처벌 실태〉

증언 내용
2013년 평안북도 신의주시의 경우 전파방해로 중국 휴대전화 사용이 불가능했음
2014년 1~2월경 양강도 혜산시에 휴대전화금지 포고문이 내려왔음
2014년 4월 양강도 혜산시에서 휴대전화와 관련하여 자수하면 처벌 면한다는 지시가 있었음. 많은 사람들이 자수하였음
2014년 함경북도 청진시의 경우 휴대전화 단속이 강화되어 통화 1~2분 만에 탐지추적
2014년 친구들이 손 전화를 사용하다가 많이 잡혔는데, 중국통화의 경우 5천 위안을 주고 풀려났음
2014년 양강도 보천군에서 동료가 밀수를 하기 위해 중국 휴대전화를 사용하다 발각됨. 뇌물을 주고 처벌 받지 않고 휴대전화만 몰수되었음
2014년 양강도 혜산시에서 중학교 동창이 서울에 있는 엄마와 전화하다 적발돼서 보위부에 끌려갔으나 뇌물을 주고 한 달 만에 나왔음
2014년 6월부터 양강도 혜산시에 휴대전화 시스템 변경방침이 내려왔음. 국가가 승인한 동영상이나 음악이 아니면 재생이 안 되었음
2014년 8월 김정은의 지시로 독일제 전파탐지기를 수입하여 휴대전화 사용을 단속함. 양강도 혜산시에 평양보위부 150명이 내려와 단속하였음
2014년 함경북도 무산군에서 아버지가 한국에 있는 남동생과 통화한 기록이 발각되어 보위부에 끌려가 25일 만에 나왔음. 아버지를 나오게 하기 위해 한국 돈 300만 원과 1만 위안을 뇌물로 바쳤음
2014년 가을 함경북도 회령시 오산덕동에 거주하는 브로커가 한국에 있는 사람들과의 통화연결 혐의로 보위부에서 심하게 조사(20일) 받았으나, 뇌물(1만 5천 위원)을 주고 석방되었음
2015년 함경북도 회령시에서 형부가 한국과 연락한 것이 단속되어 1심에서 교화 3년형을 받았는데 뇌물을 주고 1년 6개월로 감형 받았음

출처: 통일연구원『2016 북한 인권백서』p.164.

김정은 시대에 강화된 정보통제 조치에는 진보된 기술의 전파방해. 추적. 탐지 체계 도입 및 운영, 스마트폰 영상재생 기능 차단, 컴퓨터의 로그기록 확인 등 단속기술 지능화 등이 있다. 엠네스티가 인터뷰한 북한이탈주민들은 북·중 접경지대의 신호방해 장비 설치, 감시 시스템 강화, 최첨단 감시장비 도입 등에 대해서 거론했다. 여기에는 휴대형전파 탐지장비와 통신내용 및 위치를 확인할 수 있는 감시장비 등이 포함된다.[89]이에 주민들은 보안원의 휴대전화 감시활동에 탐지되지 않기 위하여 통화를 짧게 한다거나 통화 중에 실명을 언급하지 않고 통화시 산에 올라가는 경우도 있다고 한다.

북한의 언론은 철저하게 북한 정권의 신임과 통제만으로 조직이 가동된다. 북한 방송의 경우 조선중앙방송위원회 산하에 여러 개의 라디오와 텔레비전 방송이 있으나 북한의 라디오와 텔레비전들은 최고 권력자에 대한 선전과 체제선전에 집중되는 기능과 역할을 하고 있다. 북한의 이 같은 방송매체들은 김정일이 추진한 '유일사상 체계확립의 10대원칙'에 따라 김일성, 김정일 선전에 방송의 목표를 두고 '김일성 혁명사상' 선전, 로동당과 정권의 입장을 대변하는 역할을 하고 있다.[90]

컴퓨터 사용에 있어서도 극소수의 엘리트를 제외하고는 거의 인터넷 접속을 할 수 없다.[91] 북한 당국은 또한 주민들과 외국인들의 직접적인 접촉을 금한다. 일반 주민들은 해외여행을 할 수 없으며, 북한을 방문한 자들도 안내자가 없는 상태에서 주민들과의 즉흥적인 접촉이 금지된다. 아울러 북한 정권은 주민들이 외국인을 접해 볼 수 있는 소수의 지역을 엄격하게 제한해 특수 경제 구역으로 구분하였다. 러시아의 목재와 광산업에 종사하고 있는 북한인들은 외국인과의 접촉을 하지 말도록 교육받았으며, 밀고자들로부터 끊임없이 감시되고 있다.

북한주민의 약 1,200만 명이 남한의 TV방송 시청권에 있는 것으로 알려지고 있다. 남한 TV 수신은 주로 평북 신의주-강원도 원산이남 지역에서 가능하다고 한다.[92] 탈북자들의 증언에 따르면, 방송을 통해서 외부 세계의 소식에 접하는 북한 주민들이 많이 늘어나고 있다고 한다.

한국에 정착해 있는 상당수의 탈북자들이 북한의 고향에 있는 사람들과 은밀하게 전화하여 송금까지 가능한 상황이다. 조선일보의 '통일은 미래다'라는 기획보도에 따르면 현재 북한에서는 휴대전화가 약 350만 대를 넘을 정도로 확대되었으며 중국 통신업체를 이용한 휴대전화 사용자도 100만 명에 달한다고 한다. "휴대전화로 북한 내 가족과 통화하고 서울에서 평양과 직접 통화도 가능하다"는 탈북자들의[93] 증언도 있을 정도로 휴대전화를 통한 남한 및 외부정보의 북한 유입이 상당히 심화되고 있는 상황이다.

첫째, 그들은 외부로부터의 "사상 문화적 침투가 보다 악랄해지고 있다"는 사실을 강조한다. "국경연선지대의 우리 세관들에서 단속하고 압수한 불순 선전물만 해도 전해의 2배에 달하고 있다"고 함으로써 외부 사조침투에 대한 심각성을 드러내었다.

둘째, 북한 주민들 속에서 "부르죠아 바람에 휘말려 드는 현상이 확대되어가고 있는" 상황이다. 그 실태를 보면

- 소재의 다양성 확대: "미국영화와 추잡한 화면들을 록화한 테프, 이색적인 기록 테프와 사진첩, 화보, 소설책, 성경책을 들여왔다."
- 돌려보기 확산: "집안식구들이 심심풀이 심야에 보고 듣고 가족들이 제각각 천척이나 가까운 사람들한테 돌리고 유포시켰다."
- 판매 또는 빌려주기: "그것을 복사해서 외화나 물건을 받고 팔거나 빌려주는 행동을 상습적으로 하고 있다."
- 시장화: "출처가 없는 노래들이 들어 있는 록음카세트와 이색적인 록화물이 농민시장과 수매상점에까지 나돌고 있다."
- 시청(視聽)의 집단화: "예전에는 녹화물들을 숨어서 보다 싶이 했다면 지금은 내놓고 그것도 한두 사람이 아니라 여러 명씩 한데 모여 보는 데까지 이르렀다."

이런 현상들은 일부 중앙기관 일군들 속에서도 찾아볼 수 있다. 국경경비대와 기차 여객전무 같은 공무원들이 필사적으로 자금과 식량을 구하려하는 가운데 뇌물 공여는 흔하며, 정권의 통제 노력은 점차 느슨해지고 있다고 한다. 그 결과 보다 더 많은 북한 주민들이 식량과 밀수를 통한 더나은 생활을 위해 국경을 드나들면서 또는 방송 등 각종 매체를 통해서 중국의 개혁개방 성공실태와 남한의 상대적인 번영에 대한 정보에 보다 많이접근할 수 있는 기회를 갖게 된 것으로 판단된다.

시장에 의한 정보력이 급격히 확산돼 외부정보에 대한 접근 강도가 증가한 것의 일환으로 볼 수 있다. 특히 외부정보의 확산이 주로 시장에서 이루어지고 또 시장에서 활동을 하는 이들이 대부분 여성이기 때문에 남성에 비해 상대적으로 외부접근에 안정적인 것으로 보인다.

농어촌지역의 경우 김정은 체제 집권 전후로 북한 당국의 통제에 의해 외부 정보에 대한 접근 강도의 불안정성이 높아진 것으로 보인다.

김정은 정권이 들어서면서 당원들은 외부정보 접근에 대한 강도가 안정성이다가 이후 불안정성으로 높아진 반면 군인들은 불안정성이 높다가 이후 안정성이 높아졌다. 시장 확대가 지속되는 등 외부정보의 접근이 이전에 비해 상대적으로 쉬워졌다고는 하지만 북한 당국의 의지로 아직까지는 정보의 차단에 긍정적인 효과를 거둘 수 있다는 것이다.

USB와 같이 쉽게 단속에 걸리지 않은 대량정보 저장 수단의 발달 등도 외부정보 접근을 더 용이하게 만들고 있는 요소가 된다. 특히 북한 내 시장의 확산으로 인해 중국과 남한 제품의 거래 등을 통한 외부정보의 유통이 더욱 활발해진 것으로 알려져 있다. 북한은 아직까지 개방화 수준이 극히 낮은 상태이지만 기본적으로 외교, 무역, 여행, 관광, 해외파견 노동자 등을 통해 제한적이나마 외부정보가 유입·확산되고 있는 것만은 분명한 사실이 최근 나진·선봉 특구의 도로 확장 개보수 및 중국 전력 공급, 나진－핫산 철도 개통 등으로 중·북·러 접경지역의 외부 정보 유입이 증가하고 있다. 이는 한류의 확산에도 기여를 하고 있는 것으로 보인다.

4. 위기 시 중국의 지원

2017년 4월 중국은 북한으로부터 철광석 수입을 대폭 증대시켰다. 그 액수는 2016년 4월의 4.4배인 2,026만 달러(226억 원)에 달했다.[94] 철광석은

2016년 3월 유엔안보리가 북한의 4차 핵실험 이후 만장일치로 채택한 결의안 2270호를 발표했을 때 금수품목으로 지정한 광물이다. 당시에도 중국은 '민생용은 예외로 한다'는 규정을 고집해서 북한산 철광석 수입을 확대하는 방법으로 북한의 달러 확보에 도움을 제공했었다.

2017년 6월 2일 유엔안보리가 북한의 잇단 탄도미사일 도발에 대해 새로운 제재 결의안 2356호를 만장일치로 채택했을 당시에도 중국은 결의안에 찬성 의사를 밝히면서 한편으론 대화와 협상을 통한 해결을 강조했다.[95] 이때에도 중국은 북한에 대한 원유 수출 제한과 북한 노동자의 해외 파견 금지 등 제재의 강화를 요구하는 다른 회원국들의 요청에 난색을 표하면서 대화를 통한 문제해결을 고집하는[96] 바람에 결의안 2356호는 이렇다 할 실효적인 제재 조치를 담지 못하게 됐다.

중국이 북핵 문제의 해법으로 제시하고 있는 '동시 중단 제안(북한의 핵 미사일 발사와 한미 대규모 군사훈련 동시 중단)'과 '투 트랙 구상(북핵 폐기와 평화협정)'을 주요 내용으로 하고 있는 '쌍강화(雙强化)' 방침은 모두 북한 입장에서 북한의 요구를 관철시키고 북한을 안정시킬 수 있는 방안들이다. 실제로 지난 2017년 6월 8일 미 해군의 핵추진 항공모함 칼빈슨호와 로널드 레이건호가 동해를 떠나자 위즈룽(郁志榮) 저장(浙江)해양대학 교수는 미국 항모가 한반도에서 떠나면서 트럼프 대통령 취임 이후 북미 간 첫 힘겨루기가 끝났으며, 북한 정권이 여전히 안정적이라는 면에서 북한이 승리했다고 볼 수 있다고 분석했다.[97]

6자회담의 재개 주장도 마찬가지다. 6자회담의 재개를 일관되게 주장하고 있는 중국의 요구가 실현된다면 그것은 북한의 비핵화가 목표가 아니라 북한을 핵보유국으로 인정한 상태에서 이뤄지는 핵 군축협상이 될 공산이 크다.

이 모든 경우가 북한의 안정성을 고양시키고 김정은 정권의 내구력을 강화시킬 수 있는 방안이라는 점에서 중국의 향후 움직임이 주목된다.

【주석】

1) 이교덕, 『김정일 현지지도의 특성』(서울: 통일연구원, 2002), pp.7-23.

2) 1879년 갈톤(F. Galton)의 '위인(great man)' 연구가 시작된 이래 니체(F. Nitzsche), 썸너(Sumner)등에 의해 주장된 초창기의 리더십 이론이다. 위인이론에서는 역사의 진로를 위인 또는 영웅의 행적으로 설명하고 있으며, 리더의 공통적인 특징을 발견하고자 노력하였다.

3) 리더십 이론은 'great man' 이론, 'environmental' 이론, 'personal-situational' 이론, 'interaction-expectation' 이론, 'humanistic' 이론, 'exchange' 이론으로 분류된다. 이에 대해서는 Ralph M. Stogdill, Handbook of leadership: A Survey of Theory and Research(New York: The Free Press, 1974), pp.17-23 참조.

4) 김영춘(인민무력부장), 우동측(국가안전보위부 제1부부장), 리영호(총참모장), 김정각(군정치국 제1부국장) 교체.

5) 김정은 '유일영도체계'를 굳히기 위한 새로운 사회질서 구축노력은 김정은의 2014년 신년사에 언급되고 있다. 과학기술 발전과 경제건설을 통한 인민생활 향상에 주력하면서 사회주의 체제 정상화를 통한 '당적 유일영도체계'를 구축하여 당·정·군·인민대중 조직에 대한 사상적 단속을 강하는데 초점을 맞추고 있다.

6) Ralph M. Stogdill, op, cit., pp.74-81.

7) 2014년 들어 9월 4일 모란봉악단 신작음악회 공연 관람 이후 약 40여 일간 잠적행태를 보임으로써 김정은의 건강문제가 제기된 바 있으나 치료 후 별문제가 없는 것처럼 보인다. 그럼에도 불구하고 김정은의 건강문제에 대해서도 취약성이 없는 것이 아니어서 지속적인 체크가 필요한 상황이다.

8) 이교덕, 『김정일 현지지도의 특성』(서울: 통일연구원, 2002), pp.7-23.

9) 김민·한봉서, 『령도체계』(평양: 사회과학출판사, 1985), p.29.

10) 김양희, 『김정일 시대 북한의 식량정치 연구』, 동국대학교대학원 박사학위논문, 2013, p.176.

11) 김봉호, 『위대한 선군시대』(평양: 평양출판사, 2004), p.91.

12) 이극찬, 『정치학』(서울: 법문사, 2010), p.125.

13) David Easton, "Systems Analysis and Its Classical Critics," *Political Science Reviewer*, vol.3(Fall 1973), pp.278-280.

14) 김유민, 『후계자론』(서울: 신문화사, 1984: 동경 구월서방 번각 발행), p.48.

15) 『파이낸셜 뉴스』 2016.5.16.

16) http://www.reportworld.co.kr/doc/340114

17) 박○○, 2016년 10월 5일 면담.

18) 송봉선,『북한의 장기 집권 요인에 관한 분석연구』(2007, 학문사) p.50.

19) 김일성 헌법은 1998년 9월 5일 8차 개정을 통해 공포, 2012.5.30. 재차개정 전7장 166조로 되어 있다.

20) 김일성,『김일성저작선집』제1권, pp.249-250.

21) 고태우,『북한의 종교정책』(서울: 민족문화사, 1989), p.79.

22) 북한총람, 2002, p.765.

23) 학살증언, 1980년대 함흥시 반룡구역 용마동 부근 지하실교회가 있었는데 이교회는 본건물이 폭격으로 부서진 터에 김철용 이라는 전직 목사가 은밀히 지하실 교회를 만들어 20년간 은밀히 운영하다 주택 재개발사업으로 탄로가나 18세~78세에 이르는 신도 36명이 체포되어 함흥시 만세교 다리 밑에서 교수형으로 처형 되었다고 한다.
1970년대 평양시에서 홍수가 발생하여 지하에서 예배를 보든 교인이 밖으로 나오자 북한당국은 머리가 긴자들은 종교인이 아니면 범죄자라고 단정하여 모조리 체포하여 종교인들만 집단 살해 하였다고 한다. 박완신,『북한종교와 선교통일』(서울: 지구문화사, 2002), pp.128-129.

24) 허만호,「유럽연합의 대북한인권정책과 유엔인권위원회의 대북결의채택」,『대한정치학회보』제12집, p.18.

25) 공개처형증언, 1973년 11월 당시 신흥군 안전부는 공설운동으로 주민 집합령을 내려 운동장에 모이게 한 후 안전원들에 의해 트럭으로 3명의 노인을 데려와 인민재판을 열었는데 군중들 중 선동대원 2~3명이 '처단하라'는 구호를 연호하자 중앙재판소 지도원이 나와 '김일성동지의 유일사상으로 전체 인민이 하나같이 단결해 나가고 있는 이 시점에 종교를 믿는 악독한자들이 우리공화국에 존재한다는 것은 믿을 수없는 사실이오, 저들의 골통 속에 무엇이 들어있는지 이제부터 관찰해봅시다'라고 한 후 준비한 25톤급 소형 프레스를 가져다 전기로 연결 후 노인들의 머리를 프레스로 눌러 두개골을 부서트려 죽이고 난 후 중앙재판소 요원은 '종교의식을 가진 자, 결탁한 자는 이유를 불문하고 이자들과 똑같이 처벌을 받게 될 것'이라고 선언 후 사라졌다한다. 제보자 이영선은 인민군 경보병 대대에 근무하다 1977년 8월 19일 임진강 하류를 따라 6킬로 수영하여 도강 월남한바 있음.

26) 조선중앙통신사,『조선중앙년감 1950』(평양: 조선중앙통신사, 1950), p.365.

27) 김일성,「우리의 예술은 전쟁 승리를 앞당기는데 이바지 하여야 한다」,『김일성 저작집 6』(평양: 조선로동당출판사, 1980), p.226.

28) 하종필,『북한의 종교문화』(서울:선인, 2003), p.28.

29) AD571년 4월 20일 메카에서 유복자로 출생 6세에 고아가 된 후 삼촌가에서 성장, 예멘과 시리아 지역을 오가면서 대상무역에 종사 하였다. 25세 때에 15세 연상인 과부

카디자와 결혼하였으며 40세에 메카 근처 히라 동굴에서 신의 계시를 받아 이슬람교를 창설하게 되는데 메카에서 96장 5절의 최초 계시가 있었다고 한다.

30) 북한 사회과학원 철학연구소, 『북한주체철학사전』(서울: 도서출판힘, 1988), p.17.

31) 주준회, 「북한 정치의 종교성: 김일성의 신격화에 있어서 무속 신앙의 영향을 중심으로」, 『한국정치학회보』 제29집 4호, 1995, pp.393-416.

32) 북한문제연구학회 편, 『북한연구』, 세종출판사, 1998, p.52.

33) 『데일리엔케이』 2017.8.2.

34) 전현준, 『金正日 리더쉽 硏究』(서울: 民族統一硏究院, 1994), p.31.

35) 로동당 내 특정 조직의 실무담당자들 간의 모임 구성 등, 조직적인 '그룹화'가 진행된다든가, 당중앙 내부에도 지도원, 부과장 중심의 소규모 '그룹화'가 진행되어 상호 '눈감아주기' 직권비리 등이 자행된 바 있었으며 특히 당내의 '비관주의' 확산, 당 간부들의 동요와 변화요구 및 위기감 증대 현상이 배태되기도 하였다 한다. 1990년대 초부터 '이대로는 희망도 없고 얼마 가지 못한다'는 비관주의의 당내 확산으로 '현상유지', '자리지키기' 등의 행태가 보편화되기도 하였다. 권력과 돈의 유착으로 당적 통제기능은 거의 마비되다시피 할 정도였던 것으로 알려지고 있다. 당 일군들은 당권을 이용하여 비리, 횡령을 묵인하고 뇌물을 수수, 부정에 직접 개입하거나 적당한 선에서 처리를 하고 거짓보고를 일삼는 행위들이 자행되어 오기도 하였다. 김정일은 이러한 위기를 극복하기 위하여 군을 동원하게 되었고 이에 따라 군에 의한 통치방식을 선군정치로 정형화하기에 이르렀다. 정영태 외, 『북한의 부문별 조직 실태 및 조직문화 변화 종합연구: 당·정·군 및 경제·사회부문 기간조직 내의 당기관 실태를 중심으로』(서울: 통일연구원, 2011), p.5.

36) 김정일체제가 출범한 1998년부터 2009년까지 『로동신문』에서 당의 영도를 강조하는 횟수가 2,000회 수준에서 김정은 후계체제가 공식화된 2010년 이후부터는 2,000회를 훨씬 상회하였으며 2012년에는 4,000회 이상으로 증가한 것은 김정은의 리더십이 당 조직에 얼마나 의존하고 있는가를 말해주고 있다.

37) 정성장, 「북한 노동당 제4차 대표자회와 파워 엘리트 변동」, 『정세와 정책』 193호, 2012, p.4.

38) 『시사저널』 2011.11.15.

39) 고유환, 「김정은 후계구축과 리더쉽 변화: 군에서 당으로 권력 이동」, 『한국정치학회보』 제45집 제5호, 2011, pp.176-180.

40) 『로동신문』 2011.11.1.

41) 김봉호, 『위대한 선군시대』(평양: 평양출판사, 2004), pp.153-155.

42) 고유환, 「김정은 후계구축과 리더쉽 변화: 군에서 당으로 권력 이동」, 『한국정치학회보』 제45집 제5호, 2011, pp.176-180.

43) 『로동신문』 2011.11.1.

44) 김갑식, 「김정은 정권의 수령제와 당·정·군」, 『한국과 국제정치』 30권 1호, 2014, p.48.

45) 정성장, 『북한군 총정치국의 위상 및 역할과 권력승계문제』(성남: 세종연구소, 2013), p.48.

46) 김일성 시대 인민무력부장으로는 최용건, 김광협, 김창봉, 최현, 오진우였고, 김정일 시대 인민무력부장은 최광, 김일철, 김영춘이었다.

47) 『로동신문』 2015.5.11.

48) 『조선중앙TV 기록영화』 2015.10.19.

49) 『데일리엔케이』 2016.3.20.

50) 독재정권의 폭력연구: Nathan Leites and Charles Wolf Jr., Rebellion and Authority: An Analytic Essay on Insurgent Conflicts(Chicago: Markham, 1971); Ian Lustick, Arabs in the Jewish State: Israel's Control of a National Minority(Austin: University of Texas Press, 1980); Mark R. Thompson, "To Shoot or Not to Shoot: Posttotalitarianism in China and Eastern Europe," *Comparative Politics*, Vol.34, No.1(October 2001), pp.63-83; Juan J. Linz, Totalitarian and Authoritarian Regimes(Boulder, Colorado: Lynne Rienner, 2000), pp.100-101. 보안기구의 역할에 대한 연구: Comarative Perspective, *Comparative Politics*, Vol.36, No.2(January 2004), p.143.

51) 이규창, 「북한의 탈북 감시 및 처벌 강화와 우리의 대응」, 『통일연구원 온라인 시리즈』 11-30(서울: 통일연구원, 2011) 참조.

52) 『연합뉴스』 2012.1.4.

53) 『데일리엔케이』, 「北 보위부 전성시대… '충성경쟁' 한발 앞섰다」, 2012.1.30.

54) 위와 같음.

55) 『데일리엔케이』 2012.2.26.

56) 『데일리엔케이』 2012.2.28.

57) 『데일리엔케이』 2013.4.11.

58) 『연합뉴스』 2013.11.20.

59) 『연합뉴스』 2013.6.11.

60) 「인민보안부, 우리 존엄 중상모독하는 탈북자에게 물리적 제거조치」, 『조선중앙통신』, 2013년 6월 19일.

61) 캐나다의 소셜미디어 관리 플랫폼인 '훗스위트'와 영국에 본부를 둔 국제 마케팅 업체 '위아 소셜'은 최근 공동 발표한 '2017 디지털: 국제 현황(Digital in 2017: Global Overview)' 보고서에서 세계이동통신사업자협회 GSMA의 연구 부문인 'GSMA 인텔리 전스'의 2016년 4분기 자료를 근거로 이같이 밝혔다.

62) 김○○, 2016년 9월 13일 면담; 이○○, 2016년 9월 30일 면담.

63) 이○○, 2016년 9월 23일 면담.

64) 박○○, 2016년 10월 5일 면담.

65) 박창권 외, 「북한의 정세 평가와 전망, 4절」, 『사회: 북한 사회의 불안정 실태와 전망』 Ⅲ(서울: KIDA Press, 2017).

66) 북한의 분주소는 한국의 파출소에 해당한다. 최근에는 분주소라는 말 대신에 보안소라는 용어를 사용하는 것으로 알려져 있다.

67) 『문화일보』 2016.7.28, 「강력범 속출하자 생계형 범죄까지 총살… 살벌. 흉흉한 北」.

68) 『연합뉴스』 2016.7.29, 「北, 해외식당 종업원 집단탈북 책임자6명 공개처형」.

69) 『중앙일보』 2016.10.20, 「국정원, 김정은 신변 불안에 폭발. 독극물 탐지장비 수입」.

70) 『자유아시아방송(RFA)』, 2016.9.28, 「북한의 정치범수용소, 확장 운영 중」.

71) 통일연구원, 『2016 북한 인권백서』, 2016, p.53.

72) 김정은, 「선군령장의 손길따라 밝아오는 통일조국의 아침」, 『우리민족끼리 인터넷판』 2014.8.31.

73) 이우영 · 곽명일, 『현대북한연구』, 2015, p.317.

74) 인민보안서 2부가 인민위원회 청사에 있기 때문에 인민위원회에서 여행증명서를 발급하는 것으로 오해하는 경우가 있다.

75) 이석기, 「김정은 체제 이후 북한 경제정책과 변화 가능성」, 『KDI 북한경제리뷰』 10월호(한국개발연구원, 2013), pp.52-54.

76) 김정은, 「김정은 동지 김일성주석 탄생 100돐경축열병식에서 연설」, 『로동신문』 2012.4.16.

77) 김정은, 「김정은 동지 김일성주석 탄생 100돐경축열병식에서 연설」, 『로동신문』 2012.4.16.

78) 김정은은 혈통적 리더십에서 제도적 리더십을 거쳐 인격적 리더십으로의 전환을 추구하고 있다. 이에 관해서는 김일기 · 이수석, 「김정은 시대 북한정치의 특징과 전망」, 『북한학보』 30집 2호(2013.12), pp.78-119 참조. 김정일과의 비교를 통해 김정은은 여전히 불안정한 리더십을 갖고 있다는 주장에 관해서는 이승렬, 『김정일. 김정은 후계체제 비교를 통한 김정은 통치리더십 분석』(국회입법조사처, 2015.6) 참조.

79) 이○○, 2016년 9월 23일 면담.

80) 박○○, 2016년 10월 5일 면담.

81) 고유환 외, 『북한 언론 현황과 기능에 관한 연구』(서울: 한국언론진흥재단, 2012), pp.25-27.

82) 고경민, 『북한의 IT 전략』(서울: 커뮤니케이션북스, 2004) 참조.

83) Amnesty International(2016), p.19.

84) 김○○, 2016년 9월 7일과 13일 면담.

85) 김○○, 2016년 9월 7일과 13일 면담.

86) 김흥광, 『무선통신 사용 통제 배경』, 2014.

87) Amnesty International, 앞의 글, p.35.

88) 통일연구원, 『2016 북한 인권백서』, 2016, pp.162-163.

89) Amnesty International, 위의 글, pp.358-39.

90) 고유환 외, 『북한 언론 현황과 기능에 관한 연구』(서울: 한국언론진흥재단, 2012), pp.25-27.

91) 고경민, 『북한의 IT 전략』(서울: 커뮤니케이션북스, 2004) 참조.

92) 『조선일보』 2014.2.11.

93) 김연호, 「북한의 휴대전화 이용실태」, 존스홉킨스 국제대학원 한미연구소 칼럼(메사추세츠: 존스홉킨스대학, 2014), p.32, http://uskoreainstitute.org/-content/uploads/2014/08/Kim-Yonho-Cell-Phones-in-North-Korea-Korean.pdf

94) 『조선일보』 2017.6.8, 「中·러, 북한에 물밑지원 계속」.

95) 『NEWSIS』 2017.6.6, 「中외교부, 유엔 안보리 대북 추가제재에 '대화와 협상' 강조」, http://www.newsis.com/view/?id=NISX20170606_0000004789&cID=10101&pID=10100

96) 『뉴스타운』, 2017.6.9, 「안보리 긴급회의, 중국 '대북 제재 강화 난색' 추가제재 채택 사실상 실패」, http://www.newstown.co.kr/news/articleView.html?idxno=286818

97) 외교부 동북아 3과, 『중국언론 일일모니터링』 2017.6.9.

V. 김정은 정권 장기화의 부정적 요소

1. 김정일·김정은 시대 비교

김정일 시대와 김정은 시대의 사회통제 시스템은 그대로지만 오히려 김정은 시대는 공포정치를 도입 처형과 숙청이 김정일 시대 보다 훨씬 많아지고 있다. 집권 초기 위기 발생 시 국가보위성과 인민보안성 등 통제기관을 활용해서 공포정치를 하며 권력을 공고히 하고 체제를 유지해나갔다는 점에서 공통점이 있다. 그러나 다음과 같은 점에서 중요한 차이가 있다.

첫째, 김정일이 공포정치를 단행할 당시의 주민 의식과 현재 김정은이 공포정치를 추진하고 있는 상황에서의 주민 의식에 큰 차이가 존재한다. 김정일의 경우는 '고난의 행군' 시기에 법 기관을 동원해서 통제를 강화하고 위기로 극복하려 했을 때, 북한주민들은 수령에 대한 충성심은 어느 정도 있었다. 굶으면서도 정권기관 앞에 가서 "쌀을 달라. 배급 없이 우리가 어떻게 사느냐!"고 항의한 것이 아니라, 쓰러지더라도 자기가 속한 직장에 나가서 생활총화를 할 정도로 사상통제가 한순간에 무너지지 않았다.[1]

그랬기 때문에 배급제가 붕괴되고 300만 명 이상의 대규모 아사자가 발생했으나 북한 체제가 무너지지 않은 것이다. 다시 말해서 시장화 진행의 초기 단계에 주민 의식의 변화는 크게 진행되지 않은 상황이었다. 주민들이 강성대국에 대한 비전 등 김정일이 내건 약속을 운명적으로 받아들였다고 할 수 있다.

김정은이 집권하여 장성택 처형과 함께 공포정치를 단행한 시기는 이미 시장화가 15년 이상 진행된 상황이다. 수령에 대한 충성심이 약화되고, 주체사상과 사회주의 등의 통치이념과 집단주의보다 개인주의와 영리주의에 토대를 둔 자본주의적 사고가 팽배할 정도로 주민 의식이 변화됐다. 지지 기반이 약한 김정은이 통제를 강화할수록 서민들이 겉으로는 표현하지 못해도 속으로 불만이 축적되고 잇는 상황이다.

둘째, 김정일이 공포정치를 단행한 시점은 '고난의 행군'을 했던 시기로 북한 체제가 최악의 위기를 맞았던 상황이다. 그리고 이러한 공포정치가 마무리된 2000년대 초는 북한 경제가 최악의 상황을 벗어나 회복기에 접어들었던 시점이다.

김정일 시대에도 공포정치는 있었다. '고난의 행군'이 끝날 무렵인 1997년부터 유훈통치를 끝내고 자신의 1인 지배체제를 강화해 나가기 시작했다. 그리고 그동안 폭발적으로 늘어난 각종 범죄에 대처하는 차원에서뿐만 아니라, 자신의 유일지배에 걸림돌이 될 수 있는 사람들을 제거하기 위해서 인민보안원 8,000명 정도로 구성된 '심화조'를 만들고 2000년까지 약 4년 동안 대대적인 숙청과 처형을 단행했다. 이 시기에 처형되거나 숙청된 사람이 약 25,000명에 이를 정도로 극단의 공포정치가 실시되었다. 물론 심화조는 김정일이 자신의 실책을 아랫간부들에게 떠넘겨 자신의 잘못을 모면하려는 계책이라 볼 수 있으며 김정은의 공포정치와 비견된다.

1990년대 후반에 각 기관이 자력갱생으로 외화벌이를 통해서 조직을 꾸려갔기 때문에 2000년대 초반에는 어려움 속에서도 경제가 그런대로 굴러갔다. 상대적으로 안정된 상태에 접어드는 시점에 공포정치가 마무리되었기 때문에 김정일은 후유증을 해소하고 무난하게 북한 체제를 이끌어 갈

수 있었다.

김정은 시대에는 집권 초에는 김정일시대의 경제가 좋지는 않은 상태를 이어 받았지만 비교적 안정된 상태에서 출발했다. 국가가 개입해서 통제만 하지 않으면 주민이 자력갱생으로 먹고살 수 있었기 때문이다. 각 기관도 자력갱생으로 외화벌이를 하면서 운영해나가는데 큰 어려움이 없었다. 북·중 교역도 성장한데다가 건설경기의 활성화를 통해서 북한 경제가 다소 활력을 띠며 플러스 성장으로 돌아섰다는 분석도 제기되는 상황이었다.

그러나 김정은이 5차 핵실험을 하면서 국제사회는 북한에 가장 비우호적인 방향으로 전개되고 있다. 4차 핵실험 후 유엔 안보리가 결의안 2270호를 채택하면서 강력한 대북제재가 추진되었고, 북한의 외화벌이 환경이 과거보다 악화되었기 때문이다. 물론 중국이 대북제재에 얼마나 참여하는지가 관건이지만, 설령 북한의 민생이 위축될 정도로 중국이 강력한 대북제재에 참여하지 않는다 하더라도 북한 특권기관들의 외화벌이는 타격을 받을 수밖에 없으며, 일반 외화벌이도 영향을 받지 않을 수 없는 것이 현실이다.

북한 경제는 향후 중국이 대북제재 참여도와 한국, 미국, 일본 등 국제사회의 대북제재가 어떻게 강화될지에 따라서 영향을 받을 것이다. 북한 경제가 향후에 좋아지기보다는 잘해도 현상유지 상태로 가거나 아니면 더 나빠질 가능성이 많다는 것이다. 외화벌이 환경이 과거보다 나빠지면서 통치자금에 대한 압박이 심해지고, 주민에 대한 수탈도 증가할 가능성이 많다는 것이다. 이런 점을 고려할 때, 북한 경제가 김정은 집권 초에 반짝 좋아지는 듯했지만 다시 지속적인 침체국면에 돌입하고 민심이반이 심화되는 환경에서 결국 주민이 따라오지 않으면 공포정치가 지속 강화될 것으로 전망된다.[2]

김정일 집권 후에는 경제가 상승곡선을 그리는 상황에서 선군정치를 하고 후유증을 수습하며 상대적으로 안정된 국면에 접어들었다. 반면에 김정

188 · 김정은 체제 장기화는 지속될 것인가?

은 시대에는 계속되는 핵실험으로 대외환경을 악화시킴으로써 경제가 나아지기보다는 오히려 어려워지는 환경 속에서 공포정치가 지속되고 있다. 앞으로도 민심이반이 심화되는 가운데 사회통제가 강화되는 악순환이 지속될 것이다. 이것이 김정일 시대와 김정은 시대를 비교할 때 나타나는 공포정치와 사회통제의 가장 큰 차이점이다.[3]

김정은 정권의 내구력을 측정하기 위한 대내적 요인으로는 이념의 이완, 당에 대한 충성도, 엘리트 응집력, 사회적 불만의 표출 강도, 그리고 군대의 충성심 여부 등을 들 수 있다. 그 밖에 경제 수준, 통치 이념의 관철 여부 등도 중요한 요인에 속하는 변수다. 김정일은 중국·러시아를 직접 방문하여 생존을 위해 몸부림을 쳤지만 김정은은 핵·미사일 개발로 대외적 신인도가 나락으로 떨어져 미래가 보이지 않아 부자 정권의 비교가 된다.

2. 대내 요인

가. 통치분야

이데올로기 약화 추세

배급체제의 붕괴와 이에 따른 주민들의 시장행위 확산으로 빈부격차 심화, 범죄 및 부정부패 증가, 개인주의. 배금주의 성향 등이 대두됨으로써 주민들의 생활양식과 의식의 변화가 초래되고 있다.

이 현상은 통치 이데올로기의 정당성을 약화시키는 중요한 요인으로 작용하고 있는 것으로 보인다. 서울대학교 통일평화연구원이 실시한 북한이탈주민 설문조사에 따르면 북한주민들의 주체사상에 대한 자부심은 여전히 지속되는 것으로 나타났다.[4] 이는 주체사상 등 북한의 통치 이데올로기에 대한 자부심이 약화되고 북한 당국이 배급 등을 안정적으로 제공을 하지 못함으로 이념적인데 관심이 멀어져 가고 있는 것이 사실이다.

통치이데올로기 지지도는 2009년부터 2013년까지 수치의 하락 상승을 반복하고 있다. 성별로 보면 2013년 남성은 지지도가 하락한 반면 여성은 상승한 것으로 나타났다. 김정은이 집권하면서 주민생활향상에 주력하면서 주민들의 통치이데올로기 지지도가 높아졌으나 2012년 물자의 부족으로 배급 등 추진하는 정책들이 안정적으로 이루어지지 못하자 지지도가 낮아지고 있다. 서울대학교 통일평화연구원이 실시한 북한이탈주민 설문조사에 따르면, '북한 주민들이 주체사상에 대해 얼마나 자부심을 가지고 있다고 생각하십니까?'라고 묻는 질문에 주체사상에 대해 자부심이 있다'고 답한 응답률은 약 60%로 '없다'(40%)에 비해 높은 편이다. 최근 4년 동안을 보면 63.7%(2008년) → 54.8%(2009년) → 60.7%(2011년)로 2009년에 약간 낮아졌으나 2011년에 다시 회복하여 60%선을 유지하는 것으로 나타났다. 주체사상의 자부심이 80%의 수준을 유지하던 1994년과 비교하면 20%가 낮아진 것으로 최근 몇 년간 60% 수준을 유지하고 있으나 이데올로기 보다는 생존이 더 중요함을 나타낸 것이다.

배급이 중단된 이후에 식량문제가 대두하면서 자연스럽게 북한 주민들은 시장경제에 눈을 뜨기 시작했다. 시장화를 통해 북한 사회에서 정치적인 이념보다 경제적 실리가 더 중요하다는 인식이 확산되었다.[5] 그러나 북한 당국은 주민들의 상행위가 사회주의 도덕에 맞지 않다고 해서 지속적으로 시장을 통제하고 있다. 이에 북한의 시장에서는 무역, 장사행위, 단속 등의 행위가 지속적으로 일어나고, 이 같은 행위들은 북한 주민들의 계층을 변화시키기 시작했다.

김정일 및 김정은 정권에서 사회적인 계층과 특권은 이미 선대에서 만들어지고 체계화된 기초적 사회구조의 영향을 받았음에도 불구하고 시장과의 관계에 의해 결정되었다. 배급제가 제대로 운영되지 않으면서 주민들의

식량에 대한 접근성은 사회구조보다는 시장에서의 상업적 능력에 의해 좌
우되었기 때문이다.[6]

경제난 이후에는 개인별 소득의 격차가 크게 벌어지면서 정치적 기준에
의한 기존의 계층구조가 실질적으로는 경제적 기준에 의한 계층구조로 바
뀌고 있다. 북한주민의 일상생활 변화 양상을 살펴보면 일반주민들에게는
이데올로기 보다 시장 활동 여부와 장마당 물자 유통에 대한 접근 정도, 활
용 가능한 사회적 관계망의 보유 여부, 초기 자본 등이 더 중요하다.

노동당에 대한 불신도 증가

정치적 영역에서의 북한주민들의 입당 선호도가 떨어지고 있는 현실에
서 발견된다. 선호도 하락 추세 관련, 경제부문에 종사하였던 탈북자는 다
음과 같이 증언하였다.

"이전에 비해 입당은 10%도 안 됩니다. 그전에는 20살만 되면 종업원들
이 모두 입당하기 위해 열심히 일했는데 이젠 그렇지 않습니다. 고난의 행
군 때는 당증을 주고 돈을 꿔가는 사람도 있었지만, 이제는 '당증 이거 본
전 다 뽑았는데 누가 안 살라나'하는 정도입니다. 당의 위신이 그만큼 떨어
졌단 말입니다."[7]

입당 선호도를 보면 2012까지 모두 상승했으나 2013년에는 모두 하락한
것으로 나타났다.

2013년 이후 전 부문에서 입당선호도가 하락한 것은 고난의 행군 이후
시장이 발달하면서 주민들의 인식변화로 인해 신분계층이 변화했기 때문
으로 분석된다. 이는 경제적 능력을 기준으로 하는 계층의 재편이 이루어
지고 있다는 방증이다.[8]

김정은 체제 집권 후 새 정권에 대한 기대가 있을 수 있는 시기에도 성
별, 연령, 거주지 규모, 당원 여부, 군복무 여부에 관계없이 전 계층에서 입

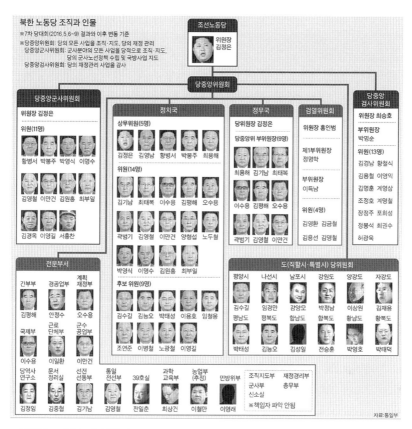

▲ 당창건 71주년 새 권력지도.

당 선호도가 낮아진 것으로 나타났다.

1998년 이전에는 주민들이 돈 버는 것보다 입당하는 것을 우선시했으나 1998년 이후에는 입당하는 것보다 돈 버는 것에 더 집중하는 현상을 반영하였다.

북한 노동당 창건 71주년을 맞아 북한 언론 매체들은 "당(黨)과 인민의 혼연일체"를 강조했다. 그러면서 함북지역에서 최근 발생한 수해 현장의

사연을 소개했다. 북한은 당 국가로 불린다. 조선노동당의 일당독재로 체제가 굴러간다는 의미다. 2016년 5월 열린 제7차 당대회에서 김정은은 노동당 위원장 직책을 거머쥐었다. 아버지 김정일 국방위원장이 생전에 갖고 있던 당 총비서(김정은은 제1비서직) 자리를 차지하는데 부담이 따르자 다른 이름으로 새 의자를 만든 것이다. 당시 북한은 모두 328개 직위를 선출하거나 임명했다.

통일부는 당 대회 인선과 이후 변동을 반영해 노동당 권력지도를 최근 완성했다. 이에 따르면 김정은을 수위(首位)로 하는 노동당의 핵심 조직은 정치국이다. 상무위원 중 김정은을 제외한 4인방이 정점이라 할 수 있다. 김영남 최고인민회의 상임위원장, 황병서 군 총정치국장, 박봉주 내각 총리, 최용해 당 부위원장이다. 2012년 4월 당대표자회에서 상무위원에 선출됐다. 2년여 만에 강등 당했던 최용해의 복귀는 눈길을 끌었다. 이에 대해 1928년생으로 89세 고령인 김영남 상임위원장의 후임을 염두에 둔 포석이란 분석이 나온다.

2011년 12월 김정일 장례식 때 선두에선 이른바 '운구차 7인방'의 몰락도 두드러진다. 장성택 국방위 부위원장은 처형됐고, 군부 최측근이던 이영호 총참모장은 숙청당했다. 노동당 내에 살아남은 건 김영남·김기남·최태복 비서뿐이다. 그만큼 김정은 집권 5년 동안 권력의 부침이 심했다는 분석이다. 김정은 체제의 본격 출범의 시작인 7차 당대회에서 짜인 14명의 정치국 위원과 9명의 후보위원을 포함한 27명(김정은 제외)의 정치국원이 노동당의 파워엘리트라고 볼 수 있다.

2017년 5월 당대회 이전에는 당 대회를 성과적으로 개최하기 위한 70일 전투를 진행했다. 그리고 당대회 이후 7차 당대회에서 제시한 '국가경제발전 5개년 전략(2016~2020)'의 첫해 목표 달성을 위해, 6월 초부터 시작된 '충정의 200일 전투' 성과창출에 사회경제적 에너지를 집중하고 있다. 특히 전력과 함께 2대 핵심목표인 식량증산에 하반기 역량을 집중한 모양새이다. 현재까지 휴일 없이 주민들을 몰아붙이는 속도전이 진행되고 있다.

또한 2016년 36년 만에 개최한 당 대회뿐 아니라 2016년 8월 24일 SLBM (잠수함발사 탄도미사일) 및 9월 5일 탄도미사일 발사 성공을 기점으로, 청년·군인 등 체제수호 핵심집단을 독려하는 대회 및 대규모 대중집회를 개최하였다. 구체적으로 7차 당대회 전후 김정은에 대한 충성심을 고양하는 각종 결의대회를 진행하였다. 그리고 당대회 이후 기술 진전된 미사일 발사 성공을 이슈로 8월 25일 선군절, 8월 26일 23년 만에 개최된 제9차 청년동맹대회 등을 개최했다. 그리고 북한은 정권수립일(9.9)을 맞아 중앙보고대회를 진행(9.8)한 후, 9월 9일 북한 '핵무기연구소' 성명을 통해 '핵탄두 폭발실험이라는 5차 핵실험의 성공'을 발표한다. 그리고 대내외적으로 이를 공표하며 9월 13일 김일성광장에서 '핵탄두 폭발실험 성공과 장거리 대륙간탄도탄 발사 성공 경축 평양시 군민연환대회'를 진행했다. 5차 북핵실험은 북한 핵무기 기술진전을 과시한 것으로, 정치적으로는 소위 '핵무기 병기화'를 통해 김정은정권의 장기집권을 위한 군사안보적 기반을 구축했음을 선포했다는 의미를 주민들에게 각인 시키고 있다.

이 시기 북한은 주민들을 대상으로 한 각종 생활총화·학습·대중집회 등에서 강도 높은 집단노동 지속 이유를 '대북제재 탓'으로 돌린다. 그리고 국가주의 및 집단주의 정서를 고양시키며 '복수−충성'의 이데올로기로 김정은에 대한 충성심을 독려한다. 구체적으로 각종 북한매체와 조직을 통해 속도전 돌격노동을 독려 '제국주의의 경제제재로 인해 내부의 힘을 총동원해야 한다'라며 주민들의 사회적 불만을 무마시키려 한다. 또한 대북제재에 앞장서는 '적들의 압박에 복수'하기 위해 인민들의 헌신, 경제적 자립, 김정은에 대한 충성심' 등을 강조한다.

그러나 북한 당국의 이러한 선전, 교육에도 불구하고 당보다는 장마당에 나가 생존을 위해 몸부림 치고 있어 당에 불신은 갈수록 높아지고 있는 실정이다.

나. 경제 분야

피폐되어가는 북한 경제

북한 경제가 어려운 이유에 대해 2016년 탈북민 설문에 대한 답변이다. 과다한 군사비 지출 때문에 28명, 사회주의 노선 때문에 4명, 간부들의 관료주의 때문에 22명, 지도자를 포함한 정치적 문제 및 제재 때문에 17명, 개혁개방을 하지 않아서 13명, 자연재해로 식량생산이 안되어 3명, 미국의 경제제재 때문에 7명, 통일이 되지 않아서 3명, 기타 3명으로 응답했다. 이를 볼 때 북한주민들은 북한의 경제난이 북한 당국의 과도한 군사비 지출과 관료주의에서 기인한 것으로 인식하고 있음을 알 수 있다. 북한주민들은 간부들의 관료주의가 심화, 허위보고로 인해 식량 수급 실태를 제대로 파악하지 못했다고 밝히고 간부들은 "자기 배만 불린다"고 지적하였다.

북한에서 현재 장사나 자영업 비중이 얼마나 될 것으로 보는가라는 질문에 대해 북한주민들은 10% 미만 2명, 20% 3명, 30% 1명, 40% 2명, 50% 12명, 60% 7명, 70% 15명, 80% 21명, 90% 이상 37명이라고 응답하였다. 90% 이상으로 응답한 수가 37명으로 가장 많았으며 그 뒤로 80%, 70%가 각각 21명, 15명으로 응답하여 북한에서 현재 대부분 장사나 자영업을 하고 있는 것으로 파악할 수 있다. 북한의 공식적 배급이 거의 붕괴된 상황에서 북한주민들에게 장사는 생존을 위한 유일한 방안이라 할 수 있다. 장사를 하지 않으면 죽을 수밖에 없는 절박한 상황이라는 응답이 많았다. 한마디로 국가의 계획과 명령 약화를 시장이 보완하고 있다. 국가가 시장의 질서에 관여하며 사회를 지배하는 동시에 사회는 국가에 잉여의 일부를 제공, 국가지배 속에서 일정부분 자율성을 확보하기도 하여 영향을 주고받고 있는 것이다. 하지만 실제로 장사를 해도 겨우 먹고 사는 정도이지 큰돈은 벌지 못했다는 경우가 많았다. 이는 장사를 해도 뇌물로 다 바치고 나면 자기 손에 쥐는 것은 거의 없기 때문이라고 한다.

북한 내 빈부 격차에 관한 질문에 대해 "빈부 격차가 크다"는 응답이 98명, "빈부 격차가 조금 있다"는 응답이 2명으로 응답자 대부분이 북한의 빈부격차가 큰 것으로 인식하고 있었다. 한편, 북한에서 가장 잘 살고 있는 힘 있는 계층은 누구라고 생각하는가라는 질문에 대해 각각 노동당 간부 43명, 군 간부 16명, 무역과 외화벌이 간부 41명으로 응답했다. 북한에서 특정한 일을 해결하기 위해 뇌물을 준 적이 있는가라는 질문에 대해 "준 적이 있다"는 응답이 90명, "준 적이 없다"가 10명으로 조사되어 응답자의 90%가 뇌물을 준 경험이 있는 것으로 조사되었다. 100명의 응답자 가운데 90%이상이 뇌물을 주었다는 응답은 북한에서 뇌물을 주지 않고는 어떤 일도 할 수 없다는 증언을 뒷받침하는 결과라 할 수 있다. 100명의 응답자들은 모두 북한에서 중국으로 나올 때 합법적인 중국방문허가를 받고 나온 사람들이다. 이들이 나올 때 지불하는 공식비용은 미화 50달러인데, 실제로는 300달러에서 많게는 1,000달러까지 뇌물로 주고 온 경우가 대부분이었다. 병원에 가서 치료를 받는 일도 뇌물을 주지 않고는 엄두도 못 낼 정도라고 한다. 돈이 없으면 담배를 주로 뇌물의 품목으로 사용하는데 과거 '고양이 담배'를 많이 사용했다면 최근에는 '고향', '금강산' 등 필터(북한말로 '빨주리'로 표현)기술이 들어간 고급담배가 주로 뇌물로 사용된다는 것이다.

앞서 살펴본 본 것처럼 장사를 하지 않으면 살 수 없다고 할 만큼 장사를 하는 사람들이 많은데 이 역시 뇌물을 주지 않으면 할 수도 없다. 특히, 기업소에 출근을 해도 배급을 못 받기 때문에 먹고살기 위해 장사를 해야 하는데, 출근을 하지 않으면 처벌이 되기 때문에 이 경우 기업소에 특정한 뇌물을 준다는 것이다. 당·군·내각 권력기관은 자회사 격인 무역회사 등에 특혜를 제공하는 대신 그 잉여를 수취한다. 공장·기업소 또한 상인 계층인 '돈주'에게 특혜를 부여하고 지대를 수취하거나 종업원들의 시장경제

활동을 묵인하는 대가로 수입의 일부를 제공받는다.

국가의 공급능력 부족 및 시장 의존도 점증

1998년 국방위원장 체제를 뒷받침하는 헌법 개정 이후 국가의 공급능력은 전체적으로는 부족한 상황이 지속되는 가운데 공급능력이 전반적으로 개선되지 않아 여전히 심각하게 부족한 상황이 지속되고 있는 것은 국가의 생산능력 확대 노력에도 불구하고 별다른 성과를 내고 있지 못하기 때문인 것으로 판단된다.

식량난이 악화되면서 북한 주민들의 시장의존도가 높아지는 가운데, 김병연은 1996~2003년 동안 북한주민의 총소득 중 비공식 소득이 차지하는 비중을 70~80%로 분석한 바 있다.[9]

서울대학교 통일평화연구원이 실시한 북한이탈주민 설문조사에서 장사 경험을 묻는 질문에 56.8%(2008년) → 66.7%(2009년) → 69.3%(2011년)으로 꾸준히 증가했으며 2011년에는 약70%의 응답자가 장사경험이 있다고 응답하기도 했다. 응답자 대부분이 노동자, 농민, 사무원, 전문직업 출신이라는 점을 고려할 때 장사는 이들의 제2의 직업으로 비공식 수입원이었을 가능성이 컸다고 한다.

북한주민들은 배급제가 제대로 운영되지 못하면서 시장을 통해 식량을 확보하고 있다. 그러나 시장은 사회주의 체제의 근간을 흔들기 때문에 북한 사회에서 단속을 통해 국가의 영향력을 확대하고자 한다. 이런 가운데 김정은 정권이 들어서면서 사회주의 기강확립과 주민들의 결속 등을 위해 북한 사회 전반에 통제가 강화된 것으로 알려져 있다. 이는 북한의 시장에 대한 통제도 의미하는 것이며 이 같은 통제는 북한 주민들의 시장의존도에도 부정적인 영향을 미쳐 불안정성이 높게 나타나는 것으로 분석할 수 있다.

거주지 규모를 살펴보면 대도시의 시장의존도가 높아진 가운데 특히 농어촌 지역의 시장의존도 수치가 높아진 것이 눈길을 끌고 있다. 북한의 시장에서 판매하는 품목이 다양해졌지만 주민들이 시장에서 식량을 확보하는 장소로 활용하기 때문에 농어촌 지역의 시장의존도는 도시에 비해 상대적으로 낮은 편이었다. 그러나 시장에서는 추수기는 물론이고 춘궁기에도 식량을 구할 수 있기 때문에 농어촌 지역에서도 식량이 부족할 때에는 시장에서 식량을 구하는 등 활용하는 사례가 높아지면서 시장의존도가 높아지고 있는 것으로 보인다.

북한은 7·1조치 이후 종합시장을 허용하면서 각종 국가납부금과 사용료 제도 등 새로운 세원의 발굴을 통해 국가제정 수입의 확대를 도모했다. 또한 시장 경제영역에서 발생한 잉여를 국가 예산으로 흡수해 예산의 부족분을 보충하려 했다.[10]

또한 북한 당국은 고난의 행군 시기 재정난이 극도로 악화되자 대부분의 당-군-정 기관에서 자체로 예산을 벌어들이기 위한 상업적 활동이 허용되고 장려되면서 시장을 적극 활용했다.[11]

또한 선군정치가 시작된 이후에는 여러 정권 기관 중에서도 군부에 소속된 외화벌이 사업 단위가 상업적 활동에 가장 강력한 특혜와 보호를 누리게 됐다.

사경제 발달

북한에서 외부사조가 유입됨에 따라 하위문화가 형성되어 경제. 사회. 문화 영역에서 사유화, 자율화 현상이 확산되었다. 여기에서 말하는 사적 자율화란 국가주의적, 집단주의적 행위 대신 개인주의적, 시민 사회적 행위가 확산되는 것이다. 동구 및 소련 사회주의 사회에서 경제적, 사회적, 문화적, 정치적 영역에서 사적 자율화가 확산되어 자율적 영역이 확대된

결과 제2 사회(second society)가 형성된 것이 좋은 선례라 할 수 있다.12)

실제 경제적 측면에서 가장 두드러지게 나타난 것이 시장화이다. 국가의 공급기능이 크게 저하된 상태에서 북한 주민들은 시장을 통해서 생필품을 비롯한 소비물품들을 조달하고 있다. 조선일보 여론조사에 의하면 '북한주민들 가운데 시장이나 장마당에서 장사나 개인사업을 하는 사람들이 얼마나 되느냐'는 질문에 '전체 주민의 90% 이상'이라는 답이 21.0%, '80~90% 미만'이 27.5%로 나타났다.13) 거의 절반에 가까운 탈북자들이 북한 주민들의 상업활동을 인정하고 있을 정도로 북한사회의 개인 상업활동이 얼마나 많이 확산되고 있는지를 짐작케 한다. 이에 더하여 북한 주민들은 상업행위를 단순히 생필품 조달수단을 넘어서 개인적인 부를 축적하는데 활용하고 있다. 이 같은 경제의 사적 자율화는 소유주의 또는 소비주의, 물질주의, 배금주의 확산을 낳았다. 그러나 모든 생산수단이 국유화되어 있고 국가의 배급이 수령의 시혜로 받아들여지고 있는 북한사회에서 사적소유의 확산은 정권의 정당성을 훼손하는 요인으로 작용하게 된다.

북한은 집단주의가 김일성이 직접 조직 했다는 항일무장투쟁시기에 발생했으며 빛나는 전통이 이룩되었다고 주장하고 있어 집단주의는 수령에 대한 끝없는 충성심을 의미한다.14)

개인의 안일과 향락을 최고의 목적으로 여기는 개인주의적 가치의 확산은 정권의 정통성을 해치는 중요한 요인이 되고 있다. 북한사회에서 뇌물수수 행위가 확산되고 있는 것이 대표적인 개인주의의 사회적 현상이다. 북한에서 뇌물수수행위와 같은 부패현상에 대해서 한 고위공무원 출신 탈북자는 "북한의 간부부패가 아마 세계적으로 두 번째라면 서러워할 겁니다."15)라고 증언한 것은 뇌물수수는 북한사회의 대부분의 간부들에게 만연해 있다는 심각성을 말해 주는 것이라 할 수 있다. 이에 대해서 좀 더 적나라하게 다음과 같이 증언한다.

"(부패는) 상호이익이죠. 거래관계입니다. 중앙당 부부장이라고 해도 그 사람 월급이 5천원, 6천원밖에 안됩니다. 지금 상황에서 그러니까 뇌물이 저 사회를 돌아가게 하는 윤활유제 역할을 하고 있어요."16)

북한 주민들이 김정은 시대에 들어서면서 부패가 확산되고 뇌물 공여 수준이 높아졌다고 판단한 가운데 대도시, 노동자구역 등의 경우 시장이 확대되면서 관련한 정치권력들에게 뇌물을 공여하는 사례가 많기 때문으로 보인다. 실제 주민들은 장사를 하면서 정치적 신분계층의 상류층들과 결탁을 하지 않으면 안정적으로 장사를 할 수 없기 때문에 이들에게 적극적으로 뇌물을 제공하고 있다. 그러나 2013년에는 당국의 적극적인 통제로 중소도시를 제외하고 나머지 모든 거주자들이 뇌물공여 빈도가 낮아졌다고 판단하고 있다.

또한 당원들과 군복무자, 비당원과 군 미복무자들이 각각 비슷한 추세를 나타낸 가운데 당원들과 군복무자들은 2010년 수치가 상승했으나 2011년 하락했고 2012년 다시 상승하여 2013년에는 당원들은 여전히 상승세를 기록하고 군인들은 하락했다. 반면에 비당원과 군 미복무자들은 2010년 수치가 하락했으나 2011년 상승했고 2012년 비당원들은 전년과 같았지만 군 미복무자들은 다시 하락했으나 2013년에는 둘 다 상승한 것으로 나타났다.

전반적으로 높은 수치를 보면 당원, 군복무여부에 관계없이 사회 전반에 부정부패가 확산하고 있다는 것을 알 수 있다.

북한이탈주민들에 따르면 북한관료들의 부패 실태는 매우 다양해 뇌물은 기본이고 착취와 도둑질, 돈세탁, 차액 착복, 외부 지원품 유용, 군기물 판매 등 거의 모든 부패 종류가 존재한다고 알려져 있다. 특히 부패가 일상화되고 준 제도화되어 관료들의 죄의식이 거의 없고 관료들의 부패 정도는 당 조직부, 간부부, 국가보위성, 인민보안성, 인민무력부 등 소위 힘이 있는 부서 중심으로 광범위하게 이루어지고 있다. 또한 중앙당 고위 관료들의 부패 규모가 크고, 중견간부들은 직책을 보유하고 있을 때 한몫 챙겨야 한다는 생각에 가득 차 있다고 한다.17)

북한의 보안성이 관리하는 교도소나 교화소의 경우 80%~90%가 절도 등
의 경제사범이라고 한다. 북한에서 식량과 생필품의 공급이 부족해지면서
나타난 대표적인 사회일탈현상이 직장자산 절취행위이다.

공장이나 농장에서 일하는 노동자들이 퇴근 시에 직장의 자산이나 생산
품을 한두 개씩 훔쳐들고 퇴근한다는 것이다. 이외에도 일반절도 행위도
만연하고 있다.

외화 벌이 사업 부진

국제사회의 대북제재도 북한 엘리트들의 탈북과 북한체제의 불안정성에
영향을 미쳤다. 현재 대북제재로 인해 많은 기관과 개인이 외화벌이를 할
수 있는 여건이 악화되고 있다. 그 결과 김정은을 비롯한 북한지도부의 비
자금 축적이 곤란해지면서 김정은 정권의 권력운영에 막대한 차질을 빚고
있다. 김정은은 해외로부터 각종 사치품과 생필품을 구입하여 고위 엘리트
층에게 일부 나눠주면서 충성을 유도했다. 간부엘리트들 역시 그동안 지하
자원 판매와 무역거래로 상당한 부를 축적했었으나, 대북제재 조치로 이런
부를 축적할 수 있는 기회가 상실되고 있다. 사치품을 비롯한 물자 수입의
중단 및 축소로 인해 나름대로 풍족한 경제생활을 누렸던 간부들이 생활에
서의 불편을 느끼게 됨에 따라 김정은에 대한 불만과 함께 체제에 대한 불
안감도 동시에 발생하고 있는 것이다.

김정은 지도부로서는 기존의 외화벌이 실적을 그대로 유지해야만 정권
을 유지할 수 있으므로 '충성의 자금' 상납금을 인상시키고 있으나, 상황은
녹록치 않다. 오히려 대북제재 대상의 확대로 해외거래 은행, 기업 및 관련
종사자들의 활동이 과거보다 더 제약되고 있는 형국이다. 외화벌이 실적미
달로 자리보존이 위태로울 수 있는 간부들은 숙청의 두려움으로 전전긍긍
하고 있으며, 상납금을 제대로 채우지 못하는 해외거주 엘리트들 중 일부

는 탈북을 결심하게 된다. 북한으로 돌아가서 숙청되기보다는 가족과 함께 대한민국에서 새로운 출발을 하는 것이 낫다고 판단하기 때문이다.

이런 북한 엘리트들의 탈북은 평범한 생계형 탈북이 아니라는 점에서 큰 의미가 있다. 2016년 4월 해외식당 종업원의 집단탈북 사례에서 보듯이 이 들은 자유민주주의를 동경하고, 보다 더 나은 삶을 위해 한국으로 왔다. 북한은 해외 파견자들의 출신성분을 중시하여 가족은 물론 5촌 친척 중에 전과자나 정치범 등 북한정권으로부터 불순분자로 낙인찍힌 사람이 있으면 탈락시킨다. 북한의 해외 거주 엘리트들은 이러한 검증과정을 거쳐 엄격하게 선발된 인물들인데, 이들이 탈북한다는 것은 북한의 핵심계층이 동요하고 있다는 증거이다.

북한의 엘리트층은 바깥세상을 잘 알고 있다. 그전에는 알고 있어도 쉽게 탈북을 결심하지 못하고 참았으나, 이제는 더 이상 참을 수 없는 상황에 도달했다. 탈북을 결심해도 괜찮을 만큼 북한체제에 대한 미련이 사라진 것이라고 볼 수 있다. 북한의 엘리트들은 자녀들의 미래를 김정은 체제에 맡겨놓기보다는 희망이 보이는 세상에서 살게 하고 싶어서 탈북이 하나의 대안으로 떠오르게 된 것이다.

장마당과 주민 심리 동요

북한에는 경제난 이후 기존의 사회주의적인 삶의 양식과 구분되는 새로운 삶의 양식(modus vivendi)이 등장하였다. 북한내의 400여 개 시장은 북한주민의 삶 그 자체다. 우리가 만약 조선시대 말기의 사회상을 연구할 때에 통치사상인 유교, 백성들에게 새로운 세계를 마음에 심어주었던 동학을 제외하고 순수하게 화폐와 시장만을 분석한다면 그것은 올바른 분석이 아닐 것이다.

시장은 상품을 교환시키는 공간인 동시에 인간의 자유를 확장시키는 공간이다. 화폐를 지닌 사람들은 자신을 둘러싼 전통적 인습에서 어느 정도 해방되어 화폐의 가치만큼의 자유를 얻는다. 경제적으로 독립하지 못해 용돈을 받는 젊은이들은 성인임에도 불구하고 가족들 사이에서 심리적으로 위축된다. 하지만 번듯한 직장을 지닌 젊은이들은 독립적인 삶을 향유하면서 일가친척 앞에서도 당당하다. 이처럼 북한에서도 시장에서 필요한 물품을 조달할 수 있을 경우에는 배급을 타기위해서 인민반 반장이나 직장 상관들에게 종속될 필요가 없는 것이다. 특히 공장의 노동자들도 근무지를 이탈하여 시장에서 일을 하는 경우가 많기 때문에 이들을 철저하게 통제하는 것은 어렵다. 또한 국가의 통제에서 벗어난 사람들이 장마당이라는 공간에서 자연스럽게 형성하는 '대화의 장'은 변혁의 불길을 일으킬 수 있는 보부상의 역할을 하면서 횃불이 될 수 있다.

사실 주민들의 단순한 지지도보다 흥미로운 것은 북한사회에 어떠한 윤리적 규범이 등장했느냐 하는 점이다. 시장의 확산과 배급제의 붕괴는 일반 국민들뿐만 아니라 기존의 국가 관료에게도 새로운 도덕적 규범을 심어준다. 아마 우리는 북한사회의 억압적인 면만을 강조하기 위해서 사회를 통제하는 보위부의 '당원'들을 무자비하게 그렸다. 정권의 안녕을 담당하는 냉혹한 관료들(중간간부 이하) 조차도 새로운 도덕적 규범에서 완전히 독립된 존재가 아니다. 그들 역시도 사회와 마찰을 겪으면서 변화를 경험한다. 이것은 인간의 도덕성을 낭만화 시키는 것이 아니다. 먹고 살기 위해 분투하는 사람들의 모습 그 자체가 정당성이 있기 때문에 이것을 통제하는 보안원들 조차도 이들과 마주할 때 마음이 흔들린다.

시장 단속원들은 뇌물을 받아서만 움직이는 '합리적인 존재'임과 동시에 장마당 상인과 관계를 맺는 사회적 존재이다. 한 탈북민에 따르면, 보안원이 항상 뇌물의 양에 따라 움직이는 것만은 아니라고 한다. 보안원도 장마당의 상인과 인격적인 관계를 맺을 경우에는 좀 더 많은 편의를 봐준다고 한다. 우리는 이것의 좀 더 발전된 형태들을 역사에서도 발견할 수 있다.

베를린 장벽이 무너질 때, 동독 군인들은 상부의 발포명령을 거부하였는데 이는 그들 자신의 양심의 소리를 들었기 때문이다.

개혁개방 인식 확산 추세

1990년대 '고난의 행군' 시기에 공식적인 배급체제가 붕괴되면서 북한주민들의 수령 · 당 · 국가에 대한 의존도는 많이 약화된 것으로 보인다. 김일성 · 김정일 · 김정은 3대 세습체제를 거치는 동안 북한 당국은 첫째, 유일사상(주체사상) 강조를 통해서 유일지배체제를 정당화하였고, 둘째, 미국의 적대행위로부터 보호한다는 미명하에 자주성(민족주의)과 선군 강조로 군대와 인민대중을 결집하고자 하였으며, 셋째, 개인숭배 강화로 김일성 · 김정일 · 김정은 세습정권의 정통성을 구축하고 노력하였다. 이에 더하여 북한은 3대 세습정권의 정통성을 북한주민들에게 내면화시키기 위하여 철저한 정보환경의 통제를 실시해 왔다.

1990년대 중후반 이후 주민들에 대한 외부정보에의 노출이 확대되면서 3대 세습정권의 정통성에 영향을 미치게 되었다. 2011년 12월 17일 김정일이 사망한 이후에도 북한 주민들의 개혁, 개방에 대한 기대와 의지가 약화되지 않고 오히려 커지고 있다. 살펴보면 김정일 시대에는 개혁개방인식이 위축되기도 했으나 김정은 체제에 들어서면서 주민들의 개혁개방에 대한 기대감이 높게 나타나고 있다.

북한은 2013년 5월 29일 최고인민회의 상임위화회 정령으로 '경제개발구법'을 제정했다. 또한 2011년 발표된 '경제개발 10개년 전략계획'의 실무를 담당하기 위해 신설한 '국제경제개발총국'을 '국가경제개발위원회'로 격상시켰다.[18] 이는 경제 살리기를 위해 개력개방을 하겠다는 김정은의 의지를 잘 보여주고 있다.

북한에서의 개방은 체제유지와 대립하는 성격을 지니고 있어 지나치게

개방을 강조할 경우 북한사회를 유지해온 결속력이 와해될 가능성이 높아
진다. 외국기업을 유치하게 되면 국제기준에 적합한 운영방식도 도입해야
하고 경제의 주체도 점차 국가에서 민간 중심으로 이동하게 된다. 또한 대
부분의 산업에서 노동, 자본, 기술과 같은 생산요소의 한계생산성이 마이
너스를 기록할 것으로 추정되는 등 북한경제가 전면적 개방정책을 실시하
더라도 경제성장의 동력을 제공하기에는 이미 늦은 감이 있다고 평가받는
것[19]은 개혁개방의 제한요소로 꼽히고 있다.

다. 사회 분야

사회주의 이탈 사조 증가

김정은 정권 5년차를 맞으면서 북한체제의 향방에 관심이 집중되고 있
다. 그러나 현재 김정은 체제가 권력공고화를 통한 체제안정기에 접어들었
는지, 아니면 권력 내부의 불안요인이 팽배한지는 여전히 논란이 되고 있
다. 북한 당국의 위로부터 획일화된 명령체계가 아래로까지 이어지고, 외
부정보의 엄격한 통제를 통해 폐쇄성을 유지한다면 북한체제의 안정성은
높을 것이다. 그러나 최근 북·중 접경지역에서 밀수를 통한 상품과 자본
그리고 이른바 한류로 대변되는 외부정보의 유입 등으로 인해 최소한 장마
당에서의 북한 주민들의 행위양식은 많은 변화를 보이고 있다. 기존의 북
한체제 공고화 시기처럼 북한 당국의 엄격한 사상통제와 교육을 통해 충성
도 높은 사회주의형 인간이 만들어지는 것이 아니라, 시장을 통한 통제의
균열로 인해 국가영역을 벗어난 사적 영역과 구조가 점차 확산되고 있는
것이다. 이는 최근 북한 당국이 "수준 높은 인민의 요구에 맞는…"으로 대
변되는 제도와 정책개선을 간부들에게 요구하며 북한 주민들을 의식하고
있는 듯한 모습에서도 찾을 수 있다.

북한체제의 안정성을 평가하는 주요 요인 중 하나는 북한주민들의 사상통제에 대한 부분이다. 유아기부터 성인기에 이르기까지 조직적이고 체계적인 사상투쟁과 학습은 북한 주민들에게 북한체제에 대한 충성도를 제고하여 북한사회를 유지하게 하는 요인이 된다. 그런 의미에서 북한주민들의 정치의식 및 사회통제 여부를 통해 북한체제 안정성을 일면 평가할 수 있다. 2017년 하나원 탈북자 100명에 대해 "귀하는 북한주민들이 얼마나 큰 자부심을 갖고 있다고 생각하십니까"라는 질문에 대해 응답자들은 "주체사상에 대해 매우 큰 자부심을 갖고 있다"가 전체 응답자 100명 가운데 65명(65%)이 주체사상에 대해 자부심을 갖고 있는 것으로 조사되었다. 이는 그동안 북한의 경제난으로 인한 북한주민들의 생활고를 감안하면 높은 수치라 할 수 있다. 주체사상으로 다져진 사회주의혁명이 여전히 미완성이지만 그 사상에 대한 자부심은 매우 높게 나타나고 있었다. 이는 고난의 행군의 원인으로 비난받을 수 있었던 주체사상을 고난의 행군을 이겨낸 선군정치의 토대라며 정당화함으로써 주체사상의 생명력을 훼손하지 않게 한 셈이다.

하지만 주체사상에 대해 자부심을 갖고 있지 않다는 응답자의 심층면접 내용을 살펴보면 북한 경제난이 지속될 경우 주체사상이 "먹는 문제"를 해결하는데 실질적인 도움이 되지 않는다는 부정적인 의견이 확산될 수 있음을 시사한다. 김정은 역시 공식 활동에서 인민생활 향상과 먹는 문제 해결을 가장 우선적으로 제시하고 있다는 점도 현재 북한주민들의 사상과 경제문제의 괴리 가능성을 잘 보여주는 것이라 할 수 있다. 앞서 주체사상에 대한 자부심에 대해 65%이상이 긍정적으로 평가하지만, 심층면접 증언을 보면 경제난으로 인해 하루하루 먹는 문제를 걱정해야 하는 북한주민들의 불만은 매우 높음을 알 수 있다. 실제로 자본주의와 사회주의의 선호도를 묻는 질문에서는 절대적으로 자본주의에 대한 지지율이 높은 결과가 나왔다.

자본주의와 사회주의의 지지에 대한 100명 질문에서 "사회주의 경제를 훨씬 더 지지한다"는 11명, "사회주의 경제를 약간 더 지지한다" 9명, "두 가지 모두를 비슷하게 지지한다" 11명, "자본주의 경제를 약간 더 지지한 다" 9명, "자본주의 경제를 훨씬 더 지지한다"가 60명으로 조사되었다. 사 회주의를 더 지지한다는 응답은 국가의 무상교육과 무상치료에 대한 부분 을 긍정적으로 인식했다. 현재 북한 경제난으로 인해 무상치료가 이루어지 지 않는 현실을 지적했음에도 제도상의 문제는 없다고 응답했다. 아울러 '사회주의는 잘살든 못살든 평등하게 다 같이 하는 것이 좋기 때문에'사회 주의를 지지한다는 응답이었다. 이에 반해 사회주의보다 자본주의를 더 지 지한다는 의견은 대부분 개인소유에 대한 부분에서 긍정적으로 평가했다. 즉, 북한에서는 아무리 일해도 자기 소유가 없는데 자본주의는 자기가 한 만큼 돈을 벌 수 있고 자유롭기 때문이라는 것이다. 특히, 북한에 있을 때 는 잘 몰랐는데 중국에 나와서 직접 경험하고 방송을 보니 자본주의가 훨 씬 더 좋다고 인식했다는 것이다.

　현재 북한 내부 상황과 관련하여 공안기관에 의한 사회통제가 어떻게 이 루어지고 있는지에 대해 2017년 하나원 탈북자 100명에 질문했다. 이에 대 해 "매우 잘 유지되고 있다" 17명, "대체로 잘 유지되고 있다" 50명, "별로 잘 유지 되지 못하고 있다"는 응답이 33명으로 나타났다. 김정은이 후계자 로 내정된 이후 북한 사회에 나타난 중요한 특징은 예방적인 사상교육과 조직적인 통제보다 사후 처벌이 늘어난 점이다. 이는 당보다 인민보안성과 국가안전보위성, 검찰과 같은 공안기관들의 역할이 확대되었음을 의미한 다. 과거 유일사상체계확립 10대 원칙이 당 규약과 헌법 위에 군림하는 준 칙이었다면 이제는 비사회주의현상과의 투쟁과 관련된 '비사조항이 주민생 활을 규율하는 준칙으로 자리 잡은 것이다.

　그러나 또 한편으로 공안기관에 의한 사회통제가 뇌물을 주고받는 부정 부패로 인해 기강이 흔들리고 있음도 알 수 있다. '먹고 사는 문제로 인해 눈 감아주는 경우가 더 많다'고 말한다. 또한 겉으로는 통제가 잘 유지되고 있는 것 같지만 실제로는 뇌물을 받는 등 뒤에서의 행동은 다르다고 한다. 결국 간부들의 부정부패의 확산은 북한주민들의 체제불만으로 이어지게 된다. 한 북한주민은 중국에 친척 방문을 가는 것도 돈이 없으면 못 가는데 간부들은 뇌물을 받는다며 통제기관에 대한 강한 불만을 제기했다.

범죄증가

김정은 체제 등장 이후 평양을 다녀온 인사들에 의하면 "평양사람들 속에서는 '잠꼬대를 해도 허튼소리 해선 안된다'고 경계를 했다"면서 "아무렇지도 않은 말을 했다가 보안당국에 불려가 조사받는 일이 비일비재하다"며 북한주민들이 얼마나 긴장하게 살아가는지 잘 알 수 있었다고 말했다. 이런 평양의 분위기는 "기가 막힌다는 말보다 숨이 막힌다는 말이 더 적당할 것 같다"면서 주민들을 옥죄는 공안기관의 통제가 끝을 가늠조차 할 수 없다고 전했다.[20]

김정은 체제 등장 이후 북한 공안기관들이 내부통제를 강화하고 있는 가운데 인민보안성에서는 각 인민반에 "반당 반혁명 분자들과 내부 불순세력들이 퍼뜨리는 유언비어를 철저히 분쇄하자"는 내용의 강연을 진행했으며 "우리 혁명 대오가 더욱 강화되는데 겁을 먹은 미제와 남조선 괴뢰도당이 우리 내부를 분열시키기 위해 불순한 유언비어를 퍼뜨리고 있다. 적들이 우리 내부에 잠입한 불순분자들을 부추겨 혁명의 수뇌부를 헐뜯는 온갖 거짓 선전과 유언비어를 퍼뜨리고 있다. 주민들이 혁명적 경각성을 높여 이러한 유언비어를 퍼뜨리는 자들을 모조리 색출해야 한다"고 포상금까지 제시하면서 독려하고 있다고 한다. 또한 김정은 체제 등장 이후 외부 정보 유입, 주민들의 동요 방지와 체제의 결속을 위해 주민들의 북한 이탈을 막기 위해 국경의 봉쇄를 강화하는 것으로 알려졌다.

함경북도 국경경비대 한 관계자는 "당대표자회에서 후계자로 공식 등장한 김정은이 시작한 첫 사업이 국경봉쇄다"며 "당대표자회가 끝난 직후 그는 국가안전보위성을 방문하고 탈북자를 완전 없애기 위해 국경을 봉쇄하는데 돈을 아끼지 말라"는 지시를 내렸다고 전했다.[21]

이 같은 강력한 통제정책을 고난의 행군 시기 이후 약화된 국가통제력으로 인해 급격히 증가했던 범죄발생율을 낮추고 있는 것이다. 2011년에 들어서면서 대부분의 지역에서 범죄가 늘었고 2012년부터 강력한 국가의 통제로 일시적으로 주춤한 상황이다.

군복무 여부를 살펴보면 군복무자들은 2011년까지 상승했으나 2012년 이후 수치가 하락했다가 2013년 다시 상승한 것이며, 군미복무자들은 2010년 하락했으나 2011년 일시 상승했다가 이후 하락하였다.

미 피터슨국제경제연구소가 발표한 북한 내 시장경제 가속화 따른 경제활동패턴 변화 추이를 살펴보면 시장경제활동 참여 경험은 남녀 모두 매우 높다. 시장경제 행위 참여가 북한 정부에 발각될 경우 남성에 대한 처벌에 더 엄격하게 적용됨을 지적하고 있다.[22]

조직형 범죄는 생계형 범죄와는 달리 김정은 집권 이후인 2012년까지 상승하다가 2013년 북한 당국의 강력한 통제로 인해 하락한 것으로 보인다. 조직형 범죄는 국가기관과의 결탁으로 인해 쉽게 감소하기 어려운 성향이 있다. 이런 가운데서 연령이 높을수록 국가의 통제에 순응을 하는 경향을 나타내는 것을 알 수 있다.

생계형 범죄 발생은 대도시나 중소도시, 노동자구역의 경우 범죄 발생률이 높아 김정은 체제 집권 후 정부의 통제가 강화되자 전반적으로 하락했지만 농어촌지역의 경우 범죄률이 낮아 시간이 흐를수록 부패가 확산되면서 통제가 강화되더라도 상대적으로 수치가 높아지는 것으로 보인다.

고난의 행군기 이후 북한의 시장이 주민들의 식량획득의 창구로 작용하면서 극심한 식량난과 아사상태를 겪는 일이 줄어들어 생계를 위한 범죄수준도 줄어든 것으로 보인다.

사회부문 하위문화 또는 제2의 문화발달이 주목된다.[23] 제2의 문화는 본질적으로 비정치적인 것이지만 결과적으로 정치적인 영향, 즉 정권의 정통성을 해치는 요인이 될 수 있다.[24] 예를 들면 북한에서 록음악과 디스코가 유행한다든가 남한노래 애창 현상, 남한 또는 자본주의형 패션의 자율화 현상 등의 확산이 이루어지고 있다는 것이다. 북한 당국이 "자본주의 사상문화와 생활양식을 쓸어버리기 위한 투쟁을 힘있게 벌리자"고 독려하고 있는 이유도 여기에 있다. 실제로 그들은 "청년들 속에서 혁명적인 노래의 가사를 교묘하게 왜곡하거나 다른 나라의 퇴폐적인 노래, 출처 없는 노래들을 부르면서 타락한 생활을 하는데서 나타나고 있다"[25]고 밝힌다. 또한 "청년들 속에서 이색적인 록화물, 출판선전물들을 몰래 보거나 류포시키는"[26] 현상이 있다고 질타한다. 자본주의적 패션 현상에 대해서도 "옷차림과 머리단장을 괴상망측하게 하고 다니는"[27] 현상을 경계하기도 한다. 북한 당국은 이 같은 하위문화가 정권의 정통성을 해치게 되는 것을 우려하고 있다.[28]

라. 군사 분야

북한군의 불안정

북한군은 당의 군대다. 당의 수뇌는 수령이기 때문에 북한군은 곧 수령의 군대라고 할 수 있다. 군대는 물리적 강제력의 최고 수단이기 때문에 특히 북한에서는 군에 대한 정치적 통제가 강화돼 왔다. 이에 따라 북한군이 정변을 일으키거나 반란을 꿈꾼다는 건 일말의 가능성도 없는 것으로 평가돼 왔다.[29]

김정은 시대에도 군에 대한 당의 조직적 통제가 이뤄지면서 정권의 물리적 기반으로 역할 하는 듯 보인다. 그러나 김정은 집권 후 북한군의 군기는 상당 부분 문란해졌으며 유사시 군부가 수령을 결사 옹위할 의지와 능력이 있는 지 여부는 불투명해졌다.

독재자가 아래로부터의 저항을 극복하기 위해서는 군부의 절대적인 충성이 반드시 필요하다. 대중들이 갑자기 거리로 뛰어나와 시위를 벌이는 경우 독재자에게 충성하는 지지자 없으면 속수무책이 될 것이다. 대중들의 시위가 확산되는 경우 독재자가 이를 저지시킬 수 있는 방법은 물리적 폭력밖에 없다. 독재자의 입장에서 볼 때 만약의 경우 유혈진압도 마다하지 않을 정도의 충성심을 지닌 군대를 확보하고 있어야 대중들의 봉기나 시위에도 대응할 수 있을 것이다. 민중 봉기가 발생했는데 군대가 배반한다면 그것은 독재자의 종말을 뜻한다. 예컨대, 리비아의 독재자 카다피의 최후가 보여주듯 충성군대의 향배는 독재자의 종말을 결정할 수 있다. 1917년 러시아에서 혁명이 일어났을 때 짜르가 권력을 상실했던 이유는 군대가 진압에 적극적이지 않았기 때문이다. 멀리 갈 필요도 없이 2011년 2월 '아랍의 봄'이 발생했던 이집트에서 무바라크 대통령이 실각했던 이유도 군부의 충성을 얻는데 실패했기 때문이다.[30]

지난 1월에 공개된 '4월 중 집행위원들에 대한 당 생활평가'라는 제목의 2013년 인민군 3군단 내부 문건에는 부대 청사 안에서 컴퓨터 도난과 삐라(전단) 살포 등 비정상적인 문제들이 제기됐다는 대목이 수록돼 있다. '삐라'의 내용은 김정은이나 김정은의 군 관련 정책을 비난하는 내용이 담겼을 것으로 추정된다. 이와 관련하여 김정은은 2013년 5월 1일 당시 총정치국장이었던 최룡해에게 한 '말씀문건' 자료를 통해 "우리 내부에 숨어서 때를 기다리는 불순 적대 분자들을 모조리 색출하여 무자비하게 징벌하여야 한다"면서 군 기강 확립을 강조하기도 했다. 이렇게 볼 때 민간이 아닌 군에서 체제에 저항하는 전단살포가 이뤄진 것은 우발적인 폭동 등 사소한 촉발요인이 급속한 정권 붕괴로까지 이어질 수 있는 가능성 그만큼 크다는 방증이라 할 수 있다.[31]

▲ 지난 2016년 11월, 연평도 인근 서해 최전방 지역을 시찰하는 김정은.

　최근에는 북한군 병사들의 영양결핍 문제가 심각하게 대두하고 있다. 일
례로 최근 북한 양강도 삼수군의 42여단에서는 군관들이 영양실조에 걸린
군인들을 개인 텃밭 농사에 강제 동원시킨 것으로 전해졌다.[32] 군관들이
권력을 악용해 사병들을 머슴처럼 부리고 있다는 것이다. 이에 따라 북한
군은 하극상과 폭력이 난무하는 오합지졸 군대로 전락하고 말았다는 증언
도 나온다.[33]
　허먼(Charles F. Hermann)에 따르면, 조직 내 갈등이 점증함에 따라 조
직 구성원들은 조직의 임무와 활동을 중단하는 경향이 커지게 된다.[34] 앞
서 지적한 고위급 군 엘리트들의 권력암투, 장성－좌관급 중간 간부의 갈
등에 덧붙여 군관－사병 간의 갈등은 북한군의 군기를 문란케 만들고 있으
며 북한군의 기강해이 문제는 향후 체제위기가 발생할 시 북한군이 과연
김정은에게 충성을 다하는 행동을 보여줄 지를 가늠할 수 있는 중요한 요

소라고 할 수 있다. 군이 주민들의 폭동이나 시위를 진압하는 데 적극적이지 않다면, 그들도 시위대에 합류할 가능성이 높고, 북한의 급변을 정권 붕괴로 연결시킬 수 있는 주요 변수가 될 것이다.

각 군대 내부에서 운영하고 있는 기업과 공장이 대북제재로 인해 무역거래가 원활하지 않아 자체군수품 조달에 어려움을 겪고 있다. 그동안 군 장교들은 월급 외에 대외경제협력이나 외화벌이를 통해서 생활비와 군사물자를 조달해왔는데, 이것조차 제대로 되지 않아 장교뿐만 아니라 일반 병사들 사이에서도 불만이 싹트고 있다. 특히 북한군의 주요 4대 전략물자(석유, 고무, 솜, 식용유) 확보가 곤란해지면서 군인들의 사기가 저하되고 있다. 북한 군인들의 피복 및 군량미, 기타 보급품 마련에 차질이 생기면서, 군인들의 정권에 대한 충성도가 낮아지고 있으며, 처우가 나빠진 군인들의 민간에 대한 약탈행위가 증가되는 등 군기문란현상이 수시로 발생하고 있다.

북한의 고위 엘리트들 사이에는 축소된 무역거래와 한정된 물자로 이권경쟁이 격화되어 권력투쟁으로 이어질 소지가 많다. 각 기관의 수입원 축소는 북한 권력구도에서 외화를 확보하기 위한 치열한 경쟁을 초래한다. 즉, 대북제재로 인해 축소된 외화벌이 기반과 과중한 외화벌이 상납금으로 인해서 당과 정, 군의 엘리트들이 이권 사업을 놓고 갈등을 벌이고 있는 것이다. 외화벌이 이권을 누가 차지할 것인가를 놓고 과거에는 개인 간의 권력 갈등이었다면 지금은 대북제재로 인해 단체 간, 다른 권력기관과의 갈등으로 번지고 있어 향후 북한 권력구도의 불안정성이 높아지고 있다. 일반적으로 한 정권의 위기와 몰락은 지도자의 불안심리가 극단으로 가고, 이에 대한 권력엘리트의 심리적 동요로 시작한다. 견고할 것 같은 독재체제도 이런 권력 엘리트들의 동요와 방관이 경제위기와 결부되어 상승작용을 일으키면서 위기가 고조된다. 물론 경제적 위기로 체제가 무너지는 경우는 없다. 지도자를 중심으로 권력엘리트들이 일치단결해 있는 국가는 쉽

사리 붕괴되지 않는다. 그러나 권력엘리트들이 그 지도자에 대해 불안해하고 자신의 신변이 불안정하다고 생각하면, 그 때부터 체제 불안정성은 높아진다. 특히 북한처럼 엘리트들을 무자비하게 처형하는 공포 통치는 상호 불신을 초래한다. 대내외적으로 중대한 돌발 상황이 발생하면, 권력엘리트들이 동요하고, 강경파, 온건파로 분열되면서 어떤 행동이 자신들의 기득권 유지에 더 도움이 될 것인가를 생각하게 된다. 김정은 정권은 5차 핵실험을 하고 현대식 군사무기들을 과시하면서 체제결속을 강조하나, 내부적으로는 분열의 길을 가고 있다. 어떤 체제든 공포정치로는 오래가기 힘들다. 김정은의 핵심간부들에 대한 불신감이 높아지면서 숙청의 공포가 지속되는 한, 북한 엘리트층 사이에서 김정은의 지도력에 대한 회의적 시각이 확산될 것이다.

군부의 부패

김정은 정권 하에서 북한군의 기강해이 문제는 심각해졌다. 북한에서는 군 내부에서 이 같은 조직 내 갈등이 진행 중이고, 그 결과는 조직의 와해로 이어질 수 있어 추이가 주목된다. 군부의 부패 현상이 만연하고 있기 때문이다.

이 같은 현상은 만성적인 식량난과 군수품 부족, 그리고 10년 이상의 군 복무 기간의 부작용으로 인해 사상해이 및 군사규정 위반 등 일탈형 기강해이가 꾸준히 심화돼 온 점과 깊은 관련이 있다. 보다 중요한 점은 북한군이 점차 '김정은의 군대', '사회주의 군대'로서의 성격을 상실해가고 있다는 점이다. 북한군의 고위 간부에서부터 병사에 이르기까지 '부(富)'를 동경하고 '부의 축적'을 지향하는 경향을 보여주고 있다. 뿐만 아니라 진급에서 누락된 중간 지휘간부들의 충성 약화 현상이 두드러져 대좌급 지휘관들을 비롯한 좌관급 간부들이 김정은에게 충성스럽지 않다는 점이 여러 경로를 통

해 관측된 바 있다.[35]

북한에서는 "군단에서는 군말 없이 떼먹고 사단에서는 사정없이 떼먹고 연대에서는 연속으로 떼먹고 대대에서는 대대적으로 떼먹고 중대에서는 중간 중간 떼먹고 소대에서는 소소하게 떼 먹는다"[36]는 말이 있을 정도로 군에서의 부패도 심각한 수준이다. 또한 "군사지휘관은 군말 없이 부정축재하고 정치지휘관은 정정당당하게 하며 보위지도원은 보란 듯이 한다"[37]는 말도 있다. 실제 고난의 행군 시기 이후 식량부족 현상이 심화되면서 군대에도 배급이 안정적으로 이루어지지 못하고 군인들이 경제활동에 동원되면서 군인들이 협동농장의 수확물을 절취하거나 주민들을 감시 · 통제하고 있다. 이는 군인들이 부패를 쉽게 저지르게 할 수 있는 요인으로 군부의 부패는 사회보다 더 심각하다고 알려져 있다.[38]

국가안보전략연구원 고재홍 책임연구위원은 2013년 11월 31일 발표한 '북한군 기강 해이 실태 보고서'에서 다음과 같이 밝혔다.[39] "최근에는 절대 비밀 문건인 최고사령관 명령 문건을 비롯해서 '전시사업세칙' '법무일꾼참고자료' '전자전(電子戰) 참고자료' 등의 자료들이 수천만 원에서 수억 원대에 거래되고 있다"고 밝혔다. 북 · 중 국경 지대에 근무하는 경비대 병사들은 불법 월경(越境)자의 망을 봐주는 대가로 중국 돈 1,000위안 또는 미화 40달러를 받고, 힘에 부쳐 도강하기 힘든 노인 등은 60달러를 주면 업어서 도강을 도와주기도 한다고, 고 연구위원은 전했다. 군 간부들은 또 부하 군인의 부대 배치나 휴가 등에서 편의를 봐주는 대가로 돈을 받는다고 한다. 고 위원은 "(돈을 벌 수 있는) 국경 지역 부대로 옮기거나 배치 받는 데 북한 돈 20만 원, 평양 호위사령부 근무는 북한 돈 30만 원이 요구된다"며 "북한군 대위 월급이 3,000원 정도임을 고려한다면 7~10년치 월급에 해당하는 금액"이라고 했다.

휴가는 일반 휴가(15일)는 옥수수 100kg이 '정가'이고 부유한 집안 사병들은 1,000~2,000달러를 내고 최장 1년간 장기 휴가를 가는 경우도 있다고 한다.

지난 2013년 10월 11일부터 북한이 지상군과 공군, 해군을 동원해 대규모 군사훈련을 시작한 것으로 알려진 가운데 함경남도 지방의 주민 황 모 씨는 "지금까지 움직이지 못하던 군대 차들이 오랜만에 기름을 채워 넣고 기동을 시작했다"면서 "식량도 군인 1인당 일주일 분량이 지급됐다"고 자유아시아방송에 전했다. 동 훈련은 김정은이 최고사령관으로 된 이래 가장 크게 진행하는 훈련으로, 북한군 총참모부는 2호 전시보급창고를 개방하고, 쌀과 기름을 공급했다는 게 소식통의 주장이다. 하지만, 일부 군관들 속에서 전시 물자를 빼돌리는 행위가 급증해 물의를 빚고 있다고 했다. "오랜 간만에 휘발유가 공급되자 후방군관들이 저마다 기름을 빼돌리고 있다"면서 "함흥시 휘발유 장사꾼들은 기름이 갑자기 터져 나오자 도람 통을 확보하느라 여기 저기 연락하는 소동도 일어났다"고 말했다. "일부 군관들은 기름을 급하게 처리하느라 절반 가격에 팔아넘겨, 1kg당 1만 5천 원 하던 휘발유 가격이 좀 내렸다" 웃지 못 할 일이 발생했다고 했다.

쌀도 군인들의 비리 목록 1위를 다투고 있다.[40] 최근 황해북도 지방의 한 주민도 "4군단 병사들은 훈련기간 백미 1kg씩 지급받기로 되었는데, 상관들이 다 떼먹고 병사들은 강냉이 밥도 없어 허우적대고 있는 형편"이라고 말했다. 일부 후방군관들은 병사들에게 줄 백미 대신 옥수수와 밀로 바꿔치고, 쌀은 장마당에 빼돌리는 식으로 폭리를 취하고 있다고 하였다. 전시물자 농간행위가 도를 넘자 북한 군부당국이 사전차단에 나선 것으로 알려졌다. 훈련기간에 쌀과 기름을 농간질한 군관들과 무단 탈영자들을 전시법으로 처벌하라는 지침을 내렸다"는데 이는 하전사들이 많이 탈영한 이유가 군관들의 비리 때문이라고 지적했다. "군관들의 비리에 불만을 품은 병사들이 탈영해 민가를 습격하고 있다"면서 "요즘 입대하는 하전사들은 예전 아이들 같지 않아 군관들도 다루기 어렵다"고 털어놓았다.

이 같은 당과 군의 부패 현상으로 일반 주민들보다 군복무자들의 부패에 대한 인식이 높은 상황으로 북한군의 불안정 요인으로 작용하고 있다.

3. 대외적 분야

북 · 중 혈맹의 약화

중국도 북한의 3대 세습에 대해선 좋게 보지 않는 편이다. 그 이유는 중국의 지도자들은 독재자였어도 피나는 투쟁과 노력 끝에 부강한 현대 중국을 만들었지만 북한 김씨왕조는 후계자가 무능하고 비정상인데도 세습 신권체제를 만들어 부귀를 누리기 때문이다. 건국자들의 위상부터가 다르다. 마오쩌둥은 수십 년간 투쟁을 한 끝에 중국을 건국하였지만 김일성은 소련의 필요로 인하여 만들어진 지도자에 불과하였다. 개혁개방을 시작한 덩샤오핑도 마오쩌둥과 같이 혁명과 건국에 참가한 건국원로임과 동시에 마오의 폭정으로 피폐해진 중국을 부강하게 만든 지도자다. 하지만 김정일은 그저 아버지를 잘 만난 무능력자가 정치적인 능력만 좋아서 북한 지도자가 되었고 북한을 세계 최악의 파탄국가로 전락시켰다.

그리고 중국의 경우, 덩샤오핑 이후로는 권력교체가 10년 주기로 안정적으로 이루어지고 있다. 장쩌민(1993~2003), 후진타오(2003~2013), 시진핑(2013~). 그리고 현 주석이 일한 지 5년이 되면 다음 주석이 될 후계자가 부주석으로 들어와 5년 동안 밑에서 지도자의 역량을 배운다. 장쩌민이 일한 지 5년째인 1998년부터 후진타오가 부주석을 했고, 후진타오가 2003년부터 주석직을 한 지 5년째 되는 2008년부터 시진핑이 부주석을 했다. 그리고 국가주석의 권력이 분명 독재자만큼 강력하긴 하지만 완전히 1인에게 집중되지는 않으며, 중국공산당 중앙정치국 상무위원회 상무위원들이 서열에 따라 나눠 갖는다. 분명 인권이 열악한 독재국가임에도 10년 주기로 바통터치는 안정적으로 이뤄지고 있는 셈이다. 어지간해선 재선을 하여 거의 8년을 주기로 대통령이 바뀌는 미국과 어떤 면에선 나름 비슷하다고 볼 수 있다. 이에 반해 시진핑은 아버지 시중쉰이 펑더화이의 측근이었기 때문에 숙청당해 낙후된 촌락에서 젊은 시절을 보냈고 이후에도 오랜 관료생활과 정치활동을 통해 노련한 지도자로 성장하였다. 태어나기만 명문가에서 태어났을 뿐 지금 그가 누리는 권력은 젊은 시절부터 스스로 쌓아 온 경력이 뒷받침하고 있다.

하지만 북한은 어떤가? 김정은은 '그저 부모 잘 만나서 지도자가 된 철 없고 막무가내인 애송이일 뿐'이다. 미국 견제라는 전략 때문에 북한을 끝까지 잡고 있을 뿐, 북한이 그렇게 강조하는 북중혈맹은 점차 약해지고 있다. 중국은 북한의 불안정을 자국의 국익에 반하는 것으로 간주한다. 북한에 급변사태가 발생하여 북한 주민들이 동북 3성 지역으로 넘어오는 경우 자국의 정치, 경제에 커다란 혼란을 야기할 수 있기 때문이다. 따라서 중국의 대북정책은 북한 정권의 내구력을 강화해주는 중요한 외부 변수가 되어 왔다.

전통적으로 북한에 우호적이던 중국마저 2017년 들어 현저히 변화된 대북접근을 취하는 것처럼 보인다. 중국은 이례적으로 독자적인 대북제재까지 취하면서 북한의 군사적 호전성에 불쾌감을 표출하고 있다. 그러나 중국은 북한을 아프게 할 조치를 취할망정 북한을 무너지게 할 극단적인 조치는 결코 취하지 못할 것이다. 미중 관계가 경쟁적이고 대립적인 성격을 지속하는 한 중국에게 있어 북한이 지니는 전략적 자산으로서의 가치는 변함이 없을 것이기 때문이다.

2017년 4월 7~8일 미국 플로리다에서 열린 트럼프 대통령과 시진핑(習近平) 주석 간의 첫 정상회담에서는 북한 문제 전반에 관한 양국 정상의 진지한 논의가 있었고, 이 후 중국의 대북정책에는 상당한 변화가 생겼다. 예컨대 2017년 4월 13일자 중국 환추시바오(環球時報)는 북한의 계속되는 핵 활동을 용인할 수 없다는 미중 간의 공동인식이 나날이 확대되고 있다고 보도했다.[41] 미중정상회담이 열린 4월 7일에는 북한산 석탄 총 200만 톤을 북한에 반송하라는 지시가 떨어지기도 했고[42], 북한이 추가 핵실험을 강행하면 북한에 대해 최소 6개월간 석유공급을 중단하는 조치를 검토하고 있다는 보도도 나왔다. 이와 관련하여『사우스 차이나 모닝포스트(SCMP)』지(紙)는 북한에 대한 석유금수는 기존의 어떤 제재보다 북한에 대한 엄청난 타격이 될 수 있다면서, 김정은 정권을 무력화할 수도 있다고 분석했다.[43] 김정은 정권의 안정성을 심각하게 흔들어놓을 수 있는 요인이라는 것이다. 더 나아가 환추시바오(環球時報)의 4월 22일자 논평에서는 미국이 북한의 핵시설에 대해 '외과수술식 타격'을 한다면 중국은 외교적 수단으로 억제에 나서겠지만, 군사적 개입은 하지 않겠다는 뜻을 밝히기도 했다.[44]

차오 스궁(曹世功) 중국아태학회 한반도연구회 위원에 따르면, 이처럼 냉랭해진 중국의 대북인식은 중국 내에 존재하는 몇 가지 의견과 관련이 있다.[45]

첫째, 망북유리론(亡北有理論)이다. 이는 중국에서 오래전부터 유행한 '북한포기론'을 기초로 하여 북한을 중국의 잠재적 적으로 인식하는 의견이다. 둘째, 중국출수론(中國出手論)이다. 이는 중국의 소극적 태도를 지적하며, 중국이 주동적으로 나서 북핵문제를 해결해야 한다는 국제사회(國外)의 의견을 반영한 것이다. 셋째, 동무속효론(動武速效論)이다. 이는 북한이 핵보유를 고집한다면 평화적 대화는 불가능한바, 무력동원을 통해 빠른 해결을 봐야 한다는 의견이다.

현 단계에서 중국 정부의 대북인식은 미국의 영향을 받는다. 최근 중국의 대북제재는 북한에 의미 있는 영향력을 행사하라는 국제사회(특히 미국)의 지속된 요구에 마지못해 부응하는 척 하는 것이다. 그 까닭은 북한이 지니고 있는 전략적 가치가 중국에겐 여전히 절실하기 때문이다. 주한미군이 존재하는 한, 중국은 북한의 완충국가(buffer state) 역할을 결코 사라지게 하지 않을 것이다.

최근 들어 중국의 그런 의도가 명확해지고 있다. 국제사회 최강의 대북제재를 받고 있는 북한이 심각한 타격을 받게 되자 중국은 북한의 불안정을 완화시키는 조치를 취하기 시작했다. 중국은 최근에 국제사회의 대북제재 공조를 와해시킬 수 있는 조치들을 하나둘씩 취하기 시작하여 북한이 최소한의 연명을 하는데 관심을 쓰고 있다

한반도 긴장조성으로 대외불신도 최악

한편 김정은 '핵·미사일을 보유하여 지역과 세계정세를 주도할 수 있다'는 과대망상적 정세인식을 토대로 대외관계를 전개하고 있다. 북한은 동창리 장거리미사일 발사장 시설 확충 공사를 완료하고, 잠수함 탄도미사일(SLBM) 개발을 지속적으로 추진 중이며 핵능력 강화에 올인하고 있다.

그러나 미사일 발사와 핵실험 등 전략적 도발에 대한 국제사회의 인내가 바닥을 드러내면서 도리어 국제적 고립만 심화되고 있다. 북한의 제1의 우방인 시진핑 중국 주석도 미중정상회담에서 "한반도에 긴장을 조성하거나 안보리 결의를 위반하는 어떤 행동에도 반대"한다고 언급할 정도이다.

대미, 대중 관계 교착과 대일 관계 답보 속에 국제사회의 인권 압박 등으로 어려움이 가중되고 있는 형국이다.

미국과는 오랫동안 공식접촉이 중단된 상황에서, 인권문제를 비롯해 제재 등 미국 정부의 보다 강화된 대북압박에 직면해 있다. 중국과는 미사일. 핵문제로 경색국면이 지속되자 쑹타오 중국 대외연락부장이 2017년11월 17일 방북, 최룡해 북한 노동당 부위원장과 리수용 노동당 국제담당 부위원장과 만나 협의했으나 성과는 없었다. 러시아와는 김정은 방러 무산 이후 관계진전의 동력이 크게 떨어진 상황이다. 대외적 측면에서 북한은 대

▲ 2014년 6월 30일, 북한 전략군의 '전술로케트 발사훈련'을 참관하는 김정은.

미접근정책을 표방하면서도 미국의 대화변화를 인위적으로 유도하기 위해 강경정책을 적극 구사하는 태세를 견지해 왔다. '대북 적대시정책 先 철회', '평화협정 체결' 요구를 지속하면서 핵 억제력'을 강화하겠다는 위협조치를 실행에 옮기는 과감성을 보여 왔다.

【주석】

1) 이○○, 2016년 9월 23일 면담; 한○○, 2016년 10월 11일 면담.

2) 김정은은 2017년 1월 1일 신년사를 발표하면서 "언제나 늘 마음뿐이었고 능력이 따라 주지 못하는 안타까움과 자책성에 지난 한 해를 보냈는데 올해에는 더욱 분발하고 점 심전력하여 인민을 위해 더 많은 일을 찾아 할 결심을 가다듬게 됩니다."라고 자책했 다(『조선중앙 TV』, 『조선중앙방송』, 『평양방송』(2017.1.1)). 2018년 북한 신년사, 북한 경제가 2016년에 2015년보다 호전되었다면 김정은이 2017년 신년사에서 주민들에게 고개를 숙이면서까지 자책하지는 않았을 것이다.

3) 김정은은 2017년 신년사에서 간부들의 세도와 관료주의 및 부정부패가 "일심단결의 화원을 어지럽히는 독초"라고 말하며 강력하게 대응할 것임을 언급했다(『조선중앙 TV』, 『조선중앙방송』, 『평양방송』(2017.1.1)). 2018년 북한 신년사, 이것은 향후 정치·경 제·사회 분야에서 김정은이 바라는 결과가 나오지 않을 경우 간부들을 희생양으로 삼을 것임을 밝힌 것이다. 따라서 간부들을 대상으로 한 공포정치가 지속될 것이라고 전망할 수 있다. 뿐만 아니라 김정은은 동 신년사에서 모든 당조직과 근로단체를 동 원해서 사상통제와 조직통제를 더욱 강화할 것임을 밝혔다.

4) 김병로, 「탈북자 면접조사를 통해 본 북한사회의 변화」, 『현대북한연구』 15권 1호(북 한대학원대학교 북한미시사연구소, 2012), p.70.

5) 김양희, 「김정일 시대 북한의 식량정치 연구」, 동국대학교대학원 박사학위논문, 2013, pp.151-152.

6) 헤이젤 스미스, 「북한의 식량권 침해 여부와 반인도 범죄 규명」, 『유엔 인권메커니즘 과 북한 인권 증진방안』(KINU 샤이오인권포럼 발표문, 2013년 8월 27일), p.343.

7) 탈북자 인터뷰, 함경남도 함흥시 김○○(46세).

8) 이우영, 「김정은 체제 북한 사회의 과제와 변화 전망」, 『통일정책연구』 21권 1호(통일 연구원, 2012), p.73.

9) 김병연, 「북한 경제의 시장화: 비공식화 가설 평가를 중심으로」, 『7·1경제관리개선조 치 이후 북한 경제와 사회: 계획에서 시장으로』(서울: 한울, 2009), pp.75-79.

10) 양문수, 「북한 시장의 형성·발전과 시장행위자 분석」, 『북한 계획경제의 변화와 시 장화』(서울: 통일연구원, 2009), pp.129-130.

11) 박형중, 「북한에서 1990년대 정권 기관의 상업적 활동과 시장 확대」, 『통일정책연구』 제20권 1호(통일연구원, 2011), p.219.

12) 서재진, 『북한주민들의 가치의식 변화: 소련 및 동구와의 비교연구』(서울: 민족통일연 구원, 1994), pp.1-2.

13) 『조선일보』 2014.2.11.

14) 서재진, 앞의 책, p.55.

15) 탈북자 인터뷰, 평양특별시 강○○(56세).

16) 탈북자 인터뷰, 평양특별시 강○○(56세).

17) 박형중 외,『북한 부패 실태와 반부패 전략: 국제협력의 모색』(서울: 통일연구원, 2012), pp.7-8.

18) 양운철,「김정은 정권의 경제정책 평가」,『김정은 정권의 대내전략과 대외관계』(서울: 세종연구소, 2014), pp.73-74.

19) 앞의 글, p.75.

20) 한영진,「김정은 후계구축 딜레마, 주민통제 강화」,『북한』10월호(북한연구소, 2010), p.121.

21) 앞의 글, p.122.

22) Stephan Haggard and Marcus Noland, "Gender in Transition: The Case of North Korea," Working Paper 12-11, Peterson Institute for Institute for International Economics, 2012, pp.11-12.

23) 서재진, 위의 책, pp.100-105.

24) H. Grodon Skilling and Paul Wilson, Civic Freedom in Central Europe(London: Macmillan, 1991), p.7; 서재진, 위의 책, p.100에서 재인용.

25)「경애하는 최고사령관 김정일 동지께서 자본부의사상과 생활풍조를 철저히 막을데 대하여 하신 말씀(발췌)」, p.6; 이교덕 외,『북한군의 기강 해이에 관한 연구』(서울: 통일연구원, 2011), p.94에서 재인용.

26)「경애하는 김정일 장군님은 우리 당을 선군의 기치를 높이 들고 나아가는 혁명적당으로 들고 나아가는 혁명적 당으로 강화발전 시키신 위대한 령도자이시다 자본주의사상 문화와 생활양식을 쓸어버리기 위한 투쟁을 힘있게 벌리자」, 금성출판사 편,『강연제강: 근로청년용』(평양: 금성청년출판사, 2002), pp.11-12.

27)『데일리엔케이』, 2005.7.12,「지금 북한은 이색생활 풍조와 전쟁 중」, http://dailynk.com/korean/read.php?catald=nk04600&num=8132

28)『강연제강: 근로청년용』, 위의 책, pp.9-12.

29) 이와 관련하여 이대근 박사는 북한 체제가 변화하더라도 상당 기간 군부가 쿠데타를 통해 당에 도전하거나 당내 주요 정치세력으로 성장할 가능성은 낮다고 주장한다. 이대근,『북한 군부는 왜 쿠데타를 하지 않나: 김정일 시대 선군정치와 군부의 정치적 역할』(서울: 한울 아카데미, 2003), p.305.

30) 강명세,『비교적 시각에서 본 북한독재체제는 어떻게 장수하는가?』(성남: 세종연구소, 2014), pp.28-9.

31)『연합뉴스』, 2017.1.12.,「[단독] 북한군 기강해이 극심…부대 철문 떼고, 전단뿌리고」, http://www.yonhapnews.co.kr/bulletin/2017/01/11/0200000000AKR20170111172200014.HTML?input=1179m

32)『데일리엔케이』, 2017.5.10,「北군관, 영양실조 병사 개인 텃밭 농사에 강제 동원」, http://www.dailynk.com/korean/read.php?cataId=nk04505&num=110785

33) 박승학(전 북한군 정치군관),「북한군에서 벌어지는 사건들」,『월간 북한』 544호, 북한연구소, pp.96-8.

34) Charles F. Hermann, ibid, p.78.

35) 고재홍,「북한군 기강해이, 어디까지 왔나」,『월간 북한』, 501호, 북한연구소, pp.34-5.

36) 좋은벗들,『북한사람들이 말하는 북한이야기』(서울: 정토출판, 2000), p.222.

37) 김영림,「부정부패 속에 썩어가는 북한군대」,『월간북한』 329호, p.63.

38) 군대의 부패가 사회보다 더 심각하다는 것은 일화를 보면 알 수 있다. 지난 2008년 김정일이 '평양시에서 집을 사고팔고 하는 경우가 많이 이뤄지는데 만 달러짜리 집을 과연 어떤 녀석들이 살고 있는지 조용히 알아봐라'했더니 60%가 군대였다고 한다. 또한 시장에 군품이나 군복류들이 많이 나오고 또 군에 쌀하고 부식물은 국가가 배정할 수 있게끔 보장해 주는데 그게 다 장마당으로 흘러나온다고 한다. 이 일화를 비롯, 군대의 부패행위와 관련해서는 박형중 외,『북한 부패 실태와 반부패 전략: 국제협력의 모색』(서울: 통일연구원, 2012) 참조.

39) http://blog.naver.com/thaitour/60202762348

40) 탈북자 인터뷰, 황○○, 2013.8.10.

41) 외교부 동북아 3과,『중국언론 일일모니터링』 2017.4.13.

42)『KBS NEWS』 2017.4.11,「중국, 북한산 석탄 200만 톤 반송 지시」, http://news.kbs.co.kr/news/view.do?ncd=3461903&ref=D

43)『아시아 투데이』 2017.4.29,「중국전문가 '중, 북한에 6개월 원유 공급 중단 검토」, http://www.asiatoday.co.kr/view.php?key=20170429010018796

44) 외교부 동북아 3과,『중국언론 일일모니터링』 2017.4.24.

45) 외교부 동북아 3과,『중국언론 일일모니터링』 2017.4.20.

VI. 제재로 인한 위기

1. 대북제재와 국제적 고립

최근 북한에 대한 미 여론주도층의 인식이 악화하고 있다. 계속되는 핵·미사일 실험과 미국인 납치로 미국은 중앙정보국에 북한 전담부서를 만들어 대응하는 등 미국의 국가안보에 제일 경계 대상국으로 변화하고 있다. "미 행정부가 대북 정책에서 한국의 주도적 역할을 인정하고는 있었지만, 북한이 대화의지가 크지 않았던 만큼 한국은 북한과의 대화에 신중한 접근이 필요하다"는 것이 미국의 입장이다. 김정은은 출범 직후부터 군사적 호전성에 특화해왔다. 역대 최강 수준으로 실행되고 있는 국제사회의 대북제재에도 불구하고 김정은은 여전히 핵무기와 미사일 개발을 중심으로 국제사회와 대립각을 세우고 있다. 이로 인한 국제적 고립의 심화는 김정은 정권의 내구력을 약화시키는 가장 중요한 대외 요인이라 할 수 있다.

김정은은 2012년 4월 13일에 열린 최고인민회의 제12기 5차 회의에서 국방위원회 제1위원장으로 추대됨으로써 자신의 시대를 개막했다. 이 날 북한은 한 달 보름 전 미국과 체결한 '2·29 합의'를 휴지조각으로 만드는 장거리미사일 '은하 3호'를 발사했다. 그리고 8개월 후인 12월 12일에도 동일 기종의 장거리미사일을 발사했다. 이로써 김정은의 대외전략 의도는 분명해졌다. 위기조성전략을 통해 당면한 위기를 돌파해 나가겠다는 역설적인 전략이었다. 그 후 김정은은 5회나 핵실험을 강행하고 수없이 많은 미사일 발사를 도발하면서 숨 가쁘게 5년을 달려왔다. 김정은 집권 5년간 군사 도발의 축적 대가는 역대 최강의 국제사회 대북제재로 나타났다.

2016년 1월 6일 북한이 4차 핵실험을 강행하고 한 달 후인 2월 7일 장거리미사일 발사를 실험하자 3월 2일 유엔 안전보장이사회(이하 안보리)는 15개 이사국이 참석하는 전체회의에서 70여 년 유엔 역사에서 비(非)군사적으로는 가장 강력하고 실효적인 제재로 평가되는 대북 제재 결의안 2270호를 통과시켰다.[1] 역대 최강 수준으로 평가받는 대북 제재였다.

그 해 9월 9일 정권수립 기념일을 맞아 북한이 5차 핵실험을 강행하자 11월 30일 유엔 안보리는 또 다시 대북 제재 결의 2321호를 만장일치로 통과시켰다.[2] 결의안 2321호는 역대 최강으로 평가되는 2270호의 허점을 보완해 실질적으로 북한 경제에 타격을 입히는 방향으로 손질됐다. 이처럼 유엔 안보리 차원에서 대북제재의 빈틈을 촘촘하게 메워가고 있고 한국, 미국, 일본, EU 등 개별 국가들의 독자제재도 시행되면서 북한의 핵개발 및 미사일 능력 개선에 소요되는 돈줄을 옥죄기 위한 국제사회의 대북압박이 계속되고 있다.

가장 적극적인 제재 움직임은 미국이다. 지난 2월 김정남 암살 사건이 발생하자 2017년 5월 6일, "美 하원, '北 원유·노동자 해외취업 봉쇄' 새 대북제재법 법안은 북한의 생명줄인 원유, 국외 노동자 수출 등을 차단하고 북한과 거래하는 제3국에 대한 사실상 '세컨더리 보이콧'을 골자로 하고 있다.[3] 이어 웜비어 방북했던 미대학생이 숨지자 미국 내에서는 북한을 테러지원국으로 재지정해야 한다는 목소리가 커지기 시작하여, 트럼프 대통령은 2017년 11월 20일 테러국으로 재지정하였다. 미국 정부에서는 보다 강

경한 제재 움직임까지 나타났다. 그것은 이른바 대북 선제 공격론으로까지
구체화했다.

그러나 트럼프(Donald Trump) 정부의 대북정책 기조가 '최대의 압박과
관여(Maximum pressure and engagement)'로 정리되면서 미국이 강경일변
도가 아니라 북한과의 대화 테이블 마련에도 관심을 기울이고 있다는 해석
이 나왔다. 북한이 미국 본토를 타격할 수 있는 대륙간탄도미사일의 확보
에 거의 다가갔다는 분석이 나오자 미국이 북한과의 대화 조건을 완화시켰
다는 분석도 등장했다. 하지만 북한에 관여(engagement)도 하겠다는 트럼
프 대통령의 진의는 대화를 위한 대화는 하지 않겠으며 대화의 전제는 북
한의 비핵화를 끌어낼 수 있어야 한다는 것이다.

지난 5월 18일(현지시간) 워싱턴DC 국무부 청사에서 틸러슨 미 국무장
관은 홍석현 대미 특사와 면담하는 자리에서 트럼프 행정부의 대북기조를
설명하며 "북한에 대해 정권 교체, 침략 등을 배제하고, 체제를 보장할 것"
이라고 밝혔다. 이어서 틸러슨 장관은 북한을 향해 "우리를 한번 믿어 달
라"고도 했다. 그러나 곧 이어 "핵 실험, 미사일 실험 중지를 행동으로 보여
야지 뒤로 북한과 대화를 해나가지는 않겠다"고 말했다.[4]

이렇게 볼 때 미국의 대북정책은 북한이 핵, 미사일을 포기하겠다는 의
사를 행동으로 보여줄 때만 북한과 대화를 할 것이며, 핵 포기를 강제하는
최대의 압박을 실행하겠다는 것으로 정리된다. 다만 오바마 전임 정부 때
처럼 전략적 인내를 명분으로 북한의 변화를 기다리기만 하는 게 아니라
직접 관여함으로써 북한의 결단을 끌어내는 노력을 병행하겠다는 것이다.
이 같은 국제사회 최강의 제재와 미국의 변화된 대북정책에 직면해서도 북
한의 핵개발 의지는 요지부동이다. 현재와 같은 상황이 지속된다면 북한은
국제사회에서 완전히 퇴출되고 '고립된 섬'으로 존재하게 될 것이다. 그런
조건이 계속된다면 북한은 정권뿐 아니라 체제까지도 허물어지는 최악의
상황을 맞을 수도 있을 것이다. 한반도 선진화 재단이 최근 발표한 전시에

남북 군사력 비교를 보면 남한이 열세라는 지표가 여러 부문에서 나타나고 있다.[5] 첫째, 북한 군사력은 재래식 무기로 비교할 경우 남한의 2.2배이며 핵·미사일 고려 시 북한이 압도적으로 우세하여 비교 대상이 아닌 것으로 나타나고 있다. 둘째, 북한의 핵무기 개발로 북한 주도의 적화 통일 가능성을 배제할 수 없다고 진단했다. 셋째, 남북한 정보력을 비교할 때 간첩이나 남한 언론을 통해 수집하는 북한의 정보력은 남한의 1.3배다. 넷째, 전시 종합국력은 남한이 100점일 때 북한이 97.8점이다. 하지만 북한의 군사력 하드 파워는 1.17배 더 큰 것으로 나타났다. 다섯째, 2015년 남한 국민 총소득은 1,565조 8,155억이며 북한은 45분의 1에 불과한 34조 5,120억 원으로 비교가 안 된다. 북한의 핵무기 개발로 남한 주도의 통일은 매우 어려워졌으며 오히려 북한 주도의 통일도 가능성도 있다고 분석하여 우리에게 경종을 주고 있다.

속옷 하나 제대로 만들지 못하는 북한이 어떻게 현대 군사기술의 집합체인 대륙간탄도미사일(ICBM)을 만들 수 있었을까?[26] 북한은 화장지, 속옷 등 생필품도 제대로 못 만드는 나라가 ICBM 실험발사에 성공했다. 이유는 크게 세 가지라고 미국의 워싱턴포스트(WP)는 분석했다.

첫째, 북한은 지난 수십 년 동안 ICBM 관련 과학자들과 기술자들을 관리해 왔으며, 북한 스스로 확보한 광범위한 글로벌 금융 네트워크를 이용, 수십억 달러에 이르는 개발 비용을 감당할 수 있었다. 가장 중요한 것은 김정은 조선노동당 위원장이 정권의 사활을 걸고 개발을 독려했기 때문이라고 WP가 9일(현지시간) 보도했다.

둘째, 북한이 처음 미사일을 개발하기 시작했을 때 북한은 이집트, 시리아 등지로부터 구소련 미사일을 사들인 뒤 이를 분해해 다시 조립하는 방법으로 미사일 기술을 익히기 시작했다.

셋째, 북한은 또 1989년 구소련이 붕괴했을 당시, 소련 출신 미사일 기술자들을 대거 영입했다. 이들은 북한에서 연구뿐만 아니라 미사일 개발 인력들을 집중적으로 훈련시켰다. 당시 집중 훈련을 받은 인력들이 현재 미사일 발사 실험을 주도하고 있다. 그리고 북한은 이란과 파키스탄과의 관계를 잘 이용했다. 북한은 북한이 개발한 미사일은 이란에게 판매했으며, 핵보유국인 파키스탄으로부터 핵무기 기술을 샀다.

북한은 ICBM을 거의 자체적으로 제작하고 있다. 전자부품 등 약간은 수입에 의존하지만 거의 자체 제작을 할 수 있는 기술력을 갖고 있다. 전자부품 등은 북한이 확보한 글로벌 금융 네트워크를 이용, 소량으로 들여오기 때문에 서방의 추적을 피할 수 있었다.

최근 북한의 기술력이 급격히 좋아진 것은 순전히 김정은 때문이라고 WP는 분석했다. 북한은 김정일 시대부터 핵무기 개발을 해왔다. 그러나 우선순위는 아니었다. 하지만 김정은은 집권 이후 핵개발에 집중해 왔다. 정당성이 없었기 때문이다. 그가 정권을 잡았을 때 그는 검증되지 않은 지도자였다. 따라서 김정은은 무언가를 보여주어야 했다. 그 무언가가 바로 핵미사일 개발이다.

김정은은 핵미사일 개발에 성공하면 자신의 정권에 정당성이 부여될 것이라고 스스로 믿고 있다. 물론 북한이 넘어야할 장벽은 아직도 몇 가지 있다. 예컨대, 발사체를 미국 알래스카까지 날릴 수 있는 미사일 발사 기술은 확보했지만 핵탄두 소형화에는 아직 필요한 기술이 많이 남아있다. WP는 지금까지의 진보만으로도 놀랍다고 지적한 뒤 북한이 탄두 소형화 등의 기술을 완성하는데 1~2년의 시간이 더 걸릴 것이라고 예상했다.

북한은 우라늄, 플루토늄 등 두 가지 핵 원료를 이용해 핵폭탄을 만든다. 유엔 조사관들은 북한이 수소폭탄 제작의 핵심 물질인 리튬-6을 생산한다는 증거를 찾아냈다. 상황 변화가 없다면 북한은 트럼프 대통령의 임기 말까지 파키스탄이 보유한 핵무기의 절반가량인 50기의 핵무기를 보유할 것이라고 NYT는 예상했다.

이러한 북한의 핵무기 보유는 미국이 더 이상 인내심을 가질 수 없는 계기가 되고 있다. 북핵 문제는 더 커졌고, 북한이 대륙간탄도미사일(ICBM)을 갖게 되면 미국의 안보 문제가 더욱 어렵게 된다. 이런 가운데 북폭설이 제기되는 상황에서 미국이 한국 정부의 동의 없이 독자 전쟁을 치르기 어렵다는 사실은 1994년의 경우와 크게 다르지 않다. 미국이 전쟁을 치르기 위해서는 한반도에 충분한 무기와 병력을 증파해야 하는데 사드 배치가 한국 정부와의 협의에 의해 이뤄지는 것처럼 주요 무기의 전개는 한국 정부와의 협의 없이 이뤄지기 어렵다. 한국 대통령이 한국군 동원에 동의하지 않는 상황에서 미군만으로 한반도 전쟁을 치르기 어렵다는 조건도 동일하다. 한국 체류 미국인도 지금은 30만 명 수준으로 늘었는데, 미국이 자국민 대피를 시키지 않은 상태에서 전쟁을 치른다는 것은 거의 불가능하다. 북한의 공격으로 대피시키지 않은 미국인이 사망할 경우 어떤 미국 정부라도 미국 국내정치에서 버텨내기 어렵기 때문이다. 1994년 6월 16일 오전, 레이니 주한 미 대사는 정종욱 청와대 외교안보수석을 만나 북한에 대한 목표물 공격을 위해 미국의 민간인들을 철수시키겠다는 뜻을 밝혔다. 북핵 문제에 관해 외교적 노력이 소진되고 이제 제재 쪽으로 수순을 옮긴 만큼, 한국에 거주하는 전투와 관계없는' 미국 민간인들을 철수시키는 것이 SOP(Standard Operating Procedure), 즉 통상적인 절차라는 것이다.[7] 김영삼시대의 정종욱 수석은 이 사실을 곧바로 김영삼 대통령에게 보고했다. 김영삼 대통령은 경악했다. 미국 민간인의 철수는 미국이 전쟁 일보 직전에 취하는 조치였기 때문이다. 김 대통령은 곧 레이니 대사를 청와대로 불러 강력히 항의했다. 김영삼 대통령은 회고록에서 '미국이 우리 땅을 빌려서 전쟁을 할 수는 없으며, '한국군의 통수권자로서 군인 60만 중에 절대 한 사람도 동원하지 않을 것'이라는 강력한 뜻을 전달했다고 적었다.

1994년 주한레이니 미대사는 김영삼 대통령을 만난 뒤 대화 내용을 클린턴 미 대통령에게 보고했다. 백악관에서 외교, 국방 관련 고위 관리들이 모인 가운데, 한반도 유사시에 대비한 대처방안이 논의됐던 것이다. 이날

회의에서 페리 국방장관과 샐리카 쉬빌리 합참의장은 클린턴 미 대통령에게 한반도 미군 증파에 관한 세 가지 대안을 보고했다. 첫 번째 방안은 2,000명의 비전투부대 파견 방안으로, 이들은 혹시 있을지 모르는 대규모 미군 증원을 위한 정지 작업을 담당하는 임무를 갖고 있다. 두 번째 방안은 1만 명의 지상군과 수 개의 전투기 대대, 한 척의 항공모함 전단을 파견하는 방안이었고, 세 번째 방안은 5만 명의 지상군과 400대의 항공기, 다수의 로켓 발사대와 패트리어트 미사일 등을 추가 배치하는 대규모 무력 증강 방안이었다. 이들은 또 한시적이나마 미국 내 예비군들을 소집할 필요성이 있다고 보고했다. 북한이 미국본토를 위협하는 ICBM(대륙간탄도미사일)을 개발하겠다며 핵개발을 가속화화 하여 일어나는 긴장 고조 상태는 앞으로도 상당기간 계속될 가능성이 높다. 북한이 핵개발을 하면 우리는 북핵의 위협에 휘둘려 살아야 하는 것이 불을 보듯 뻔하다. 전문가들은 우리의 원전 설비용량이 세계 5위이고 설비기술은 세계 1위인만큼 월성원전의 가압중수로 4개면 많은 양의 플루토늄을 생산해낼 수 있어 6개월만 전력투구하면 핵폭탄을 제조할 수 있다고 자신하고 있다. 미국은 대북 군사압력을 적절히 활용하면서 북한이 비핵화 협상에 나오도록 중국을 움직이게 하는 외교력을 발휘하지만 먹히질 않는다. 북핵에 대처하기 위해선 '대화'나 '선제 타격'이 모두 적절치 않고, 대북 제재 강화를 통해 김정은 정권의 붕괴를 앞당기는 것이 가장 효과적이라는 주장이 많다.[8]

　실례로 브루스 클링너 헤리티지재단 선임연구원과 수미 테리 전 백악관 보좌관은 2017년 6월 초 스웨덴에서 열린 다자간 당국자 대화에 참석시 북한 대표단은 "가장 완벽한 무기 시스템은 미국만이 가질 수 있는 독점적인 전력자산이 될 수 없다"고 주장 했다. 미국 측이 비핵화가 성사될 경우 경제·외교적 실익은 물론 체제 보장도 가능하다고 설득했으나 북한 측은 오히려 이라크의 후세인, 리비아의 카다피 전 대통령 말로를 언급하면서 "핵무기만이 체제 보존의 궁극적 수단"이라고 말했다. 북한 대표단은 나아가

"먼저 북한이 핵보유국임을 인정해야 한다"며 "그래야 평화협정 체결을 위한 협상을 준비할 것이고, 아니면 전쟁을 준비할 것"이라고 말했다고 한다. 대화 뒤 북핵 해결 전망에 대해 더 비관적이 될 수밖에 없었고, 김정은과의 협상은 시간 낭비일 뿐이라는 생각이 들었다고 밝혔다. 이들은 문재인 대통령이 '햇볕정책'으로 복귀할 경우 북측의 이러한 태도를 접하면 좌절할 수밖에 없을 것으로 전망했다.

푸틴 대통령은 2017년 6월 2일 상트페테르부르크에서 열린 국제경제포럼 토론에서 미국을 비판하며 "힘의 논리, 폭력의 논리가 확장되는 동안은 북한에서 지금 나타나는 문제가 앞으로도 일어날 것"이라며 "작은 나라들이 독립과 주권을 지키기 위해서는 핵무기를 가지는 것 이외의 방법이 없다고 생각한다"고 발언했다. 북한을 후원하는 간접 메시지다.

미국 재무부는 2005년 9월 15일 마카오의 '방콕델타아시아은행(BDA)'이 과거 20년간 북한의 달러 위폐를 유통시켜 왔다며 '돈세탁 우려 대상 은행'으로 지정했다. 미국정부는 미국의 은행은 이 은행과 거래를 하지 못하도록 하는 조치를 취하고 다른 나라 은행도 협력을 요청했다.

BDA는 처음에는 미국정부의 조치에 저항했지만 곧 굴복하고 북한과의 거래 중단을 발표했다. BDA는 당시 북한 계좌는 60여 개이며 여기에 들어 있는 돈은 5,000만 달러에 달한다고 했다. 또 이 은행은 미국의 압박에 따라 2005년 9월 북한의 계좌 50여 개에서 2,400만 달러를 찾아내 동결했다.[9]

2006년 3월 말경 시사주간지 『뉴스위크』는 김정일이 2006년 1월 17일 베이징에서 후진타오 주석을 만난 자리에서 "미국의 금융제재 때문에 우리 체제가 붕괴할지도 모른다"라고 말했다는 내용을 게재 하였다. 『뉴스위크』는 이 기사에서 "미국이 북한의 전 세계 자금줄을 추적해 압박을 가하는 전략이 통하고 있다"라고 보도했다. 『뉴스위크』지는 "BDA의 계좌동결 조치가 있은 지 몇 주일 뒤 북한 특사가 마카오를 방문, 동결된 계좌의 돈을 인출하려 했으나 마카오 당국이 추방하였다고 하였다.[10]미국은 천안함 사건

이후 대북 제재방법을 계속 강화한 바 있다.

제재의 실효성과 관련해 한국 정부는 "통치와 무기개발을 위한 외화 획득의 창구가 극히 제한된 상황에서 북한이 느끼는 제재 강도는 클 것"이라고 분석했다. 그러나 미국이 이번에 제재 대상이 된 기관과 거래가 거의 없고 주요 거래 대상인 중국을 강제할 묘안이 마땅치 않다는 점에서 북한이 극심한 고통을 겪지는 않을 것이라는 해석도 있다. 제재는 그 목적이 북한에게 제재를 주어 핵·미사일 개발을 중단하고 국제사회의 일원이 되어 평화를 찾도록 압력을 넣는 수단이나 북한은 이를 "미국이 김씨 정권을 압살하여 정권 교채를 기도하는 방법"이라고 맹비난을 하고 타협을 거부하고 있다. 김정은정권은 지금까지 제재 자체를 배척하고 타협을 거부, 미국을 비롯한 6자회담 당사국을 위시한 안보리와 유엔회원국들은 제재를 더욱 강화하게끔 자초하고 있다. 사실상 북한정권 붕괴나 레짐 체인지나 다름없는 방법으로 북한을 옥죄고 있지만 현재 북한 정권은 이를 고난의 행군으로 주민을 혹세하면서 견뎌내고 있다. 장기적으로는 김정은의 고난 극복이 한반도 안정에 최대 위협이 될 수 있다.

가. 유엔 안보리 제재

유엔 안전보장이사회(안보리)는 북한의 최근 탄도미사일 시험 발사를 강력히 규탄하는 언론성명을 만장일치로 채택했다.[11]

안보리는 "북한의 미사일 발사를 강력하게 규탄한다"며 "북한이 더 이상 핵, 미사일 시험을 하지 않을 것을 강력히 촉구한다"고 했다. 성명은 만장일치로 채택됐으며, 중국도 참여했다. 안보리는 "북한의 매우 불안정한 행동에 극도의 우려를 표명한다"며 북한이 이전 대북제재 결의에 명시된 국제의무를 위반하고, 안보리 결의에 노골적이고 도발적으로 저항한 데 우려한다고 밝혔다. 2017년 8·5조치도 마찬가지다. 안보리는 북한의 강경노선

변화를 강제하고 "고도로 불안정한 행동"을 종식시키기 위해 "제재를 포함한 추가적인 중대한 조치를 취할 것"을 합의했다.

2017년 8월 현재 북한의 탄도미사일 발사는 8번째, 문재인 대통령 정부 출범 이후로는 세 번째다. 하지만 유엔 안전보장이사회가 북한 미사일 발사를 비난하는 언론 성명 채택을 했지만 아직도 중국·러시아가 협조할지 불투명하다.[12] 이들 국가는 여전히 우리의 사드 배치에 대해 강력히 반대하고 있기 때문이다.

러시아는 2016년 4월에도 북한의 탄도미사일 등에 대응하는 안보리 언론 성명 시 미국과 한국의 한반도 내 군사 활동을 축소하는 내용을 담을 것을 요구하면서 무산시킨 적이 있다. 핵무기 최강국가 중 하나인 러시아의 이러한 태도는 북한을 매개로 미국의 대척점에 서겠다는 것으로 북·러 우호관계를 이어가겠다는 의지로 보인다.

유엔 안전보장이사회는 북한의 지난 5차 핵실험(2016.9.9)에 대해 유엔 헌장 7장 41조(비군사적 제재)에 따라 기존 안보리 대북제재 조치를 보다 더 확대·강화한 결의 2321호를 만장일치로 채택하였다. 안보리가 채택한 핵실험 관련 대북 제재 결의는 1718호(2006년), 1874호(2009년), 2094호(2013년), 2270호(2016년), 2321호 등 5번이다. 탄도미사일 관련 결의로는 2087호(2013년)가 2356호(2017), 2371(2017)호, 2375(2017)호등이 있다.

이들 안보리 결의는 북한이 핵개발 야욕을 즉각 포기하지 않을 경우 감내하기 어려운 결과에 직면할 것임을 강력히 경고하였다. 북한 정권의 잘못된 생각과 행동을 바꾸어 놓겠다는 국제사회의 단호한 의지를 다시 한번 확인한 것으로 평가된다.

안보리 결의에는 기존 결의의 틈새(loophole)를 보완하고, 북한에 실질적인 영향을 줄 수 있는 새로운 제재 조치를 추가하며, 제재대상 개인·단체를 확대하는 다양한 조치들이 포함되었다. 이는 이미 강력한 안보리 결의 2270호를 더욱 보완한 것으로 결의 2270호와 함께 북한 관련 유엔이 취한 가장 강도 높은 실효적인 결의다. 2371호는 2270호에 포함되었던 일부 예외조항 마저 더욱 강화시킴으로써 상습적인 북한의 도발에 대해 가중적 제재가 되었다.

2371호 안보리 결의

- 사상 최초로 안보리에 의해 예방조치 또는 강제조치를 받고 있는 유엔회원국의 경우 권리・특권의 정지가 가능함을 상기하고,
- WMD 개발에 사용되는 외화를 벌기위해 북한 노동자 사용금지
- 주민의 필요가 충족되지 못한 가운데 핵・미사일 개발을 추구하는 북한을 규탄하는 문안이 본문에 포함되었다.
- 북한의 핵과 탄도미사일 관련 활동의 자금줄인 외화 획득 채널을 차단하고, 북한 정권에 더욱 큰 고통을 주는 효과로 북한에 대한 석탄 금수로 2015년도 북한의 석탄 수출액은 약 10.5억 불(1,960만 톤)
- WMD 및 재래식 무기거래를 제한하며 특별 교육・훈련 금지 분야(고등 산업공학, 고등 전기공학, 고등 기계공학, 고등 화학공학, 고등 재료공학) 추가　북한과의 과학・기술협력 금지함
- 재래식무기 관련 이중 용도 품목 이전 금지
- 북한의 핵・미사일 능력과 직접 관련된 분야뿐만 아니라 연구・개발 연관 분야까지 기술협력 금지를 확대하여, 북한의 WMD 기술　습득 경로를 원천적으로 차단
- 재래식무기 생산・개발에 활용 가능한 상용물품에 대해서도 통제를 강화함으로써 북한의 재래식무기 능력 증강 억제
- 검색 및 차단을 위해 북한인의 여행용 수하물도 검색대상임을 명확화, 철도・도로 화물 검색 의무 강조, 제재 대상 개인의 공항 경유 금지 명시
- 제재물건 선적 의심선박의 기국취소(de-flagging), 특정항구 입항금지, 자산동결 등을 할 수 있도록 권한 부여
- 개인 수화물을 이용한 현금 이전・WMD 물품조달, 마약밀수 등 불법 활동을 방지하고, 철도・도로 화물에 대한 검색 의무를 명확히 하여, 해상・항공 교역은 물론 육상 교역에 대한 통제도 강화
- 제재 대상으로 지정된 개인은 외국 입국은 물론 경유까지 금지

· 제재대상 선박 목록의 수시 갱신을 통해 제재 회피 시도에 효과적
  으로 대응하고, 제재대상 선박 운항 및 적재 화물 통제의 실효성
  제고
· 운송제재로, 북한에 항공기 · 선박 대여 및 승무원 편의제공 금지(민
  생 목적 예외 삭제)
· 북한내 선박 등록, 북한기 사용, 북한선박에 대한 인증 · 선급 · 보험
  서비스 제공 금지(민생 목적 예외 삭제)
· 북한 소유 · 운영 · 통제 선박에 대한 보험 · 재보험 금지
· 북한 선박의 등록 취소 · 재등록 금지 의무화(결의 2270호에서는 촉
  구 조항)
· 북한 항공기 이착륙시 화물검색 의무 강조 및 북한 행 · 발 제3국 기
  착 민간 항공기에 필요 이상의 항공유를 제공치 않도록 주의 촉구
· 회원국 선박 · 항공기에 북한 승무원 고용 금지
· 북한 선박 및 항공기에 대한 운항 통제를 강화하여 북한의 WMD 개
  발을 위한 조달 및 외화 획득 채널 차단
· 북한 선박 및 항공기에 대한 등록, 보험 · 재보험 제공, 승무원 공급
  등의 지원 금지를 통해 북한의 교역 · 운송 능력을 제한하고, 북한의
  승무원 송출을 통한 외화벌이 차단
· 대북교역에 기존 금지 광물: 석탄, 철, 철광석(민생 예외 허용), 금,
  바나듐광, 티타늄광, 희토류에 은, 동, 아연, 니켈 추가, 광물 금수를
  통해 약 1억 불 이상 외화수입 감소 예상
· 북한의 주요 외화 획득원 중 하나인 만수대창작사의 해외 조형물
  (statue) 수출을 금지시킴으로써 자금줄 차단
· 북한 신규 헬리콥터 · 선박 조달 금지를 통한 운송능력 제한

금융제재
· 금융기관의 북한내 활동 금지, 90일내 기존 사무소 · 계좌 폐쇄
· 대북 무역 관련 공적 · 사적 금융지원 금지
· 북한 은행 또는 금융기관 지시 하에 또는 대리하여 일하는 개인 추방
· WMD 개발에 사용되는 외화를 벌기위해 북한 노동자의 해외수입
  금지
· 안보리 결의 2270호상의 WMD 연관성 조건을 삭제하여 북한 내 제3
  국 금융기관 전면 폐쇄 및 대북 무역 금융지원 전면 금지

· 북한 은행 또는 금융기관 관련 인사에 대한 추방 조치를 명시함으로
써 북한의 위장 금융활동 방지

외교적 제재
· 회원국이 WMD 프로그램 또는 불법 활동에 연루되어 있다고 결정한
북한인사, 관료, 군인의 자국 내 입국 또는 경유 거부
· 북한 공관 및 공관원당 은행 계좌를 1개로 제한
· 비엔나 협약에 따라 북한 공관원의 외교임무 이외 활동이 금지됨을
강조
· 북한 공관 소유 부동산 임대를 통한 수익 창출 금지
· 북한의 외교 활동을 제한함으로서 북한의 외교적 고립 심화
· 외교관의 특권을 남용한 외화벌이 등 불법 활동 차단
· 북한이 추가도발 감행시 유엔 회원국 권리 · 특권까지 정지될 수 있
음을 엄중 경고
이상으로북한의 연간 수출수입 30억 달러(약 3조 3천 855억 원) 중 3분
의 1을 충당하는 석탄, 철, 철광석, 납, 납광석, 수산물 등 일부 북한산
제품의 수입 전면 금지로 북 · 중 교역에 영향이 크다.

인권 제재
· 북한 주민의 고통에 우려 표명, 주민의 필요가 충족되지 못한
가운데 핵 · 미사일 개발을 추구하는 북한을 규탄, 주민의 복지와
존엄성 보장 필요 강조
· 북한 관련 안보리 결의 중 최초로, 결의 본문에 북한 주민의 인권 문
제를 거론함으로써 향후 동 문제에 개입할 근거 마련

생화학 품목 및 사치품 제재 확대
· 화학 · 생물무기 관련 3종 통제품목 추가
· 양탄자 및 본차이나 식기류를 사치품 예시목록에 추가
· 통제 품목은 핵 · 미사일 관련 34종, 화학 · 생물무기 관련 7종으로
확대 제재대상 개인 및 EISCP 확대 (개인 39명, 단체 42개로 확대)[13]

인원제재추가
· 북한의 WMD 개발 관여 대사급 외교관 및 정부핵심인사, 북한 무기
수출 업무 관련자 등 개인 11명 추가

· WMD 개발을 위한 금지품목 조달 핵심 기관, WMD 개발 자금 및 통
 치자금 조달 단체 등 단체 10개 추가

추가 미사일 제재

 2017년 6월 2일 유엔 안전보장이사회(안보리)가 북한의 연이은 탄도미
사일 도발에 대응하기 위해 7차 대북 제재결의를 채택했다.[14] 안보리는 뉴
욕 유엔본부에서 15개 이사국이 참석한 가운데 회의를 열고 대북제재결의
2356호를 채택했다. 15개 이사국 대사들은 표결에서 전원 거수로 찬성 의
사를 밝혔다. 유엔이 신규 대북제재결의안을 채택한 것은 2016년 11월 30
일 2321호를 채택한 이후 6개월 만이다.
 이 결의안에는 개인 14명과 기관 4곳이 블랙리스트 명단에 추가됐다. 블
랙리스트 명단에 포함될 경우 자산이 동결되고 해외여행에 제한을 받는다.
블랙리스트에 추가된 기관은 고려은행과 북한 전략로켓사령부, 무기거래
관련 업체인 강봉무역과 조선금산무역 등이다. 개인은 조일우 정찰총국 5
국장, 김철남 조선금산무역 대표, 김동호 베트남 단천상업은행 대표, 박한
세 제2경제위원회 부위원장, 백세봉 전 제2경제위원장, 조용원 노동당 조
직지도부 부부장, 박도춘 전 군수담당 비서 등이 명단에 포함됐다.
 이에 따라 북한 핵·미사일 관련 유엔 블랙리스트에 오른 대상은 개인
53명, 기관 46곳으로 늘어나게 됐다. 하지만 이결의안에는 대북 원유공급
금지와 노동자 국외송출 금지 등 강력 제재안이 포함되지 않아 이전에 비
해 크게 진전된 바가 없다는 지적이 있었다.
 하지만 2017년 9월 12일에는 유엔 안보리 제재 대상에 최초로 북한의 원
유제한 조치가 포함됐다. 대북제재 2375호를 통해 대북 유류공급량을 연간
200만 배럴로 제한하고 원유는 현 수준을 유지하며 북한의 섬유수출을 전
면중단하는 조치가 포함됐다. 특히 해외노동자 취업제한 조치에 따라 기간
연장이나 추가 노동자 투입이 불가능해졌다.

나. 미(美), 대북제재

도널드 트럼프가 2017년 2월 20일(현지시간) 미국의 제45대 대통령으로 취임 후 현재 트럼프 대통령의 취임으로 동북아 정세는 어느 때보다 불확실과 불안정의 시대를 맞고 있다. 트럼프 행정부가 대북 강경정책 기조를 보일 것으로 예상됨에 따라 한반도 정세는 한 치 앞을 내다볼 수 없는 형국이다. 제재만으로는 북한 문제를 해결하기에 한계가 있지 않겠는가라는 지적들도 나온다. 미국이 독자적으로 할 수 있는 부분에 대해 트럼프 행정부 정책이 모아져야 하지 않겠는가, 하는 의견들이 공화당은 물론이고 민주당에서도, 또 청문회에 참석한 전문가에게서도 공통적으로 나오고 있다. 여기에 트럼프 행정부 외교라인 구성이 트럼프 행정부 외교안보 라인에는 북한에 대한 강경론자들이 포진돼 있다. 미국 대통령을 보좌할 외교안보팀 주요 각료는 역시 국무장관이다. 국무장관으로 렉스 틸러슨이 취임했다. 제임스 매티스 국방장관은 한국을 방문해 한민구 국방장관과 회담을 했다. 마이클 폼페오 중앙정보국 국장까지 취임이다. 이렇게 트럼프 행정부의 4명의 외교안보라인 주요 구성원인데, 성향이 상당히 강하다. 특히 북한에 대해서는 공통적으로 강경론자들인데, '북한을 선제공격할 필요도 있다'라고 이들은 주장하고 있다. 체제 변화 및 강력한 대응 같은 게 트럼프 행정부 외교안보라인에서 공통된 인식이다. 이들이 오바마 정부 때보다 더 강한 대북 입장을 갖고 있다.

미국이 오바마 정권과는 다른 두드러진 정책변화다. 미국이 자기가 가진 힘을 제대로 발휘하지 못했다는 게 트럼프가 오바마 행정부에 내린 평가다. (트럼프가 보기에) 미국이 힘을 발휘하지 못한 만큼 중국이 부상하고 있고, 또 국제 문제에 있어서 뚜렷한 해결책이 나타나고 있지 않다. 국제 문제에서 물론 제일 중요한 것은 IS테러겠지만, 한편으론 북한을 강하게 밀어붙여야 할 필요도 있다는데 공통적 인식이다. 틸러슨은 북한에 대해 "악당이다" "세계 질서를 흔드는 악당 국가 중 하나가 북한"이라고 얘기했고, 또 북한을 적으로 규정하고 북한 핵 문제가 미국에 중대한 위협이라고 공개적으로 이야기를 하고 있다.

북한의 핵실험에 대해 미국 하원 외교위원회는 2017년 초 이후 대북제재를 선도 전 방위로 강화하는 일련의 초당적 법안과 결의안을 무더기로 통과시켰다. 외교위가 대북제재 법안과 결의안을 한꺼번에 처리한 것은 극히 이례적으로 북한의 도발 위협에 대한 강경한 대응 의지를 천명한 것으로 분석된다.[15]

하원 외교위는 전체회의를 열어 '대북 차단 및 제재 현대화법'(H.R.1644), '북한 테러지원국 재지정 법안'(H.R.479), '북한의 대륙간탄도미사일(ICBM) 규탄 결의안'(H.Res.92) 등 2건의 법안과 1건의 결의안을 의결했다. 에드 로이스(공화·캘리포니아) 외교위원장이 대표발의한 대북제재 현대화 법안은 북한의 핵과 탄도미사일 개발을 저지하기 위해 국제사회의 유엔 안전보장이사회 대북제재의 허점을 보완하고 북한의 자금줄을 차단하는 내용을 담고 있다. 구체적으로 외국 은행의 북한 금융기관 대리계좌 보유를 금지하는 한편 북한에 대한 원유와 석유제품의 판매 및 이전 금지, 북한 국외노동자 고용 외국 기업 직접 제재, 북한의 온라인 상업행위 차단, 외국 기업의 북한에 대한 전화·전신·통신 서비스 제공 금지 등을 골자로 하고 있다.

우리가 주목할 부분은 미국내에서 레짐 체인지에 대한 언급이다. 사실 레짐 체인지는 2016년부터 강하게 나오고 있다. 2017년 1월 1일 신년사에서) ICBM(대륙간탄도미사일) 능력을 갖췄다고 선전했는데, 이후 트럼프나 미의회는 북한이 만약 ICBM 능력을 향상시킨다면 미국이 북한을 선제타격할 필요도 있다는 강경한 주장들도 나오고 있다. 공화당뿐만 아니라 상원 외교위원회 간사가 민주당 소속임에도 불구 이런 강한 주장을 내놓고 있다. 특히 트럼프가 중국의 역할을 압박하고 있다. 틸러슨도 중국이 이제까지 북한에 대해 제 역할을 못했다고 이야기하고 있다. 특히 대북제재에 참여하고 있는 중국의 태도에 대해 트럼프나 틸러슨이 볼 때는 적극적이지 않고 미온적이다. 과연 중국이 북한을 제대로 관리하면서 핵문제에 어떤 역할을 할 수 있을지 틸러슨은 회의적인 시각이다. 틸러슨은 중국이 더 강한 제재 및 세컨더리 보이콧 등 경제적인 제재에 동참하도록 강하게 요구하고 있다. 트럼프 정부의 초대 국방장관인 제임스 매티스 장관이 취임 후 첫 방문지로 한국을 방문하고 문재인 대통령도 2017년 5월 미국을 방문, 한미동맹 관계에 대해 100% 전적인 신뢰와 지지를 재차 강조했다.

또 매티스 국방장관은 이라크 전쟁이나 아프가니스탄 전쟁, 테러 전쟁에서 전장을 지휘한 사람인데 전투에서 한 번도 패한 적이 없는 지휘관이다. 또 "적이 까불면 모두 죽여버리겠다"는 자기만의 강력한 지휘방침을 갖고 있다. 트럼프 대통령도 매티스가 한국에 오가고 있는 상황 속에서 "매티스 국방장관은 용감한 장군이다"라고 적극 지원했다. 매티스 장관도 "북한에 대해서 선제타격 가능성을 배제해서는 안 된다. 필요하면 선제타격을 해야 한다는 생각을 갖고 있다"고 강경한 입장이 계속 터져 나와 한반도 미래가 불투명하다.

〈과거 미국의 대북 제재〉

대북제재	내용	시기와 계기
대적성국교역법	적성국으로 규정한 나라의 미국내 자산 동결교역금지 2008년 6월 해제	6·25전쟁 발발 이후인 1950년 12월
테러지원국	무기수출금지 테러에 사용될 수 있는 이중용도 품목에 대한 수출통제, 대외원조금지 2008년 6월 해제	칼-858기 폭파사건 1987년 이후 1988년까지
방코델타아시아은행 계좌 동결	애국법에 따라 마카오 소재 BDA은행의 북한자금 2,400만 달러 동결 2007년 3월 동결 해제	2005년 9월 돈세탁 및 위폐거래혐의
미정부의 금융제재	국무부와 재무부 WMD와 관련한 북한의기업과 정부기관 그리고 주요인사를 금융제재대상으로 지정하고 미국내 자산동결 조치	2009년 5월 2차 핵실험 2010년 11월 20일

미국은 그동안 여러 채널로, 북한이 추가 도발할 경우, 중국에 대해 중국 내 북한 노동자 송환 원유공급중단 등을 포함하는 방안을 논의했다. 왕이

(王毅) 중국 외교부장은 2017년 8월 7일 "안보리 결의를 이행하는 데 대가를 치르는 주요국은 중국"이라면서 "핵 비확산체제 수호를 위해 엄격하게 (결의를) 집행하겠다"고 했다.

하지만 '북한의 안정적 관리와 유지'를 한반도 정책의 최우선 순위에 올려놓고 있는 중국이 미국이 원하는 수준으로 결의 이행에 나서기가 쉽지 않다는 것이 중론이다. 조지 W. 부시 행정부에서 국무부 차관을 지낸 니컬러스 번스 하버드대 교수는 2017년 8월 CBS 인터뷰에서 "중국의 비협조로 북핵 저지를 위한 유엔 제재가 통하지 않을 것이다. 중국은 북한 정권이 무너지고 난민이 발생하는 상황을 중국이 원하지 않는다는 사실은 변함없다"고 말했다. 북한이 개방 경제가 아닌 데다 각종 밀무역으로 북·중 간 무역 통계 자료를 정확히 확보하기 어려운 것도 중국의 대북제재 이행을 감시하는 데 걸림돌이다. 중국은 지난해 채택된 유엔 대북제재 결의와 관련해 지방정부에 결의 이행을 지시하는 통지문을 발송한 적이 있지만 구체적인 이행 수준을 검증할 만한 자료는 내놓지 않았다. 최근 중국내 북·중 교역업체는 100여 개나 되지만 중국정부조차 이를 파악하고 있지 못하다는 보도 도 있다.[16] 이 밖에도 북한이 유엔의 제재를 피해 최근 수개월 동안 말레이시아와 베트남에 석탄을 수출해 최소 2억 7,000만 달러(약 3,042억 원)를 벌어들였다는 사실이 유엔 안보리 전문가 패널이 7일 제출한 보고서에서 밝혀지기도 했다. 북한이 중국 말고도 제2, 제3의 불법 거래처를 만들 수 있다는 점이다.

2. 치명적 제재 요소

원유 공급 차단

최근 국제사회가 북핵 문제 해결과 연관하여 김정은 체제가 존재하는 한

거의 불가능하다고 진단을 하고 있다.[17] 북핵문제 해결이나 김정은 정권 붕괴는 절대적으로 중국의 역할이 중요하나 중국은 북한정권의 붕괴는 원치를 않는다. 그 첫 번째 역할로 중국의 대북 원유 수출 금지 방안이나 국경폐쇄 등을 고려 대상으로 이방법이 가장 결정적인 제재로 꼽히고 있다. 중국이 과연 북한 체제 전반에 상당한 타격을 주게 될 원유 공급 중단이란 카드를 뽑아들 수 있을지 국제사회 이목이 쏠리고 있다. 중국 원유는 중국 대경 유전에서 송유관을 통해 중국 요녕(遼寧)성 단동(丹東) 인접 지역인 평안북도 피현군 백마 연유창으로 연결된다. 과거 북한은 중국 정부로부터 원유 공급을 받는 대가로 중국 동북지역에 40만kw의 전력을 공급해 왔다. 이는 평안북도 삭주군 압록강 인근에 건설된 대규모 수풍수력발전소에서 생산한 전력의 약 70%에 해당한다. 하지만 설비 노후화로 인해 생산할 수 있는 전력이 지속 감소하자, 1990년대 초부터는 전력 대신 무연탄을 주고 연간 약 30만 톤의 원유를 공급받아 왔다. 북한에서 사용되는 원유량의 80~90%는 중국에서 흘러들어오는 것이다. 나머지는 러시아와 이란 등 중동 국가에서 반입된다. 그만큼 중국이 대북 원유 수출을 중단할 시 북한이 입을 타격이 크다.

원유에서 나오는 기름은 북한의 각 분야에서 중요하게 쓰이고 있다. 우리와 마찬가지로 북한의 모든 공장기업소들과 군부대들 모두 연유(디젤, 휘발유)를 필수적으로 사용하고 있다. 만약 중국으로부터의 원유 공급이 줄어들거나 완전히 차단된다면, 국방 분야는 물론 인민 경제 모든 분야에서 커다란 손실을 입게 된다. 북한 내에서도 특히 수입 원유를 많이 사용하는 곳은 군(軍)이다. 중국이 원유 공급을 중단할 시 북한군은 큰 타격을 입게 된다.

김정일도 생전 "현대전은 알(포탄)전쟁, 연유(기름) 전쟁"이라고 말한 적이 있다. 그만큼 기름이 있어야 전쟁 수단의 빠른 기동을 보장할 수 있다. 현재 북한은 미국의 압박에 맞서 핵·미사일을 앞세우고 "전쟁도 불사 하겠다"고 위협하고 있다. 하지만 중국이 원유 공급을 중단하면, 북한은 탱크와 장갑차를 비롯한 포병무력은 물론 동·서해에 배치된 모든 전투 함선들을 전혀 가동할 수 없다. 군부대 기동이 역시 불가능해진다. 백만 대군을 먹여 살리기 위해선 각 부대들에 후방물자를 수송해 공급해야 하는데, 원유 공급이 끊기면 차질이 불가피하다.

인민경제에도 큰 타격이 온다. 중국의 원유 공급이 끊기거나 줄어들 경우, 민생 분야에 있어서 가장 먼저 타격을 입게 되는 곳은 서해 안주지구에 위치한 봉화화학공장이다. 1980년대 완공된 대규모 봉화화학공장에서는 원유를 가공해 휘발유와 디젤유, 석유는 물론 액화가스와 함께 화학비료를 비롯한 각종 생활필수품의 주원료를 생산한다. 만약 중국으로부터 원유 공급이 끊기면 공장 가동이 중단되는 것은 물론, 농업 생산에 필요한 화학 비료 생산 또한 타격을 입게 돼 결과적으로 농업까지 마비된다. 아울러 평양을 비롯한 전국 각지 수송기재(자동차, 버스)들이 가동하지 못하게 될 것이다. 수송이 불가능해지면 사실상 모든 공장기업소 운영도 멈추게 된다. 체제의 보루인 군은 물론 인민경제까지 붕괴하면, 사실상 김정은 정권 역시 위협을 받지 않을 수 없다. 과거 미국의 경제봉쇄로 쿠바가 타격을 입고 있을 때, 피델 카스트로는 가장 먼저 간부들에게 승용차 대신 자전거를 타고 업무를 보라고 지시했다. 북한 역시 중국으로부터 원유 공급을 받지 못하게 되면, 교통수단이 중지되어 평양 시민들의 불만도 커지게 될 것이다. 이는 곧 평양의 붕괴, 나아가 북한 정권의 치명적 영향을 미칠 것이다.

북한은 전쟁 예비물자를 중시해왔기 때문에 늘 3개월 치 전략 물자를 비축해놓고 있다. 하지만 김정은 시대에 들어서는 각종 대회와 열병식 등 자신의 업적을 과시하기 위한 행사들에 많은 전략물자를 소비해 버렸다. 소식통에 따르면, 김정은 정권이 이렇게 비축 원유를 조금씩 계속 소비해와 현재 남은 양은 비축 기준량에 30%에도 못 미칠 것으로 보인다. 중국이 원유 공급을 중단할 시 북한은 사면초가에 빠질 수밖에 없다. 북한에 간헐적으로 원유를 공급해온 러시아나 중동 국가에 의존해야 한다.

VI. 제재로 인한 위기 • 245

2016년 중국과 러시아의 대(對)북한 석유 공급량(추정치)

중국 (CNPC(중국석유 천연가스집단))	52만t	원유	단둥-신의주 간 파이프 라인을 통해 신의주 봉화화학공 장으로 무상 차관 형식으로 공급
	27만t	휘발유, 경유 등 각종 석유제품	다롄-남포
러시아	20만t 이상	원유	해상 수출
	5000~1만t	항공유	중국이 유엔 안전보장이사회 제재 이후 항공유 공급 끊 자 러시아가 대신 공급

자료: 인도 라이브민트, 미국 VOA 등 종합

지금껏 북한은 중국[18]과 러시아 두 나라 사이를 오가며 제재를 잘 피해 나갔다. 중국이 미국과 결탁해 대북 압박을 가해오자, 북한은 중국을 공개 적으로 비방하면서 대신 러시아와의 경제협력을 구상하고 있다. 이를 테면, 대형 여객선 만경봉 92호의 러시아 정기항로를 개설하는 한편, 동해 지역에서는 나호드카 디젤유라 불리는 러시아 디젤유와 휘발유를 선봉, 나진, 청진, 문천항을 통해 대량 반입하고 있다. 뿐만 아니라 요즘 김정은이 기회가 있을 때마다 시리아 등 중동 국가들에 축전을 보내며 친선관계를 운운하고 있는데, 이는 바로 중동 국가로부터 원유를 들여오기 위한 술수다. 중국의 대북 원유 공급 중단은 북한 당(黨)·군(軍)·정(政) 전반에 균열을 가져올 것이다.

중국은 북한의 완전 붕괴를 원치 않는다. 중국에게 있어 북한은 미국 등 서방 경쟁 세력과 대결하는 데 있어서 없어서는 안 될 유일한 동북의 든든한 변방부대이기 때문이다. 한마디로 말하면, 중국은 미국 성조기가 압록 강 인근에 꽂히는 것을 원치 않는다. 때문에 중국은 북한을 잘 다스리려고 할 뿐 우군으로 유지하면서, 원유 밸브는 조였다 풀었다 하는 정도다.

북한에 제공되는 원유는 중국 다칭(大慶)에서 생산되는 물량이고, 여기에는 파라핀 성분이 많다. 송유관 밸브를 차단해 한동안 사용하지 않으면 관 내부에 남아 있던 원유와 찌꺼기들이 관에 달라붙은 채 굳어버린다. 원유 수출 중단이 장기화될 경우 송유관 자체가 사용할 수 없게 돼버리는 기술적 문제가 있다.

송유관을 장기간 잠갔다가 상황이 바뀌어 북한에 원유 공급 재개하려면 송유관 정비 등에 막대한 비용과 시간을 들여야 한다. 중국이 대북 송유관을 잠글 경우 북한에 사용할 수 있는 '마지막 카드'를 써버리는 셈이 된다. 중국 내부에선 원유 차단의 찬반 양론이 갈려 있다. 북한이 도발을 거듭할수록 찬성론이 커지곤 있지만 반대론을 넘어서지는 못하는 상황이다. 반대론자들은 이를 너무 극단적인 조치라고 말한다. 중국은 원유 차단에 나설 경우 북한이 단순한 반발 차원을 넘어 적대국으로 변모할 가능성을 우려한다. 김정은 체제의 북한은 조선중앙통신을 통해 중국과 중국 매체들을 구체적으로 지명하며 극렬하게 비난전을 펴기도 했다. 북한에 혈맹이자 의존 대상인 중국의 입지가 흔들릴 경우 동북아 세력 구도 자체가 뒤바뀔 수 있고, 이는 중국이 원하는 '시끄럽지 않은 한반도' 상황과 가장 거리가 멀다.

중국에서 대북 원유 차단에 반대하는 이들은 '효과'를 얘기한다. 원유 공급을 중단해도 기대만큼 효과를 거두기 어려울 수 있다는 것이다. 북한은 중국에서 들어오는 원유로 석유 수요를 상당 부분 충당하고 있지만 싱가폴 등 다른 루트로에서도 가공유를 수입하고 있다. 원유를 끊을 경우 타격이 불가피해도 결정적인 '태도 변화'를 가져오기 어려울 수 있다는 데 중국의 고민이 있다. 북한의 6차 핵실험 후 원유제품, 근로자 인력수출 금지 등은 북한에 타격을 줄 것이지만 치명적이지는 않다는 주장도 있다.

광물 제재

북한이 외화 수입으로 가장 큰 광물이 석탄이다. 석탄은 북한의 전체 수출 40% 이상을 차지하는 절대적인 외화 소득원이다. 한국무역협회에 따르면, 2011년부터 2015년까지 북한은 매년 금액으로는 11억 달러, 물량으로는 1,500만 톤 안팎의 석탄을 수출해왔다. 그중 90% 이상을 중국이 수입하고 있다. 유엔의 대북 제재로 금액으로는 그동안 절반이 줄어들었다. 유엔 외교 소식통은 수출 금지가 적용되면, 북한의 석탄 수출이 연간 11억 달러 정도 감소하는 효과가 있다.[19]

2016 1월 북한의 4차 핵실험에 대한 유엔 안보리 대북 제재 결의안 2270호도 북한의 석탄 수출을 원칙적으로 금지했다. 하지만 '핵 · 미사일 개발과 무관한 민생 목적의 경우는 수출할 수 있다'는 중국의 예외 조항 포함 주장으로 '구멍'으로 작용해왔다. 실제로 중국은 2016년 10월까지 지난해보다 13%나 늘어난 총 1,860만 톤의 북한산 석탄을 수입했다. 미국은 이 구멍을 막기 위해 당초 북한산 석탄 전면 수출 금지를 추진했지만, 중국은 "민생 목적 석탄 거래를 전면 제한할 수는 없다"고 강하게 반대 했었다. 그러나 2017년 8 · 5조치로 안보리 결의에서 전면 제한으로 바뀌었다. "북 · 중 간 밀무역이 계속되는 상황에서 제대로 지켜지는지 객관적으로 확인할 방법이 마땅치 않다"는 지적이 현재까지 나오고 있다

세컨더리 보이코트

미 재무부 금융범죄단속반(FinCEN)은 2016년 11월 4일(현지 시각) 성명을 통해 북한을 '주요 자금세탁 우려 대상국'으로 지정하는 법안을 최종 확정하였다. 주요 자금세탁 우려 대상국 지정은 애국법 제311조에 근거한 것으로, 북한이 미국 금융제도에 접근하는 것을 차단하기 위한 것이다. 애덤 수빈 테러금융정보 담당 차관 대행은 "북한은 위장회사와 대리인들을 불법적인 금융거래에 활용하고 있다"면서 "이는 북한의 대량살상무기 확산과 탄도미사일 개발, 그리고 국제 제재를 받기를 자행하는 것"이라고 밝혔다.[20] 중국을 통한 '돈줄 죄기'가 주된 내용이다.

지난 2016년 1월 6일 북한이 4차 핵실험을 했을 때는 56일 후인 3월 2일에 안보리 결의 2270호가 채택됐다. 1~3차 핵실험 때는 안보리 결의 채택까지 각각 5일, 18일, 23일이 걸렸다. 한 외교 소식통은 "안보리 결의는 얼마

나 내용이 강력한지도 중요하지만, 얼마나 빨리 채택되는지도 국제사회의 의지를 가늠하는 척도가 된다"며 "시간을 끌수록 효과가 반감될 수밖에 없다"고 했다. 미 재무부는 2017년 7월 "중국 단둥은행이 북한의 핵·미사일 개발 관련 기업들의 수백만 달러 규모의 금융거래를 도왔다"며 '돈세탁 우려 기관'으로 지정하고, 미국과 이 은행 간의 거래를 전면 중단시켰다. 이어 다렌국제해운과 중국인 리훙르(53)·쑨웨이(35)를 대북 제재 대상에 추가했다. 다렌국제해운은 연간 70만 톤의 석탄과 철강을 북한과 중국 간 교역하는 업체로, 북한에 사치품, 미사일 부품을 밀매한 혐의로 제재 대상에 올랐다. 쑨웨이는 북한 외국무역은행(FTB)의 위장회사를 설립·운영해왔다고 미 재무부는 밝혔다. 트럼프 행정부 독자 대북 제재는 계속 이어지고 있다.

현재 미국은 결의안에 '민생 목적' 명분으로 계속되고 있는 북한의 대(對)중국 석탄 수출 등 외화벌이 사업을 최대한 제한하는 내용을 포함했었다. 중국의 대북 교역 업체에 대해 전방위적 제재로 미·중 간의 대립이 격화 되었었다.

3. 대북 제재의 저해 요소들

첫째는 미국 본토를 타격할 수 있는 북한 대륙간탄도미사일(ICBM)급 '화성-14형'이 옛 소련 국방기술의 진수인 RD-250 엔진을 사용하는 것으로 확인된 점이다.[21] 우크라이나 기술로 만들어진 RD-250 엔진을 장착한 옛 소련의 SS-18 미사일은 수소폭탄 탄두 10개를 싣고 1만 1,000km를 날아가 현존하는 최강의 ICBM으로 꼽힌다. 북한은 이 엔진을 생산하던 우크라이나 기술자들을 빼돌려 재빨리 엔진을 복제한 것으로 확인되고 있다. 이는 지금까지 전략물자 및 기술 반입에 집중하던 국제사회의 대북 제재에 큰 구멍이 있음을 증명한다. 지금까지 미국은 중국을 통한 대북 제재에 힘을 들

여왔는데, 그 와중에 옛 소련 국가들로 통하는 뒷문은 활짝 열려 있었음이
드러났다. 북한의 국방공업이 옛 소련 기술에 의존해 발전했음을 감안하지
못한 것도 실책이다. '화성-14형'이 우크라이나 로켓 생산업체 '유즈마시'에
서 생산된 RD-250 엔진을 장착했다는 사실이 2017년 8월 17일 뉴욕타임스
보도로 세상에 알려졌다. 이 신문은 이날 발간된 미국 정보기관 보고서를
인용해 "북한 ICBM 엔진이 RD-250으로 보인다"고 전했다. 특히 밖으로 드
러난 로켓 엔진 연료공급 장치인 터보펌프는 외형상 똑같다.

독일의 유명 미사일 전문가 노르베르트 브뤼게도 지난해 9월 뉴욕타임
스 보도 이후 우크라이나와 러시아가 엔진 유출 책임을 서로 상대방에 떠넘
기며 결백을 주장하는 과정에서 제재가 구멍이 난 것이 확인된 상황이다.

둘째는 2017년 8월 5일 2371호는 북한의 중대한 타격을 줄 카드로 평가
된 완전한 '대북 원유공급 중단' 카드는 나오지 않았다. 북한을 일종의 '완
충지대'로 삼아 미국을 견제하려는 중·러가 대북 원유 공급의 중단에 동
의하지 않은 것이다.

하지만 북한에 가장 치명적이라는 원유는 1980~2015년 북한의 에너지
공급에서 전 기간 내내 5~10% 수준에 불과하다. 자력갱생을 해야 했고, 에
너지 수입을 위한 외화도 부족했던 탓이다. 그래서 자급이 가능한 석탄과
수력이 에너지 공급의 대부분을 차지한다. 북한의 운송 체계가 자동차 대
신 전철 위주로 되어 있는 것도 바로 이 때문이다. 1990년 북한의 원유 도
입량은 1,850만 배럴이었다가 고난의 행군을 겪은 1999년에는 2,300만 배
럴에 비해 무려 90% 가까이 줄었지만, 그래도 북한 경제는 살아남았다.[22]
다만 전쟁 발발 시 초기에는 비축유로 버티겠지만 시간이지나면 기동성에
는 치명적일 수 있다는 전문가들의 견해는 일치한다. 그래도 제재가 평화
적으로 북한을 옥죄는 최선의 방법이다.

【주석】

1) 『연합뉴스』 2016.3.3, 「유엔, 대북결의안 만장일치 채택… '北 자금줄' 전방위 봉쇄(종합)」, http://www.yonhapnews.co.kr/bulletin/2016/02/29/0200000000AKR20160229156200072.HTML?input=1179m

2) 『코나스넷』 2016.12.1, 「안보리, 8번째 대북결의안 2321호 만장일치 통과」, http://www.konas.net/article/article.asp?idx=47414,

3) 『인터넷 서울신문』 2017.5.6, 「美 하원, '北 원유·노동자 해외취업 봉쇄' 새 대북제재법 통과」 http://www.seoul.co.kr/news/newsView.php?id=20170506008009&wlog_tag3=daum

4) 『인터넷 서울신문』 2017.5.19, 「틸러슨 미 국무장관 '북한 침략·정권교체 안해…믿어달라」, http://www.seoul.co.kr/news/newsView.php?id=20170519500035&wlog_tag3=daum

5) 「남북한 종합국력 해부」, 『월간조선』 8월호, 2017, pp.144-149.

6) 『동아일보』 2017.7.10.

7) 『데일리엔케이』 2017.4.11.

8) 『조선일보』 2017.6.23.

9) 『중앙일보』 2006.4.27.

10) 『중앙일보』 2006.4.4.

11) http://news.chosun.com/site/data/html_dir/2017/05/23/2017052300412.html

12) http://news.chosun.com/site/data/html_dir/2017/04/20/2017042000581.html

13) (개인 추가) ①박춘일 주이집트 대사, ②김성철 KOMID 주수단 대표, ③손정혁 KOMID 주수단 대표, ④김세건 원자력공업성 관계자, ⑤리원호 주시리아 보위부 직원, ⑥조영철 주시리아 보위부 직원, ⑦김철삼 대동신용은행 대표, ⑧김석철 前주버마 대사, ⑨장창하 제2자연과학원 원장, ⑩조춘룡 제2경제위 위원장, ⑪손문산 원자력총국 대외사업국장
(단체 추가) ①조선통일발전은행, ②일심국제은행, ③조선대성은행, ④신광경제무역총회사, ⑤대외기술무역센터, ⑥조선부강무역회사, ⑦조선국제화학합영회사, ⑧대동신용은행금융, ⑨태성무역회사, ⑩조선대성총무역회사

14) http://news.chosun.com/site/data/html_dir/2017/06/03/2017060300334.html

15) 『문화일보』 2017.3.30.

16) 『동아일보』 2017.8.25.

17) 『데일리엔케이』 2017.5.8.

18) 『문화일보』 2017.7.10.

19) 『조선일보』 2016.11.28.

20) 『조선일보』 2016.11.7.

21) http://news.donga.com/Main/3/all/20170817/85856679/1#csidxbb1dd746cc83e80bd7ed
83605a73ff9

22) http://news.chosun.com/site/data/html_dir/2017/08/13/2017081301827.html

VII. 급변사태

1. 급변사태의 예상 상황

가. 개황

　북한의 급변사태는 군사적 부문(군사쿠데타, 북한의 군사도발)과 비군사적 부문(주민봉기)으로 나눌 수 있으며, 이에 따른 결과로서 현상유지, 개혁정권 등장, 내부붕괴, 민중봉기 등 여러 유형의 시나리오를 상정할 수 있다.
　북한의 수령체제, 신권체제의 특징을 고려할 때, 북한에서 김정은의 유고는 우리가 예상했던 것보다 훨씬 더 큰 파장을 몰고 올 수도 있다. 1990년대 초반 북한 붕괴론이 제기되었을 때와 지금의 상황을 비교하면, 당시에는 김일성 사망 시 이미 김정일에 대한 후계구도가 확실히 이루어진 상태라 큰 변화는 없었다. 오랜 경제난과 식량난으로 인해 북한 주민들의 민심이반 현상이 나타나고 있으며, 북한 내부로의 정보 확산, 부패, 화폐개혁 실패로 인한 불만 폭발 등 북한 당국의 통제력이 점차 약화되고 있다는 점을 주목할 필요가 있다. 북한의 휴대전화 가입자 수가 2017년 377만 3,420명인 것으로 나타났다. 또 인터넷 이용자는 1만 6,000명으로 전체 인구의

0.06%에 불과해 213개국 가운데 213위를 차지했다.[1] 북한의 휴대전화 가입자 수는 1년 전 330만 1941명과 비교해 14%인 47만 1479명이 증가한 수치다.

휴대전화 서비스 지역도 12개 주요도시와 42개 소도시 22곳의 고속도로 및 철도 구간으로 확대 되어 북한 내 남한정보나 외부 정보 확산이 빠르게 진행되고 있다. 또한 탈북단체들의 북한 전단 살포가 적극화되고 자유아시아 방송 등의 방송활동으로 북한내부의 와해를 촉진하고 있는 실정이라 민란도 전혀 일어나지 않으리라는 법도 없다. 현재 북한은 오랜 기간 경제난에서 기인한 배급체제의 붕괴와 사회결속력 약화로 인해 미미하지만 사회 변화의 움직임이 나타나고 있다.

국가 주도의 계획경제가 작은 시장경제로 대체하고 전통적 계층구조가 붕괴되고 있다.[2] 수년전 중동국가 장기 독재정권인 이집트, 튀니지 등의 독재자들의 잇단 퇴진으로 내부정보 차단에 전전긍긍하고 있다. 이는 체제 내구력이 한계점에 도달한 징조로 볼 수 있다.

무엇보다 오랜 식량난 지속으로 인해 인간의 가장 기본적인 욕구인 '먹고사는' 문제가 해결되지 않고 있다. 중국은 북한의 급변사태가 발생하여 대규모 난민이 중국지역으로 탈출하게 될 경우 이에 대한 통제가 심각한 상황으로 전개될 것을 우려하고 있다. 북한의 급변사태 발생 시 이를 관리하기 위한 제도, 치안유지, 대량난민대책, 국제법 등에서 난민처리문제 등이 대두되고 있다.

첫째, 경제적으로 1990년대 이후 북한은 '먹는 문제'를 해결하지 못할 정도로 최악의 위기상황을 벗어나지 못하고 있다. 이러한 상황 속에서 북한의 5차례에 걸친 핵실험은 국제사회의 경제적 지원 중단과 대북한 경제제재의 강화요인으로 작용하며 경제위기를 더욱 악화시켰다. 북한 지도부는 주민에게 생필품을 제공할 능력이 사라진지 오래고 매년 1,500~2,500명이상의 탈북자가 한국으로 들어오고 있으며 중국내 3만~5만의 북한주민이 은둔하면서 한국이나 보다 안전한 지역으로 탈출을 기도하는 것이 이를 증명하고 있다. 북한의 경제는 최악의 상태로 중국 등 외세의 지원에 절대적으로 의존하고 있는 실정이다. 미국의 관점에서는 궁극적으로 서방세계와의 협상을 선호하는 세력이 전면에 나서기를 희망하고 있을 것으로 판단된다.

둘째, 화폐개혁 시 북한주민들의 소요가 있었던 점은 민란도 가능하다. 권력투쟁에서 패한 군부 중 일부가 집단적으로 중국이나 남한에 투항하는 사태도 점쳐 볼 수 있고 북한의 사회 안전망을 파괴하는 세력도 예상된다.

북한 체제의 지속성은 주민통제조직의 유지 가능성 여부에 달려 있다. 만일 북한 주민들에 대한 통제조직이 조직 내 구성원들의 저항으로 작동하지 못하는 상황이 오면 북한 체제는 붕괴하게 될 것이다. 주민통제 조직이 제대로 작동하는 한 북한 주민들의 불만이 아무리 크다 할지라도 집단적 저항(group opposition)은 일어날 수 없다고 보는 견해도 존재하나, 일찍이 토렌스(E. P. Torrance)가 지적했듯이 소규모 그룹 구성원들이 물질적 재앙(경제난 – 필자)을 통해 얻은 학습효과가 압박으로만 인식된다면 지도자와 그룹 구성원들 사이에 소통의 틈이 생기고 불만이 쌓이면 붕괴 가능성은 증대한다.[3] 그리고 그 결과는 급변사태의 발생과 정권의 붕괴로 연결될 수 있다.

한반도의 평화·안정 차원에서 북한체제의 안정을 추구하는 중국은 북한 내에서의 돌발사태 발생을 방지하기 위해 노력해 왔다. 중국은 북한의 급변으로 중국지역으로 대규모 북한난민 유입, 북한붕괴 전후의 혼란·내전, 북한의 대남도발, 외부개입에 의한 무력충돌 발생 가능성과 핵무기 등 대량살상무기의 통제력상실, 미국 등 국제사회가 개입해 자국의 영향력이 상실될 가능성 등을 우려하고 있다.

북한 급변사태 가능성과 관련 한미일이 적극적 대책을 고려하는 것과 달리 중국은 조심스런 입장을 보이며 북한 체제의 안정적이고 현상고착에만 만족하고 있다. 김정일은 90년대 이후 지금까지 '선군정치' 노선을 내세우며 인민군장악을 체제유지의 첫째 수단으로 삼고 있지만 실제 인민군은 김정일 개인 경호에 치중하는 호위총국 등 근접 대우를 받는 세력을 제외하고 불만이 증가하고 있다. 북한의 공식 주장과 달리 김일성·김정일 부자는 쿠데타가 일어날 것을 우려해 항상 군부를 우대하고 군부장악을 내치(內治)의 제일 중요한 목표로 삼아왔다.

김정일은 1991년 12월 24일 '최고사령관'으로 등극하면서 군 통수권을 김일성으로부터 넘겨받아 군부를 완전 장악했고 1993년 4월 9일 국방위원회 위원장으로 취임, 선군정치의 기초를 만들어갔다.

그러나 인민군 내부에서는 전 소련 군사아카데미 푸룬제 유학생 출신 장교들이 주도한 '쿠데타 기도'가 일어났었다. 1992년 9월 9일 북한 정권 창건절을 맞아 준비된 군 열병식에서 주석단을 향해 포사격을 가하기로 계획했으나, 사전에 정보가 누설돼 안경호 상장을 비롯한 주동자들이 대거 러시아로 도피했다.

김정일은 이 사건 이후 인민군 내에 보위부, 보위사, 정치위원 등 부처가 철저히 서로를 감시케 했다. 북한군 야전 군단에 명령이 전달되면 정치위원, 보위부장, 군단장 등 이 작전을 지휘하게 하는 이른바 '군단 3부 통수권'이 실행됐다. 군단 3부 통수권은 김정일에게는 매우 유리한 방법이었는지 모르나 군단 내부에서는 서로를 불신임하고 출세를 다투는 결과로 작용했다.

그러나 김정은은 군대에 대우는 차치하고라도 자기 마음대로 보직을 갈아치우거나 계급을 강등 승진 불신을 자초하고 있어 선대와는 완전히 다른 모습으로 급변 가능성을 보이고 있다.

나. 무자비한 폭력으로 배신요소 증가[4]

통치의 기본은 용인술이다. 흔히 용인술은 사람을 적재적소에 잘 가려

씀으로써 통치의 효율성을 높이는 기술을 말한다. 독재자들의 용인술 가운데 공통적으로 나타나는 특징은 배신에 대한 극도의 경계다. 특히 북한의 독재자들은 저항세력의 조직화를 막고 충성심을 강제하며 그것을 유지하기 위해 특수한 용인술을 고안해냈다. 이 글에서는 김정은식 용인술의 특징과 북한 엘리트들의 대응을 살펴보고 김정은식 통치의 미래를 전망해보도록 하겠다.

폭력에 의한 공포정치는 북한 독재자들의 정권안보를 공고화하는데 결정적인 기능을 발휘해왔다. 경쟁자들을 제거하고 권력을 강화, 유지하기 위해 북한 지도자들은 물리적 강제력을 동원한 공포통치를 동원하여 간부들의 긴장이 이완되는 것을 방지하고 배반요소를 차단하면서 충성심을 강제했다. 김정은의 북한 통치 5년은 이전 시기와 비교해볼 때 연속성과 차별성을 모두 지니고 있다. 한마디로 그것은 연속성의 강화라고 할 수 있다. 김일성·김정일시대에도 노정됐던 독재통치를 '김정은식'으로 강화하고 있다는데 그 차별성이 존재한다.

북한에서 공포통치의 원형(prototype)은 김일성시대에 나타났다. 김일성은 1956년 8월 종파사건과 1967년 갑산파 숙청을 통해 반대파와 경쟁그룹을 일소하고 유일지배체제를 완성했다. 그 후 북한에선 일인지배체제를 신격화하기 위한 우상화 작업이 이뤄졌고, 2대 수령인 김정일 대에 와서는 간부들에 대한 '세련된' 용인술이 등장했다. 김정일 시대에 나타났던 간부들에 대한 용인술은 인간 심리를 파고드는 것이었다. 사람은 보통 열 번 가혹하게 대하다 한번 잘해주면 그 한 번에 감동하게 된다. 김정일은 이 같은 인간 심리를 이용하여 간부들을 대했고, 결코 2인자를 용인하지 않으며 간부들끼리 '견제와 균형'을 통해 충성심 경쟁에 나서게 만드는 방법으로 집권층을 관리해 갔다. 김일성과 김정일의 용인술은 권력 강화를 위한 일인지배체제 확립에 효과적으로 기능한 측면이 많았던 것이다.

이에 비해 김정은의 용인술은 스스로 자신의 권력기반을 약화시키며 제살을 파먹어 들어가고 있다. 김정은식 용인술은 얼핏 보아 김일성과 김정은의 그것을 절충한 듯 보인다. 그러나 김정은 용인술의 특징은 무자비성에 있다. 간부들에 대한 김정은의 용인술은 크게 세 가지 유형으로 구분할수 있다. 첫째, 숙청과 처형이다. 김정은 숙청의 칼날은 집권 첫해부터 춤추기 시작했다. 2012년 7월 당시 총참모장이던 리영호의 숙청을 필두로 하여 2013년 12월에는 자신의 친고모부인 장성택 마저 고사포로 처형한 뒤화염방사기로 흔적조차 없애버렸다. 2015년 4월에는 인민무력부장이던 현영철을 장성택 처형 때와 유사한 방법으로 처형했고, 지난해 7월에는 교육부총리였던 김용진을 공개 처형하고 전 농업상 황민을 대공포로 살해했다. 특히 2015년 3월 간첩 혐의로 체포된 전 은하수 관현악단 총감독의 경우, 김정은이 직접 "이 땅에 묻힐 자리도 없이 없애치우라. 짐승처럼 죽이라"고지시해 잔인하게 처형했다.

김정은 집권기 처형 또는 숙청된 간부들은 2012년 3명, 2013년 30여 명, 2014년 40여 명, 2015년 60여 명으로 급격한 증가 추세를 보이고 있으며, 집권 3년차(2014년)에 들어서면서 잠재적 도전세력들을 대대적으로 청산해현재까지 140여 명을 처형한 것으로 알려지고 있다. 지난 3월 3일 미 국무부가 발표한 '2016 국가별 인권 보고서'에 따르면, 2015년 1~4월에만 북한에선 고위층 숙청을 위한 처형이 15건이나 이뤄졌다. 이 같은 잔인한 처형과 숙청을 통해 김정은은 간부들에게 극도의 두려움과 공포의 대상으로 자리매김함과 동시에 처벌의 위협을 통해 상시적 긴장을 불어넣고 충성심을 강화하도록 의도하고 있다.

둘째, 잔인한 처형과 숙청 외에 김정은은 간부들의 계급이나 직책의 강등, 복권의 반복을 통해 간부 길들이기의 양상도 자주 보여줬다. 가장 많은 굴곡을 보여준 인물은 최룡해다. 최룡해는 김정은 집권 초기 총정치국장 자리에 오르며 2인자 소리를 듣기도 했으나 2014년 5월 황병서에게 밀려났고, 2015년 11월에는 숙청돼서 혁명화 조치를 받고 지방 농장으로 3개월 동안 좌천당했다가 복귀한 바 있다. 김영철 통일전선부장 또한 2014년 7월 지방 농장에서 혁명화 조치를 겪었다. 전 총참모장 리영길은 지난해 2월 숙청된 것으로 알려졌다가 5월 7차 당 대회에서 당 정치국 후보위원으로 선출, 복권됐으나 계급은 상장(별 3개)으로 강등되고 직책은 제1부총참모장 겸 작전총국장으로 강등됐다.

셋째, 빨치산세력에 대한 숙청이다. 김정은은 과거 김일성의 갑산파 숙청 등 비정한 권력투쟁의 모습까지 '김일성 따라하기'를 몸소 실천하고 있다. 2015년 7월 한국으로 망명한 태영호 전 북한 영국공사의 증언에 따르면, 군이나 보위성 등 북한의 중요 권력기관에 빨치산세대가 없는데 그 이유는 김정은이 빨치산 세력들을 권력 내부에서 축출하고 있기 때문이라는 것이다. 북한 빨치산의 상징격인 오진우 전 인민무력부장의 아들 3형제가 2015년 이후 모두 해임됐다는 보도도 있었다. 빨치산 숙청 바람이 일면서 김일성의 항일 빨치산 동료였던 오백룡의 아들 오금철 북한군 부총참모장이 김정은의 부인 리설주에게 뛰어와 경례를 하는 모습이 포착되기도 했다. 이처럼 고위급 간부를 대상으로 김정은정권이 공포통치를 서슴지 않고 펼치는 것은 간부들을 장악해서 철저한 복종을 이끌어내기 위함이다. "아무리 고위급이라 하더라도 김정은 자신 앞에서는 일개 신하에 불과하다"는 메시지를 전체 간부들에게 주입시킴으로써 자신만이 위대한 지도자며 신적인 존재라는 점을 각인시키려는 것이다. 실례로 북한에서 2인자 위상을 지니고 있는 총정치국장 황병서조차도 자신의 의자가 있음에도 불구하고 낮은 자세로 꿇어앉아 왼손으론 입을 가리며 김정은에게 공손하게 말을 건네는 모습이 보도되기도 했다. 그러나 의도와 결과가 항상 같을 순 없다. 북한 엘리트들은 나름대로 생존을 위한 처세술을 익혀가고 있다. 김일성·김정일 체제의 근간이었던 권력층의 결집과 정권에 대한 충성심은 생존을 위한 면종복배(面從腹背)로 바뀌고 '같은 배를 탔다'는 운명공동체 의식도 점차 약화되고 있다. 이러니 엘리트들의 속내는 흔들리고 있다.

19세기 미국의 철학자였던 소로(Henry David Thoreau)는 정당성이 없는 정부가 불의의 하수인이 되기를 강요한다면 그런 정부에 대해 충성을 거부하고 저항할 권리를 주장했다. 최근 북한 엘리트들의 생존을 위한 처세술은 체제이탈로 나타나고 있으나, 중장기적으로는 보다 적극적인 저항의 방식으로 발전할 수도 있을 것이다. 2016년 4월 중국 저장성 류경식당 종업원 열세명의 집단탈북을 시작으로 북한 엘리트나 출신성분이 좋은 사람들, 혹은 고급두뇌 인력들의 연쇄탈북이 꼬리를 물고 있다. 이 같은 현상은 김정은 공포통치에 대한 엘리트집단의 불안감과 동요를 단적으로 말해주는 동시에 북한체제에 대한 그들의 절망과 좌절을 드러내고 있다.

2015년 7월 27~28일 홍콩에서는 하루 간격으로 북한의 수학영재 리정열 군과 북한군 고위직 인사가 홍콩에 있는 한국 영사관에 들어와 정치적 망명을 신청했고, 러시아 주재 북한대사관에서 근무하던 김철성 3등 서기관이 잠적했다가 가족과 함께 한국에 귀순하기도 했다. 2015년 말에는 유럽의 한 국가에서 김정은의 통치자금을 관리하는 북한 노동당 39호실 소속 A씨가 우리 돈으로 수십억 원을 들고 자녀와 함께 잠적했다는 보도도 있었다. 뿐만 아니라 태국, 아프리카, 동유럽 등지의 북한 외교관 출신 고위급 인사들의 망명도 줄을 잇고 있다. 세간의 주목을 끌었던 가장 중요한 사건은 지난 2016년 7월 태영호 영국주재 북한대사관 공사의 망명이었다. 태전 공사는 최근 망명한 탈북인사들 가운데 가장 고위급 인사다. 이후 북한 당국에선 해외주재인력에 대한 감시와 통제를 강화했으나 북한 고위급 인사들의 탈북은 그치지 않고 있다. 2017년 2월 중국 선양 주재 북한 무역대표부에서 북한 태권도 시범단의 해외파견과 물품구매사업을 맡고 있던 최고위급 인사가 가족 2명을 동반한 채 공작금 13만 달러를 가지고 탈북 하여 한국 또는 제3국으로 망명했다고 한다.

이런 내용들을 종합해볼 때 북한 엘리트사회에는 분명히 커다란 동요가 일고 있음을 알 수 있다. 그것은 김정은식 용인술이 의도와는 정반대의 효과를 나타내고 있음을 뜻한다. 북한 엘리트들은 김정은의 공포통치에 순종하며 수령에게 절대복종하고 수령의 처분만을 기다리고 있는 게 아니라 자신의 생존을 위해 체제이탈을 선택하고 있다. 이들의 탈북 동기에는 생존에의 의지뿐 아니라, 태 전 공사의 증언처럼 북한체제에 대한 절망과 자유민주주의에 대한 동경도 포함된다. 지난 5년간의 비극이 북한 엘리트들에게 확실한 학습효과를 안겨주면서 그들에게 새로운 대안을 제시해주고 있는 것이다. 아직까지는 북한 엘리트들의 선택이 상대적으로 소극적인 방식인 체제이탈로 나타나고 있지만, 김정은의 용인술이 결국 자신들을 도구적 존재로만 이용하다 쓸모가 없어지면 미련 없이 쳐내는 것이라는 깨달음이 집단의식 수준으로 발전할 때 그들은 보다 적극적인 저항으로 나설 수 있을 것이다. 김정은의 비정함과 잔인함 일변도의 용인술이 김정은 자신을 파멸시킬 수도 있는 부메랑이 될 수 있다는 것이다.

공포정치로 북한 엘리트들의 두려움이 만성화되면서 탈출구를 찾으려 적극 시도하고 있다, 이들은 자신들의 위협이 감당할 수 없을 정도로 높아지면 김정은 처단 등 다른 대안을 모색할 수도 있다. 북한 엘리트들의 탈북 현상이 증가한다는 것은 김정은에 대한 엘리트들의 불만이 높아져서 현재의 고단한 현실을 타파하기 위해 김정은 반대세력들이 은밀히 규합될 수도 있다는 의미이다. 탈북보다는 차라리 지도자의 교체를 도모할 가능성이 높아진다고 볼 수 있다.

현재 북한체제의 위기에 대한 분석이 많으나, 수령 3대 세습체제야말로 북한 체제위기의 근본적인 요인이다. 수령세습체제로 인해 북한의 경제, 사회는 정상적으로 작동되지 않은 지 오래되었다. 모두가 수령만을 쳐다보고 자율성을 상실한 체제에서 수령이 지시한 일 이외의 새롭고 참신한 일을 추진할 수가 없다. 늘 자본과 물자가 부족한 북한체제에서는 재원을 차지하기 위해, 또한 수령의 신임을 얻기 위한 엘리트들 간의 상호 갈등과 불신이 일상사이다.

엘리트들 간의 분열은 체제 몰락을 재촉하기 쉬운데, 지금 북한체제가 이런 상황으로 변화하고 있다. 현재 북한 엘리트들의 탈북 러시는 김정은 체제 몰락의 징후일 수 있다. 북한체제에 대한 희망을 버린 사람들이 많아지고 있다는 의미이다. 이와 같은 북한 엘리트들의 동요는 북한의 체제불안 요인으로 작용해서 향후 김정은 체제의 위기를 가속화시킬 것으로 전망된다.

다. 불만 확대로 주민 봉기 가능성

허먼이 지적한 바와 같이, 위기 상황에서 당국(authority)에 대한 압박이 점점 가중되면 그것은 당국과 조직 내 다른 단위 간의 갈등 가능성을 증가시킨다.[5] 김정은 정권 하에서 억압받고 있는 주민들의 경우도 예외는 아니다. 북한 당국이 아무리 사회통제와 감시 수준을 강화한다고 해도 정권에 대한 주민들의 불만 수위가 상승하게 되면 그들은 어떤 형태로든 당국의 실정(失政)에 저항할 것으로 예상된다.

최근 북한에선 이 같은 움직임이 조금씩 보이고 있다. 김정은 정권에 대한 북한 주민들의 불만이 가중되고 있는 점 등이다. 가장 중요한 요인은 경제적 궁핍이다. 지난해(2016년) 북한 당국은 당 창건 70돌을 앞두고 시장을 통제하고 골목장과 길거리 매대에 대한 단속을 강화하라는 지시를 내렸다고 한다.[6] 이 같은 방침은 가뜩이나 어려운 북한 주민들의 경제 수준을 더욱 악화시키는 요인이 되었을 것이다. 주민들이 살 길은 오직 장마당을 통한 원시적인 물물교환과 기초적인 자본주의식 매매형태밖에 없는데 자본주의 풍조에 대한 당국의 두려움은 장마당에서 이뤄지고 있는 주민들의 생존 수단마저 제한하고 있는 것이다.

이 같은 조치는 김정은의 통치이념을 약화시키고 있다. 김정은 시대 북한의 통치이념은 '김일성-김정일주의'[7]지만, 이는 주체사상과 선군사상에 기초한 혼합사상일 뿐 크게 새로운 점은 없다. 능력과 자질, 업적이 전무한 김정은이 김일성과 김정일의 권위를 빌어 통치하겠다는 선대(先代) 의존적 발상일 뿐이다. 그런데 노동당은 2013년 8월 개정된 '당의 유일사상체계 확립의 10대원칙'에서 제4조에 '부르조아 사상과 사대주의 사상' 부분을 신설하여 "반당적·반혁명적 사상조류를 반대하여 투쟁하며 김일성−김정일주의의 순결성을 고수해야 한다"고 규정했다. 이는 한류에 의한 북한 젊은 층의 빠른 남반부화와 중국을 통한 자본주의 문화 유입에 따른 북한 지배층의 두려움을 그대로 나타내주는 대목이라고 할 수 있다.[8] 다시 말하면, 김일성−김정일주의라는 김정은 시대 통치이념이 자본주의의 침투로 부식되고 있음을 자인한 것이다.

핵, 미사일 개발에만 경제 및 자원을 집중 투자하고 있는 점도 경제난을 가중시키는 중요한 원인이다. 경제 규모는 한국의 44분의 1, 국방 예산은 5분의 1 수준인 북한에서 김정은은 가용 자원을 군수과학·공업 분야에 쏟아 부어 '죽기 살기'식으로 '미사일 속도전'을 다그치고 있다. 김정은은 자신이 주창한 '핵·경제 병진 노선'을 통해 핵보유국의 반열에 오르기 위해 과학·기술자들에게 각종 특혜를 주며 미사일 개발을 독려해왔다. 김정은은 2012년 집권 이후 5년간 탄도미사일 100여회 시험을 했다. 김일성·김정일 시대(67년)를 통틀어 쏜 미사일 총량(29발)의 거의 3배다.[9] 이 같은 상황은 북한 주민들이 피부로 느끼는 경제지수를 갈수록 악화시킬 것이며, 허먼의 지적처럼 정권에 대한 주민들의 불평불만이 누적되는 상황은 분출의 계기를 찾게 될 것이다.

경제 수준의 악화로 인해 곪을 대로 곪은 북한 주민들의 불만은 동원체제의 적폐와 맞물려 아래로부터의 분출 개연성을 고조시킬 수 있다. 북한 당국은 2016년 5월 36년 만에 개최한 7차 당 대회를 앞두고 주민들을 동원하면서 노동력을 과도하게 착취했다. 70일 전투 기간 동안 북한 당국은 주민들의 생계를 책임지고 있는 시장 개장시간까지 통제하고 주민들을 사적

지와 도로 정비 사업뿐 아니라 각종 건설장에도 동원했던 것으로 알려지고 있다.[10] 뿐만 아니라 이 기간 동안 북한 당국은 농촌 가정에 공급하던 전기를 아예 끊어버리고 공장기업소들의 전기를 공업 부문으로 전환해 버려 주민들은 극심한 전력난에 시달렸다고 한다.[11] '70일 전투' 기간에 50명 이상의 주민이 사망했다는 보도도 나왔다.[12]

70일 전투가 끝나자마자 6월 초부터 북한은 7차 당 대회에서 채택된 '국가 경제 발전 5개년 전략'을 수행한다는 명분으로 200일 전투(2016.6.1.~12.15)에 돌입했다. 원래 200일 전투의 중심 사업은 평양의 려명거리 조성이었지만, 그 해 8월 말 함경북도 지역에서 태풍 '라이언록'으로 대규모 홍수가 발생하자 북한 당국은 '주 타격 방향을 수해 복구로 돌려 역량을 집중했다. 그러나 북한이 연이은 속도전을 추진하면서 주민 피로가 가중됐고, 특히 함경북도 수해 복구에 투입된 인력 등이 무리한 작업 과정에서 사망했다는 내부 소식이 잇따라 들려오기도 했다.[13]

엎친 데 덮친 격으로 2017년 들어 북한 당국은 주민들에게 지난해 전개된 70일 전투와 200일 전투보다 강도 높은 '속도전'을 다그치고 나섰다. 2016년 3월 13일 『노동신문』의 사설 '모두 다 만리마선구자의 긍지 드높여 승리의 대회장에 떳떳이 들어서자' "전체 인민이 천리마 대진군 때보다도, 2016년의 70일 전투나 200일 전투 때 더 높은 목표를 내세우고 당 정책관철을 위한 총결사전을 벌려나가자"고 강조했다. 만리마 선구자 대회에 앞서 북한이 당시 전개 중이던 '총돌격전'이 2016년의 70일 전투나 200일 전투보다 한층 강도 높은, 또 다른 형태의 속도전이라는 점을 드러낸 것이다.[14] 이처럼 끊임없이 계속되는 각종 속도전은 경제 수준의 악화와 맞물리면서 주민들의 피로도와 김정은 정권에 대한 불만 지수를 갈수록 고조시키고 있다.

이 같은 경제난 속에서 북한 당국은 주민들에게 내핍을 강조하며 '제2의 고난'을 예고하기도 했다. 2017년 1월 13일 노동신문은 '조선은 또다시 질

풍처럼 달린다'라는 제목의 정론에서 주민들에게 '강원도 정신'으로 국제사
회의 대북 제재를 돌파하자고 호소하며 국제사회의 제재로 인한 경제상황
악화가 심각한 수준에 이르렀고, 이를 극복하기 위해서는 제2의 고난의 행
군과 같은 내핍을 감수해야 한다는 점을 공공연하게 드러낸 것이다.15)

　요약하면, 생활방식의 통제로 인한 주민들의 당국에 대한 불만의 증대와
경제난의 가중, 그리고 동원체제의 적폐 등은 사회적 불만의 수위를 급격
히 상승시켜 최근 김정은 정권의 불안정성을 급격히 고조시키는 요인이 되
고 있다.

라. 김정은에 대한 갈등 증폭16)

　많은 나라의 독재자들은 자신의 성취로 건설한 강력한 국가로 말미암아
딜레마에 처한다. 국가가 강하면 강할수록 사회의 저항을 감소시켜 자신의
정권의 안정을 담보할 수 있지만 동시에 사회를 통제하는 강력한 국가기관
수장들의 증가하는 권력 때문에 불안감을 느낀다. '키워준 자가 언제라도
배신을 할 수 있는' 구조가 늘 따라다니기 때문이다. 이 때문에 독재자는
권력기관의 관료들을 지속적으로 숙청하여 판을 갈아엎는다. 강한 국가를
유지하기 위해서는 국가를 약화시켜야 하는 모순적인 모습을 보이는 것이
다. 세계적인 정치사회학자인 조엘 미그달(Joel Migdal)은 그의 저서 『강
한사회와 약한국가』(원문: Strong Societies and Weak States: State-Society
Relations and State Capabilities in the Third World)에서 견고해 보이는 독
재국가가 강한국가는 아니라고 주장하였다. 오히려 독재국가가 정치적으
로 훨씬 불안정하고 국가의 효율성도 떨어질 수 있다는 점을 체계적으로
제시하였다. 특히 미그달 교수는 독재자가 빈번하게 실시하는 '판 갈아엎
기'(원어로는 'the big shuffle')는 국가를 약화시키고 정치적 불안을 증대시
킨다고 주장하였다. 이 개념은 우리에게 매우 큰 통찰을 제공해 준다. 김정

은이 최고지도자의 자리에 오른 이후 북한은 몇 차례 내부 갈등을 겪었다. 잘 알려진 바와 같이 총참모장 리영호가 숙청되었고, 장성택은 처형되었다. 또한 김정은은 수많은 장군들을 승진, 강등시키면서 엘리트 사이의 균형을 맞추고 있다. 우리 언론에서도 북한의 최고엘리트들의 변경된 보직에 대해서 많은 기사를 내보내면서 자리 이동이 발생한 배경과 원인에 관심을 보이고 있다. 개별적인 자리이동에는 나름대로의 이유가 있겠지만 그것은 독재자가 정권을 공고히 하려고 고집적이고 지속적으로 행하는 정치적 의례인 것이다.

김정은 정권은 현재까지 큰 정치적 도전 없이 체제를 유지하고 있는 것처럼 보인다. 그럼에도 독재국가와 독재자가 처한 구조적인 요인 때문에 북한에서는 언제라도 심각한 정치적 갈등이 발생할 수 있으며 이 때문에 불안정성이 증대될 수 있다. 우리는 정치적 안정성을 논할 때 이와 같은 구조에 초점을 두어야 한다. 또한 북한의 최고엘리트들이 비교적 굳건한 모양새를 취하고 있는 것과는 반대로 북한사회는 엄청난 변화를 경험하였다.

최고지도자를 향한 일반적인 북한 주민들의 지지도는 사실상 고갈 상태라서 언급할 의미가 없을 정도이다. 2012년 사회주의 강성대국을 선포하고 "더 이상 허리띠를 조이게 하지 않겠다"라는 발언과 모란봉 악단과 리설주의 등장으로 일시적으로나마 주민들의 지지가 상승한 것은 사실이다(모란봉 악단의 등장은 마치 1990년대 초반 '서태지와 아이들'의 등장과 견줄만한 사건이다). 하지만 이것은 구조적인 개혁이 아니라 몇 가지 손쉬운 조치로 얻은 임시적인 성과이다. 가령 대학생들의 복장규범을 완화하거나, 여대생들이 귀걸이와 목걸이를 착용할 수 있도록 허가하였다. 또한 여성들도 남성들처럼 바지를 입을 수 있도록 허가하였다고 한다. 하지만 북한은 계획경제를 복원시키지도 못하고 있고, 특구를 통해서 새로운 성장 동력을 확보하지도 못하는 어정쩡한 상태에 놓여있다.

2. 대외기관의 북한 급변사태 시각

싱크탱크인 국제위기그룹(ICG)은 2010년 3월 15일 "북한에서 당장 급변사태가 일어날 것 같지는 않지만 당과 군부 엘리트들의 충성심에도 불구하고 북한 지도부 내의 갑작스러운 균열이 불가능한 것은 아니다"고 전망했다.17)

ICG는 '엄격한 제재를 받고 있는 북한'이라는 제목의 보고서를 통해 북한이 국제적인 제재와 잘못된 정책 선택으로 흔들리고 있다며 이같이 분석했다. ICG의 로버트 템플러(Templer) 아시아담당 국장은 "북한의 불안정, 쿠데타나 심지어 정권 붕괴는 어느 정도 진행될 때까지는 외부에서 관측할 수 없을 것"이라고 했다.

이 보고서는 국제적 제재가 북한의 외화 수입을 줄어들게 하고 있으며, 수백만 북한 주민에게 도움을 줄 수 있는 인도주의적인 지원이 이러한 정치적인 이유로 기부자들의 '대북 지원 피로' 현상으로 감퇴되었다고 지적했다. 또 북한은 국제 제재로 인한 비용을 북한 사회에서 가장 약한 개별 주민들에게 떠넘기는 데 익숙하다고 평가했다. ICG의 대니얼 핑크스톤(Pinkston) 동북아담당 국장은 "북한 당국은 지속적으로 개별적으로는 관리 가능한 여러 가지 국내 문제들이 간헐적으로 직면하고 있는데, 이런 사안들이 한꺼번에 발생하면 정권의 치명적으로 위협이 될 수도 있다"고 말했다.

이 보고서는 한반도에서의 전쟁 발생 가능성과 관련, "군사적인 힘의 균형이 북한에 불리한 상황이기 때문에 전쟁이 시작될 경우 패배할 것을 알고 있는 북한 지도부가 전쟁을 일으킬 것 같지는 않다"고 분석했다. 일부 북한전문가들은 중국이 "전쟁 때 자동개입 조항을 빼자"고 北에 동맹조약 개정 제의했다는 말이 흘러나오고 있을 정도다.18)

미국은 최근 '키 리졸브' 한미 연합훈련에 북한 유사시 북한이 보유한 핵·화학무기 등을 제거하는 임무를 맡은 특수부대를 참가시켰다. 미국은 중국 측의 거부로 실현되지는 않았으나 중국 측에 북한 급변 사태 논의를 제안하기도 했다. 미국의 북한 급변 사태에 대한 대비는 1차적으로 핵·미사일·화생무기의 관리와 한반도 안정에 맞춰져 있다. 한·미가 북한 급변 사태에 대비해 마련한 '작계 5029'는 갑작스러운 김정은 사망, 권력을 둘러싼 권력 투쟁·쿠데타, 주민 소요(騷擾)와 봉기, 대량 탈북, 내부 위기를 밖으로 돌리기 위한 무력 도발 등의 상황을 상정(想定)한 계획이다. 19) 한국의 최우선 과제는 북한 급변 상황을 어떻게 민족의 통일로 연결시켜야 할지가 과제다. 우리는 '북한 급변'이 더이상 가상적(假想的) 상황이 아니라 실제 상황이란 인식을 갖고 북한 급변 상황 발생 시 언제든지 즉각 행동에 옮길 수 있는 행동계획(액션플랜)을 준비해왔지만 전개 등 훈련도 필요하다. 미국 중국 일본 러시아 등과 북한 문제에 대한 해법이 받아들여질 수 있도록 사전에 국제적 환경과 분위기를 만드는 것이 무엇보다 긴요하다.

3. 북한의 급변사태와 예상되는 중국의 태도

가. 급변 시 중국 군부 태도

중국군 개입 가능성

중국은 북한 내의 급변징후가 발견되면 접경지역 군대를 동원해 난민의 대량유입을 차단하고, 북한에 긴급 식량공급 등 경제적 지원을 하는 한편, 관련 이해당사국과 유엔안보리 등 국제기구와 북한상황 안정대책을 논의할 것으로 예상된다. 현실적으로 중국은 북한 내의 급변사태 발생 시 독점적으로 북한을 통제할 수 없다는 것을 잘 알고 있기 때문에 미국과 적극적으로 협력해 한반도의 안정을 유지하면서 질서재편 과정에서 영향력을 확보하려고 할 것이다. 왜냐하면 북한의 유사시 한국을 포함하여 세계 어느 나라도 북한의 내정에 독자적으로 개입할 수 없게 되어 있는 국제 질서 때문이다. 따라서 북한급변 시 중국은 한미 양국의 적극적인 개입과 일방적인 조치를 우려, 제3국의 사태개입에 자제와 경고를 하고 내정 불간섭을 요구할 것이다.

북한 급변사태에 대한 중국의 태도는 독자적·주도적으로 개입하기보다는 주요 관심사인 주한미군이 38도선을 넘어 북한으로 진입하는 문제, 북한체제의 관리방식, 탈북난민에 대한 처리 등에 대한 이해당사국 간의 합의가 필요한 상황으로 협력적 자세를 취할 가능성이 큰 것으로 보인다.

중국이 북한상황에 대해 군사개입을 할 가능성은 매우 제한적이다. 즉 중국은 한반도 안정과 북한에 대한 영향력 유지라는 목표가 결정적으로 훼손될 위험이 없는 한 군사적 개입을 최대한 자제할 것이며, 가능한 정치·외교적 개입을 통해 문제를 해결하려 할 것이다.[20] 그러나 이러한 정치적 개입으로도 사태해결이 불가능할 경우 군사적 개입가능성을 배제하지 않을 것이다.

북한의 급변사태로 주변국 간의 긴장 고조, 북한의 대량살상무기에 대한 통제력 상실, 한반도에 대한 중국의 영향력 확대 등을 우려하는 미국은 특히 대량살상무기를 통제하고자 군사적으로 개입할 가능성이 있다. 2009년 초에 발간된 미국 싱크탱크 전략국제문제연구소(CSIS) 자료에 의하면 북한의 급변사태가 발생할 경우 내부 치안과 안정을 성공적으로 유지하기 위해선 일반적으로 인구 1,000명당 5~10명의 병력이 필요한 것으로 보고 있다. 북한의 현재 2,300만 인구를 감안할 때 11만 5,000~23만 명의 군 병력이 필요하며 혼란 상태에서 한국군이 단독 투입되는 것은 무모한 선택이며 미국의 입장에서도 이라크에 주둔하는 미군 병력 규모의 3배에 가까운 규모의 군대를 북한에 투입한다는 것은 불가능한 선택이 될 수 있다. 특히 북한에는 우리가 정확히 파악하기 어려운 10만 명에 이르는 특수군 출신자들이 존재하는 것으로 알려져 있다. 섣부른 군사적 개입은 또 다른 국제전이 일어날 수 있어 미국의 국가이익에 결코 도움이 되지 않을 것이다.

미국은 북한 급변사태 시 중국의 북한개입 가능성을 얼마나 효과적으로 제어하느냐의 문제이다. 기본적으로 중국의 개입은 독립적인 변수라기보다는 한국과 미국의 전략적 선택에 연동되어 있는 종속적인 변수다. 특히 미국의 경우 군사적 개입을 자제하고 있는 상황 하에서 중국이 먼저 북한에 군대를 파견하거나 새로운 정권 수립과정에 과다한 영향력을 행사하는 것은 현실적으로 불가능할 것으로 판단된다.

중국의 경우 미군 또는 한미연합군이 중국의 동의 없이 군사작전을 감행하거나 중국의 이익이 보호될 수 없는 방향으로 북한 상황이 전개되어 중국에 심각한 안보위협이나 영향력 상실을 가져올 경우 중국은 '조중상호우호조약'(제2조)에 따라 군사적으로 간섭할 가능성이 있다.

따라서 미중 양국은 독자적인 행동이나 군사개입에 따른 위험부담을 줄이기 위해 상호 역할을 분담하거나 협조체제를 모색하게 될 것인바, 그것은 유엔(PKO)의 기치 아래 미중 양국이 북한의 사태를 공동으로 관리할 가능성도 있다. 그렇게 되면 김정은 정권 이후 북한의 새 정권을 미국과 중국이 공동으로 관리할 수도 있을 것이다. 수년전 상하이 국제문제연구소의 토론에 참석한 중국내 북한 전문가들이 한반도에서 무력충돌이 생겼을 경우 북한·중국 간의 조·중우호조약을 상기시키면서 미국이 북한에 대해 군사적 행동을 취하면 불가피하게 중국은 개입할 것이라고 경고했다. 중국의 한 전문가는 "만약 미국의 지도자들이 북한이 붕괴할 경우 미군과 한국군이 중국군과 아무런 협의도 없이 북한으로 진격할 수 있다고 생각한다면 1950년의 재판이 될 것"이라고 말하기도 했다.

중국군 고위 인사들은 북한의 핵무기 프로그램 등 북한의 행동에 대해 당혹해할 지는 모르지만 중국은 동북아 지역 안정이라는 중요성 때문에 인내심을 갖고 북한을 지지하는 정책을 펴고 있다고 밝혔다. 따라서 북한이 붕괴할 경우 사태를 안정시키고 사회통제시스템을 회복하기 위해 중국군이 개입될 가능성이 높으며 북한 체제가 불안정할 경우에도 중국군이 북·중 국경에 투입될 개연성이 높다고 보고서는 전망했다. 동 보고서는 그러나 중국군이 그러한 행동을 취할 때 미국이나 주변국들과의 협조가능성이 높다고 내다봤다. 미국 랜드(RAND)연구소의 브루스 베넷(Bruce Bennett) 박사도 2008년 10월 21일 육군본부가 주최한 발전 세미나에서 '한국 육군의 미래 발전을 위한 제안'이란 주제발표문을 통해 "통일이 이뤄질 경우 중국은 북한의 일부를 점령하거나, 한국군에 침공 위협을 가할 수 있다"고 전망했다.[21]

베넷박사는 북한 붕괴 후 한국이 개입하기로 결정한다면, 중국군은 한국군에 앞서서 평양에 도달할 것"이라며 "만약 한국군과 중국군 간에 교전이 벌어진다면 중국군은 병력에서 2~3배의 우위를 점할 것이므로, 한·미 동맹 지속을 통한 미국의 기술적 지원이 관건이 될 것"이라고 주장했다. 북한에서 민중폭동이 연쇄적으로 일어나거나 정권내부의 세력 간의 대립이 격화되어 전투상황이 전개될 경우 난민유입을 우려, 중국이 '자국민 보호'를 명목으로 군을 투입할 수 있다고 했다.

또 "중국군이 개입한다면 선양과 베이징군구에서 병력 45만 명과 전차 2,200여대, 야포 2,600문 등을 동원할 것이며 이때 한국군은 공중 타격부대와 신속 전개 부대를 동원하여 북한에 진입한 중국군을 막아야 할 것"이라고 분석했다.

베넷 박사는 "미래의 한국 육군은 북한이 붕괴하는 경우 외에 평상시에도 북한군의 위협, 평화 유지 활동, 국지적 도발 등에 대비하기 위해 16~24개의 상비 사단과 11~27개의 예비 사단이 필요하다"고 주장했다.

피터 벡 스탠퍼드대학 아시아·태평양센터 연구원은 수년전 워싱턴 코러스하우스 주미한국대사관 문화 홍보원 주최로 열린 '한반도 통일 비용과 대가' 강연에서 중국은 한반도 통일을 원하고 있지 않으며, 북한 붕괴가 시

작되면 북·중 국경을 봉쇄할 것이라고 주장했다.[22]

백 연구원은 북한내 급변사태가 일어나 붕괴가 시작되면 "중국이 취할 첫 조치는 국경봉쇄이며, 국경지대에 완충지대를 만들 것"이라고 예상했다. 국경 부근에 폭 10~20마일의 완충지대를 설치해 대규모 난민 등 북한의 혼란 상황이 중국으로 넘어오는 것을 차단한다는 것이다.

중국은 1990년대 중반 북한의 대기근 당시 국경을 넘어오는 수천 명의 난민들로 혼란을 겪었으며, 급변사태에 따른 북·중 국경지대 불안정을 상당히 우려하고 있다고 백 연구원은 주장했다. 그는 또 "중국은 한반도 통일을 전혀 원하지 않는다"면서 "중국이 원하는 최우선의 상황은 한반도 안정"이라고 말했다. 그는 이어 "일본도 한반도 통일을 원치 않는다"며 "러시아는 북한 내 이해관계가 그리 많지 않아 통일과정에 끼어들기 힘들 것"이라고 전망했다. 백 연구원은 통일이 이뤄진다면 "중국은 동북아에서의 전략적 이익을 위해 미국과 동맹관계인 통일 한국과 관계를 재정립하는 데 적극적일 가능성이 있다"고 예상했다.

미국 국방부 산하 육군전쟁대학(Army War College) 부설 전략문제연구소(SSI)는 2009년 4월 30일 발간한 '대만해협을 넘어서, 대만 문제 이외 중국군의 임무'라는 보고서에서 미국 정부의 공식 입장은 아니지만 중앙정보국(CIA)을 비롯해 미국 정부내 16개 정보기관을 총괄하는 내용에서 중국의 북한정권에 대한 시각에 대해 서문을 썼다.[23]

동 내용은 "중국군이 지난 한국전쟁 때 한반도에서 가장 심각한 군사적 위협에 직면했었다"면서 "중국군이 북한 급변사태에 대비책을 마련하고 있을 것이라는 점은 매우 타당하다"고 지적했다.

중국 고위 인사들은 그동안 '중국은 북한이 붕괴하도록 내버려두지 않을 것'이라고 강조해왔고 실제로 중국은 지난 수십년간 북한이 기근 및 에너지 위기를 겪을 때마다 식량과 연료를 제공하는 마지막 버팀목이었다고 지적했다.

뿐만 아니라 중국 지도부는 공식 성명이나 출판물, 국영매체 등을 통해 북한에 대한 지지를 표명하고 북한의 정권교체'를 옹호하지 않은 것은 물론 비공개, 막후회의에서조차 북한 정권교체를 언급하는 것을 금기시해 왔다는 점을 지적하였다. 북한이 붕괴할 경우 사태를 안정시키고 통제력을 회복하기 위해 중국군이 개입할 가능성이 높고 북한이 불안정해질 경우에도 북·중 국경 인근에 중국군이 투입될 개연성 주장을 재차 반복하였다.[24)

이 보고서는 미정보기관을 총괄하는 국가정보국장(DNI)도 "중국군이 지난 한국전쟁 때 한반도에서 가장 심각한 군사적 위협에 직면했었다"면서 "중국군이 북한 급변사태에 대비해 비상임무를 마련하고 있을 것이라는 점은 매우 타당하다"고 지적했다.

전략문제연구소(SSI)는 중국군 고위 인사들은 북한의 핵무기 프로그램 등 북한의 행동에 대해 당혹해할 지는 모르지만 중국은 동북아 지역 안정이라는 중요성 때문에 인내심을 갖고 북한을 지지하는 정책을 펴고 있다고 밝혔다.

따라서 북한이 붕괴할 경우 사태를 안정시키고 사회통제시스템을 회복하기 위해 중국군이 개입될 가능성이 높으며 북한 체제가 불안정할 경우에도 중국군이 북·중 국경에 투입될 개연성이 높다고 보고서는 전망했다. 그럼에도 불구하고 중국군이 그러한 행동을 취할 때 미국이나 주변국들과 사전조정은 아니더라도 최소한 협의할 가능성이 높다고 내다봤다.

중국의 북한 전문가들의 말을 인용, 중국군내 정책 결정자들은 북한이 중국과 한국·일본·미국 사이에 완충지대로 남아있기를 선호하고 있으며 중국 대북정책의 근본목표는 한반도에서의 안정유지와 평화를 희망하고 있다. 중국은 북한에 대한 지지를 표명하고 북한 '레짐체인지(정권교체)'를 옹호하지 않는 것은 물론 비공개 회의에서조차 북한 정권교체를 언급하는 것 을 금기시해온 점을 재차 상기 시켰다. 중국은 북한 급변 사태 대비 심양군구와 장춘지구에 각각 1개 여단 규모의 비상 부대가 조직되어 있는 것

으로 알려지고 있다.[25]

중국군은 이미 수년 전 부터 북한의 유사시에 대응하기 위해 심양군구 산하에는 특별히 조선족들로 구성된 특수부대도 있다고 한다.[26] 이들은 북한 유사시를 비롯한 한반도 특별사태에 대응하기 위한 부대들로서 이에 필요한 각종 군사훈련을 실시하고 있다고 한다.

한국의 안보 전문가에 따르면 심양군구 산하에 3,000명 규모의 190 기계화보병여단이 있는데 이 부대가 북한 내 소요 발생 시 초기 투입될 가능성이 높다고 한다. 실제로 2006년 9월 심양군구의 190 기계화보병여단은 한반도 유사시를 대비해 내몽고에서 기동훈련을 전개한 바 있다. 신화통신에 따르면, '홍군(紅軍)'인 선양(瀋陽)군구 기계화보병여단의 탱크, 자주포 등 전투차량과 보병 전투차량은 주둔지에서 1천㎞ 이상 떨어진 내몽고 초원지대의 합동전술훈련기지로 신속하게 이동, 베이징군구 장갑여단이 맡은 '청군(藍軍)'과 진지공격 훈련을 했다고 한다.

선양군구는 중국 인민해방군 7대 군구의 하나로 사령부는 랴오닝성 성도 선양에 있으며 유사시 한반도를 담당한다. 훈련을 실시한 '선양군구 기계화부대'는 한국전쟁에 참전했던 제39집단군의 예하부대인 제190 기계화보병여단이고, 제39집단군 본부 주둔지는 선양과 단동 사이 랴오닝성 번시(本溪)인 것으로 알려졌다.[27]

그리고 장춘 지구에는 3,000명 규모의 117 무경(무장경찰)기동여단이 있는데 이 부대 임무는 북한 급변 사태 발생 시 중국 내 국경 경비와 난민 통제라고 한다.

한편 조지프 던퍼드 미국 합참의장은 2017년 8월 16일 북한에서 200km 밖에 안 떨어진 중국 랴오닝(遼寧)성 선양(瀋陽)의 북·중 접경지대를 관할하는 부대인 39집단군 북부전구(戰區) 사령부에서 중국군의 훈련을 참관해 전쟁 방지를 위한 미·중 간 협력은 지속중이다.

중국 국방부는 이날 던퍼드 의장이 8월 15일 베이징(北京)에서 팡펑후이

(房峰輝) 중국군 총참모장과 만나 양국군 간 새로운 통신교류 협정에 서명한 데 이어 선양의 북부전구 사령부를 방문해 중국군의 훈련을 참관했다. 중국이 미군 최고 수뇌부의 자국 훈련 참관 사실을 공개한 것은 이례적이다. 중국 국방부는 던퍼드 의장의 방문이 도널드 트럼프 미국 대통령과 북한 간 거친 말싸움과 중국의 북한 석탄 등 금수조치 이후 이뤄졌다는 점을 강조하고 북핵 문제와 대만 남중국해 문제에 대해 의견을 교환했다고도 밝혔다. 팡 총참모장은 "던퍼드 의장의 참관이 미중 간 상호 신뢰 증진에 도움이 된다"고 말했고, 던퍼드 의장은 "미중 사이에 문제들이 많고 해결돼야 한다"고 밝혔다.

최근 중국은 창춘(長春) 등 북·중 접경지대에서 잇달아 대규모 실탄훈련을 벌리면서 미국의 대북 공격 가능성에 대비해 왔다. 두 사람은 미국의 대북 공격 검토 여부, 북한 급변사태 대비, 한반도 전쟁 방지 등에 대해 긴밀히 협의했을 것으로 관측된다. 북한의 '괌 포위사격' 관련 정보도 교환했을 것으로 보인다. 양국 군 최고 수뇌부가 '새로운 통신교류 협정'에 서명한 데 대해 중국 국방부는 "미중 양국의 오판을 줄이고 리스크 관리를 높일 것"이라고 의미를 부여했다. 중국은 민감한 시기에 민감한 지역에 미국의 군 수뇌부를 보여준 것은 한반도 군사 충돌 방지를 막는 데 우선순위가 있음을 보여준 것이다.[28]

중국 인민해방군과 러시아군의 합동개입가능성

러시아 극동 블라디보스토크에서 역사적인 사상 첫 중·러 연합 군사훈련이 있었다.

'평화의 사명 2005'로 명명된 이 훈련은 블라디보스토크에서 시작돼 2005년 8월 25일까지 8일 동안 3단계에 걸쳐 실시됐다.[29] 1단계는 함대 기동훈련, 2단계는 수륙 양동 작전(상륙훈련), 3단계는 첨단 미사일 발사 훈련

등이었다. 1969년 중·소 국경분쟁으로 무력충돌까지 벌리며, 경쟁관계였던 두 나라의 연합 훈련은 격세지감을 느끼게 하고, 한국은 물론 미국·일본이 촉각을 곤두세울 수밖에 없는 사안이었다. 실제로 두 나라는 한국과 가까운 산둥(山東)반도를 주무대로 훈련을 실시해 한반도 긴급상황을 상정한 것 으로 볼 수 있다. 또 러시아 공군은 항공모함 공격용 대함(對艦) 크루즈(순항) 미사일을 탑재한 TU-22M3 '백파이어'를 비롯한 전략폭격기를 훈련에 참가시키는 등 항모 격퇴훈련까지 했다. 그러나 당시 한국이나 미국에서 이 훈련의 중단을 요구하거나 항의하지 않았다. 그 뒤에도 중국과 러시아의 연합훈련은 2014년과 2015년 계속되고 있다.

중국은 더 민감한 훈련도 종종 벌이고 있다. 압록강 도하훈련이 그것이다. 지난 10여 년간 중국 심양군구 소속 공병대 200여 명이 단둥(丹東)시 인근 압록강에서 부교(浮橋) 설치 훈련을 하는 모습이 목격됐다. 이 훈련은 북한 급변사태 때 중국 병력이 북한에 진주하는 상황을 상정한 것으로 전문가들은 분석했다.

북한이 붕괴될 경우 중국과 러시아군이 북한을 공동으로 점령할 수 있다는 관측도 제기됐다.[30] 와이츠 미국전략연구소 선임연구원은 한국경제연구소 주최 열린 토론회에서 중국이 직접 군을 동원하기보다 러시아군의 북한지역 점령을 선호할 수 있다는 견해를 밝혔다. 러시아와 남북한, 과거 정책과 미래 가능성이라는 제목의 연구논문 발표를 통해 이 같은 시나리오가 가능하다고 밝혔다.

그는 "북한 붕괴사태가 일어날 경우 인도적 차원의 재앙이 일어나는 것을 막는 한편 테러리스트나 범죄자, 또는 불량정권의 수중에 북한의 핵폭발 장치 및 다른 무기들이 떨어지기 전에 이를 확보하기 위해 다른 나라들도 군대를 북한 내로 진입시키는 것을 고려할 수 있다"고 전망했다. "러시아와 중국은 미군이 자신들의 국경에 근접하는 것을 허용하기보다 먼저 북한을 점령하기를 원할 수 있다"고 분석했다. "러시아와 중국은 이미 이런 공동 점령의 총연습을 제공할 수 있는 위게임을 실시했다"면서 "북한이 붕괴할 경우 중국 지도부는 북한의 대량살상무기(WMD)를 봉쇄하고 인도적 지원을 제공하기 위해 중국군이 직접 나서거나 미군의 북쪽으로의 배치를 수용하는 것보다는 러시아군이 북한을 점령하는 것을 선호할 수 있다"고 분석했다. "대부분의 미국 관리들은 북한이 핵보유국이 되는 것을 막기 위해 한반도 통일이나 북한의 붕괴를 포함한 일부 불안정을 수용할 것이지만 러시아는 북한의 정권교체에 동반될 무질서보다는 현 상태를 대체로 더 선호할 것이라는 점이 미국과 러시아 간의 가장 큰 차이"라고 설명했다.

관영 신화사통신이 2010년 7월 19일 중국 인민해방군이 황해에서 처음으로 전시 긴급 해상수송 훈련을 실시했다고 보도했다. 중국군은 과거와 달리 정규훈련을 신속하게 공개하였다는 분석이 있었다.

인민해방군 총후근(병참)부와 국가교통전쟁준비판공실, 군사교통운송부는 민군 합동으로 2일간 산둥(山東) 성 옌타이(煙臺) 앞바다에서 지난(濟南) 군구 병력이 참가한 가운데 병력 구조와 무기수송 훈련을 벌였다. 이 통신은 "중국군이 황해에서 전시 해상 수송훈련을 한 것은 처음"이라고 했다.[31]

북한이 위기에 빠져 중국이 6·25 때와 같이 지원한다면 중국이 북한 상황에 전면적으로 개입, 한반도 통일이 어려운 상황에 몰릴 수도 있다.

나. 쿠데타 및 민중봉기

1차 북한 핵실험 직후인 2006년 10월 미국 시사 주간지『뉴스위크』인터넷판『뉴스위크』는 "과거 중국 관리나 학자들이 북한에서 중국식 정권 교체가 일어나도록 영향을 끼치는 구상에 대해 그냥 지나쳐 버렸지만 핵실험 이후 중국의 대북 정책 토론이 전례 없이 벌어졌다"며 "중국 정부와 밀접한 관계에 있는 북한 전문가는 이 같은 가능성의 근거를 대략 세 가지로 들었다. 1차 핵실험 직후 북한의 돈줄인 중국의 4개 주요 은행이 대북 금융 거래를 중단했고, 중국 식량 수출의 3분의 2를 줄였다. 북한의 석유소비량은 연간 대략 1백만 톤이나 50만 톤으로 대폭 줄어들어 이것도 대부분 중국으로부터 얻고 있다. 중국이 이를 중단하면 북한은 경제적으로나 군사적으로도 견딜 수가 없으며 이는 중국이 확실히 쿠데타에 영향을 미칠 수단을 보유하고 있다고 분석했다.

가능성은 낮지만 중국이 핵문제 등에서 계속 핵포기를 거부하고 김정일 체제가 인민의 불신으로 가망이 없어 단념하게 되면 중국이 친중세력을 원격조종하여 탈북자를 난민으로 받아들이고 중국이 북한정권을 전복할 수도 있다.

『뉴스위크』는 "김정일의 뒤를 이을 후계자 주변 온건파 그룹 중에는 중국 스타일의 경제 개혁이 북한의 체제 변화를 도울 것이라고 믿는 친중 군부 인사나 기술관료 그룹이 있으며, 중국이 베이징에 망명한 북한군 장교 출신 등 고위 인사를 새로운 북한 체제의 핵심으로 지지한다는 소문도 있다"고 소개했다. "북한내 친중 궁정 쿠데타 구상이 새로운 흐름을 얻고 있다"고 했다.

중국은 북한에 계속 우호적이며, 이념적으로 사회주의를 지향하고, 남한 주둔 군대를 보유한 미국과 거리를 두는 일종의 완충 국가로 남아 있기를 선호한다고 분석했다. 핵실험은 실제 미국 및 유엔의 경제 제재 지속에 따른 북한의 경제난을 가속화하는 요인이 되었다.

그러나 정권 교체의 유력한 방식인 쿠데타 가능성은 낮다. 북한 주민의 봉기 가능성은 더 더욱 낮다. 세계 어느 곳보다 철저하게 가동되는 사회 통제 시스템으로 주민봉기가 일어날 수 없기 때문이다. 미국의 북한 전문가인 박한식 조지아대 교수는 "북한에서 군부 쿠데타나 민중 봉기의 가능성은 거의 없으며 군부 체제에 의해 권력이 행사될 것"이라며 "경제적 어려움에도 불구하고 북한 정권이 무너지지 않는 것은 새의 둥지처럼 상호의존적이고 촘촘히 짜인 사회 통제 때문이라고 하였다.

다. 외교적 해결 문제 대두

내부정변으로 김정은의 중국 등 망명가능성

김정은의 경우 현재는 어렵지만 미래의 북한의 민주화가 일어날 경우 2009년부터 일어났던 중동발 민주화가 일어날 수 있다. 투니스, 리비아, 이라크, 이집트 등의 사태가 일어나 지도자가 죽거나 실각하는 경우다. 엘 졸카미 주한 이집트 전대사는 필자와 2014년 8월 인터뷰 시 "이집트가 과거 겪은 바와 같이 인류 보편의 가치인 자유가 모든 독재국가의 민주화를 성공 시킬 것이라고 하였다."[32] 쿠데타가 일어났건 내부 정변이 일어나 지도자가 국외로 도망치는 경우 모두 갑작스럽게 발생한다. 과거 이디 아민 우간다 대통령도 내부 쿠데타로 사우디로 망명하여 생을 마쳤다. 김정은도 급변사태 시는 같은 길을 걸을 것이다.

부패한 독재자들의 공통점은 부정부패로 축적한 돈을 스위스 은행 비밀계좌에 숨겨뒀다는 것이다. 독재자들은 권력 유지를 위한 통치자금이나 권력 상실 이후를 대비한 비자금을 쌓아둔다. 페르디난드 마르코스 전 필리핀 대통령은 스위스 은행 비밀계좌에 6억 2400만 달러를 감춰뒀다가 적발됐다. 전범 재판 중 사망한 슬로보단 밀로셰비치 전 유고 대통령도 330만 달러의 스위스 비밀예금을 갖고 있었던 것으로 알려졌다. 북한은 김정은의 통치자금 관리 전담 조직인 노동당 39호실이 있다. 통치자금은 미사일 등 무기와 마약 및 위조달러 거래, 각종 외화벌이 사업으로 조성한다. 이 돈은 전통적으로 북한정권이 독재 권력을 유지하기 위해 측근들에게 최고급 승용차나 롤렉스시계 같은 선물을 사주고 자신과 일족의 초호화 생활을 유지하는 데 사용한다. 김대중 노무현 정부는 북에 정상회담 대가 4억 5,000만 달러를 포함해 약 70억 달러를 제공했으며 30억 달러가 현금이었다. 이 가운데 상당 부분도 핵·미사일 등에 전용되어 지원자금으로 쓰였을 것이다.

김정일 시대부터 스위스 은행에 숨겨뒀다는 비자금 40억 달러(약 4조 5,388억 원)의 대부분이 룩셈부르크 은행들로 옮겨졌다고 영국 일간지 텔레그래프가 보도했다. 세계적 금융위기 이후 스위스 정부가 돈세탁 규제를 강화하자 북이 조치를 취했다는 것이다. 김정일 비자금 40억 달러 은닉설은 2006년 미국의 대북 금융제재 때 처음 불거졌다. 북한은 당시 "황당무계하다"며 발끈했다. 미국이 마카오 방코델타아시아(BDA) 은행에서 발견된 2,400만 달러를 동결하자 북한이 전전긍긍한 것도 당시 김정일 자금이었기 때문일 것이다.

90년대 중반 북한 주민들의 아사당시 한미연합사의 국제관계 담당관이었던 로버트 콜린스의 '북한붕괴 7단계 시나리오'를 인용해 '자원의 고갈, 자원투입의 우선순위, 국지적 독자노선, 탄압, 저항, 분열, 정권교체' 순에 따라 북한정권이 붕괴로 치닫게 될 것이라고 말했다.[33]

북한전문가 조갑제 씨는 "2009년 말에 실시된 화폐교환 조치와 시장억압 조치 및 부작용, 정권에 대한 주민들의 불만 증대가 붕괴 변화를 촉진시키고 있다"고 주장했다.

김정은 민중봉기가 일어나서 도주하다 결국엔 군부에 의해 총살된 루마니아 대통령 차우셰스쿠의 몰락과정과 같은 모델로 가고 있다고 지적했다. 이어 공산정권 시절 물가폭등으로 인한 폭동으로 3차례의 정권교체를 이룬 폴란드의 역사와 같이 북한에서도 물가폭등과 품귀현상이 주민 소요를 부르고, 시장을 통해 먹고사는 '시장세력'이 소요사태를 겪으면서 '체제개혁 세력', 즉 민주화 투사들도 질적 변화를 일으킬 수 있다고 주장했다.

"종합적으로 살펴보면 북한의 붕괴 가능성이 있다"면서 "한국 정부와 국민들이 의지와 용기와 전략을 갖고 이 기회를 활용하면 자유통일로 가는 길이 열릴 것이고 이기주의에 빠져 찬스를 피하면 분단고착에 빠질 가능성이 크다"고 주장했다.

북한 붕괴 시 비상 시나리오는 네 가지 상황을 예상해 마련됐다. 김정은이 측근에 의해 위해를 받을 경우, 평양이 외국군에 점령될 경우, 주민 폭동으로 무정부 사태가 될 경우, 군 내부 폭동이나 쿠데타가 발생할 경우 등 네 가지다. 백두산 초대소는 주변이 산악 지역이어서 외부 공격이 쉽지 않은 천혜의 요새다. 1980년 9월 준공된 이 초대소는 이후 계속해서 수리돼 관리 상태가 양호하다. 총 부지 면적은 95만㎡에 이른다. 부근에는 삼지연 비행장이 있어 항공기를 이용한 해외 탈출도 용이하다. 위성사진 분석 결과 이 비행장 외부에는 전투기가 보이지 않았다. 대신 여러 개의 지하 통로가 확인됐다. 탈북자들은 이 지하 통로가 부근 백두산 초대소와 연결돼 있다고 주장했다. 지하에 10여 대의 헬기를 수용할 수 있는 공간도 있는 것으로 알려져 있다.

평양의 인민무력부와 노동당 간부들도 비상시 항공편으로 한 시간 이내에 삼지연 공항에 도착해 김정은 지휘부와 합류할 수 있다. 최악의 경우 해외 도피도 쉽다. 북한은 2007년 러시아제 최신 여객기인 Tu 204 · 300 두 대를 구매했다. 탈출에 이용할 가능성이 크다. 육로를 이용할 경우 수십 대에 이르는 자신의 벤츠 승용차를 탈 것으로 보인다. 평소 애용하는 열차의 경우 함흥 72호 초대소에서 대기 중인 전용열차를 이용해 중국의 지린(吉林)성으로 빠져나가면 된다.

김일성 이 애용했던 묘향산 초대소의 경우 지하 방어 시설이 완벽하다는 장점을 갖고 있다. 그러나 평양에서 탱크로 3~4시간 거리라 최악의 경우에 대비한 사령부로는 한계가 있다는 지적이다. 원산 초대소는 해변에 위치해 있는 데다 평양에서 차량으로 두 시간 거리에 있다는 약점을 갖고 있다. 함흥의 72호 초대소는 평양에서 멀리 떨어진 북방에 위치해 상황에 따라 임시사령부로 사용될 수 있다. 그러나 전용 열차역이 있어 외부 노출이 쉽다는 약점이 있다.

김정은이 망명을 한다면 제일의 망명국가는 중국이 될 것이다. 과거의 연안파 숙청 시 산업상 윤공흠, 직총동맹위원장 서휘, 문화성부상 김강 등이 중국으로 피신하였을 때 중국당국이 서안지역을 은신처로 제공한 것과 유사하다. 우간다의 이디 아민 대통령이 실각하여 사우디아라비아가 망명 처를 제공한 것과 같은 맥락이다. 김정은은 자신이 비자금이 있는 스위스 나 러시아도 망명 처로 고려할 수 있을 것이다.

대량살상무기 처리

전 미 태평양 해병대 사령관은 키스 스탤더 중장은 2010년 2월 17일 미 대사관에서 일본 방위당국 간부들과 회동한 자리에서 "오키나와 미 해병대 의 가장 중요한 임무는 유사시 북한의 핵무기 제거라고 설명하며, 미군의 일본 주둔 중요성을 강조하였다.[34]

미국은 지금까지 오키나와 해병대의 주둔 이유를 북한의 위협과 중국의 군비확대에 대한 억지력 등으로 설명했으나, 북한의 체제 붕괴 때 북한이 보유한 핵 제거를 최우선으로 하고 있다는 미국 측의 본심을 키스 사령관 이 드러낸 것이라고 이 신문은 해석했다.

한국 내에서 실시된 한미 합동 군사훈련에 '핵무기 등 북한의 대량살상 무기의 수색·확보·제거'를 임무로 하는 미 특수부대의 수송도 포함돼 있 었다고 언급했다.

2011년 3월 24일에는 월터 샤프 한미연합사령관이 미 하원 세출위원회 에서 "미국과 한국 양국은 대량살상무기를 제거할 수 있는 준비가 돼 있다" 고 밝히기도 했다. 현재 오키나와에는 미 해병대 1만 2천 400명이 주둔해 있으며 이는 주일미군 전체의 약 40%, 오키나와 주둔 미군의 약 60%에 해 당한다.

한편 중국의 경우도 북한의 핵무기나 화학·생물학무기가 테러 세력이 나 남한으로 넘겨지는 것을 견제할 것으로 보인다.

▲6차 핵실험이 있었던 지난 2017년 9월 3일 오전 노동당 중앙위원회 정치국 상무위원회
가 열렸다. 사진은 김정은이 관계자들과 6차 핵실험 결정을 논의하는 모습.

미 · 중 간 협력가능성

북한 내부에서 민란 등으로 민간정부가 수립된다고 가정할 시 미 · 중 과
통일문제를 진지하게 논의해야 할 것이다. 혁명주도 세력과 북한내 과도정
부 수립문제에 미 · 중 간 협의 대상이 될 것이다. 여기에 한국도 참여 하도
록 해야 할 것이다. 내부 쿠데타 등으로 김정은 정권이 붕괴되면 중국 측과
미국 그리고 우리가 참여 토의 과정을 거쳐 김씨체제 단절 문제와 안정을
위한 일시적 김씨체제 유지는 김평일 등 잔존세력 협의도 이루어져야 할
것이다.

북한 김정은이 측근의 손에 의해 살해되거나 붕괴 시 북한정권의 실력자
가 미국이나 중국의 조종을 받아 정권을 유지하면 민주화는 완만한 속도로
진행될 것이다.

미국이 김정은 정권을 타도할 경우, 정부와 군의 고위관리들을 위임하여 관리가 진행될 것이다. 이라크와 마찬가지로 UN에 의한 잠정 통치기간을 거쳐 선거로 대표자를 선출하겠지만 오랜 독재정권하에 있던 북한인민 가운데서 민주화의 리더 육성은 상당한 시간이 필요할 것이다. 또 남한으로의 난민유입 등으로 빠른 속도로 진행되어 통일이 될 가능성도 있다. 제재가 계속되어 금융제재 조치가 계속되면서 미국이 무력행사로 위조달러 인쇄공장, 마약 및 위조담배 제조공장 등에 대한 공격을 하게 되고 북한이 보유한 핵을 타국 또는 테러리스트에게 확산, UN안보리 무력행사 결의 채택이 무산될 시 전면적인 북한의 핵관련 시설 등 중요시설 공중 폭격도 가능하다. 이러한 상황에서 북한의 경제난과 연료 부족으로 미 연합군의 압승, 전투 과정에서 북한의 전황불리로 김정은을 살해하고 단시일 내 전투가 종결될 수 있다. 그러나 이러한 급변 상황도 예견할 수 있지만 미국은 북한 급변사태로 신속한 개입에 대한 거부감도 존재하고 있다. 일각의 주장에 의하면 북한 급변사태 발생 시 잘못 개입할 경우 이란과 아프카니스탄과 같이 전쟁의 늪에 빠지기 쉽고 중국과 정면 대치도 불가피하게 되어 이에 신중히 대처할 것이라는 견해도 많다.

중국의 경우도 이미 현재의 탈북자에 대해서도 '비법월경자(非法越境者)'라는 이름으로 북한으로 돌려보내고 있음은 물론 북한문제 개입에 극도로 자제하고 있다. 이러한 논리의 연장선에서 미국 행정부는 중국이 북한에 개입하지 못하도록 효과적으로 제어하는 길은 미국 스스로 북한에 군사적으로 개입하지 않을 것이라는 점을 이해하고 있는 것으로 보인다.

미국정부는 현실적으로 북한에서 정권교체를 추구하기보다 행동변화를 유도하는 편이 낫다고 판단하고 있다. 만약 급변사태가 발생한다고 예상되는 경우 군사적인 개입보다는 북한 내부에서 다른 집권세력에 의한 순조로운 권력이양이 진행되기를 바라는 것이며, 새로운 집권세력은 북한의 개혁개방을 추진할 의사가 분명한 국제협상파이기를 희망할 것이다. 따라서 이러한 상황이 전개되면 미국·중국이 공동으로 협상을 통해 북한을 관리할 가능성도 높다. 한국의 입장에서도 북한은 우리의 영토라고 헌법에 명시되어 있지만, 조기 통일선택이 미국과 중국을 중심으로 한 국제적 대결 양상으로 치달을 수 있다는 점을 고려하지 않을 수 없다. 기본적으로 평화통일을 지향한다는 입장을 평소 적극적으로 천명하여야 하며 북한 급변사태 시에도 내부의 권력투쟁에 개입하기 보다는 북한 주민들의 어려움이 해소되고 북한내부에 국제적 규범을 준수하고 한반도 비핵화 및 평화통일의 의지를 확고히 가지는 세력을 중심으로 통일을 지향하는 것이 바람직할 것이다.

한·중 간의 협력 가능방안

김정은의 권력 승계는 김정일이 김일성으로부터 권력을 승계했던 1974년과는 판이하게 다른 최악의 경제 상태를 맞고 있는 상황 하에서 권력을 이양 받아 잘 이끌어갈지에 대해서 많은 분석가들이 전망을 어둡게 본 것이 사실이다.

북한 급변사태와 같은 문제를 포함해 여러 상황을 상정해 한·미 간에 전략을 수립하고 있다고 밝힌바 한·미 간의 협력도 중요하지만 한·중 간의 협력도 중요하다.

첫째, 북한급변사태에 대비, 중국 상층부내 친한세력을 형성하여 통화스와프 협력과 같이 한·중 협력하에 비상시 식량지원방안을 강구하는 방법도 방안이 될 수 있다.

둘째, 조·중국경지역내 조선족자치구내 개발계획에 우리기업이 참여, 현지 사업기반을 확충하여 급변사태 시 북한난민 탈출에 임시 거소로 활용하는 방안도 검토될 수 있다. 중국의 동북3성 창지투개발 계획에도 참여하여 국경지역(도문, 훈춘, 연길, 왕청, 용정, 삼합, 남평) 동향을 통해 중국의 의도파악과 급변사태 시 북한의 난민탈출에 대비하는 것도 필요하다.

　셋째, 중국과의 경제적 협력강화는 물론 중국의 지진, 태풍 등 천재지변시 지원협정 체결로 우회적인 북한급변사태 대비를 통해 한·중 간 우호적 분위기를 형성하는 것도 방안이다.

　넷째, 중국과 유엔을 포함한 국제적 공조체제 구축하여 급변사태 시 중국의 북한 내 군사개입에 대한 사전 협조 방안을 사전에 면밀하게 검토하여 수립해 놓아야 할 것이다. 북한에 급변사태가 발생하고 체제의 붕괴로 발전될 가능성이 높은 경우에 대북정책은 일차적으로 북한지역 내에서의 우리가 개입하여 제일의 이해 당사국인 중국과 우호적 사태해결로 한반도의 통일여건 조성이 필요하다.

4. 급변사태 관련 탈북자의 견해

　북한의 급변사태는 루마니아식 인민봉기는 있을 수가 없다. 수령의 주체만 있고 개인의 주체는 철저히 빼앗긴 북한 주민들은 아무리 분노해도 자기 손으로 감히 정권을 교체할 수 있다는 의식과 행동을 할 수 없다. 더욱이 북쪽에 중국이라는 퇴로가 막혀있는 한 개인들의 분노심은 준비됐다 해도 3대 멸족 공포 연장선에서 조직화되기는 어렵다. [35]

　민심에 호소하는 산발적 행동들도 자기들의 존재감을 인식하는 정도일 것이다. 첫째 경우인 김정은 급사 이후 권력공백에 대해 예단하기 전에 김일성 사망 시점을 되새겨 볼 필요가 있다. 김일성은 1992년 7월 7일 죽었는데 북한 정권은 하루가 지난 7월 8일 오후 12시에 중대발표를 통해 이 사실을 알렸다. 당시 그 하루 사이에 김정일은 돌발 상황에 대비하여 사전에 모든 감찰 보안 및 무력기관들에 24시 비상 대기령을 비밀리에 명령하고, 계승통치를 김일성의 유훈으로 조작할 수 있었다. 전국에 충성검증의 애도정국을 강요하는 한편 남한과 미국의 북침 위협에 대응 한다며 전시상태를 선포하기도 했다. 북한의 절대 신(神)인 김일성이 죽었음에도 주민들이 수령공백을 전혀 느끼지 못했다는 사실이다.

그 이유는 당 선전선동부의 감성권력으로 수십 년 세월 김정일 신격화를 주입시킨 결과 북한 주민들이 김정일을 김일성의 대체인물로 자연스럽게 받아들일 수 있었던 것이다. 만약 이런 착시효과가 없었다면 아무리 김정일이라도 피의 전쟁 없는 정권계승이란 불가능했을 것이다.

그러나 현재의 북한 사정은 조금 다르다. 더욱이 배급제 붕괴 이후 지금의 북한 주민들은 시장에 적응하는 과정에 이념가치보다 물질가치에 더 체질화 되어가고 있다. 일부 북한학 학자들은 집단지도체제 가능성도 운운하지만 틀린 말이다. 집단지도체제란 표면상 일인체제를 부정하는 것이기 때문에 다른 권력계파의 충성심판에 의해 즉석에서 처형될 수도 있다. 북한 군부 내 무장 쿠데타 가능성도 제기하는데 그것은 북한군을 잘 몰라서 하는 말이다. 인사권과 지휘권 모두 당 조직부에 장악되어 허울뿐인 데다 군 고유의 수직명령 체계가 아닌 말단 부대에 이르기까지 부대장, 정치위원 두 권력이 상호 감시 및 견제하는 이중명령체계에 구속돼 있다. 또한 김정은 외 다른 개인우상화를 근본적으로 차단하기 위해 지휘관이 수시로 교체, 무장동원력을 원천적으로 말살시켰다.

한반도 내 전쟁이 발발할 경우, 중국이 자동개입하는 것을 골자로 하는 항미원조조약부터 실질적인 행동으로 옮기는 형태로 복원하려 할 것이다. 이 조약발동은 대내외적인 억제효과도 있지만 중국의 우선 개입을 담보로 미국과 남한의 간섭을 초기에 차단할 것이다. 친중파가 권력을 장악, 과도정권이 된다면 중국의 대외정책에 힘을 실어주면서 북핵을 포기할 수도 있고 개방을 가져 올 수도 있다.

【주석】

1) 캐나다의 소셜미디어 관리 플랫폼인 '훗스위트'와 영국에 본부를 둔 국제 마케팅업체 '위아소셜'은 최근 공동 발표한 '2017 디지털 국제 현황(Digital in 2017: Global Overview)' 보고서에서 세계이동통신사업자협회 GSMA의 연구 부문인 'GSMA 인텔리전스'의 지난해 4분기 자료를 근거로 이같이 밝혔다.

2) 이승훈·홍두승, 『북한의 사회경제적 변화』(서울: 서울대학교 출판부, 2007), p.145, 147.

3) E. P. Torrance, "A Theory of Leadership and Interpersonal Behavior under Stress," in L. Petrullo and B. M. Bass, eds., Leadership and Interpersonal Behavior(Harper & Row, Pub: New York, 1961), p.113.

4) 문순보 기고, 「김정은의 용인술」, 『북한지』 2017년 4월호.

5) Charles F. Hermann, "Some Consequences of Crisis Which Limit the Viability of Organizations," Administrative Science Quarterly, Vol.8, No.1(Jun, 1963), pp.75-76.

6) 『데일리엔케이』, 『국민통일방송』 2015.9.21, 「김정은, 시장폐쇄한다면 주민 폭동 일어날 것」, http://www.dailynk.com/korean/read.php?cataId=nk05002&num=107016

7) 북한은 2012년 4월 2일에 수정한 당 규약 서문에 "조선로동당의 당면 목적은 공화국 북반부에서 사회주의 강성대국을 건설하며, 전국적 범위에서 민족해방 민주주의 혁명 과업을 수행하는 데 있으며 최종 목적은 온 사회를 김일성·김정일주의화하여 인민대중의 자주성을 완전히 실현하는 데 있다"고 밝히고 있다. 유동열, 「북한의 대남전략과 통진당」, 자유민주연구원, 『북한의 대남전략과 정치공작』 세미나 자료집, 2014년 11월 24일, p.5.

8) 안찬일, 「김씨 왕조의 통치 바이블 '10대 원칙'」, 『월간북한』 2013년 9월호(통권 501호), 북한연구소, p.66.

9) 『조선일보』 2017.5.16, 「'고출력 엔진시험~미사일 발사' 단 2개월… 北 속도전」.

10) 『데일리엔케이』 2016.3.3, 「北, 70일 전투에 주민생계는 뒷전…'오후만 시장 개장」, http://www.dailynk.com/korean/read.php?cataId=nk04505&num=108051

11) 『데일리엔케이』 2016.3.21, 「北 농촌, '70일 전투'로 심각한 전력난에 시달려」, http://www.dailynk.com/korean/read.php?cataId=nk05003&num=108153

12) 『연합뉴스』 2017.6.2, 「〈기로에 선 한반도〉 김정은 집권 5년…민생·대외관계 파탄」.

13) 『연합뉴스』 2016.12.16, 「北 '200일 전투' 끝나…北매체의 '공식종료' 선언 없어」, http://www.yonhapnews.co.kr/nk/4807090000.html?cid=AKR20161216145600014&template=nk&from=search

14) 『연합뉴스』 2017.3.13, 「北, 주민들에 작년보다 강도 높은 '속도전' 강요」, http://www.yonhapnews.co.kr/nk/4807090000.html?cid=AKR20170313051500014&template=nk&from=search

15) 『연합뉴스』 2017.1.13, 「北신문 '강원도 정신' 강조…'제2의 고난의 행군' 예고」, http://www.yonhapnews.co.kr/bulletin/2017/01/13/0200000000AKR20170113142200014.HTML?input=1179m

16) 노현종 기고, 『북한지』 2015년 4월호.

17) 『조선일보』 2010.3.7.

18) 전술한 바와 같이 조선민주주의 인민공화국과 중화인민공화국 간의 우호 협조 및 상호 원조에 관한 조약: 전문과 7개조로 구성되어 있으며 2조가 '자동 개입' 조항. 1961년 7월 11일 김일성이 베이징을 방문해 체결했으며 7월 6일에는 모스크바에서 유사한 조약을 체결했다. 러시아와는 1999년 신조약을 맺어 '자동 개입' 조항을 삭제했으나 북·중 조약은 현재까지 유효하다.

19) 『SBS』, 2010.3.18.

20) 박두복, 『중국의 통일정책과 대한반도 정책의 상관성에 관한 연구』, 외교안보연구원, 1989, p.35.

21) 랜드연구소는 미국 공군의 위촉을 받은 민간 과학자와 연구원들이 1948년 창설한 비영리 연구 개발 기관으로 미국 안보분야의 대표적인 싱크탱크로 꼽히며, 베넷 박사는 이 연구소에서 대북관계 전문가로 활동하고 있다. http://2006un.org/285701, 2008.10.22.

22) 『조선일보』 2010.1.7.

23) 『국민일보』 2009.5.5.

24) 『연합뉴스』 2010.2.10.

25) 북한급변사태대비 심양장춘지구구는 지난 2006년 9월 5일 홍군과 청군으로 나누어 시작된 훈련에 전자장 방해 무력화 훈련, 컴퓨터 네트워크 공격 및 방어 훈련, 포탄 발사훈련, 레이저 모의시스템을 이용한 탱크전훈련 등 다양한 방식의 훈련을 실시했다. 긴급 전투준비, 장거리 기동, 작전배치, 전투실시 등 4단계로 나눠진 이 훈련에는 선양군구 기계화보병여단 병력 3천여 명이 참여했고 수백 세트의 전투장비가 합동전술훈련기지로 수송됐다. 홍군은 전투훈련 장소로 이동하는 도중 남군에 의한 위성정찰, 전자장 방해, 기습 화생방 공격 등 정보화 기반 전쟁 시나리오의 요구에 따른 훈련을 받았다.
마지막 전투 단계에서 홍군과 청군은 기계화부대 훈련 방법과 전투전술, 훈련자원 통합, 전투부대 최적화, 전투부대 편성 시간 단축 등을 위한 새로운 방법도 시험했다. 관련 군구 합동전술훈련기지 전문가들은 이 훈련이 관할 구역을 뛰어넘는 장거리 기동훈련의 새 장을 열었다면서 기계화 기반 군사훈련을 정보화 기반 군사훈련으로 전환하기 위한 것이라고 평가했다(『열린북한통신』 2009.9.3).

26) 일부 군사 전문가는 조선족 특수 부대가 있다면 그 역할은 북한 급변 사태 시에 북한에 들어가서 북한 주민 민심을 다스리는 선무공작 역할을 할 가능성이 높다고 말했다 (2010.6.10).

27) don@yna.co.kr

28) http://news.donga.com/3/all/20170817/85856683/1#csidx68e55475e41d23fad733f719e06bcbd

29) 『조선일보』 2010.7.14(bemil@chosun.com).

30) 『연합뉴스』 2010.2.19(jh@yna.co.kr);『뉴스위크 인터넷판』, 2006.10.23.

31) 『동아일보』 2010.7.20.

32) 송봉선, 「모하메드 엘 졸카미특별 인터뷰」, 『코리아 포리시』 2011년 3월호 Vol.5, pp.26-31.

33) 『월간조선』 2010년 3월호.

34) 『데일리엔케이뉴스』 2010.4.1.

35) 전 북한 대남사업부 통전부요원이였던 탈북자 장철현(2010.7.7) 북한이 붕괴됐다고 해서 외과수술식 방법으로, 돈으로 북한을 점령할 수 있다는 생각은 오산이라는 견해를 언급한 내용임.

VIII. 김정은 정권 장기화에 대한 우리의 대응

1. 제언

　김정은정권의 장기화는 부정적 측면이 긍정적인 면보다는 절대적으로 많지만 예상외로 길어질 것으로 보여진다. 이는 이념화, 조직화, 보안기구를 통한 통제 시스템이 건재, 아직도 그 나름대로 작동하고 있기 때문이다. 중국·러시아의 지원역량 유지, 남한내 남남갈등이 이를 뒷받침하고 있기 때문이다. 현재로서는 이를 제어할 수 있는 특별한 방법은 별로 보이지 않는다. 북한정권에 무모한 핵개발과 위협에 대해 20년 동안 당근과 채찍 모든 방법을 동원했으나 실패했다. 김정은의 끊임없는 핵·미사일 도발 의도는 명백하다. 핵미사일을 통해 미국과 협상해 김씨체제의 장기적 안전은 물론 영구히 보장받는 데 있다. 30대 초반의 김정은이 늙어서 사망할 때까지 북한을 통치하는 걸 보장받겠다는 의미이다. 자신의 후대까지도 김씨체제를 이어가자는 의도가 명백하다. 북한 모든 정책의 시작과 끝은 김정은의 의사에 따라 결정되며 핵미사일은 김정은이 가진 최후의 카드다. 그러니 끝까지 부둥켜안을 수밖에 없다. 김정은만 살 수 있다면 수백만 명이 굶어 죽는 것쯤은 감수할 수 있는 북한이니 제재와 압박이 먹혀 들어갈 리가 만무하다. 김정은은 핵문제만은 미국과 풀 문제이니 남조선 따위는 끼어들지 말라"는 것이 김정은의 본심이다. 그의 눈에 한국은 주제 파악도 못하고 끼어드는 성가신 모기와 같은 존재다. "제 것이란 아무것도 없는 괴뢰들이 그 무슨 '군사적 대응'을 떠들어대고 있는 것이냐? 가소롭기 그지없다"고 2017년 7월 4일 노동신문 기사가 곧 김정은의 의중이다. 문재인 대통령은 "북한이 레드라인을 넘어서면 우리가 어떻게 대응할지 알 수 없다"고 했다. 하지만 영토에 포탄이 쏟아져도 미국의 승인이 없으면 원점 폭격도 쉽게 할 수 없는 것이 우리 현실이다. 이런 상황에서 북한에 대해 무슨 말을 해도 "가소롭다"는 반응만 돌아올 수밖에 없다. 지금 김정은은 미국을 저돌적으로 밀어붙이고 있다. 핵·미사일은 보유한 채 체제보장을 받아 '꿩 먹고 알 먹자'는 식이다. 정작 트럼프는 "북한의 첫 대륙간탄도미사일 발사에 중국이 북한을 더 압박해 상황을 끝내야 할 것"이라고 트위터에 글을 올렸다. 결국 그도 뾰족한 방법이 없기 때문이다. 김정은 정권의 장기화는 결코 바람직하지 않다. 동북아 정세가 항상 불안하기 때문이다. 더 나아가 전 세계가 평화롭지 못하다. 이제 김정은 제거를 통한 레짐 체인지가 해결 방법이다. 김씨체제의 종말은 한반도의 평화체제를 가져 올 가능성이 높다. 물론 김정은이 제거된 북한에서 어느 정도 혼란은 주변 국가들이 감수해야한다. 핵 실전 배치가 끝나면 김정은이 취할 방법은 뻔하다. 한국을 향해 걸핏하면 핵 한 방 위협으로 제 멋대로 으름장을 놓을 게 분명하다. 전문가 10명 중 9명은 늦어도 2019년 중반까지는 북한이 핵·미사일을 실전 배치할 것으로 예상했다.

전문가들은 북 핵·미사일에 대응할 남한의 킬체인(Kill Chain)과 한국형 미사일방어체계(KAMD), 대량응징보복(KMPR) 등 3축 체계 구축은 2020년대 초반까지 완료가 불가능할 것으로 봤다. 한편 전문가들 대부분은 북핵·미사일 위협에 대응하기 위해 전술핵 재배치나 독자 핵무장이 필요하다는 입장으로 우리의 안보는 그만큼 취약하다. 김정은은 이러한 우리의 취약점을 잘 알고 협박이 이어질 것이다. 우리는 협박을 받아들이며 살지, 아니면 이 관계를 끝낼지를 선택해야 한다. 중국을 내 편으로 만드는 방법이 가장 좋은 방법이지만 우리에게로 호락호락 움직이질 않는다. 딜레마다. 중국은 북한이 미국의 동북아 패권을 막는 지렛대라고 생각하고 있다. 사드문제에서 잘 보여주고 있다. 김정은은 한국을 포함한 주변국이 북한의 붕괴를 감수할 의지가 없다고 판단하는 한 끝까지 막무가내식으로 나갈 것이다. 결국 김씨체제 장기화를 염두에 두고 김정은 정권 붕괴를 목표로 차근차근 대응해 나가야 한다.

2. 우리가 가야 할 길(목표)

가. 비핵화를 위한 창의적인 대안 발굴

우리는 북한의 완전한 비핵화를 실현하지 않고는 김정은의 핵·미사일 위협에 놀아나는 '영원한 을(乙)'의 입장에 처할 수밖에 없다. 이미 북한이 6차례의 핵실험을 실시하고, 이제까지 100여 차례의 미사일 발사를 통해 투발수단을 고도화하고 있기 때문에 북한이 핵미사일 소형화 다종화 개발을 완료했다고 선언할 시기가 다가오고 있다. 북한이 핵무기를 실전 배치하기 전에 우리는 어떻게 해서라도 비핵화를 달성해야 한다. 북한의 핵을 머리위에 두고서는 대한민국의 발전도 향후 통일대한민국의 건설도 생각할 수 없다. 따라서 이제 국가의 모든 역량을 총동원하여 북핵 해결의 단초를 마련하는데 집중해야 할 것이다. 20여 년에 걸친 우리의 대북정책에 대한 철저한 반성을 기초로 국가정책의 최우선 순위에 북핵문제를 해결해야 한다. 미국, 중국에 북핵문제의 해결에 긴밀한 협력이 필요하다. 장기적이고 단계적인 관점을 가지되, 국제사회의 고강도의 대북 제재가 김정은 정권의 변화를 이끌어내는 모멘텀을 반드시 창출해 내야한다. 모든 관계기관 및 연구기관 공통적 입장이긴 하지만 먼저 국내역량 결집과 한미공조 체제를 굳건히 다져야 하는 것이 기본이다. 국내역량을 하나로 모으기 위해서는 정부·국회·민간이 참가하는 '북핵문제 해결을 위한 범국가적 위기관리회의'를 조직하는 것도 검토해 볼만하다. 동 회의는 정권의 이념적 성향을 넘어 북핵문제 해결에 대한 원칙과 전략기조, 세부시행 방안 등을 포함하는 로드맵을 성안하고 유기적인 협력을 도모해야 한다. 북핵문제 해결방안과 관련해서는 '선 비핵화−후 평화체제' 논의가 가장 바람직하다. 그렇지만, 북한의 비핵화가 대화의 전제조건이 되어서는 한치 앞으로도 나갈 수 없는 게 현실이다. 따라서 '최종단계에서 비핵화가 완성되는 로드맵'이 북한과 유관국들이 받아들일 수 있는 현실적인 안(案)이 될 것이다. 즉, 북한이 2005년 9·19공동성명으로의 복귀 의사를 표시한 후, 사찰(한국−미, 일, 중, 러), 보상(북한)의 상응조치를 단계별로 추진해 나가면서 최종적인 비핵화 실현의 마지막단계를 상정해 볼 수 있다. 과거의 '도발−협상−보상−도발−협상−재보상'으로 김정은 정권의 연명에 보탬이 되는 악순환이 되지 않는 안전장치를 마련하는 것이 반드시 필요하다. 비핵화의 최종시기는 김정은이 자신의 정권보위에 불안감을 느끼지 않도록 하기 위해 단계적 보장을 하는 것도 하나의 전술적인 카드로 검토해 볼 수 있다. 그러나 이럴 경우 북한의 거짓과 기만에 걸려들을 우려가 있어 철저한 대비가 필요하다. 북한은 1998년부터 2002년까지 비핵화 대가로 함남 금호지구에 건설하던 경수로원자력 발전소 11억 8,000만 달러를 투입하는 와중에도 한·미를 속이고 핵개발을 했던 것을 우리는 기억한다.[1] 북한의 기만에 다양한 해결 방안이 국내외를 통해 발굴 되어야 한다. 한국정부의 대북정책 기조 변화는 북한의 안정성 여부를 측정하는 데 중요한 변수가 될 수 있다. 북한의 계속되는 미사일 도발로 인해 문재인 정부 하에서도 단기간에 남북관계가 개선될 것으로 보이진 않는다. 김일성 사후 1990년대 중반 최대 3백만 명의 아사자(餓死者)가 발생한 '고난의 행군' 시대 북한의 내구력은 바닥에 근접했다. 그러나 곧 쓰러질 것 같던 북한은 1998년부터 시작된 한국의 경제 지원으로 기사회생했다. 김대중 정부 당시 고(故) 정주영 현대그룹 명예회장의 소떼 5백 마리 동반 방북[2]으로 시작된 대북 지원은 노무현 정부 때까지 10년간 이어졌다. 최근 통일부가 역대 정부에서 이루어진 정부 및 민간 차원의 대북 송금, 현물제공 내역을 총 집계하여 공개한 결과, 김대중 정부 때에는 24억 7,065만 달러, 노무현 정부 당시에는 43억 5,632만 달러로 확인됐다. 참고로 이명박 정부 시기에는 19억 7,645만 달러, 박근혜 정부 3억 3,727만 달러로 나타났다.[3] 과거 1998~2002년의 5개년 동안 한국정부는 남북교역액을 2배나 늘리며 북한을 경제적으로 지원했다. 요컨대 90년대 중후반 '고난의 행군'으로 불안정의 절정을 향해 치닫고 있던 북한이 극적으로 회생할 수 있었던 데에는 한국 정부의 경제지원이라는 커다란 역할이 있었다.

김대중·노무현 두 정부 하에서의 남북관계에 대한 양측의 입장은 동상이몽으로 규정될 수 있다. 겉으로는 남북관계가 화해와 협력의 새 시대를 열어가는 듯 보였지만, 한국정부는 북한과의 화해와 경제협력을 통해 남북관계의 개선을 희구했고 북한은 체제유지와 경제회생을 위해 한국을 이용했던 것이다. 지도자의 개인적인 비전과 '원칙화된 신념(principled belief)'[4]이 대북정책에 지나치게 강조되면서 북한의 실체는 국민들에게 왜곡 전달됐고, '주적'으로서의 정체성보다 '우리가 보듬어 안아야 할 우리의 반쪽'이라는 이미지가 부각됐다.

북한 정권은 손상돼 가던 내구력을 회복했을 뿐 아니라 6차례의 핵실험을 실시하면서 우리 국가안보에 심각한 위협을 가하는 존재로 부상하게 됐다. 이 같은 역사가 되풀이되지 않게 신중한 모드가 필요하다. 앞서 언급한 것처럼 대내적인 불안정과 대외적 고립의 심화를 겪고 있는 북한 정권은 중국의 전략적 고려와 함께 한국 정부의 변화된 대북정책을 활용, 위기를 트릭과 기만으로 정권 수명을 연장하고 건재함을 과시할 수도 있을 것이다.

실제로 문재인 대통령은 취임 후 한 달도 안 돼 북한 당국이 다섯 차례나 미사일 발사 실험을 하며 위협을 부과했지만 북한에 대해 직접적으로 강경한 메시지는 보내지 않았다. 2017년 5월 14일 북한은 문재인 정부 출범 4일 만에 탄도미사일 발사 실험을 강행했다. 그로부터 일주일 후인 21일 북한은 또 다시 탄도미사일 발사를 실행했지만 한국정부는 오히려 5월 26일에 처음으로 민간단체의 대북접촉 요청을 승인했다. 이 날 통일부가 '우리민족서로돕기운동'의 북한주민 접촉 요청을 승인한 것이다.[5] 이렇게 볼 때 한국정부는 북한의 도발 여부와 관계없이 민간부문의 대북 지원 및 교류·협력은 허용할 것으로 보인다.

물론 문대통령은 북한의 미사일 발사 실험 직후 국가안전보장회의(NSC) 상임위원회 소집을 지시하고 북한의 도발을 강력 규탄하기는 했다.[6] 그러나 북한의 미사일 발사 실험에도 불구하고 북한과의 민간단체 교류를 승인한 것은 문재인 정부의 남북관계 개선 의지를 명확히 보여주는 것이라고 해석된다. 2017년 5월 31일에는 통일부가 6·15남북공동선언실천 남측위원회의 대북접촉 신청을 9년 만에 승인해주기도 했다.[7] 이에 대한 북한의 반응은 한국 정부의 관계개선 의지에 호응하는 것이 아니라 계속 미사일 발사 실험을 도발하는 것으로 나타났다. 문재인 정부가 출범한 지 한 달도 안 돼 지속적으로 군사 도발을 일으키며 한국의 대북정책 변화 여부와 관계없이 자신들의 일정대로 미사일 프로그램을 추진할 것임을 분명히 한 것이다. 그럼에도 불구하고 한국 정부는 남북관계의 새로운 시작을 희망하며 북한 달래기와 대화에 집착했다. 그러나 돌아온 것은 미사일 실험과 핵위협 공갈이었다.

▲ 북한은 지난 2017년 5월 14일, 문재인 정부 출범 4일 만에 신형 중장거리 탄도미사일 (IRBM) '화성-12형' 시험발사를 감행했다.

북핵 해결의 가장 큰 걸림돌은 바로 중국이란 존재다. 중국은 북한이 첫 핵실험을 한 2006년 직후 이른바 '외사영도소조'를 열고 '북핵을 없애자고 북한을 무너뜨릴 수 없다'는 대원칙을 정했다. 한반도에서 미국의 영향력 이 커지는 것보다는 핵 무장한 북한을 옆에 두는 것이 낫다는 셈법이다. 그 이후 한 번도 이 원칙에서 벗어난 적이 없다. 중국이 무슨 일이 있어도 대 북 원유(原油) 공급을 중단하지 않는 것이 단적인 예다. 김정은은 중국의 이 대원칙을 잘 알고 있기 때문에 제멋대로 행동하는 것이다. 헨리 키신저 전 미 국무장관은 월스트리트저널 기고문을 통해 "아시아 지역의 핵무장을 막는 것은 미국보다는 중국에 더 큰 이해가 걸린 사안"이라고 했다. 그의 지적대로 현 상황이 계속되면 필연적으로 일본, 한국, 대만의 '핵 도미노'를 부를 수밖에 없다. 중국은 그렇게 되지 않을 것으로 믿고 있다. 이것이 오 산(誤算)이라는 것을 지금부터 보여줘야 한다. 북핵 최대 최악의 피해자인 한국정부가 먼저 북핵이 실전 배치될 경우에 어떤 생존 대책을 세울지에

대해 숙고에 들어가야 한다. 이는 키신저가 언급한 그 방향이다.[8]

2017년 8월 5일 유엔안보리는 북한의 잇따른 미사일 도발에 대해 대북 제재 결의안 2371호를 15개 이사국이 만장일치로 통과시켰다. 그런데 이 날 회의에 참석한 한국 측의 유엔 주재 대사는 "우리는 북한이 국제사회의 일치된 요구에 주의를 기울이고 기회를 잡아서 더 이상의 지체 없이 국제 사회와의 관계는 물론, 남북관계의 새로운 시작도 계획해 나가기를 진심으로 바란다"고 언급했다.[9] 유엔 무대에서 한국 정부의 강조점이 '압박과 제재'에서 '대화와 남북관계 개선'으로 바뀐 것이다. 이처럼 남북관계 개선을 우선시하는 대북정책 기조가 계속되면 북한 정권이 경제적 재앙에서 벗어 나고 정권이 직면하고 있는 대내적 불안정을 제거하는 데 중요한 환경 요인으로 작용할 것이다. 더 나아가 긴장완화를 한다고 무모한 대화 전략에 만 매몰되면 한·미 공조가 위험할 수 있다. 한국 정부 대북정책의 친중·친북 정책으로 변경은 국제사회의 제재 공조를 와해시키고 대북압박 기조를 약화시키는 데 영향이 있을 것이다. 한국 정부 대북정책 변경이 김정은 정권의 내구력을 제고하는 데 일조할 수도 있고 한·미 간의 틈새가 벌어질 수 있어 신중한 정책 지향이 필요하다. 이러한 여러 가지 사례들은 북핵문제를 해결하는데 아이디어 차원에서 고려될 사항이다. 비핵화를 위해 아이디어와 지혜를 짜나가되 이것이 불가능하면 최후 수단으로 전술핵 반입이나 핵잠수함 반입도 추진하는 등 아이디어를 짜내야 한다.

나. 김정은 정권 레짐 체인지로 가야 한다

김일성은 조국통일을 달성할 수 있는 좋은 기회를 두 번 놓쳤다고 안타까워했다. 한 번은 6·25 한국전쟁이고 또 한 번은 4·19혁명이다. 그는 6·25 때는 박헌영의 허위보고 때문에 기회를 놓쳤고 4·19 때는 연락부가 자기의 임무를 다하지 못해 놓쳤다고 말했다. 결국 이 말은 한반도에는 오직 김씨정권만이 존재해야하는 것이며 이를 위해서는 수단과 방법을 모두 동원해야 한다는 소리다. 김일성은 1976년 8월 특별교시에서 다음과 같이 말했다.

"미국 놈들이 베트남에서 손을 뗀 것처럼 남조선에서도 철수하도록 하기 위해서는 미국 놈들이 머리가 아플 정도로 끈기 있게 물고 늘어져야 한다. 주한미군의 야수와 같은 만행과 각종의 비인간적인 범죄사실을 차례로 폭로하여 국제적으로 반미 여론화하여 세계 어디서든지 반미운동을 일으켜 미국 국민이 반전운동을 일으키도록 해야 한다. 현 시기 전쟁준비를 갖추는 데 무엇보다 급하게 추진해야 할 것은 미국 본토를 공격할 수 있는 수단을 가지는 것이다. 이제까지의 세계의 전쟁역사에는 수백, 수십 건의 대소 전쟁이 있었지만 미국이 개입하지 않았던 전쟁은 없다. 그러나 이 모든 전쟁이 타 지역에서 일어난 전쟁이기 때문에 미국 본토에는 이제까지 한 개의 포탄도 떨어진 일이 없다. 이러한 미국이 포탄의 세례를 받는다면 어떻게 될 것인가? 미국 국내에서는 반전운동이 일어날 것이고 그 위에 제3세계 제국의 반미공동 운동이 가세하게 된다면 결국 미국놈들이 남조선에서 손을 떼지 않을 수 없을 것이다. 따라서 동무들은 하루라도 빨리 핵무기와 장거리 미사일이 자력생산 되도록 적극적으로 개발해야 한다."10) 지금의 김정은이 하는 태도는 이와 같은 김일성이 언급한 그대로 실천해 나가고 있다. 북한은 내면적으로는 이와 같이 김일성시대 부터 핵개발을 기정화 하고 있다. 북한의 핵개발 저지를 위해 6자회담이나 햇볕 정책으로 해결한다는 것은 연목구어(緣木求魚)나 다름없다. 더구나 김정은 정권과 남북정상회담이나 지원으로 한반도의 평화를 이끌어낸다는 것은 공염불에 불과하다는 것이 명약관화하다. 최근의 미국도 이와 같은 김정은정권의 내면기도를 잘 파악하고 있어 김정은 정권의 제재와 붕괴의 관심을 두어야한다는 목소리가 높아지고 있다.

미국 국방부 고위관리도 북한 핵 문제의 해결을 위해 북한 정권의 교체

를 유도해야 한다는 견해를 제시했다.11)

핵·미사일로 전 세계를 협박하는 김정은 정권과 같이 핵·미사일을 고
집하지 않는 친중정권이 집권하여 대화가 된다면 미국도 이를 인정할 수
도 있을 것이다. 또 미·중이 이면 합의를 통해 김정은 정권 교체 밀약도
해야 한다. 이것은 중국의 국익에도 최선이 될 수 있다. 김정은 정권 붕괴
를 목표로 한·미·중의 합의는 분명 가능하다. 그것이 중국에도 최선이
란 걸 납득하도록 워싱턴이 압박하도 해야 한다. 북한을 완충지대로 유지
하는 걸 선호하기 때문이다. 북한은 중국의 수도 베이징으로부터 가장 가
까운 곳으로 유사시 중국의 방어벽이 될 수 있기 때문에 제재에 미온적이
지만 설득을 해야 한다. 레짐 체인지를 통해 김정은이 물러나고 후임 지
도자가 북한을 안정되게 통제한다면 미국은 북한을 정상국가로 인정할 수
있을 것이다.

북한이 경제력이 우리와 비교할 정도가 되지 않는다고 무시될 존재는 결
코 아니다. 북한이 핵·미사일·화학무기는 비대칭적인 면에서 우리의 존
립을 위협하는 것이 오히려 안보면에서 훨씬 우리가 취약하다. 미국의 힘
을 빌려 북한의 버팀목인 중국과의 외교를 적극 강화, 북한 김정은 정권의
레짐 체인지만이 한반도의 통일과 핵문제, 평화 협정체결이 가능할 것이
다. 북한의 김씨 유일체제는 핵문제나 통일에 이를 수가 없으며 레짐 체인
지만이 한반도 문제 해결에 이를 수 있다는 시각들이 점차 많아지고 있
다.12) 최근 이러한 여론의 바탕 위에 참수(斬首)작전(Decapitation Strike)이
주목받고 있다.

북한 김정은의 핵무장은 장거리 핵미사일 개발은 현재로서는 견제할 장
치가 없다. 이런 때 전쟁을 각오한 참수작전은 가장 효율적이다. 그동안 북
한의 핵제어에 대해 이를 실질적으로 실행하지 않은 것은 전쟁으로 이어질
우려 때문에 한·미가 스스로 자제를 해왔다. 그러나 북한은 이러한 국면
을 이용하여 핵무기를 발전시켜 나갔다. 그러다보니 북한은 핵을 보유하게

되었고 이제는 미국 본토까지 타격을 한다고 ICBM까지 개발했다고 큰소리를 치고 있다.

이러한 북한의 기고만장한 술수에 남한은 그들 눈에 보이지 않고 미국만을 상대한다고 큰소리를 치고 있다. 이제 시간이 가면 북한의 전략전술에 남한은 놀아날 수밖에 없다. 참수작전은 이러한 국면에서 전쟁을 각오하고 비핵화를 위한 가장 적합한 작전이 될 수 있다. 유사시 북한군 지휘부 제거를 통해 북한군의 전쟁 수행 능력을 조기에 무력화하기 위한 군사 계획이다. 북핵 위협이 날로 증가하는 상황에서 원흉인 김정은 제거가 필수불가결한 요소라는 판단에 따라 이 같은 계획이 도출된 것이다. 그동안 북핵문제가 불거질 때마다 늘 우리 군과 관계당국은 "좌시하지 않겠다" "예의 주시하겠다" "원점을 타격하겠다"는 말로 당장 코너에 몰린 현실을 회피할 뿐이었다. 여기에 발전적인 행동대책이라야 한미 동맹을 근거로 한 미국의 항공모함 시위나 미국의 전략 핵폭격기가 한반도에 한 번 와서 무력시위를 하는 수준이었다.[13]

북한은 연례 한미 합동훈련에 강력하고 도전적인 비난을 쏟아 내면서도 핵실험이나 장거리 로켓(미사일) 발사 도발로 대응해왔다. 그러나 우리는 지금까지 북한의 도발에 대해 적절한 대응을 한 번도 하지 않았고, 이에 북한은 이제 우리의 의지 표명에 타성이 되어버렸다. 우리가 어떤 말을 해도 '웃기고 있네' 하는 식의 반응이다. 우리에겐 한미동맹이라는 강력한 무기가 있다. 그런데도 불구하고 일부 세력은 최선의 방위 무기인 사드(고고도 미사일방어체계) 배치마저 반대를 하다가 위협이 증가하자 문재인 정부가 임시 배치를 결정했다.

우리는 북한 김씨 3대 세습독재 정권으로부터 수없이 많은 위협을 받아 왔고 실제로도 많이 당해 왔다. 또한 북한이 우리 국가원수를 위협한 것은 1 · 21 청와대 기습사태, 아웅 산 테러사건, 현충문 폭파사건, 드론 수시 청와대 침투훈련 등 셀 수 없이 많다. 그러나 우리는 그들에 대해 여태껏 한

번도 제대로 된 보복을 취해본 적이 없다.

그동안 우리가 북한에 대한 요인 암살 역량이 없어서 적극 대응하지 않은 것은 아니다. 육군은 707특임대 등이 있고, 해군 UDT/SEAL은 소말리아 해적에 납치된 삼호주얼리호 선원들을 사망자 없이 전원 구조해 진가를 발휘한 적도 있었다. 또한 공군은 CCT(공정통제사) 등을 운용 중이고, 국군 정보사령부는 별도로 북파 공작원들을 보유하고 있다. 이처럼 우리에게는 국군 특전사, 정보사령부, 해군 특수부대(UDU) 등 역량이 있음에도 보복을 할 경우 북한을 자극한다는 이유로 이제까지 이를 자제해왔다.

국방부는 2017년 초 '2017년도 업무계획'을 통해 특수임무여단을 연내 창설한다고 밝혔다. 특수임무여단은 한반도 유사시 김정은 노동당 위원장을 비롯한 북한 지도부를 제거하는 소위 참수작전 임무를 맡는다. 당초 2019년 창설될 예정이었던 특임여단 창설을 올해로 약 2년 앞당긴 것은 북한 핵·미사일 능력의 진전 속도가 예상보다 훨씬 빠르다. 군 당국은 북핵 위협에 맞서 '한국형 3축 체계' 구축을 서두르고 있다. 제1축인 킬체인(Kill Chain), 제2축인 한국형 미사일 방어(KAMD)로 북 미사일을 직접 선제타격·요격하는 것과 함께 제3축인 대량응징보복(KMPR)을 통해 북 수뇌부 자체를 제거한다는 것이 한국형 3축 체계다. 대량응징보복은 흔히 '참수작전'으로 알려진 북 지도부 제거 개념을 포함한다.

2017년 3월 2017 키 리졸브(KR)−독수리(FE) 훈련은 한국군이 미군과 함께 매년 상반기 실시하는 이 훈련은 하반기 을지프리덤가디언(UFG) 훈련과 함께 우리 군 최대 규모의 합동군사훈련으로 꼽힌다. 매년 반복되는 연례행사지만 올해 훈련에는 특이한 점이 있었다. 미 특수부대인 육군 제1특전단 작전파견대(별칭 델타포스)와 데브그루(DEVGRU·미 해군 특수전 연구개발단)가 이번 훈련에 참가한다는 소식이 언론을 통해 공개된 것이다. 두 부대는 미 특수부대 중에서도 티어 1(1군)으로 분류되는 최정예 부대다. 한·미 연합훈련에 미 특수부대가 참가하는 것은 늘 있는 일이지만

참가 사실을 공개한 것은 예외적인 일이다.[14]

참수부대를 창설해놓고 그냥 위협만으로 끝내서는 안 된다. 북한에 김 정은의 관사나 '1호 청사'를 실제로 폭파할 수도 있다는 위기감을 심어줄 수 있게 만들어야 한다. 우리가 충분히 김정은을 타격할 수 있다는 심리적 압박을 줄 필요가 있다.

2017년 6월 16일에는 서훈 국가정보원장이 국회 정보위원회 업무보고에 서 "최근 김정은의 공개 활동이 32% 정도 감소했다"며 "참수작전 관련 정 보를 캐는 데 혈안이 되어 있다"고 말했다. 정보위에서 국정원장이 '참수작 전'이라는 용어를 직접 언급한 것 역시 이례적인 일이다.

최악의 경우 핵·미사일의 발사권한을 쥐고 있는 김정은을 제거함으로 써 북한의 잘못된 판단을 막고 전쟁의 위험을 원천적으로 제거하자는 것이 참수작전의 목표다. 북한과 같은 1인 독재 국가에서는 독재자의 제거가 곧 국가의 전쟁 기능을 멈추게 할 수 있다는 점에서 이 작전이야말로 북한에 대한 최고의 억제 전력이 될 수 있다. 미국은 그동안 IS나 이슬람극단세력 으로부터 테러위협을 수없이 받아 왔지만 그때마다 보복을 하여 성과를 거 두었다. 미 육군에는 특수부대인 '델타포스'가 있다. '델타포스'도 지난 2003 년 사담 후세인 전 이라크 대통령을 체포하는 데 성공했다. 미 해군에는 최 정예 특수부대인 '데브그루'도 있다. 지난 2011년 5월 오바마 미국 대통령 의 최종 명령을 받고 은신처에 숨어있던 알카에다 지도자 빈 라덴을 사살 했다. 당시 특수부대 요원들은 적의 레이더에 노출되지 않는 첨단 스텔스 헬기로 은밀하게 작전을 구사했다.

우리는 1·21 사태 당시 대응부대를 만들었으나 한 번도 제대로 활용치 못해 무용지물이 된 전례가 있다. 이처럼 실행을 하지 않고 그저 부대만 만 드는 안일한 모습을 보여서는 안 된다. 참수 전력(戰力)을 제대로 구축하기 위해선, 결국 군과 정치권의 협력과 결단이 필요하다.

참수작전은 전시나 평시에 예방전쟁 성격 차원에서 적의 수뇌부를 물리적으로 타격해 무력화하는 작전이다. 한국 상황에 대입하면 참수작전은 한반도 유사시 김정은을 포함한 전쟁지도부를 타격해 제거하는 작전이다. 미국은 참수작전을 걸프전, 코소보전, 아프간전, 이라크전을 거치면서 꾸준히 실행해왔다. 국내에 이 작전의 개념이 소개되기 시작한 것은 2008년. 육군 출신으로 현재는 한국전략문제연구소 자문위원을 맡고 있는 권태영 박사 등이 당시 군사혁신 방안을 소개하면서 참수작전의 도입을 주장했다. 육군 대령 출신의 한 군사전문가는 전화 인터뷰에서 참수작전의 개념을 이렇게 풀이했다.

참수작전의 장점은 전쟁억지력이다. 전쟁의 핵심은 적의 전쟁 수행의지를 꺾는 것인데, 김정은 권부가 신변의 위협을 느낄 경우 함부로 군사 도발을 하기가 어려워진다. 핵 공격 결정권자 역시 권부인 만큼 핵 공격 실행 억지력도 상당하다.

참수작전이 특히 유용한 경우는 목표국이 독재 체제를 유지할 경우다. 최고권력자의 결심이 없으면 어떤 행동도 불가능한 독재국가의 경우 참수작전의 효용이 매우 커진다. 모든 결정을 김정은 한 사람이 내리는 북한이 더욱 그러하다. 2015년 8월 현역 육군 준장인 조상호 국방부 군 개혁추진관이 학술세미나에서 대북 비대칭전략으로 심리전, 정보우위, 정밀타격능력 등과 함께 참수작전을 거론했다. 당시 북한은 즉각 노동신문 등을 통해 참수작전을 비난했다. 논란이 일자 국방부는 참수작전이 군 공식 용어가 아니라고 해명했다. 조 추진관 역시 "학술적으로 거론되는 개념을 예로 든 것일 뿐 군에 이런 작전이 있다는 뜻은 아니다"라고 해명했다.

하지만 참수작전이 이미 군 작전 교리에 포함돼 있다는 것은 군사전문가들 사이에선 상식으로 통한다. 유사시 정예 특수전부대와 정밀유도무기를 동원해 김정은을 비롯한 북한 지도부를 제거한다는 대량응징보복(KMPR)은 표현만 다를 뿐 미군의 참수작전과 의미가 같다는 것이 군사전문가들의 분석이다. 군 당국은 2016년 9월 북한의 5차 핵실험 직후 대량응징보복 개념을 발표하고 특수전 전력 강화에 적극 나서고 있다. 매년 상반기 실시하는 KR-FE훈련(키 리졸브 한·미합동훈련) 역시 지난해부터 다른 형태로 실시되고 있다. 2015년까지는 북한의 남침을 가정해 한·미연합군이 선(先)방어 후(後)공격 위주의 시나리오별 연습을 진행하는 방식이었다. 최근에 '작전계획 5015'에 기초한 공세적 군사연습으로 그 성격이 바뀌었다. '작전계획 5015'는 북한 핵심시설에 대한 선제타격 개념을 담고 있다.

한국군은 아직까지 참수작전을 실행해 본 경험이 없다. 반면 미국은 이라크전을 포함한 다양한 전쟁을 치르면서 참수작전 역량을 쌓았다. 크게 보면 미국이 아프간 등지에서 무인기 '리퍼'에 탑재한 헬파이어 미사일을 이용해 알카에다, IS와 같은 테러리스트 수괴를 사살해온 것이 참수작전의 일환이다.

한국군이 2017년 11월 참수부대를 창설목표로 추진하였다. 부대의 공식 명칭은 '특수임무여단'으로 국방부가 지난 4월 발표한 국방중기계획에 따라 올 연말 창설될 예정이다. 정확한 시기와 규모는 부대 임무의 특성상 베일에 가려져 있다. 군 당국은 육군 특수전사령부 예하 기존 1개 여단을 김정은 참수작전을 실행하는 특수임무여단으로 개편할 방침이다. 1개 팀이 10여 명에 달하는 기존 특전사 규모에 비춰보면 이 여단의 규모는 1,000명 내외가 될 것으로 예상된다.

2017년 말 부대가 창설된다고 하더라도 곧바로 '김정은 참수작전'을 실행할 수는 없다. 북한 지휘세력 제거 작전이 실제로 실행되기 위해서는 걸맞은 조건이 선행돼야 한다. 김정은의 핵도박의 해결책으로 한반도 긴장감이 높아지고 있는 가운데 한·미 참수작전에 관심이 높아지고 있다. 부대가 창설 되었을 경우 일명 '김정은 참수부대'에 관심이 모아지고 있다.

북한이 핵무기나 WMD(대량살상무기) 사용 등 긴박하고 심각한 안보위협이 있을 때 국군통수권자인 대통령의 결심에 의해 합동참모본부가 '대량응징보복'(KMPR)의 일환으로 참수작전을 실행한다.

특수임무여단이 평양의 북한 지휘부에 침투해 김정은 등을 제거하는 것과 동시에 우리 군의 현무 등 탄도미사일, 공군과 해군의 순항미사일, 공대지미사일 등으로 북한 주요 군사시설을 동시에 타격하며 KMPR이 실행된다.

군 당국은 구체적으로 기존 블랙호크(UH-60)를 야간침투 작전에 필요한 성능과 적의 공격에도 버틸 수 있는 동체보강 작업에 주안점을 두고 개량 중이다. 또 다른 수송수단인 치누크(CH-47D) 헬기의 성능개량도 앞당겨 조기 전력화할 계획이다. 지난 2011년 5월 오사마 빈라덴 사살 작전(작전 명 넵튠스피어)을 진행했던 미 해군 특수부대 네이비실 6팀(일명 데브그루)도 특수작전용 헬기를 이용해 야간에 현장에 은밀히 침투했다.

미군이 실행한 참수작전 중 가장 대표적인 사례는 9·11테러를 주도한 오사마 빈 라덴을 사살한 작전명 '넵튠 스피어(Operation Neptune Spear)' 다. 2011년 5월 미 해군 특수부대 데브그루(DEVGRU) 대원들은 파키스탄 영토 내에 있는 빈 라덴의 은신처를 급습했다. 당시 작전에 투입된 요원으로 후일 회고록을 펴낸 맷 비소넷에 따르면, 대원들은 침실에 있는 빈 라덴을 찾아내 머리와 가슴에 총탄 각각 한 발씩을 쏴 사살했다. 당시 미군은 작전 기밀 유출 우려 때문에 파키스탄 정부에 통보 없이 극비리에 작전을 실행한 것으로 알려졌다. 이외에도 미국이 국가 지도부를 대상으로 참수작전을 전개한 사례로는 1989년 파나마 독재자 마누엘 노리에가 체포작전, 2003년 이라크 독재자 사담 후세인 체포작전 등이 있다.

2017년 4월 항공모함 칼 빈슨의 한반도 북상이 주목을 받은 이유 중에는 이 항모가 빈 라덴 참수작전에 투입된 전력(戰力)이라는 점도 한몫을 했다. 미군은 빈 라덴을 사살한 후 시신을 칼 빈슨호에 싣고 이동해 아라비아해에 수장했다. 빈 라덴의 시신을 비밀리에 수장한 이유를 두고는 현재까지도 여러 추측이 제기되는 상황이다. 미군은 "빈 라덴의 시신을 땅에 묻으면 그 장소가 테러리스트들의 성지가 될 수 있다"는 점을 공식 이유로 내세우고 있다. 그러나 일부 미국 언론들은 사살 과정에서 대원들이 빈 라덴의 시신을 심하게 훼손하는 바람에 공개하지 못한 것이라는 추측도 제기했다. 잔인한 김정은에게는 지금까지 대응해온 방법과는 다른 방법으로 대응해 나가야만 미사일·핵문제 해결이 가능할 것이다.

3. 우리가 해야 할 일(방안)

가. 한미 동맹은 어느 경우에도 지켜 나가야 한다

한반도 정세는 급박하게 돌아간다. 주한 미군의 전략적 유연성을 파악하고 동북아에서 강대국 간의 현존하는 갈등양상을 정확하게 인식하는 것이 무엇보다도 중요하다. 미국의 전략적 유연성이 중국에 대한 견제를 목적으로 하고 있다고 할 때, 중국 및 북한의 반발로 한반도 긴장이 상시화될 가능성이 존재한다. 또한 미·일의 군사동맹의 강화와 한국의 편입으로 한·미일 대 중국, 러시아, 북한의 군사협력체제가 더욱 공고화될 가능성도 배제할 수 없는 것이 현실이다.

미국은 중국의 아시아 패권확대를 방지하기 위해 인도를 안보리 상임이사국으로 추가 하는 것도 이러한 맥락이다. 주한미군은 북한 선제 공격가능성을 억제하는 기능을 가지고 있지만 이것도 우리 내부의 국론 분열이 없을 때 가능하다. 방어무기 사드 하나 배치하는데 온갖 갈등을 하는 우리의 남남갈등 모습으로는 결코 안보를 지킬 수 없다. 김정은 정권이 존재하는 한 전쟁과 핵개발을 강행하고 이에 대응하여 국제사회의 대북 제재가 강화되는 국면하에서 우리 정부는 '철저한 한미·국제공조를 바탕으로 대북압박과 제재를 통해 북한을 변화시킬 수밖에 없을 것이다. 문재인 정부가 계속 남북 대화에 집념하여 적십자회담 군사회담, 개성공단, 금강산 관광 등 회담이 이어질 수 있지만 북한의 몽니 부리기로 한계에 부딪치고 있다. 유엔 안보리 외 미국의 제재가 강화되는 상황에서 대화국면을 만든다는 것이 결코 쉽지 않을 전망이다. 제재가 계속되는 가운데 대화를 고집할 경우 미국이 이를 관망할 것으로 보이지 않는다. 이로 인해 강력한 한·미 동맹이 균열을 가져올 가능도 배제할 수 없다. 여기에 김정은이 종전과 같이 핵·미사일 문제는 우리와의 문제가 아니라 미·북 간의 문제로 비핵화 회담은 응하지 않을 가능성이 높다. 결국 우리가 바라는 것과 북한이 바라는 것은 괴리가 있다. 김정은이 지속적으로 핵·미사일 실험을 계속할 경우 동북아정세는 한치 앞을 내다 볼 수 없는 악화 국면으로 갈 수 밖에 없다. 여기에 미·중 간의 동북아 패권 갈등으로 한·미·일 구도와 북·중·러 구도로 갈 경우 제2의 냉전 국면이 되어 북한 정권의 장기화가 더 오래 갈 전망이다. 한·미 간 전략적 유연성 합의에는 긍정적 측면과 부정적 측면이 동시에 존재하고 있다. 중국과 미국 간에 주한미군 지상군이 동원될 정도의 전쟁이 일어난다면 그것은 곧 아시아 전체가 휩쓸릴 큰 전쟁이 될 가능성이 높다.

현재 주한 미군의 전략적 유연성을 파악하는 데 있어서 동북아에서 강대국 간의 현존하는 갈등 양상을 정확하게 인식하는 것이 무엇보다도 중요하다. 미국의 전략적 유연성이 중국에 대한 견제를 목적으로 하고 있다고 할 때, 중국 및 북한의 반발로 한반도 긴장이 상시화 될 가능성이 존재한다.

미국은 중국의 아시아 패권 확대를 방지하기 위해 인도를 안보리 상임이사국으로 서남아시아 분쟁 혹은 양안간의 전쟁이 발발할 경우, 혹은 양안간의 전쟁은 한국이 미국의 발진기지가 됨으로써 한반도 역시 분쟁지역화 될 수 있다는 가능성을 항상 제공하고 있다고 할 것이다.

주한미군은 북한 선제 공격 가능성을 억제하는 기능을 가지고 있다. 반테러 전쟁과 미래의 위협에 보다 효율적이고 유연하게 대처하기 위해서는 미군이 필요한 곳에, 그리고 미군의 주둔은 우호적인 곳에 주둔할 필요가 제기된데 기초한 것이다. 현 상황에서 협력적 자주국방을 어떻게 추진하고 미군과의 상호 운용성을 어떻게 유지할 것인지, 연합지휘체계를 어떻게 구상할지 등 장기적인 전략과 비전을 마련해야 할 것이다.

중국은 14개 국가와 국경을 연하여 C자형으로 미국을 견제하고 있다. 이들국가는 북한, 러시아, 몽골, 중앙아 3국, 아프카니스탄, 파키스탄, 인도, 네팔, 부탄, 미얀마, 라오스, 베트남 등이다. 이들 국가 중 미국이 영향을 미치지 않는 나라는 러시아, 북한, 미얀마 정도다. 이밖에 동남아에서는 말레시아, 필리핀 등이 해양을 두고 중국과 연한 국가들로 이들 국가들도 화교상권국가이긴 하지만 친미국가들이다. 중국은 미국이 중국의 주변 국가와 관계를 강화하고 군사협력을 촉진하면서 중국을 봉쇄(contain)하고 있어 이를 우려하고 있는 실정으로 동북아시아나 대만 동남아시아에서 분쟁 발생 시 미국의 전략유연성은 현실로 다가 올 수도 있다.

주한미군의 전략적 유연성을 인정함과 동시에 한반도 유사시 미국의 안보공약을 보장받는 수단으로 확고히 활용할 필요가 있는 것이다. 한국이 주한미군의 전략적 유연성에 소극적인 자세를 보일 경우 미국은 동북아내 군사력 운용의 주요 축을 미일동맹으로 단일화할 가능성도 고려해야 할 것이다. 현 상황에서 협력적 자주국방을 어떻게 추진하고 미군과의 상호 운용성을 어떻게 유지할 것인지, 연합지휘체계를 어떻게 구상할 것인지 등 장기적인 비전 마련이 시급하다고 할 것이다.

도널드 트럼프 대통령을 비롯하여 미국 행정부의 외교·안보 핵심 인사들이 2017년 8월 2일 일제히 "북한과 직접 대화는 없다"며 군사행동 가능성까지 나왔다. 마이크 펜스 부통령도 직접적으로 대화 가능성을 부인했다. 트럼프의 대북 정책은 강경일변도다.[15] 하지만 렉스 틸러슨 국무장관은 "북한의 정권교체를 원하지 않고, 어느 시점에서 북한과 대화를 하고 싶다"고 하여 대화 가능성도 있다.

"북한 핵무기 프로그램을 억제하기 위한 미국의 올바른 전략에 '북한과의 직접 대화'는 포함되지 않는다"고 밝혔다. 그러면서 "중국이 북한에 영향력을 행사하도록 압박하면서 경제·외교적 압력을 가하는 것을 선호한다"며 "(군사행동을 포함한) 모든 옵션이 테이블 위에 있다"고 했다.

백악관 안보 사령탑인 허버트 맥매스터 국가안보보좌관도 최근 MSNBC 인터뷰에서 "김정은이 스스로 비핵화를 이익으로 여길 만큼 대북 압박이 강해져야 한다"며 "군사 조치도 대북 옵션에 들어 있다"고 했다. 맥매스터 보좌관은 안보 강경파가 많은 트럼프 행정부에서 가장 신중한 인물로 꼽힌다. 그런데도 그는 "김정은이 밤에 편히 잠을 자선 안 된다"는 말까지 했다. 그러나 우리 대통령을 비롯한 정부 측 인사들이 남북 대화에 대해 항상 문을 열어 놓고 있다는 말로 북한에 대해 유화적인 목소리를 내고 있어 한·미 간의 엇박자 모습을 보여 우려스럽기만 하다. 남북대화는 긴장 완화를 위해 필요하다. 하지만 아무 때나 대화를 하는 것은 아니다. 방어무기 사드 배치에서 환경평가라는 구실로 중국과 좌파들의 지나치게 눈치를 보는 상황과 멋데로 어깃장을 치는 북한에 평화나 대화를 요구한다는 것은 무의미하다.

우리는 시기와 때를 기다리면서 미국과 보조를 맞추어야한다. 따라서 우리가 연례적으로 실시하는 키 리졸브 훈련도 한미관계의 향방과 북한의 내구력에 영향을 미치는 대외 변수 가운데 하나다. 한미관계의 이격도가 커질수록 북한 정권의 운신의 폭은 넓어지고 안정을 도모할 여지가 커지기 때문이다. 그 반대의 경우는 과거 보수 정부 때에 나타났던 것처럼 양국의 대북공조가 북한 정권을 강하게 압박하는 힘으로 작용했다. 최근 사드 발사대 설치와 관련 한미관계가 잠시 껄끄러워지면서 미국 측을 당황케 만들기도 했다. 이는 2017년 6월 8일 미 국무부 브리핑에서는 이 같은 미국 측의 당혹감이 여실히 나타났다.

현재 김정은 정권이 안정돼 보이고 내구력을 갖추고 있는 것처럼 보이는 것은 지난 20년 동안 핵개발의 기틀을 확실히 닦아놓았기 때문이고, 그 환경적 토대는 한미관계의 이상 징후도 한몫을 하였다. 당시 양국은 대북정책에 관해 현격한 온도차를 나타냈고 양국은 온전한 대북제재의 공조를 이뤄내지 못했다. 그 결과 90년대 후반 '고난의 행군'으로 붕괴의 임계점에 다가가던 북한은 한국 정부의 적극적인 지원과 협력으로 고난을 극복할 수 있었던 것이다.

　이런 내용이 반복된다면 김정은 정권은 다시 한 번 공고한 내구력을 가질 수 있을 것이다. 한미관계가 다시 이상 징후를 보이고 한국이 중국과 가까워진다면 그것은 국제사회 대북제재의 완화로 연결될 것이고, 중국의 국제적 영향력이 신장되면서 6자 회담 재개에 탄력이 생길 것이다. 트럼프 대통령은 '비즈니스 맨 성향'으로 한국이 먼저 동맹 정신을 위반했다고 간주하면 그는 한국에 남아있을 이유가 없다고 판단하여 주한미군을 모두 철수할 개연성도 전혀 배제할 수 없을 것이다. 그렇게 되면 우리는 김정은 정권의 내구력을 분석하는 게 아니라 한국의 안정성을 염려해야 할 날이 올지도 모른다. 이런 최악의 시나리오를 미연에 방지하기 위해서는 우리 정부의 현명한 판단과 현실 인식이 필요하다. 키 리졸브 훈련이나 독수리 훈련, 을지 프리덤 가이던스 훈련은 한 · 미 간 계속 진행해야한다. 어느 경우도 한 · 미 간 공조를 확고히 해야 한다. 우리의 진보학자나 중국 측이 주장하는 핵 · 미사일 실험 중단과 한 · 미훈련을 맞바꾸는 식의 쌍중단을 하는 경우는 또 한번 김정은에게 자신이 몽니를 부리면 목표대로 될 수 있다는 자신감을 주게 하는 것으로 받아들이면 안 된다. 한반도의 미래는 불투명하다. 김정은은 그의 성격적인 특징으로 무슨 일을 저지를지 모른다. 만약 핵 · 미사일로 체제보장 평화 체제구축이 미국으로부터 보장받는다면 의외로 김정은 정권의 장기화가 이루어질 수 있으며 이렇게 될 경우 우리는 북한의 핵위협 속에 더 어두운 미래를 이어갈 수밖에 없다.

나. 북한에 대한 제재 효과 증대시켜야

북한의 핵무기 개발은 북한의 김씨체제를 영원히 유지하는 보호막이다. 미국이 군사력을 동원할 경우 수백만 명을 죽음으로 몰고 갈 수 있다. 현 상황에서 핵전쟁은 할 수 없다. 결국 핵전쟁을 하면 한민족은 물론 인류가 재앙을 피하기 어렵다. 뾰족한 해결책이 없는 가운데 그래도 대북제재를 강화하는 쪽으로 가는 방법밖에 없다. 대북제재는 국제 공조만 잘 된다면 전쟁 위험을 피하면서도 지금까지 해온 다른 그 어떤 조치보다 실효성 있는 대책이 될 것이다. 대북제재가 성공단계에 이르면 김정은 정권 교체를 효과적으로 진행해야 한다. 북한체제유지에 부정적 요소를 분석해 본바와 같이 대내외적 여건 악화로 체제 취약성이 전 분야에서 증가하고 있다. 그럼에도 불구하고 정치이념, 노동당 조직, 보안 및 감시기구, 수용소 등 체제 유지 요소들이 아직은 건재해 체제를 유지하고 있는 상태이다. 당 창건 70주년을 맞아 나타난 김정은의 정권장악력으로 볼 때 단기적으로 안정된 모습을 보일 것이나, 중장기적으로는 체제 불안정 요인 증대에 따른 위기국면으로 진입할 가능성이 크다. 북한은 7차 당대회(2016.5)를 통해 김정은 권력기반 공고화 및 민생향상을 모토로 핵·미사일 무장을 통해 미국에 대한 당당한 대응으로 정권을 보호할 수 있다는 자신감을 북한주민들에게 주입하는데 주력하고 있는 것이다. 그러나 핵문제 해결과 개혁·개방 조치 없이는 '체제 발전 비전' 제시는 성공할 수가 없다는 모순으로 이어진다. 김정은 체제는 연이은 대규모 정치행사로 주민들의 피로감이 증대되고 불만이 고조되는 부작용이 발생할 것으로 예상된다.

김정은에게 어떤 믿음도 통하지 않는다. 언제든 돌변할 수 있는 인물이다. 박수를 제대로 안 쳤다고 측근들을 처형한 게 좋은 예다. 게다가 북핵을 방치하면 미국은 다른 측면에서도 갈수록 위협을 받게 된다. 우선 북한

▲ 지난 2015년 6월, 고사포병 사격경기를 참관하는 김정은.

은 시리아나 이란에 핵 기술을 전파할 수 있다. 북핵에 위협을 느낀 한국과 일본이 핵무기를 자체 개발할 수도 있다. 북한이 핵무기를 내세워 벼랑 끝 전술을 펼치며 계속 미국을 동아시아에서 밀어낼 수도 있다. 절대로 미국이 받아들일 수 없는 시나리오들이다. 북한 입장에서 핵무기는 최강의 안보방화벽이자 서방으로부터 이득을 갈취하기 위한 최고의 수단이다. 이런 핵무기를 북한이 포기하게 만들 전략은 거의 존재하지 않는다.

북한이 핵과 미사일을 동결하는 조건으로 한·미 연합훈련을 중지하라는 제안을 최근 했지만 옵션이 될 수 없다. 북한은 한국과 미국이 연합훈련을 중단해도 결국 핵 개발을 재개할 것이다. 한·미는 북한과 여러 번 합의를 했지만 번번이 속아온 것이다. 연합훈련 중단은 한·미 동맹에 균열을 낼 수 있다는 믿음만 북한과 중국에 주게 될 것이다. 따라서 한·미의 대북 정책 목표는 김정은 정권의 축출로 수정돼야 한다. 미국에 위협이 되는 건 핵무기 자체가 아니라, 핵무기를 손에 쥔 독재자다. 북한의 핵과 미사일 개발을 막기 위해 미국의 선택안은 무엇일까? 세 가지가 있다.[16] 대북제재, 외교, 군사행동이다. 첫 번째 방안은 북한 정권을 괴롭힐 수는 있지만 핵 개발을 막지는 못했다. 외교도 중·러가 비협조로 효과가 없었다. 마지막 방안은 말 그대로 최후의 수단으로만 가능하다.

그러나 전쟁이나 쿠데타 외의 방식으로 북한 정권을 교체하려면 중국의 묵인이 필수적이다. 중국 정부는 대북 석유 수출을 금지하고, 김정은을 베이징으로 불러내 유폐시킬 수도 있다. 그러나 중국만이 가지고 있는 물리력을 사용하지 않고 있다. 최근까지도 중국은 이 선택에 대해 어떤 조치도 하지 않았다. 중국은 별 효력이 없는 유엔 제재에 동참하긴 했지만, 마지못해 이를 수행했다.

그래도 전쟁을 피하는 방법은 제재를 통한 압박 외에 없다. 이를 통해 김정은의 도발을 억지하면서 북한 체제가 와해될 때를 기다리는 것이다. 세컨더리 보이코트를 강력히 진행해야한다. 트럼프 행정부가 북한과 돈거래를 해 온 중국 기관들에 제재의 칼을 뽑아 북한과 교역하는 중국 은행과 기업은 미국과 절대 거래할 수 없도록 못 박아야 한다.

최근 미국은 2017년 대만에 10억 달러어치의 무기를 판매했다. 미 해군은 남중국해에서 중국의 경고를 무시하고 위력 과시를 이어 갔다. 중국이 미국의 안보 이해를 무시하면 이렇게 대가를 치를 것임을 깨우쳐 줘야 한다.

대북제재결의안 채택으로 60개 이상의 국가와 국제기구가 북한과의 고위인사 교류 및 공관 개설, 대북 협력사업을 보류하거나 중단하는 등 압박에 동참하고 있다. 이에 따라 북한의 외교적 고립은 갈수록 심화되고 있으며, 전체 국제사회와 북한의 대립구도가 형성되는 국면이기도 하다. 국제사회의 대북제재와 압박에 따른 현실은 북한 지도부로서도 상당한 부담이 될 수밖에 없다. 실제로 북한의 대외발표를 보면 과거와는 차원이 다른 대북제재에 심리적 압박과 위기의식을 강하게 느끼는 것으로 평가된다.

예를 들어서 김정은은 순천화학련합기업소 시찰 당시(2016.8.13) "누구도 우리를 도와주려 하지 않는다"고 했으며, 북한의 조국평화통일위원회 담화(2016.6.30)에서는 "그처럼 전면적이고 잔인무도한 제재와 압박을 받아 본 나라는 인류사에 전무후무하다"고 위기의식을 나타낸 바 있다. 또한 최근 북한을 다녀온 중국 측 전문가들에 따르면 대북제재의 효과와 관련하여 작년에 보지 못하던 변화를 감지할 수 있었던 것으로 전하고 있다. 가령 2015년까지만 해도 주로 북한의 관리들만 대북제재를 이유로 중국을 비난하였던 것에 비해 금년에는 일반 주민들도 제재의 영향을 체험함으로써 중국을 비난하기 시작했다고 전언하고 있다. 또한 대북제재의 영향에서 비교적 벗어나 있던 평양의 일부 주민과 대학생들도 이제는 과거와 달리 대북제재에 대한 우려감을 표현하는 경우도 있었다고 한다. 이처럼 대북제재의 효과가 부분적으로 나타나고 있는 듯 보이지만 국제사회가 기대한 만큼 전반적이고 유의미한 수준에서 제재의 효과가 발휘되는 것으로 보기는 어려운 것도 사실이다. 왜냐하면 북한을 다녀온 또 다른 일부 인사들은 대북제재에도 불구하고 북한의 사회가 안정을 유지하고 있으며, 오히려 김정은시대에 들어서 북한경제가 나아지고 있다고 보는 경우도 적지 않기 때문이다. 2017년 한국은행에 따르면 지난해 북한의 실질 국내총생산(GDP)은 전년 대비 3.9%가 증가했다. 이는 마이너스 성장률을 기록한 지난 2015년(-1.1%)보다 성장세가 급증했다. 북한이 3%대 성장률을 보인 것은 지난 2008년 이후 9년 만이다.[17] 이를 보면 국제사회의 대북제재가 어느 정도 효과를 발휘하는지를 가늠하는 것은 현재 상황에서 쉽지 않은 일이지만 그럼에도 분명한 것은 대북제재의 효과성과 관련하여 가장 중요한 요소는 중국의 이행 의지와 능력이라는 점이라 할 것이다.

과거 중국은 대북제재에 미온적이었으며 초기 단계에서 시늉에 그치는 경우가 많았다. 물론 북한의 핵과 미사일 도발이 심각해지고, 국제사회의 중국에 대한 성실한 제재 참여 요구가 거세지면서 중국도 자의 반, 타의 반으로 대북제재에 대한 태도를 변화시키고 있는 것으로 보인다. 일례로 시진핑(習近平) 주석은 "한반도에 전쟁과 혼란이 일어나는 것을 결코 용납하지 않을 것이며, 유엔 안보리 결의를 전면적이고 완전하며, 엄격하게 이행할 것"이라고 수차례 표명한 바 있다. 중국정부 역시 유엔 안보리의 대북제재결의안을 전면적으로 계속 집행해 나갈 것임을 밝히고, 미·중 양국이한반도 비핵화 목표 달성을 위해 공동으로 노력하고, 한반도문제에 관한긴밀한 소통과 협조를 유지할 것을 강조하고 있다. 중국은 점증하는 북한의 도발에 따라 유엔 안보리에서 강력한 대북제재결의안이 만들어지는 데에는 찬성하지만, 그것이 북한체제에 대한 위협으로 귀결되는 것은 받아들일 수 없다는 입장인 것이다. 때문에 중국 상무부는 2016년 4월 유엔 안보리 대북제재결의안 2270호에 따라 북한산 석탄, 철광석 등 20개 품목을 수입 금지하고, 항공유와 로켓연료 등 5개 품목에 대해 대북수출을 금지했지만 핵·미사일 실험과 무관한 민생 목적일 경우는 제재의 예외로 둔 바 있다. 제재에 맹점이 바로 여기에 있다.

중국이 취한 대북제재조치의 중요한 문제점 중 하나는 민생용과 군수용의 구분이 사실상 불가능하다는 점이다. 때문에 "대북제재를 철저히 이행하고 있다"는 중국정부의 공언에도 불구하고 2016년도 중국의 북한산 철광석 수입은 전년도보다 더 급증했다. 비록 북한산 석탄 수입은 줄었지만 이는 중국 석탄시장의 포화에 따른 것일 뿐 대북제재 효과로 보기는 어렵다. 이외에도 북한은 인력송출사업을 통해 연간 5억 달러 규모의 외화벌이를하고 있는데 인력송출의 주요 대상국가중 하나는 중국이다. 국제사회의 비판에 직면하여 중국은 2017년 8월 안보리제재 2371호를 통해 북한산 석탄 전면수입금지를 발표했지만 과거의 전례를 볼 때 지켜볼 일이다. 중국은기본적으로 "대북제재는 수단일 뿐 목적이 아니다"라는 주장 아래 북한의안정을 중시하고 있으며, 모호한 태도를 취하면서 '대북제재의 구멍(lope hole)'으로 작용하고 있다. 그렇다면 우리는 어떻게 중국을 대북 압박전선에 적극 동참시키면서 대북제재의 실효성을 제고하고 북핵문제 해결에 동참시킬 수 있을까? 북한의 핵과 미사일 위협이 가중되는 상황에서 중국의 실질적 제재이행은 더 중요할 수밖에 없는 현실이다. 중국을 우리 쪽으로 가깝게 하기 위해서 여러 가지가 필요하다.

첫째, 김정은에 대한 중국의 인식 변화가 중요하다. 한국은행이 2017년 7월 발표한 2016년 북한 국민총소득(명목GNI)은 36조 4,000억 원에 이르는 것으로 나타났다. 최근 북한의 명목GNI와 1인당 GNI는 매년 상승추세를 보이고 있다. 2017년 중국 해관총서는 최근 올해 1~6월까지 북・중 교역액이 25억 달러를 기록했다고 발표했다. 지난해 같은 기간보다 10.5% 증가한 규모로 특히 중국의 대북 수출이 29% 급증했다.[18] 이는 중국이 대북제재에 협조하지 않는다는 점이 명백하다.[19] 중국의 기본 인식이 변화되지 않는 이상 중국을 변화시킬 수는 없을 것이다. 따라서 우리는 김정은 정권의 존재 및 불확실성이 오히려 중국에게도 안보위협으로 작용할 수밖에 없다는 점을 강조할 필요가 있다. 김정은이 이끄는 북한은 아시아의 IS와 같은 존재로서 신정(神政)을 추구하고 있으며, 결국 테러수출(핵물질)과 유사한 짓을 자행할 가능성이 농후하다. 북한정권이 과거부터 이란,시리아 및 파키스탄 등과 미사일 교역을 하고 아프리카에 불법무기 수출을 감행해온 것처럼, 김정은 역시 언젠가 중국의 적대세력 및 분리주의세력에게 핵물질을 포함한 무기수출 가능성을 배제할 수 없다.

둘째, 중국이 주장하는 '책임대국론'을 활용하여 북핵문제 등 북한 관리에 있어서 중국이 보다 적극적이고 실질적인 행동을 하는 나라가 되어야 함을 강조할 필요가 있다. 중국은 강대국이 되어갈수록 국제적 영향력 확대를 추구하고 있으며 책임대국으로서의 역할에 대한 대내외적 압박에 직면하고 있는바, 이는 북한문제에 있어서도 예외가 될 수 없음을 주장해야 한다. 핵실험과 장거리로켓 발사 등 국제평화를 위협하고, 인권을 유린함으로써 국제사회에서 비난의 대상이 되어온 북한을 끌어안고 가는 것은 중국에게 전략적 자산이 아니라 '전략적 부담'일 따름이며, 책임대국의 이미지 구축에 손상임을 강조해야 한다.

셋째, 북한의 핵실험 및 장거리 로켓 발사 등 도발에 대한 선제적 대북압박을 담아서 중국 설득용 로드맵 또는 도발 대 행동의 대차대조표를 제시할 필요가 있다. '트리거 조항'은 국제적 약속이란 점에서 북한이 추가 도발을 감행할 때마다 중국이 점진적으로 강화시켜 나가야 할 구체적 압박조치와 범위, 방향과 목표 등을 우리 정부가 선제적으로 제시해 나가야 하는 것이다. 예를 들어 북한이 또 핵실험을 할 경우에는 '세컨더리 보이콧'을 수용하고, 7차 핵실험을 할 경우 대북 원유공급을 중단한다는 등의 약속을 사전에 이끌어 낼 필요가 있는 것이다.

넷째, 중국이 반대할 것으로 예견되지만 2017년 8월 미합참의장이 중국의 심양군구를 방문하여 한반도 위기상황에 대한 미 · 중 간의 협력을 논의했다. 이는 과거에 없었던 진일보한 양측관계다. 향후 유엔제재 효과를 증대시키기 위해 조 · 중 국경지역 주요도시인 단동, 집안, 연길, 도문, 훈춘 등 유엔 감시단을 상주시켜 북한의 비합법 활동에 대해 대응을 하는 것도 필요하다.

다섯째, 국제사회가 추구하는 대북제재의 목적은 북한 지도부의 인식변화와 태도변화를 이끌어 내는데 있다는 점을 강조할 필요가 있다. 북한에 대한 제재도 궁극적으로는 북한의 핵폐기를 위한 협상장으로 이끌어 내는데 목표를 두고 있는 것이다. 특히 문재인정부의 북핵정책은 포괄적이고 단계적인 방식을 취하면서 압박 및 제재와 동시에 협상의 병행을 주장하고 있다. 따라서 중국이 우려하듯이 미국 등 관련국 대북제재의 목적이 단순히 북한 붕괴에 있지 아니하다는 점을 설득함으로써 적극적인 제재 참여를 유도해 내야만 한다.

다. 한·중 관계협력을 강화해야 한다

정치적 협력방안

사드문제로 한·중 간은 대립하고 있다. 사드문제가 2017년 10월부터 다소 완화될 조짐을 보이고 있다. 결국 중국은 자신들의 필요에 의해서 묵시적 완화로 이어 질 수 있다. 중국의 한국전쟁 참전 개입과 전후 냉전체제는 한국과 중국 간의 공식적인 관계를 40여 년간이나 단절시켰다. 한국전쟁 이후 1972년까지 한중관계는 미국과 중국 간, 나아가 북·중 간 3각 동맹관계의 대결구조 속에서 어떠한 관계도 형성할 수 없었다. 미국은 '죽의장막'에 가려진 '잠자는 사자'를 봉쇄하는 데 온 힘을 기울였다.

한·중관계는 6·25 전쟁 당시 적국(敵國)으로 마주했던 역사, 자유민주주의와 공산주의라는 체제 차이, 대만과 북한이라는 각자 우방의 격렬한 반발을 딛고 25년 전인 1992년 8월 24일 국교를 수립했다. 이후 선린우호관계는 전략적 협력동반자 관계로 발전했다. 2016년 기준으로 양국 교역액은 연간 2113억 달러였고, 한국의 대중(對中) 투자 규모도 725억 달러에 달한다. 각각 6만 명이 넘는 학생들이 상대국에 유학 중이며, 한국에 체류하는 중국인은 100만 명(중국 동포 약 63만 명 포함)이 넘고, 중국 체류 한국인도 약 80만 명이다.[20]

이런 한·중 관계가 중대한 위협에 직면했다. 2017년 3월 28일 국방부와 롯데 그룹이 우리의 방어용으로 배치하는 미국의 사드 부지 교환 계약을 체결하자 중국은 비이성적으로 부지 제공 롯데를 위시하여 한국 기업들을 압박하기 시작했다. 사드는 북핵 위협 현실화에 따라 불가피한 최소한의 대책이다. 중국은 북한에 대한 제재나 경고는 형식적으로 하면서 이런 근본은 제쳐놓고 한국을 겁박하고, 김정남 암살로 국제사회에서 궁지에 몰린 북한을 우호적으로 다루는 것은 핵무장을 부추기는 것과 다름없다. 중국이 정·경 분리라는 수교 정신을 묵살하고 비열한 압박을 계속한다면 6·25 전쟁 때 항미원조(抗美援朝) 명분으로 북한 정권을 회생시켜 오늘의 불씨를 만든 '중공(中共)'을 다시 떠올리게 한다. 중국이 이성을 되찾지 않으면 한·중 관계의 미래도, 동북아 평화도 없다. 한·미 연합 연례연합 훈련을 통해 양국 동맹의 가치를 새삼 부각되는 것은 무엇보다 중요하다. 중국의 안하무인격인 대한(對韓) 공세에 밀리면 안 된다. 중국은 과거 일본과의 센카쿠열도 영유권 분쟁 때도 일본 상품 불매와 관광 금지, 수출입 제한 등 온갖 방법으로 보복했다. 중국 내 일본 공장 습격과 일본인 폭행도 일어났다. 사드가 중국의 반일(反日) 감정과는 다른 문제라 해도 동원할 수법은 비슷할 것으로 봐야 한다. 하지만 한국정부는 중국을 설득하는 노력을 포기해선 안 된다. 국민의 생존을 위한 안보 정책, 특히 방어 무기 도입까지 외국의 간섭과 압박으로 변경할 수는 없다는 점도 분명히 해야 한다. 중국의 일본에 대한 거친 보복도 몇 년간 이어지다 사라졌다. 지금 일본 관광지는 중국인이 점령하다시피 하고 있다. 일본이 단합해 어떤 경제적 손실이 있어도 영유권을 양보할 수 없다는 의지를 보였기 때문이다. 장기간 경제 보복이 결국 중국의 손실을 키운 것도 공세를 약화시켰다. 지금 우리가 중국과 관계를 잘못 맺으면 그들의 시대착오적 한반도관(觀)이 우리에게 두고두고 화근이 될 것이다. 사드문제로 시진핑 주석이 한국 정부나 업체에 대해 비우호적 갈등을 조이고 있지만 외교적 활동을 통해 봉합될 것이다.

한반도에서 20여 년 생활을 했던 싱하이밍(邢海明) 주한중국 대리대사는 한중 양국관계에 대해 한중 관계가 무(無)에서 유(有)로 발전하는 과정을 보았고 수교 18년 만에 전략적 협력동반자관계가 되었다고 점을 강조했다.[21]

한중수교는 일차적으로는 체육교류의 필요성에서 시작되었다. 중국은 당시 국가적 목표인 1990년 베이징 아시안게임 유치를 위해 아시아올림픽평의회(OCA) 이사국이며 아시아 스포츠 강국인 한국과의 관계 개선이 필수적이었다.

이를 위해 중국은 1982년 한국에 대한 정책을 본격적으로 조정하기 시작했다. 1983년 5월 발생한 중국 민항기 납치사건[22]을 해결하기 위한 비공식 접촉 과정에서 양국은 공식적인 접촉과 상호 관계의 중요성을 확인하게 되었다. 당시 한국정부는 중국정부의 희망을 적극 반영해 사건이 원만하게 해결되도록 지원했다.

중국 측은 이때 대한민국이라는 정식 국호를 처음 사용했는데, 이는 중국의 대 한국 정책에 중대한 변화를 의미했다. 동시에 이 사건은 한중관계 발전 과정에서 전환점이 되었다. 1985년 3월 발생한 중국 해군 소속 어뢰정의 한국 영해 침해사건도 양국 간의 관계 개선의 필요성을 제고시키는 계기가 되었다.

중국은 각종 국제행사에서 한국과의 교류에 적극적으로 나섰고, 1986년 서울에서 거행된 아시아게임과 1988년 서울올림픽에 대규모 선수단을 파견했다. 서울올림픽을 계기로 한국과 중국 간의 교류와 협력은 다방면으로 확대되었다.

1988년 10월 한국의 대중국 관광금지 해제, 1989년 6월 한중 간 해운직항로 개통, 1990년 중국행 우편직송 개시, 한국기업의 베이징사무소 설치 허가, 무역대표부 상호 설치 합의 등으로 양국 간의 관계 개선 이 된바 앞으로 이러한 협력이 필요하다.1990년 9월 한국과 소련이 수교를 한 후 1991년 1월 30일 한중관계는 KOTRA가 베이징에 대표부를 개설함으로써 한중수교는 기정사실화 되었다.

한편, 1991년 1월 중국 내에서는 개방개혁 정책의 큰 전환점이 된 덩샤오핑의 '남순강화'가 있었다. 덩샤오핑은 이를 통해 개방개혁의 성과를 평가하고, "당의 기본노선(개방개혁)은 앞으로 100년 동안 흔들림 없이 지켜야 한다"라고 역설했다. [23] 이는 한중수교를 가속화하는 결정적인 계기가 되었다.

1991년에는 한반도 내외정세도 급변했는데 9월 17일에는 남북한이 유엔에 동시 가입했다. 북한과 일본 간의 수교협상이 진행되었고, 남북한은 12월 13일 '남북 사이의 화해와 불가침 및 교류협력에 관한 합의서'(기본합의서)에 서명했다.

드디어 1992년 8월 24일 한국과 중국은 수교를 통해 1949년 10월 1일 중화인민공화국 수립 이후 40년 이상 지속해왔던 적대관계를 공식 청산했다. 북한은 한중수교를 지켜보면서 '영원한 친구도 영원한 적도 없다'는 국제관계의 냉혹한 현실을 뼈저리게 느껴야 했을 것이다. 한·중수교는 탈냉전의 도래를 실감케 하는 신선한 충격이었고, 양국의 국가적 차원에서는 물론 동아시아 차원에서 보았을 때도 시의 적절한 선택이었다. 한중수교로 인해 동아시아 전략환경에는 기본적인 변화가 일기 시작했다.24) 더욱이 1994년 7월 김일성의 갑작스러운 사망은 한중관계는 물론이고 북중관계와 동북아 관련 국가 간, 그리고 국제정치 질서에 새로운 장을 펼치는 계기로 작용했다. 중국은 지속적인 한반도의 영향력 행사를 위해 북한지역의 자국에 우호적인 정권이 지속적으로 유지되도록 노력할 것으로 예상된다. 북한의 지도층은 북한의 급변사태 시 남한의 흡수통일로 이어질 것을 우려하여 통일 과정 또는 통일 후 예상되는 자신들의 입지와 처지를 고려해 중국에 적극적으로 협력하면서, 남한과의 통일을 배척할 것이다.25)

주지하는 바와 같이, 중국은 전통적으로나 지정학적으로 인접되어있고 중요한 이해관계를 가진 북한지역이 적대적인 세력에 편입되는 경우 자국의 안보에 중대한 위협을 가져올 것으로 인식하고 있다. 따라서 북한의 새로운 정권이 자국에 우호적이지 않을 것으로 예상되거나 한국과 미국의 일방적인 북한 진출 또는 반 중국 세력의 형성이 예상될 경우 보다 강력하게 대응할 것이다.

북한주민들의 의사와 한국의 외교능력, 특히 주변국 중 특히 중국의 이해와 협조는 한반도 통일을 이뤄 나가는 데 있어 중요한 요인이 될 것이다.

북한 상황 관리 과정에서 중국 등 주변국들의 일차적인 관심은 북한의 안정을 통한 동북아 전체의 안정을 도모하는 것이기 때문에 한반도 통일은 2차적인 안보목표가 될 수 있다. 중국과 한국과의 관계가 불편하고, 중국과 미국의 협력이 원만하지 않을 때 그 가능성은 커질 것이다. 한국은 궁극적으로 통일을 지향하는 반면에 중국은 통일을 포함한 한반도의 현상변화 자체를 지역의 불안요소로 인식하기 때문에 한반도 통일 논의가 본격적으로 진행되는 과정에서 양국 간의 갈등이 심화될 것이다. 따라서 중국은 한반도 통일가능성이 있을 경우 한국과의 새로운 관계의 정립을 고려하지 않을 수 없다. 한중·미중 간의 이익이 교차하는 이슈로는 한반도내 혼란 상황, 주한미군의 역할 및 계속 주둔문제, 북한 내 대량살상무기 처리문제, 북한 난민문제, 그리고 통일한국의 군사력과 전략적 정체성 등이다. 그런데 이들은 모두 매우 민감한 시안이고 결과를 예측하기 어려운 문제들이다.

중국이 한반도 통일문제를 고려하면서 크게 의식하는 문제는 자국의 통일문제, 즉 양안관계와 남북한 관계와의 관련성이다. 중국이 계속 통일을 반대하고 방해할 것인가 라는 데는 문제가 있다. 중국이 공식적으로 일관되게 주장해온 "남북 당사자 간의 자주적이고 평화적인 통일을 지지한다"는 원칙론은 단순히 수사에 불과한 것일까? 결론은 한반도 통일을 방해할 명분도 또 그럴 필요도 없다는 것이다.

중국이 한반도의 자주평화통일이라는 원칙론을 통해 주장하고자 하는 것은 일차적으로는 자국이 한반도의 통일을 지지한다는 것을 원론적으로 강조하는 것이다. 통일이라는 결과보다는 당사자 간의 자주적 평화적 원칙을 통해 통일과정에서 자국의 영향력을 훼손시킬 수 있는 미국 등 외세의 개입을 두려워하는 것이다.

지금의 중국은 북한 변화 이후 한국 주도의 한반도 통일 반대라는 선택보다는 오히려 통일 후 한국과의 관계 설정과 한반도에 대한 영향력 확보를 고려한 전략적 선택을 할 가능성도 고려할 수 있다. 북한이 소멸하는 것은 미국의 영향력 하에 있을 통일 한국과 국경을 접하게 됨으로써 중국과 미국 사이에 완충지역이 없어지는 것을 의미한다.

중국은 한반도 통일에서 주한미군의 철수를 사실상 한반도 통일의 전제 조건화할 가능성이 있다. 그 경우에도 중국은 주한미군 철수를 직접 주장하기 보다는 한국이 미군철수를 요구하도록 유도할 가능성이 크다. 즉, 통일한국에 압력을 가해 한미동맹을 철회하도록 유도하려 할 것이다. 다른 가능성으로는 중국이 유엔안보리 상임이사국으로서의 지위를 이용해 미국의 영향력을 견제하거나 한반도 문제에서의 양보나 묵인 을 카드로 타이완 통일에 대한 미국의 양보를 요구할 수도 있을 것이다.

한국이 중국과 미국 등 주변국에 한반도 통일이 모두에게 이득이며, 동북아 및 세계의 평화와 공동번영의 긍정적 요인임을 인식시키지 못한다면 통일은 매우 어려운 과정이 될 수 있다. 한민족의 외교역량 강화와 확고한 통일의지가 없이는 통일은 이루기 어렵다는 것이다. 따라서 한국은 중국의 5세대 정부에 대해 한·미와 한·중 간의 균형외교가 중요하다고 할 수 있다.

중국의 대한반도 정책기조는 한반도 평화와 안정, 북한체제의 붕괴 방지, 한반도 비핵화, 한반도에서의 영향력 확대, 남북관계 개선과 평화통일 지지 등으로 요약할 수 있다. 이 중에서 중국은 한반도 평화와 안정에 가장 큰 비중을 두고 있다.[26] 중국은 한반도의 불안정이 자국의 불안정뿐만 아니라 미국 또는 일본과의 긴장을 촉발할 가능성이 있다는 점에서도 한반도에서의 평화와 안정에 중요한 이해를 갖는다. 중국은 과거 임진왜란과 청일전쟁, 그리고 한국전쟁에 개입하여 해양세력을 견제 하였다. 청조 말엽의 북양대신이었던 리훙장은 청국과 조선이 한 가족이라고 하면서 동북3성 (헤이룽장성·지린성·라오닝성) 등 만주지역의 방위상 한반도를 필요로 한다는 입장을 견지했다. 당시 일본의 한반도에 대한 침략은 중국본토의 침략을 당하는 것으로 여겼다.[27]

한반도 평화·번영을 위해서 중국은 기본적으로 북한체제의 정치·경제·안보적 불안정 상태가 해소돼야 한다고 본다. 따라서 중국은 북한의 안정 및 국제적 고립 탈피, 남북한 세력균형, 한반도 평화·안정과 동북아 평화·번영이라는 차원에서 대 한반도 정책을 접근하고 있다.[28]

한편, 중국은 북핵문제 해결 과정에서 관련국의 냉정과 자제를 요청하면서 대북 압박 및 북한 붕괴정책에 반대하는 한편, 북한의 긴장조성 행위에도 반대하고 있다. 중국은 북한의 붕괴가능성을 우려하면서, 현 상황에서의 북한 붕괴가 한반도 및 동북아지역에 대한 미국의 영향력 확대로 이어질 가능성이 크다는 판단 하에 대북지원과 함께 북한 내부의 혼란 발생가능성에 대해 깊은 관심을 갖고 대비하고 있다. 따라서 한국으로서는 한·미동맹관계를 굳건히 하면서 중국과도 균형외교를 전개하여 한·중 신뢰를 높여야한다. 중국공산당과 군사위원회 등에 인맥을 쌓아 한반도통일에 이해와 협력을 강구하여 북·중 간의 전통적 동맹 우호관계를 완화시키는 것이 무엇보다 필요하다.

중국이 동아시아에서 추구하는 전략목표는 우선 국가주권을 유지하고 국가의 통일을 실현하는 일이다. 중국은 영토의 안정성을 유지하고, 인권·종교문제 등에 대한 외부의 간섭과 압력에 대응해 주권을 수호하는 일, 나아가 타이완의 통일을 달성해 서구제국주의 침략으로 야기된 민족적 수모를 종식시키는 일을 여전히 중요한 과제로 설정하고 있다. 따라서 중국은 특히 한반도 문제를 평화적으로 해결해 동북아지역의 기존 대립구도를 협력구도로 탈바꿈하는 것이 자국의 전략목표를 달성하는 데 있어서 필수적인 것으로 판단하고 있다.[29]

지속적인 경제발전으로 필요한 안정적인 주변 환경을 확보하는 것이다. 만약에 중국 주변에서 분쟁이 발생한다면 중국은 불가피하게 국력을 소모할 수밖에 없고, 경제발전에 차질을 빚을 것이다. 그래서 중국은 동북아지역의 핵심인 한반도의 비핵화를 실현하고, 핵확산을 반대하며, 한반도와 동북아 지역의 평화와 안정을 유지하고자한다.[30]

중국은 한반도 문제와 관련 미국과의 협력을 유지하는 가운데 타이완해협의 불안정을 없애고, 조정국면에 들어가고 있는 동북아 질서가 자국에 유리한 방향으로 재편될 수 있도록 실질적인 역할과 영향력을 확대하여 근본적으로 패권국가로 발돋움하고자 할 것이다. 통일한국의 등장은 동아시아 및 아시아태평양지역에서 미국 안보에 긴요한 동맹 네트워크가 강화 및 확대됨을 의미한다. 통일한국의 탄생은 중국과 직접 국경을 맞대는 동아시아 지역에 작전 가능한 수준의 미군이 주둔하는 효과를 유발한다. 이는 중국에는 바람직한 일이 아니다. 통일 후 미·중 간의 원만히 이 문제를 해소하면 미국의 한반도 방위비 지출을 줄이고 북한주민의 대량 탈북 등 인권문제의 발생을 사전에 방지할 수 있다. 중국은 대만 통일에 유리한 국제환경을 조성할 것이다. 한반도 통일이 실현될 경우 중국과 대만에서 양안(兩岸) 통일에 대한 열망이 높아지고 대만 문제를 둘러싼 미국과 중국 사이의 갈등도 완화될 것으로 예상된다.

한반도 통일은 비핵화와 핵확산 방지를 통해 한반도의 장기적 평화와 안정을 보장할 것이며 한반도 전체가 통일되면 오히려 지금의 남북한상황 대치 보다 더 좋은 전략적 완충지대로 전환할 것이라는 논리의 전개가 필요하다. 통일한국에서 북한지역의 경제개발은 중국 동북3성의 발전을 촉발할 것이다. 중국은 대북지원에 따른 경제적 부담이 없어지고 통일한국은 중국에 엄청난 시장과 투자 기회를 제공하는 협력파트너로 등장할 것이다. 중국 내 반한 감정, 한국 내 반중 감정이 해소되고 한반도를 통한 해양세력과의 경제적 문화적 소통이 확대될 것이다. 이러한 한반도 통일논리를 중국에 설득하는 외교적 노력이 필요하다.

중국을 통한 북한의 개혁개방

중국의 경우 김정은 정권이 골칫덩어리 정권으로 향후 관리하기 쉽고 다루기 쉬운 친중정권을 수립하는 것을 차선책으로 생각할 수 있다. 한국은 중국과 협력 북한의 변화와 개혁개방을 할 수 있는 정권의 창출이 필요하다. 비록 3대 세습 정권이 향후 사고의 전환을 가져올 수 있도록 협력을 유도하는 것이 필요하다.

중국은 개혁 · 개방을 본격화한 1978년부터 얼마 전까지 연평균 10% 내외의 고도경제 성장률을 기록했다. 그동안 국내총생산(GDP)은 4배로 늘었고, 무역 규모는 세계 30위에서 1위로 껑충 뛰어올랐다. 또 세계 최대의 해외 직접 투자 유치국이 되었다. 대외적으로 이란 제재를 추진했던 미국은 중국의 반대로 번번이 계획을 접어야 했다. 또 중국은 그들의 지방정부나 은밀히 북한 경제 지원을 지속함으로써 미국 주도의 북한 제재의 효과를 확실히 반감시켰다.

중국의 군사비는 중국 정부의 공식 발표에 따르면 세계 6위, 미국 국방부의 추정에 따르면 세계 2위다. 명실 공히 G-2반열에 올라 있다. 한 · 중 양국은 지정(地政)학에 기초한 20세기적인 안보관을 극복하고, 지경(地經)학을 포함하는 21세기의 새로운 지(地)전략적 사고의 정립이 필요하다.

안정되고 통일된 한반도, 비핵화되고 평화지향적인 정부, 광대한 경제활동 및 교류의 공간 확보가 한 · 중 양국 모두에게 보다 많은 번영의 기회를 제공할 것은 틀림없다. 이를 위하여 한 · 중은 이제 미래를 지향하고(面向未來), 새로운 협력의 영역을 개척하며(創新合作), 상호 존중하고(互相尊重), 공동으로 번영(共同繁榮)하자는 공감대를 바탕으로 새로운 한반도의 미래에 대하여 진지하게 머리를 맞대야 한다.

특히 중국이 최근에 추진 중인 창지투개발과 동북공정과 맞물려 북한의 특혜나 호혜적 이익을 모두 가져간다는 우려보다는 중국 측과 합작으로 조 · 중국경지역의 합작투자를 늘려 중국의 후진적인 동북 3성의 개발을 돕고 경제적 협력을 통해 공동으로 북한에 진출하여 북한을 개혁개방으로 이끌 수 있도록 중국을 설득하여 미래에 대비해야 한다.

북 · 중관계 간극(間隙) 활용

북한의 5차 핵실험 이후 변화되고 있는 중국의 대북인식이나 정책을 주목해야 한다. 중국은 안보리 대북제재에도 불구하고 제재와 지원을 동시에 병행해왔는데, 그 비중이 점차 제재 쪽으로 높아지고 있다. 더구나 북한의 잇따른 핵실험으로 중국의 여론이 매우 악화되어 북한을 동북아평화와 중국의 경제발전에 걸림돌이 될 수 있다는 주장이 중국내부에서 계속 나오고 있다. 이제 더 이상 중국은 북한을 동맹국가로 생각하지 않는다는 청화대 옌쉐퉁 교수의 발언은 주목할 만하다. 그는 "중국과 북한 관계는 한국전쟁을 치를 당시에는 동맹이었으나 지금은 아니다. 북한이 군사문제에 관해 의논을 하지 않는 등 동맹국으로서 약속을 지키지 않아 북한이 사실상 동맹을 파기한 것이다"라고 언급했다.[31]

2017년 들어와 중국은 여러 차례 북한에 대해 경고를 했었다. 2월 18일 중국 상무부는 북한산 석탄수입을 잠정 중단하겠다고 했고, 4월 12일 환구시보는 북핵실험시 원유중단 등을 검토하겠다고 밝혔으며, 4월 23일 미국의 북핵시설 공격을 용인한다는 표현까지 나왔다. 환구시보를 비롯한 중국의 관영매체는 중국당국의 공식적 입장을 반영한 것은 아니지만, 그만큼 북중관계가 심각한 갈등으로 접어들고 있다는 점을 보여주고 있다. 2017년 5월 4일 중국 외교부 대변인은 정례브리핑에서 북한이 '중국이 북중관계의 붉은 선을 넘고 있다'고 비난한 데 대해 "오랫동안 중국은 객관적이고 공정한 입장 속에 상황의 시비에 따라 유관 문제를 판단하고 처리했다"고 강조했다. 북중 양국이 갈등현안을 두고 관영매체들을 통해 대리전을 벌이는 경우는 더러 있지만 북한 관영매체의 보도에 중국 당국이 직접 대응하고 나선 건 매우 이례적이다. 최근조선중앙통신과 노동신문 등 북한 관영 매체들은 가 2017년 8월 25일 정명철 북한 국제문제연구원 박사명의로 된 '진실을 가려보는 눈이 흐려지면 불의가 판을 치기 마련이다'라는 논평을 게재했다. 이 글에서 정명철은 마오쩌둥(毛澤東) 전 중국 주석이 추진했던 '양탄일성(원자탄과 수소탄, 인공위성)' 정책을 인용해가며 비난의 수위를 높였다. 그는 "중국이 핵 개발 과정에서 미국을 비롯한 서방세계의 압력 속에서 고행의 길을 걸을 때 그에 전적인 지지와 성원을 보내준 것은 바로 북한이었다"면서 "그러한 주변 대국들이 개구리 올챙이 때 생각을 못하고 북한의 자위적 핵무력 강화를 한사코 가로막으며 미국의 제재·압박에 거리낌 없이 동참해 나서고 있다"고 비판했다.[32]

환구시보는 북중조약에 관해 "조약의 취지는 양국의 우호협력과 지역 평화·안전을 위한 것"이라며 "북한의 핵 개발은 자신의 안전은 물론 중국의 국가안전에 손상을 가하는 것으로 조약의 취지에 어긋난다"고 주장했다. 북·중관계 전문가인 선즈화(沈志華) 화동사범대 교수는 "양국 1세대가 맺은 북·중동맹 관계는 이미 존재하지 않는다"면서 "양국의 이익은 서로 배치되고 동맹의 기반이 와해됐으며 북·중 동맹조약은 휴지 조각이 됐다"고 단언했다.

한편 북한은 북 핵에 반대하고 국제사회의 대북제재에 동참한 중국에 대해 노골적인 불만을 표출했다.[33] 북한은 2017년 2월 23일 조선중앙통신을 통해 중국을 "미국의 장단에 춤추는 줏대 없는 대국"이라든가, 4월 21일에는 "(중국은) 우리와의 관계에서 파국을 각오해야 한다"라고 밝혔다. 5월 3일 조선중앙통신에서는 "조중관계의 기둥을 찍어버리는 무모한 언행을 더 이상 하지 말아야 한다. 상대의 신의 없고 배신적인 행동으로 국가의 전략적 이익을 거듭 침해당해 온 것은 중국이 아니라 우리 공화국"이라면서 "우리 두 나라사이의 붉은 선은 어떤 경우에도 상대방의 존엄과 이익. 자주권을 침해하지 않는다"라고 선언했다.

이전에 중국을 비난할 때 '대국', '우리 주변국'이라는 표현을 사용했는데, 2017년 5월 3일 통신과 4일자 노동신문에 중국이라는 국명을 직접적으로 거론한 것은 이례적이며, 심지어 중국이란 단어를 24차례나 사용했다. 그리고 92년 한중수교, 2015년 중국 전승절 때 박근혜 전 대통령 초청 등을 거론하면서 매우 불쾌하고 심정을 표현한 것이다. 6월 10일자 노동신문 '조선 인민은 성명한다'라는 제목의 정론에서 "오늘과 같이 시시각각 전해지는 소식과 사변들, 핵과 전쟁에 대하여, 세계의 정의와 공정성에 대하여 그리고 벗과 원수에 대하여 그렇게도 많이 말하고 생각해본 때는 없을 것"이라고 밝혔다. 중국을 겨냥해 "도대체 원수는 누구이고 벗은 누구인가"라는 의문을 던진다.[34]

미국의 해상봉쇄와 소련의 안보위협에 대응해 1960년대 초부터 핵 개발에 나서 1964년 고비사막 핵실험에 성공한 중국의 예를 들며 "수모를 당하지 않기 위해 원자탄을 만들자며 간고한 시련을 헤칠 때 우리 인민은 자기일처럼 기뻐하며 열렬히 격려하고 옹호했다"고 주장했다. "만약 (북한과 중국의) 그런 역사마저 다 외면하는 세월이라면 우리는 핵보다 더 강한 무기도 서슴없이 쥘 것"을 강조했다.

심지어 김정은은 측근들에게 일본이 100년의 적이라면 중국은 천년의 적이라는 말을 습관적으로 했다고 대북소식통은 전한다. 북한의 입장에서 중국은 한중수교를 이유로 북·중관계를 훼손했으며, 북한을 무시하는 행동들이 오늘날 미중정상회담에 따른 대북제재 공조로 이어졌다고 보고 있다. 만일 중국이 대북원유공급 중지 등 극단적 조치를 취할 경우, 북한은 북·중관계에서 지금보다 훨씬 비난의 강도가 높아질 수 있을 것이다. 하지만 북한은 중국과의 관계에서는 모든 면에서 을에 위치다. 어찌 보면 생존을 중국이 좌우한다고도 볼 수 있다. 따라서 북·중관계가 악화되면 한·중관계는 오히려 호전될 수 있어 흔들리는 북·중관계를 잘 활용해야 한다.

시진핑은 2017년 7월 7일 G20 정상회담에서 문재인 대통령에게 "중국은 안보리 결의의 완전한 이행과 북핵·미사일 개발 저지를 위해 노력 중"이라며 "(중국은) 25년 전 한국과 수교를 맺은 뒤 많은 관계 변화가 있었지만 북한과 '혈맹'의 관계를 맺어왔고 그 관계가 근본적으로 변하는 것은 아니다"는 취지로 말했다[35]고 청와대 관계자가 전했다. 이 관계자는 "그런 북한과의 관계를 감안할 때 중국은 정말 충분히 노력하고 있는데 국제사회가 중국의 노력 부족을 비난하는 것에 대해서 인정할 수 없다는 취지로 "(중국은) 결과적으로 '북핵 문제는 한국과 북한의 문제가 아니라 북한과 미국의 문제로 파악해야 하며 중국에만 떠넘기지 말고 미국도 책임이 있으니 국제사회와 함께 노력해야 한다"는 취지다 결코 북·중 우호조약은 과거의 일이 아니라 현재도 유효하고 한반도 유사시는 한·미 대 북·중이 대척점으로 작용 된다는 점을 고려해야 한다. 중국을 대북 제재에 적극 동참시키는 외교적 노력이 필요하다.

중국·대만 접근방식을 한반도 통일에 적용

중국지도부는 양안관계를 남북한관계와 유사한 차원에서 거론하는 것조차 불쾌하게 받아들일 뿐 아니라 '중국·대만관계'라는 표현조차 거부감을 가지고 있다.

중국은 대만과의 관계를 하나의 중국 범위에 속하는 순수한 내정차원으로 인식하고 통일을 포함한 모든 양안관계를 대만문제라고 지칭하고 있으며, 이러한 문제의 해결은 대만문제에서 일방적인 해방 혹은 해결이라고 보는 것이다.[36] 중국은 1971년 10월 26차 유엔총회 2758호 결의안을 통해 유일한 합법 정부로 공인받은 이후 대만을 지칭하는 데 있어 독립적인 정치실체 혹은 독립적인 정부로 인식될 수 있는 표현을 철저하게 배제해왔다. 그러나 등소평체제의 출범과 개혁·개방 정책의 실시와 함께 중국은 대만정책을 획기적으로 수정하였고, 대만 역시 이에 상응하는 정책을 수립함으로써 양안(兩岸·중국과 대만)관계는 변화하기 시작했다. 중국은 개혁·개방의 추진과 함께 무력사용을 통한 대만의 조속한 해방이라는 기존 입장에서 벗어나 양안의 교류협력 확대를 통한 개혁·개방 목표의 효율적인 달성이라는 전략 속에서 양안관계를 규정하기 시작한 것이다.

물론 양안관계가 이처럼 우호협력의 관계로 발전할 수 있었던 것은 중국의 개혁·개방 정책으로 인한 대만정책의 변화와 이에 따른 대만의 양안관계 개선을 위한 적극적인 움직임이 그 원인이 되었다. 그러나 보다 근본적으로 중·대만 간에 존재하는 국력과 국제정치적 지위 등에서 압도적인 차이를 보임으로 인해 대만이 중국에 대해 대안국가로서의 위치를 차지할 수 없다는 중국의 안도감에서부터 비롯된 것으로 볼 수 있다. 중국은 대만이 체제위협세력으로의 존재가 아니라 해방의 대상이며, 중국의 개혁·개방을 성공적으로 수행하기 위해 적극적으로 교류협력을 확대시켜 나가야 하는 대상으로 파악할 수 있는 단초를 제공했던 것이다.

국제적 지위와 관련해서 양안관계는 국제사회에서 적어도 형식적인 측면으로는 '하나의 중국원칙'에 따라 중국을 유일한 합법정부로 인정함으로써 중국 국내문제로 인식되고 있다. 양안관계와 남북한관계는 중요한 차이점을 보이고 있다. 양안이 2010년 6월 29일 중국 충칭(重慶)에서 '제5차 양안회담'을 열고 자유무역협정(FTA)과 내용이 같은 '경제협력기본협정(ECFA)'에 중국의 해협양안관계협회 천윈린(陳雲林) 회장과 대만 해협교류기금회 장빙쿤(江丙坤) 이사장이 서명했다.

양안 실무대표들은 초기에 관세 감면 혜택을 보는 '조기수확산업' 명단에 중국은 대만의 539개 수출품목에 대해 2년 안에 관세를 폐지하고 수출액 규모는 138억 달러로 하였다. 대만도 267개 품목의 중국산 수출품 반입에 대해 관세를 폐지했으며 규모는 28억 5,000만 달러다. 양안은 또 은행·보험·의료·회계·영화 등 11개 서비스 분야의 쟁점들도 타결했다. '차이완(China + Taiwan)'시대, 더 나아가 중국·대만·홍콩을 잇는 중화경제권이 본격 출범하게 됐다. 인구 14억 명, 경제규모 5조 5,000억 달러의 거대 경제블록이 탄생하게 되는 것이다.[37] 이로써 국공내전(1946년) 이후 '적대 관계'였던 양안은 경제협력 파트너로서 역사적인 새 출발을 하게 됐다. 이러한 중국·대만 관계는 비록 정체적으로는 통일이 되지 않았지만 경제적으로는 양안이 내부적 통일의 근접하는 것으로 볼 수 있어 EU통합과 비견될 만 하다.

대만이 중국보다 품목 수에서는 2배, 수출금액으로는 5배나 더 유리한 조건이다. 대만과의 경제통합을 실현하기 위해 중국이 대단한 양보를 한 것이다. 대만 지도자들은 자국의 정치적 성과를 확고히 굳히는 한편 경제성장을 촉진하고 지정학적 안정을 도모하고 있다.

대만은 본토와의 경제협력기본협정이 아시아 시장에서 경쟁력을 키우고 일본, 싱가포르, 말레이시아를 포함한 주변 국가들과 경제협정을 체결하는 수단으로 간주하는데 이는 올바른 판단이다. 아시아에서 중국을 비롯한 여러 나라들이 이 같은 협정을 통해 관세를 제거하거나 낮추고 있다.

대만의 수출 가운데 40%가 중국으로 간다. 중국은 대만이 '하나의 중국' 원칙만 확고하게 지지하면 대만을 겨냥해 배치한 1,000기 이상의 미사일을 철수하는 방안도 고려할 수 있다고 중국 인민해방군 관계자가 밝혔다. 중국 군부가 대만을 겨냥해 배치된 미사일을 철수하라는 대만 국민당 정권의 요구에 반응을 보인 것은 처음 있는 일이다.[38]

2010년 8월 1일 홍콩 사우스차이나모닝포스트에 따르면 겅옌성(耿雁生) 중국군 대변인은 인민해방군 건군 83주년 기념일(8월 1일)을 맞아 인민해방군 베이징(北京) 군구 공병단에서 대만 기자들에게 "하나의 중국 원칙을 견지하면 양측은 한 가족이기 때문에 미사일을 철수하는 것은 중국으로서는 어려운 일이 아니다"라며 "중국은 적당한 시점에 지역 안정을 유지하기 위해 대만과 군사안보 및 상호 신뢰구축을 위한 논의를 시작하는 데 동의한다"고 말했다

중국의 이러한 행보는 중국 중심 경제공동체 형성을 통해 '하나의 중국'에 한발 다가서는 정치적 실리를 얻었다. 대만 역시 세계적인 자유무역협정(FTA) 붐에서 홀로 소외돼오던 고립 위기에서 벗어나게 됐다.

중국은 1979년 군사대결 종식과 중국과 대만이 우편·항공·통상을 서로 개방하는 '3통(通)'을 제의, 양보를 하였다. 1958년부터 계속해왔던 금문도(金門島) 포격도 중단했다. 대만은 중국과 접촉하지도, 담판하지도, 타협하지도 않겠다는 '3불(不)'정책을 허물고 1987년 본토 출신자들의 중국 내 친척 방문을 허용하며 민간 교류의 물꼬를 텄다. 대만 경제는 홍콩을 포함한 대(對)중국 수출의존도가 40%를 넘고 해외투자의 60~70%가 중국으로 갈 만큼 이미 중국 경제와 깊이 얽혀 있다. 그런 토대가 있었기에 이번에 경제통합이 가능했던 것이다.

남북한관계에 비춰보면 중국과 대만의 경제통합은 한반도 통일에 시사하는 바가 크다. 중국과 대만의 관계를 이루려면 어느 한쪽만이 아닌 쌍방의 양보와 자제(自制) 그리고 더 큰 민족적 시야(視野)가 필요하다는 생생한 교훈이나 김정은 정권과는 이러한 담론을 하기에는 너무나도 격차가 크다.

중국과 대만이 서명한 경제협력기본협정은 양안 관계에서 가장 두드러진 화해의 표시다.[39] 양국 간에는 다수의 민간 여객기 직항노선이 설치돼 있고, 한해 60~80만 명의 중국 본토 관광객이 대만을 방문했다. 이는 중국의 정체는 공산당이지만 경제는 가장 발전한 자본주의 형태라고 할 수 있다.

중국은 인구 13억 명에 개인소득 3,000달러이고 대만은 인구 2,000만 명에 개인소득 2만 달러이다. 거대한 중국이 조그만 대만에 편입될 수 없고 선진 대만이 후진 중국에 편입될 수 없다. 중국과 대만은 서로 주권을 존중하는 상호주의에 의해서만 개방할 수 있고 안정될 수 있다. 각자가 정치적 정체성을 확립하여 권력영합성을 극복한 통합장(統合場, field of integration)이라 부를 수 있다.

이러한 통합장은 사회적 통합이 이루어지지 않을 수 없고 사실상 분단이 극복된 관계라 할 수 있다. 그러므로 분단관계에서 경제적·사회적 통합은 정치적 통일을 이루는 전 단계 또는 조건이 아니라 정치적 통일을 대체하는 대안이라 할 수 있다.

한국의 경우도 이러한 대안관계 모델로 남북한 긴장이 완화되면 이러한 적극적 사고방식을 가지는 것이 필요하다.

북한의 정권교체나 개방화를 위해 중국·대만 방식을 실현하는데 중국을 이용해야 한다. 2차대전 후 동서독 같은 분단국가는 오랜 분단기간에도 이산가족끼리 생사확인과 서신교환, 그리고 친척방문과 노령세대의 가족 재결합을 지속적으로 허용했다. 동서이데올로기 분쟁기간 격렬하게 정치 외교 군사적으로 대립 갈등했던 중국과 대만사이에도 1987년부터 이산가족들의 100% 자유로운 상호방문 길이 활짝 열렸다. 현재 양안(兩岸)사이에는 정치, 경제, 사회 문화면의 교류협력이 정상적인 국가관계처럼 활발하게 진행되고 있다. 중국-대만 사이에는 상호 국가 인정을 제외하고는 정상국가 간처럼 모든 형태의 교류가 가능하다. 중국의 '해협양안관계협회'(海協會)와 대만의 '해협교류기금회'(海基會)가 사실상 당국 역할을 하면서 이런 교류협력을 주도, 활성화해 왔다.

양안관계 진전 과정을 보면 2008년부터 쌍방 간 전세기를 띄우고 있으며 2009년 9월부터는 베이징, 상하이 등 중국 내 주요 도시에서 타이페이를 왕래하는 정기항로까지 생겼다. 대만인들이 본토인 대륙에서 자유롭게 사업을 할 수 있으며 본토 진출 대만 기업인 숫자는 2010년 상반기 100만 명에 이른다. 양안 간 상호관광도 같은 나라 국내 관광하듯 편리하고 자유롭다. 중국-대만의 경우, 정치적 통일만 안 되었을 뿐이지 활발한 교류협력을 통해 사실상의 통일의 전 단계나 다름없다. 북한은 흔히 중국과 혈맹관계고 순망치한(脣亡齒寒: 입술이 없으면 이가 시리다) 관계라고 주장한다. 향후 북한 차세대정권만이라도 양안 간 교류협력 방식을 본받아 남북한 간의 왕래를 실현해야 한다는 점이다. 남북 간 지금의 이벤트성 이산가족 상봉방식과 개폐(開廢)를 반복하는 개성공단 운영, 그리고 금강산 관광처럼 멋대로 닫았다 풀었다하는 변덕 투성이 천방지축의 김정은정권과 교류협력은 남북 간 불신만 초래할 뿐이다. 북한의 이성적인 정권교체가 이루어져 양안관계와 같이 발전 될 수 있도록 중국의 협력이 필요하다.

북한내 친중 정권수립도 긍정적인 방안

중국은 2008년 5월 이명박 대통령의 첫 방중(訪中)에 맞춰 한·중(韓·中) 관계를 '전략적 협력 동반자 관계'로 높이자고 제안했다. 그전까지 한·중 관계는 '전면적 협력 동반자관계'였다. 글자 하나를 바꾼 이 표현의 변화를 놓고 중국은 자신들의 외교에서 한국의 위상이 일본보다 높아졌고, 인도·러시아와 같은 급(級)이라고 했다.

당시 청와대와 외교부는 중국에 대해 상당히 격앙된 분위기였다. 중국의 한반도 정책은 크게 변하지 않았는데 한국만이 나날이 늘어가는 무역량과 관광객 규모, 각종 교류 지표를 붙들고 이제 중국의 시각은 한국의 전략적 가치가 북한보다 커졌다고 생각을 한 것도 사실이다. 과거 김정일은 2000년 이후 러시아를 2번 방문했을 뿐 중국만 6번 찾았다. 김정일의 방중(訪中)은 언제나 그랬지만 사실 자체를 공식 확인조차 하지 않는 것이 거의 공식화되고 언론에서 거의가 공개가 되면 겨우 방중사실을 확인하는 정도로 중국의 속과 겉이 다른 모습이다. 그런데도 한·미는 북한 문제가 터질 때마다 "중국의 건설적 역할을 기대한다"며 베이징의 역할을 기대했다. 6자회담도 마찬가지다. 6자회담은 중국의 제안에 따라 2003년 8월 첫 회의가 열렸고, 북한 핵의 실질적 해결 국면의 문턱에서 번번이 좌초됐다. 중국이 6자회담 주최국인데도 북한은 6자회담장을 박차고 나와서는 핵실험을 5번이나 실시했다. 중국은 이런 북한을 늘 감싸고돌았던 든든한 후원자다.

결국 중국은 유엔안보리 제재에 참가하기는 하지만 북한을 껴안고 가겠다는 전략적 결정을 내렸다고 할 수 있다. 한·미는 이런 중국을 통해 북한을 바꿔보겠다고 외교적 총력을 기울여 왔던 셈이다. 중국이 북한 문제에서 가장 중요한 변수인 것은 분명하다. 그렇다면 중국 변수를 어떻게 다룰 것인지에 대한 전략부터 먼저 세워야 한다. 그러나 한국은 이에 집착하여 중국과 척을 두는 방법은 전략적으로 옳지 않으며 강하게 대처할수록 멋대로 대국의 길로 가는 중국을 잡을 수가 없다. 손해는 우리 쪽으로 미치고 있어 사고의 전환이 필요하다. 중국과는 당분간 대외적으로 손해를 보는 한이 있어도 인내가 필요하다. 중국은 분명히 북한에 대해 조금씩 변하고 있다. 인내를 가지고 중국을 설득해야 한다. 통일의 과도기로 김정은 정권이 교체가 시급한 사안으로 한국이 점진적으로 좀 더 융통성 있는 북한 내 친중정권의 수립을 반대하지 않는다는 점을 점진적으로 부각시킬 필요가 있다. 중국은 북한의 개혁 세력과 손을 잡아야한다. 비록 친중파인 장성택이 몰락하였어도 김씨 세력이 아닌 다른 세력을 육성시켜 친중 정권을 만들도록 전방위적으로 미국이나 중국과 협력을 해야 한다. 결론적으로 김정은은 사고의 융통성이 없으며 모든 것을 체제 유지에 두고 있어 차라리 친중 정권이 수립된다면 개혁 개방은 가능할 것이다. 이는 오히려 북한내부의 변화를 가져와 통일이 가까워 질 수 있다.

【주석】

1) 송봉선, 「장선섭 전 경수로사업지원 기획단장」, 『코리아 포리시』 2012년 1월호 Vol.10 pp.38-43.

2) 이 사건에 관해서는 「정주영씨, 소떼몰고 방북」, 『세계일보』, 1998년 6월 17일자를 참조.

3) 『데일리안』 2017.4.27, 「역대정권 대북 송금 및 현물 얼마인가?…노무현 정부 44억 달러 최다」, http://www.dailian.co.kr/news/view/629561

4) 골드스타인(Judith Goldstein)과 나이(Robert O. Keohane)는 원칙화된 신념을 '관념(ideas)'의 한 유형으로 구분한다. Judith Goldstein and Robert O. Keohane, "Ideas and Foreign Policy: An Analytical Framework," in Judith Goldstein and Robert O. Keohane, eds., Ideas and Foreign Policy: Beliefs, Institutions, and Political Change(Ithaca and London: Cornell University Press, 1993), p.9.

5) 『아시아경제』 2017.5.27, 「통일부, 우리민족서로돕기운동 대북접촉 승인」, http://www.asiae.co.kr/news/view.htm?idxno=2017052610060068919

6) 『파이낸셜 뉴스』 2017.5.14, 「문대통령, 오전 7시부터 NSC 주재」, http://www.fnnews.com/news/201705140803221788

7) 『인터넷 한국일보』 2017.5.31, 「통일부, 6 · 15선언 남측위 대북접촉 승인…9년 만에 공동행사 기대감」 http://www.hankookilbo.com/v/a81863658700406980d5c53c6de371b4

8) 『조선일보』 2017.8.14.

9) 『조선일보』, 2017.6.5, 「유엔이 새로운 대북제재 결의하던 날… 한국 대사는 '남북관계 새로운 시작' 강조」.

10) 久保田るりこ編, 金東赫 著, 『金日成 の 秘密敎示』, 産經新聞社, 2004年 12月 30日.

11) 『동아일보』 2010.6.21.

12) 송봉선, 「북 레짐 체인지 고려할 때」, 『코리아 포리시』 2010년 10월호 Vol.3. pp.40-47.

13) 『데일리엔케이』 2017.1.9.

14) http://news.chosun.com/site/data/html_dir/2017/06/30/2017063002340.html

15) 『조선일보』 2017.8.4.

16) 『중앙일보』 2017.7.18

17) 『데일리안』 2017.8.20.

18) http://blog.naver.com/ysyang0815

19) 산업별로 봐도 북한경제는 전반적으로 살아나는 모습을 보였다. 농림어업은 농산물과 수산물 생산이 늘면서 직전해보다 2.5%가 늘었고, 광업도 석탄, 연 및 아연광석 등의 생산이 늘어 8.4%가 증가했다. 제조업은 4.8%가 성장세를 보였는데 섬유·의복·가죽 및 신발 등의 생산이 늘었다. 경공업은 1.1%가 증가했고, 중화학 공업역시 1차 금속제품과 화학제품 등이 늘면서 6.7%가 급증했다 같은 기간 남한의 명목GNI는 1,639조 1,000억 원으로 북한보다 45배가 많다. 북한의 1인당 GNI도 146만 원으로 한국(3,198만 원)의 22분의 1 수준이다.

20) http://news.chosun.com/site/data/html_dir/2017/03/01/2017030101755.html

21) 『조선일보』 2010.3.15.

22) 이 사건은 중국 瀋陽에서 출발한 여객기가 목적지인 上海에 도착하기 전에 중국 국적의 납치법들에 의해서 수교관계가 없었던 한국의 춘천 군사기지에 피랍되었던 사건이다. 문제의 해결을 위해서 당시 중국의 沈圖 민항국장이 한국을 공식 방문해 승객과 승무원 및 범인과 비행기의 인도문제를 협상하기에 이른다.

23) '南巡講話'(1992.1)는 1979~1991년 동안 개방개혁이 지지부진하게 추진되고, 1989년 천안문 사태 등으로 정국이 다소 어수선한 상황에서 덩샤오핑이 남쪽 개방구를 시찰하는 과정에서 개방개혁을 강조한 연설이다. 덩샤오핑을 또한 중국사회의 전면적인 각성을 촉구하는 가운데 소위 '姓社姓資'(사회주의냐 자본주의냐?)의 논쟁에 종지부를 찍고, 사회주의 시장경제 건립의 당위성을 설명하는 등 확고한 시장경제 도입 의지를 천명했다. 이후 중국에서는 사영경제 적극 허용, 국유기업 개혁, 시장경제 발전과 대외개방(증권시장·주식제도, 단일변동 환율제, 상해 포동지구 개발, 외국인의 부동산 투자 허용 등)을 적극 추진함으로써 오늘날의 중국을 있게 했다.

24) 현인택, 「새로운 한중협력 시대를 위하여」, 『국제관계연구』 제10권 제2호(통권 19호), 2006, p.110.

25) 명조 말 후금(청)의 북경진입 과정에서 명의 산해관 책임자인 오삼계가 농민 반란군(이자성)의 집권을 우려해 청의 북경진입을 안내한 것과 같은 모양새이다.

26) 문대근, 『한반도통일과 중국』(서울: 늘품 플러스, 2009), p.274.

27) Werner Levi, Modern China's Foreign Policy(Minnesota Polis: University of Minnesota Press, 1956), p.360.

28) 대통령자문정책기획위원회, 『동북아시대를 여는 중국 구상』, 2004.11, pp.46-47.

29) 문대근, 『한반도통일과 중국』(서울: 늘품 플러스, 2009), p.274.

30) 「친강 중국 외교부대변인 정례브리핑」, 2009.6.4

31) 『조선일보』 2015.5.22, 「엔쉔통 인터뷰」.

32) http://news.chosun.com/site/data/html_dir/2017/08/25/2017082501124.html

33) 이수석, 「북한연구소 세미나 발표 논문」, 2017.6.23.

34) 『로동신문』 2017.6.10.

35) 『조선일보』 2017.7.8.

36) 문흥호, 「중국대만관계와 남북한관계의 대외적 요인비교」, 『中蘇硏究』(한양대학교 아태지역연구센터) 25권 3호, 2001, pp.37~39.

37) 『조선일보』 2010.6.29.

38) 『동아일보』 2010.8.2(bonhong@donga.com).

39) 『세계일보』 2010.7.11.

참고문헌

1. 국내자료

1) 단행본

강동완 · 박정란, 『사람과 사람: 김정은 시대 '북조선 인민'을 만나다』, 부산: 도서
　　　　출판 너나드리, 2015.

김명성, 「김정은식 공포정치와 체제불안정」, 『북한』(북한연구소, 통권 제522호,
　　　　2015년 6월).

김명성, 「김정은식 공포정치와 체제 불안정」, 『월간 북한』 2015년 6월호, p.50.

김승철, 『당신이 모르고 있는 김정은의 11가지 딜레마』, 서울: 늘품플러스, 2014.

나정원, 「2015년 김정은 급변 터질 것인가」, 『월간 북한』 2015년 1월호 p.80.

노현종, 「북한사회의 불복종 확산과 김정은 정권 안정성」, 『월간 북한』 2015년 4
　　　　월호, p.24.

강명세, 「북한독재체제는 왜 붕괴하지 않는가?』(성남: 세종연구소, 2013).

고재홍, 「북한군 기강해이, 어디까지 왔나」, 『월간 북한』 2013년 9월호(통권 501호).

김관호, 「북한 급변사태 가능성과 우리의 대응방안」, 『월간 북한』 2017년 4월호
　　　　(통권 544호).

경남대학교 북한대학원 편, 『북한연구방법론』, 서울: 한울아카데미, 2003.

김성철 외, 『북한사회주의체제의 위기수준 평가 및 내구력 전망』, 서울: 통일연구원, 1996.

박형중 외, 『통일대비를 위한 북한변화 전략』, 서울: 통일연구원, 2011.

북한연구학회, 『북한의 사회』, 서울: 경인문화사, 2006.

서재진, 『주체사상의 이반』, 서울: 박영사, 2006.

서재진, 『북한의 경제난과 체제 내구력』 서울: 통일연구원, 2007.

서재진, 『북한의 개인숭배 및 정치 사회화의 효과에 대한 평가 연구』, 서울: 통일연구원, 2004.

송봉선, 『김정일과 후계』, 서울: 한국 교육문화원, 2008.

송봉선, 『북한은 왜 멸망하지 않나?』, 서울: 학문사, 2007.

송봉선, 『중국을 통해 북한을 본다』, 서울: 시대정신, 2011.

이극찬, 『정치학』, 서울: 법문사, 1999.

이민룡, 『김정일체제의 북한군대 해부』, 서울: 황금알, 2004.

전현준, 『북한의 사회통제기구 고찰: 인민보안성을 중심으로』, 서울: 통일연구원, 2003.

박영자, 「북한의 집권엘리트와 Post 김정일시대」, 『통일정책연구』 제18권 2호, 2009.

손광주, 『김정일리포트』, 서울: 바다출판사, 2003.

오경섭, 『김정일과 김정은의 권력승계 비교: 제도와 리더십의 동학을 중심으로』, 성남: 세종연구소, 2012.

오경섭, 「김정일 사망이후 북한의 국내정세」, 『정세와 정책』, 세종연구소, 2012년 2월 특집호.

오경섭, 「김정은 정권의 핵심집단(essentials) 분석: 특성과 응집력을 중심으로」, 『신진연구 논문집』, 서울: 통일부, 2012.

장용석, 「김정은 체제의 향방과 주요과제」, 『김정은 체제의 향방과 우리의 선택』, 평화재단 51차 전문가포럼 자료집.

정성장, 「김정일 시대 북한 국방위원회의 위상 · 역할 · 엘리트」, 『세종정책연구』, 2010년 제6권 1호.

현성일,『북한의 국가전략과 파워엘리트: 간부정책을 중심으로』, 서울: 선인, 2011.

후지모토 겐지 지음·신현호 옮김,『김정일의 요리사』, 서울: 월간조선사, 2003.

강철환,「장성택 사태의 본질, 그는 왜 잔혹하게 처형당했나」,『북한』2014년 1월호.

김정은,『혁명발전의 요구에 맞게 당의 유일적 령도체계를 더욱 철저히 세울데 대하여(당, 국가, 군대, 근로단체, 출판보도부문 책임일군들 앞에서 한 연설, 주체102(2013년 6월 19일)』, 평양: 조선로동당출판사, 2013.

사회과학출판사,『조선말대사전(2)』, 평양: 사회과학출판사, 1992.

오경섭,「장성택 숙청 이후 김정은 정권의 불안정성」,『정세와 정책』, 성남: 세종연구소, 2014년 2월호.

정성장,『현대 북한의 정치: 역사·이념·권력체계』, 서울: 한울아카데미, 2011.

정성장,『북한군 총정치국의 위상 및 역할과 권력승계 문제』, 성남: 세종연구소, 2013.

정성장,「('김정일의 요리사' 후지모토 겐지의 재방북 후 첫 인터뷰) 김정은의 모 이름은 고영희 아닌 '고용희' 확인」,『월간 중앙』2013년 8월호.

정성장,「(북한인물탐구) 최현 전 인민무력부장과 최룡해 총정치국장」,『NKvision』2013년 8월호.

이대근,『북한 군부는 왜 쿠데타를 하지 않나: 김정일 시대 선군정치와 군부의 정치적 역할』(서울: 한울 아카데미, 2003).

이상우,『북한정치 변천: 신정체제의 진화과정』(서울: 오름출판사, 2014).

오경섭,「북한 전체주의 사회통제와 체제 내구성」,『세종정책연구』제5권 2호, 서울: 세종연구소, 2009.

이우홍,『원산 농업대학 강사가 본 어둠의 공화국』, 서울: 통일일보사, 1990.

이원규,『종교사회학의 이해』, 서울: 사회비평사, 1997.

이원규,『조선민주주의인민공화국 사회주의 헌법』제11조.

이원규,『주체의 사회주의 정치경제학 연구』, 평양: 과학백과사전출판사, 1978.

이수석,「북한 엘리트 동요와 김정은체제 위기」,『월간 북한』2016년 10월호, p.54.

정 영,「(북한레이더) '핵 광인' 김정은이 직면한 위험변수」,『월간 북한』2016년 10월호.

박영자,「김정은의 장기집권 기반 구축」,『월간 북한』, 2016년 12월호, p.24.

정 영, 「(북한레이더) 북한 홍수 피해지역 국경봉쇄와 대중외교」, 『월간 북한』,
　　　2016년 12월호, p.137

문순보, 「김정은의 용인술과 북한 엘리트의 동요」, 『월간 북한』, 2017년 4월호,
　　　p.31.

통일부 정보분석국 자료, 2012.

현성일, 『북한의 국가전략과 파워 엘리트』, 서울: 선인, 2007.

황장엽, 『나는 역사의 진리를 보았다』, 서울: 한울, 1999.

황장엽, 『황잡엽 비록 공개: 어둠의 편이 된 햇볕은 어둠을 밝힐 수 없다』, 서울:
　　　월간조선사, 2001.

2) 논문

강동완 · 박정란, 「김정은 시대 북한사회 변화 실태」, 『북한학보』 39집 2호(2014),
　　　p.10.

김관호, 「북한 급변사태 가능성과 우리의 대응 방안」, 『북한학보』 제41집 2호, p.5.

고유환, 「김정은 후계구축과 북한 리더쉽 변화: 군에서 당으로 권력 이동」, 『한국
　　　정치학회보』 제45집 제5호, 2011.

김동엽, 「김정은 정권의 생존전략과 체제변화」, 『현대북한연구』, 제15권 3호, 2012.

김병로, 「탈북자 면접조사를 통해 본 북한사회의 변화」, 『현대북한연구』 15권 1
　　　호, 북한대학원대학교 북한미시사연구소, 2012.

김양희, 「체제유지를 위한 북한의 식량정치(food politics)」, 『통일문제연구』 제24
　　　권 제1호.

김열수, 「북한 급변사태와 안정화 작전」, 『정책연구과제 09-17』(서울: 국방대학교,
　　　2009), 2012.

김진무, 「김정은 정권 엘리트. 변화분석과 합의」, 『주간국방논단』(제1584호, 2015
　　　년 9월).

김창희, 「김정은 체제의 권력구조와 정치행태 분석」, 『통일전략』 제13권 제1호, 2013.

김양희, 『김정일 시대 북한의 식량정치 연구』, 동국대학교대학원 박사학위논문.
　　　2013, pp.151-152.

박동훈, 「김정은 시대 북한체제 개혁의 과제: 포스트 마오시기(1976~1978) 중국과의 비교를 중심으로」, 『통일정책연구』 제22권 1호, 2013.

박영자, 「북핵과 김정은 체제의 권력구조」, 『진보평론』 제55호, 2013.

백승구, 「공포정치 독재자 김정은의 정권 장악력」, 『월간조선』(통권 424호, 2015.7).

송봉선, 「모하메드 엘 졸카미 주한이집트대사 특별 인터뷰」, 『코리아 포리시』 2011년 3월호 Vol.5, pp.26-31.

송봉선, 「장선섭 전 경수로사업지원 기획단장」, 『코리아 포리시』 2012년 1월호 Vol.10, pp.38-43.

송봉선, 「북한 레짐 체인지 고려할 때」, 『코리아 포리시』 2010년 10월호 Vol.3, pp.40-47.

양운철, 「김정은 정권의 경제정책 평가」, 『김정은 정권의 대내전략과 대외관계』, 서울: 세종연구소, 2014.

오경섭, 「북한의 신경제관리체제 평가와 전망」, 『정세와 정책』 2012년 9월호, 경기: 세종 연구소, 2012.

이기동, 「김정은 체제의 권력구조와 향후 변화전망」, 『KDI 북한경제리뷰』, 10월호, 2013.

이수석, 「김정은 시대의 권력개편과 체제변화」, 『KDI 북한경제리뷰』, 10월호 2013.

이승열, 「김정은 체제의 변화와 전망: 엘리트 정책선택을 중심으로」, 『KDI 북한경제리뷰』 12월호, 2012.

이종석, 「북핵문제 해결의 틀, 왜 6자회담인가?」, 『정세와 정책』(성남: 세종연구소, 통권 222호, 2014년 9월).

서진영, 「북한의 급변사태의 유형과 대응방안: 북한의 체제위기와 체제변화과정에 대한 4가지 시나리오」, 『평화연구』 제6호, 1997.

이종석, 「북핵문제 해결의 틀, 왜 6자회담인가?」, 『정세와 정책』(성남: 세종연구소, 통권 222호, 2014년 9월).

정영환 · 합동참모본부, 「북한 급변사태와 우리의 대응」, 『合參』 제60호(2014년 7월).

최완규, 「북한의 후계자론: 3대 권력세습을 정당화할 수 있을 것인가?」, 『한반도 포커스』 제9호, 2010.

한기범,『북한 정책결정과정의 조직행태와 관료정치: 경제개혁 확대 및 후퇴를 중심으로(2000-09)』, 경남대학교대학원 박사학위논문, 2009.

현성일,「북한노동당의 조직구조와 사회통제체계에 관한 연구, '당의 유일사상체계 확립의 10대원칙'을 중심으로」, 한국외대 정책과학대학원 석사학위논문, 1999.

현성일,『북한의 국가전략과 파워엘리트: 간부정책을 중심으로』, 서울: 선인, 2007.

차두현 · 이종석,「북핵문제 해결의 틀, 왜 6자회담인가?」,『정세와 정책』(성남: 세종연구소, 통권 222호, 2014년 9월).

차두현 · 이종석,「북한 권력엘리트의 동요와 김정은 공포정치」,『북한』(북한연구소, 통권 543호, 2015년 7월).

2. 북한자료

1) 단행본

고초봉,『선군시대 혁명의 주체』, 평양: 평양출판사, 2005.

사회과학원 철학연구소,『철학사전』, 평양: 사회과학출판사, 1985.

사회과학출판사,『조선말 대사전(1)』, 평양: 사회과학출판사, 1992.

조선로동당출판사,『우리당의 선군정치』, 평양: 조선로동당출판사, 2006.

2) 논문

김정은 위대성 교양자료(북한 문건), 2009년 9월.

북한 고위급 공무원 출신 탈북자 면담, 2012년 9월 5일.

조선민주주의인민공화국 국방위원회 성명, 2013년 1월 24일.

3. 외국자료

Charles F. Hermann, "Some Consequences of Crisis Which Limit the Viability of Organizations," Administrative Science Quarterly, Vol.8, No.1(Jun, 1963).

Charles, Wolf, Jr. and Kamil Akramov. North Korean Paradoxes: Circumstances, Costs, and Consequences of Korean Unification. Rand, 2005.

Department of Defence. Annual Report on the Military Power of the People and Republic of China. Department of Defence, May 2004.

E. P. Torrance, "A Theory of Leadership and Interpersonal Behavior under Stress," in L. Petrullo and B. M. Bass, eds., Leadership and Interpersonal Behavior(Harper & Row, Pub: New York, 1961).

Gregory Egorov, "Dictators and their Viziers: Endogenizing the Loyalty-Competence Trade-off," Journal of European Economic Association, Vol.9, No.5, October 201.

H. Grodon Skilling and Paul Wilson, Civic Freedom in Central Europe(London:: Macmillan, 1991).

Inteligence Report(CIA, January 1998): A Blue Print for U.S. Policy toward a Unified Korea(CSIS, August 2002): Annual Report on the Military Power of the People's Republic of China(United States epartment of Department Defense, May 2004): Charles Wolf, Jr, and Kamil Akramov, North Korean Paradoxes: Circumstances, Costs, and Consequences of Korean Unification (Santa Monica, CA: RAND Corporation, 2005).

Martin, Bradley K. Under the Loving Care of the Fatherly Leader: North Korea and the Kim Dynasty. New York: St. Martin's Press, 2004.

Glaser, Bonnie, Scott Snyder, and John S. Park. "Keeping an Eye on an Unruly Neighbor: Chinese Views of Economic Reform and Stability in North Korea." United States Institute of Peace, 2008.

Ian Lustick, Arabs in the Jewish State: Israel's Control of a National Minority (Austin: University of Texas Press, 1980).

John Higley and Michael Burton, "The Elite Variable in Democratic Transitions and Breakdown," American Sociological Review, 1989, Vol.54(February).

Juan J. Linz, Totalitarian and Authoritarian Regimes(Boulder, Colorado: Lynne Rienner, 2000).

Judith Goldstein and Robert O. Keohane, "Ideas and Foreign Policy: An Analytical Framework," in Judith Goldstein and Robert O. Keohane, eds., Ideas and Foreign Policy: Beliefs, Institutions, and Political Change(Ithaca and London: Cornell University Press, 1993).

Mark R. Thompson, "To Shoot or Not to Shoot: Posttotalitarianism in China and Eastern Europe," Comparative Politics, Vol. 34, No. 1(October 2001).

Nathan Leites and Charles Wolf Jr., Rebellion and Authority: An Analytic Essay on Insurgent Conflicts(Chicago: Markham, 1971).

Scott, John. "Modes of Power and the Re-conceptualization of Elites." The Sociological Review. Volume 56, May 2008.

Stephan Haggard and Marcus Noland, "Gender in Transition: The Case of North Korea," Working Paper 12-11, Peterson Institute for Institute for International Economics.

Thomad G. Mahnken, "Remaking U.S. Military Strategy," The Wall Street Journal Asia, February 7. 2006.

Werner Levi, Modern China's Foreign Policy(Minnesota Polis: University of Minnesota Press, 1956).

Wintrobe, Ronald. The Political Economy of Dictatorship. New York: Cambridge university press, 2000.

Goemans, H.E.K.S. Gledistsch, and G. Chiozza(2009). "Introducing Archigos: A Dataset of Political Leaders," Journal of Peace Research, Vol.46, No.2.

Lewis A. Coser, The Function of Social Conflict(New York: The Free Press, 1966).

4. 기타

『데일리엔케이』
『로동청년』
『산케이신문』
『연합뉴스』
『월간조선』
『조선신보』
『조선중앙방송』
『조선중앙통신』
『지식백과』
Los Angeles Times
New York Review of Books
The Economist
『로동신문』 2012.4.12, 12.24, 2013.4.2, 10.31, 11.21, 2013.11.28, 11.30, 12.9, 2013.12.13, 2013.12.14, 12.15, 12.17, 12.23.
『서울신문』 2002.11.6.
『연합뉴스』 2002.10.24, 2003.7.27, 2004.7.11, 11.26, 2009.3.15, 2010.9.30, 2012.4.12, 11.2, 2013.6.21, 12.10, 2013.12.11, 12.13, 12.15, 2014.2.4.
『조선일보』, 2016.1.6.
『조선중앙통신』 2004.3.25, 2012.9.8, 2013.4.16, 12.13, 12.16.
『통일뉴스』 2014.1.14.

5. 인터넷 자료

http://blog.naver.com/kimhs2769/220739792363
http://news.kbs.co.kr/news/view.do?ncd=3461903&ref=
http://www.hankookilbo.com/v/a81863658700406980d5c53c6de371b4

http://www.yonhapnews.co.kr/bulletin/2016/02/29/0200000000AKR2016022915620
　　　　0072.HTML?input=1179m

http://kosis.kr/bukhan/index.jsp, 통계청, 「2015 북한의 주요 통계 지표」.

http://www.bok.or.kr, 한국은행, 「북한 GNP 관련 통계」.

http://news.joins.com, 중앙일보, 「북한의 중산층, 시장경제편입 가속화」.

http://www.adherents.com, "List of the major world religions ordered by size".

http://m.navercast.naver.c:.nhn?rid=134&contents_id=107480

http://ko.m.wikipedia.o%eEC%AO%95%EC%9D%80#/search

송봉선

고려대학교 졸업(ROTC장교 근무)
연세대학교 행정대학원 졸업
서울대학교 행정대학원 국가정책과정 수료
사우디 킹압둘아지즈대학 아랍어 연수
인하대학교 정치학 박사
주 사우디 대사관 서기관
주 이집트 대사관영사 및 참사관
인하대학교 초빙교수
북한연구조사실 중국팀장 및 단장
고려대학교 북한학과 겸임교수
사단법인 한국통일교육연구회 이사
북한연구소 소장

〈저서〉
『사생활로 본 김정일』
『김정일 철저 연구』(일본어판)
『북한은 왜 멸망하지 않는가』
『김정일과 후계』
『중국을 통해 북한을 본다』
『조선시대에는 어떻게 정보활동을 하였나?』
『홍어를 가오리라고 우기는 세태』